权威·前沿·原创

皮书系列为
“十二五”“十三五”国家重点图书出版规划项目

汽车工业蓝皮书
BLUE BOOK OF
AUTOMOTIVE INDUSTRY

中国汽车工业发展年度报告 (2017)

ANNUAL REPORT ON THE DEVELOPMENT OF CHINA
AUTOMOTIVE INDUSTRY(2017)

中国汽车工业协会
中国汽车技术研究中心 / 编 著
丰田汽车公司

社会科学文献出版社
SOCIAL SCIENCES ACADEMIC PRESS (CHINA)

图书在版编目（CIP）数据

中国汽车工业发展年度报告．2017／中国汽车工业协会，中国汽车技术研究中心，丰田汽车公司编著．--北京：社会科学文献出版社，2017.5

（汽车工业蓝皮书）

ISBN 978-7-5201-0752-5

Ⅰ．①中… Ⅱ．①中… ②中… ③丰… Ⅲ．①汽车工业-工业发展-研究报告-中国-2017 Ⅳ．①F426.471

中国版本图书馆 CIP 数据核字（2017）第 079486 号

汽车工业蓝皮书

中国汽车工业发展年度报告（2017）

编　　著／中国汽车工业协会
　　　　　中国汽车技术研究中心
　　　　　丰田汽车公司

出 版 人／谢寿光
项目统筹／吴　敏
责任编辑／宋　静

出　　版／社会科学文献出版社·皮书出版分社（010）59367127
　　　　　地址：北京市北三环中路甲 29 号院华龙大厦　邮编：100029
　　　　　网址：www.ssap.com.cn
发　　行／市场营销中心（010）59367081　59367018
印　　装／北京季蜂印刷有限公司

规　　格／开　本：787mm × 1092mm　1/16
　　　　　印　张：23　字　数：349 千字
版　　次／2017 年 5 月第 1 版　2017 年 5 月第 1 次印刷
书　　号／ISBN 978-7-5201-0752-5
定　　价／128.00 元

皮书序列号／PSN B-2015-463-1/2

《中国汽车工业发展年度报告（2017）》
编　委　会

支 持 单 位 中国第一汽车集团有限公司
东风汽车公司
上海汽车集团股份有限公司
中国长安汽车股份有限公司
北京汽车集团有限公司
广州汽车集团股份有限公司
华晨汽车集团控股有限公司
奇瑞汽车股份有限公司
安徽江淮汽车集团有限公司
中国重型汽车集团有限公司
浙江吉利控股集团有限公司
长城汽车股份有限公司
郑州宇通客车股份有限公司
中国汽车工程研究院股份有限公司
汉阳专用汽车研究所

摘 要

“汽车工业蓝皮书”是关于中国汽车工业发展的综合系列报告丛书，2015 年首次出版。《中国汽车工业发展年度报告（2017）》由中国汽车工业协会、中国汽车技术研究中心和丰田汽车公司共同组织汽车行业专家撰写，是一部准确全面论述中国汽车工业发展现状及趋势的权威性著作。

全书包括总报告、乘用车篇、商用车篇、新能源汽车篇、零部件篇和附录六大部分。

总报告全面阐述了中国汽车工业 2016 年度全年发展情况；揭示了在国际、国内经济发展大环境下，中国汽车工业发展的态势、中国汽车工业在世界汽车工业及国民经济中的地位；分析了 2016 年汽车工业的技术发展情况和热点事项，并预测了 2017 年中国汽车工业的发展趋势。

乘用车篇、商用车篇、新能源汽车篇分别从国内、国际两个市场介绍了 2016 年整车发展情况，研究了产品细分市场和国内区域细分市场发展走向和规律，分析指出了乘用车产销仍是拉动中国汽车市场稳定增长的主因，以及 2016 年中国新能源汽车市场受政策影响回归理性增长，并对中国汽车工业健康、可持续发展提出了相关建议。

服务社会消费者、服务汽车制造业、服务政府管理部门是编撰本书的宗旨。

本书对汽车消费者、汽车制造业、政府各级汽车工业管理部门极具参考价值。

Abstract

"Blue Book of Automotive Industry" is a series of reports about the development of China's automotive industry and was first published in 2015. *Annual Report on the Development of China Automotive Industry (2017)* is co-authored by industry experts organized by the Toyota Motor Corporation, theChina Association of Automobile Manufacturers (CAAM) and the China Automotive Technology and Research Center (CATARC) and is an authoritative and comprehensive introduction to the development status and trends of the China's automotive industry.

The Report is divided into six parts: General Report, Passenger Vehicle, Commercial Vehicle, New Energy Vehicle, Components and Parts, and Appendix. The first part reflects the development of the China's automotive industry in 2016, reveals the development trends and laws of the China's automotive industry against the overall global and domestic economic backdrop, the place of China's automotive industryin the world automotive industries and the China's national economy; analyzes the technical progress and hotspot issues of the China's automotive industry in 2016; and predicts the development trends of the China's automotive industry in 2017.

The second, third and fourth parts analyze the performance of complete vehicles in the domestic and international markets in 2016, study the development trends and laws of the product segments and regional segments in China, point out that the passenger vehicle sales is the main driver for the steady growth in China's vehicle market and China's new energy vehicle market returns to reasonable growth in 2016 due to policy influence, and offer suggestions for the healthy and sustainable development of the China's automotive industry.

The Report aims to serve consumers, auto manufacturers and relative government authorities.

It has great reference value forauto consumers, auto manufacturers and national auto industry authorities.

目　录

Ⅰ　总报告

Ⅱ　乘用车篇

Ⅲ　商用车篇

Ⅳ 新能源汽车篇

Ⅴ 零部件篇

Ⅵ 附录

皮书数据库阅读使用指南

CONTENTS

I General Report

II Passenger Vehicles

III Commercial Vehicles

Ⅳ New Energy Vehicles

Ⅴ Components and Parts

Ⅵ Appendices

总 报 告

General Report

B.1
2016年中国汽车工业发展报告

摘　要：本文阐述了2016年中国汽车工业和世界汽车工业的相关数据，分析了中国汽车工业在世界汽车工业和中国宏观经济中的地位，以及汽车工业的技术发展趋势和热点问题。本文基于对2016年中国汽车工业运行形势的分析，预测了2017年中国汽车工业的发展态势。

关键词：汽车工业　中国品牌　产业结构

一　2016年全球汽车工业发展形势与中国汽车产业的地位[①]

（一）全球汽车工业发展形势

2016年，全球经济呈现企稳迹象，金融市场信心回升，大宗商品价格

① 本节内资料来源于Marklines。

反弹，多数主要经济体货币对美元小幅升值，但实体经济依然脆弱，市场需求依旧低迷，宏观政策效力减弱，世界经济低增长高风险局面难有根本改观。2016 年全球汽车产销量双双突破 9000 万辆大关，分别为 9278 万辆和 9148 万辆，同比分别增长 4.5% 和 4.7%。在发达经济体汽车市场中，美国车市再创历史新高，欧洲车市走势良好，日本车市继 2015 年后再度下滑。新兴市场中的金砖国家，中国汽车产销再创全球新高，销量同比增长 13.7%，稳居世界第一；印度汽车销量同比增长 7.1%；巴西和俄罗斯等国新车销量均呈同比下降态势。不过，随着油价下跌、消费者购买力增强，全球车市将持续保持稳步增长的局面。

1. 发达经济体汽车市场

2016 年发达经济体复苏势头放缓，美国经济好于其他发达国家；欧元区政府负债率已开始下降，债务危机风险减小，但难民潮、英国脱欧公投等问题增加了欧洲经济的不确定性；日本经济政策效应衰减，经济增长动力进一步减弱。

（1）美国汽车市场

2016 年，美国新车销量同比增长 0.2%，达 1796 万辆，再创历史新高。稳定的劳动力市场、低利率、低油价、高消费者信心指数等大环境保持着高水准需求，支持销量持续走高。从各车种销量来看，乘用车同比下降 8.1%，中重型载货车同比下降 22.6%，从乘用车转向皮卡与 SUV 的需求仍在继续。而轻型载货车和中型载货车同比分别增长 7.3% 和 3.5%，成为市场企稳发展的主要支撑和拉动力（见表 1）。

表 1　2016 年美国汽车产销量

单位：辆，%

分类	车型	2015 年	2016 年	同比增速
生产	乘用车	4162310	4139283	-0.6
	轻型载货车	7626745	8072673	5.8
	中型载货车	74843	17860	-76.1
	中重型载货车	241592	n. a.	
	合计	12105490	12229816	1.0

续表

分类	车型	2015 年	2016 年	同比增速
销售	乘用车	7695858	7070155	-8.1
	轻型载货车	9778700	10489000	7.3
	中型载货车	200654	207694	3.5
	中重型载货车	248804	192662	-22.6
	合计	17924016	17959511	0.2

（2）欧洲汽车市场

2016 年，欧洲新车总销量为 1962 万辆，同比增长 3.7%。其中中东欧 14 国市场同比下跌 3.3%，仍陷低迷（见表 2）；2016 年是欧洲汽车销量连续第 3 年增长，市场趋势良好。

表 2　2016 年欧洲汽车产销量

单位：辆，%

分类	车型	2015 年	2016 年	同比增速
生产	西欧 17 国	14152584	14673712	3.7
	中东欧 14 国	6519518	6571596	0.8
	欧洲总计	20672102	21245308	2.8
销售	西欧 17 国	15019963	15846043	5.5
	中东欧 14 国	3902690	3773642	-3.3
	欧洲总计	18922653	19619685	3.7

西欧主要 4 国销量均实现增长。德国汽车销量 365.4 万辆，同比增长 4.8%。其中乘用车新车注册量为 335.2 万辆，同比增长 4.5%，仍是西欧最大的乘用车市场；载货车销量 29.6 万辆，同比增长 7.6%；客车销量 6683 辆，同比增长 8.9%。分燃料来看，汽油车占比为 52.1%，柴油车占比为 45.9%，替代燃料车占比为 2.0%。新能源汽车销售方面，全年混合动力车销售 4.8 万辆（其中插电式混合动力车 1.4 万辆），纯电动车销售 1.1 万辆。2016 年平均 CO_2 排放量为 127.4 克/千米，同比减少 1.4 克/千米。

尽管 2016 年政治与经济存在不确定因素，英国的新车市场还是创造了历史最高纪录。全年销售汽车 307.2 万辆，同比增长 0.5%。其中乘用车销量 269.3 万辆，同比增长 2.3%，英国继续保持西欧第二大乘用车市场的地位；商用车销量 38.4 万辆，同比下降 10.4%，其中轻型厢式载货车为 37.6 万辆，同比增长 1.0%。乘用车、轻型厢式载货车成为拉动市场的中坚力量。分燃料来看，汽油车占比为 49.5%，柴油车占比为 47.0%，替代燃料车占比为 3.5%。预计 2017 年低息与新车型的投入将继续保持良好的市场状态。法国全年销售汽车 246.2 万辆，同比增长 5.9%。其中乘用车新车注册量为 201.5 万辆，同比增长 5.1%，这是法国乘用车市场第 3 年连升；而轻型载货车和重型载货车销量分别为 39.4 万辆和 4.7 万辆。意大利汽车销量 200.6 万辆，同比增长 18.1%，连续 3 年上升。其中乘用车销量 182.5 万辆，同比增长 15.9%；而轻型载货车销量 18.1 万辆，同比增长 45.6%，是市场增长的主力。

2016 年，欧洲所有主要市场汽车销售强劲，如波兰、爱尔兰、罗马尼亚、葡萄牙、捷克和西班牙等欧盟国家的销量延续 2015 年增长势头继续上扬，分别为 18.1%、17.9%、17.8%、15.8%、12.9% 和 11.0%。

（3）日本汽车市场

2016 年，三菱和铃木的油耗作假事件均对市场产生了消极影响，2015 年 4 月轻型汽车税收增加的影响更是持续至今。全年日本汽车总销量 496.1 万辆，同比下滑 1.5%（见表 3），各细分车型销售几乎全线下滑，销量再次跌破 500 万辆大关。只有轿车和客车分别以 10.0% 和 15.8% 的同比增速成为止跌趋稳的主要支撑力。

表 3　2016 年日本汽车产销量

单位：辆，%

分类	车型	2015 年	2016 年	同比增速
生产	乘用车	7753144	7758279	0.1
	商用车	1447516	1330704	-8.1
	合计	9200660	9088983	-1.2
销售	乘用车	4418552	4351841	-1.5
	商用车	620875	609484	-1.8
	合计	5039427	4961325	-1.5

2. **新兴经济体汽车市场**

2016年，新兴经济体总体反弹乏力，巴西、俄罗斯等国工业产值萎缩，增长前景不容乐观。得益于美联储加息步伐放缓，新兴经济体发展的外部环境有所改善，资本外流减少，汇率总体趋于稳定。

（1）巴西汽车市场

2016年巴西仍陷于严重的经济衰退中。汽车市场总销量从2015年的256.9万辆持续下跌到205.0万辆，同比跌幅高达20.2%。全年轿车、SUV、轻型载货车、中重型载货车和客车销量分别为139.4万辆、29.4万辆、29.8万辆、5万辆和1.4万辆，同比跌幅分别为23.2%、4.0%、15.8%、29.9%和32.9%。分燃料来看，灵活燃料车占比88%，柴油车占比7.9%，汽油车占比4%。混合动力车以及纯电动车同比增长29%，达1091辆。据巴西全国汽车工业协会（ANFAVEA）预测，2017年汽车产销量同比将分别增长11%和4%，达到241万辆和213万辆。

（2）俄罗斯汽车市场

2016年，俄罗斯汽车销量为142.6万辆①，同比下降11%。尽管汽车销量自2016年新年伊始连续9个月呈现两位数的同比下降速度，但最终在12月同比略减的情况下显现出良好的趋势。虽然市场整体的上升势头疲软，但市场已见底。欧洲商业协会（AEB）预测该市场2017年有望走出持续4年同比下降的困境而逐渐回暖，其汽车销量将同比增长4%，达148万辆。

（3）印度汽车市场

2016年印度突然导入的基础设施税（1%～4%）及首都圈内禁售大型柴油车等政策的不确定性，导致消费者信心疲软；但公务员涨薪拉动的购买力，又使年末的销量坚挺。全年印度汽车总销量366.9万辆，同比增长7.1%。各细分车型销量全线上升，轿车、轻型载货车和中重型载货车分别销售206.2万辆、40.4万辆和25.2万辆，同比分别增长1.4%、8.6%和5.7%；而多功能乘用车和客车分别销售90.4万辆和4.7万辆，同比增长分

① 俄罗斯统计的乘用车包含轻型商用车。

别为 22.4% 和 10.9%，成为市场的主要拉动力。

（4）其他市场

2016 年，除阿根廷外，印度尼西亚、泰国、南非等新兴市场销量持续下滑。阿根廷汽车总销量为 67.4 万辆，同比增长 12.9%；印度尼西亚汽车总销量为 90.6 万辆，同比下滑 5.0%；泰国汽车总销量为 72.5 万辆，同比下落 5.9%；南非汽车总销量为 54.7 万辆，同比下降 11.4%。

（二）中国汽车工业的世界地位

1. 产业规模

从产业规模看，2016 年中国汽车产销分别为 2811.9 万辆和 2802.8 万辆，同比增长 14.5% 和 13.7%，自 2013 年以来连续 4 年超过 2000 万辆，稳居世界第一。中国在全球汽车制造业的市场份额已从 2000 年的 3.5% 提高到 2016 年 30.3%，是名副其实的世界汽车制造大国。随着产业规模的高速增长，中国汽车产业的国际地位有了实质性的提升，成为世界汽车工业的重要组成部分，并从根本上改变了世界汽车产业的格局，为中国成为世界汽车制造强国又迈进了一大步。

2. 细分市场

从各细分市场来看，2016 年，中国乘用车生产 2442.1 万辆，同比增长 15.9%，占全球乘用车总产量的 34.5%。2005 ~ 2016 年，中国乘用车产量以年均 18.9% 的增速持续提高，自 2009 年超越日本后，已连续 8 年位居榜首。中国商用车生产 369.8 万辆，同比增长 8.0%，占全球商用车总产量的 16.8%。其中，轻型载货车产量占全球轻型载货车总产量的比例由 2007 年的 8.6% 提升到 2016 年的 11.5%，且自 2005 年以来年均增速达到 7.4%。受统计口径影响，中国轻型载货车的产量低于美国①，居于全球第二位；中重型载货车产量占全球中重型载货车总产量的比例从 2001 年的 8.7% 上升

① 美国 Light-duty trucks 分类包括“Ford F-Series”“Dodge Ram”“Chevrolet”，每月厂商数据中包含部分 Medium-duty trucks 的数据。

到2016年的42.4%。2005～2016年，中国中重型载货车的产量以年均10.6%的速度持续增长，2007年超过日本后，已连续10年独占鳌头；客车产量占全球客车总产量的比例由2013年的60.6%上升到61.9%。2003年以来中国客车产量一直居世界首位，且自2005年以来年均增速达到了7.1%，是世界客车的主要生产大国。

3. 市场地位

作为全球最大的汽车市场，中国虽已进入缓速增长期，但世界各大汽车巨头依然看好中国汽车市场，并在未来的布局中纷纷把中国汽车市场作为重点，或通过不断引进新产品，或通过继续投资建厂，还有的采取保守的协调经销商利润等方式来进一步挖掘中国市场的潜力，不断提升中国在其全产业链战略布局中的地位。如为在全球竞争中冲顶冠军，大众更加倚重中国市场，并制定了新能源汽车在华市场的“三步走”发展战略。奔驰在继续保持平稳价格的同时，针对中国市场制定了新的经销商盈利点，包括售后服务、金融服务、二手车业务以及融资租赁等。福特汽车还将在中国推出紧凑级轿车福睿斯的导航版、紧凑级SUV福特翼虎的中期改款车型、性能车新款福克斯RS、MPV车型途睿欧、插电式混合动力MPV车型C-MAX Energi、蒙迪欧的中期改款和混合动力版车型等。在通用压缩版的全球化版图中，中国再度成为其全球最大市场。雷诺看好中国市场未来的发展，并对其即将在华投产的新工厂充满信心。特斯拉正寻找途径在中国生产汽车。

随着中国汽车市场竞争的国际化，跨国公司不断加大对中国的新车投放力度，以突出其品质优势，“全球同步”在华推出新车已成为多数厂商的竞争策略；2016年中国广州车展全球首发车型达到43款，而北京车展全球首发车型多达112辆；2016年跨国车企纷纷以国产化为标签抢占中国市场，高国产化率也成为衡量车型的标准之一。数据显示，2016年排名前十的豪华品牌，除了雷克萨斯外，其余9个品牌均已实现或者即将实现国产化。早期通过国产化在中国市场取得成功的豪华品牌三强——奥迪、宝马和奔驰似乎成了豪华品牌国产化的标杆，占据着中国豪华车市场75%的份额。而紧随其后的捷豹路虎、英菲尼迪、沃尔沃等二线豪华品牌，甚至连宾利、保时捷、法拉利等超豪华品牌也纷纷宣布国产或进入中国市场；中国企业在合资合作中的地位也在悄然发生变化，中方的话语权正在增强，从而更易实现以我为主、为我所用；此外，2016 年在中国召回的汽车首次突破 1000 万辆，达到 1133 万辆，涵盖国内外几乎所有的品牌，其中日系车占 64.7%，美系车占 22.0%，德系车占 7.6%，其他占 5.7%；据统计，自 2014 年 9 月以来，国家发改委对一汽－大众汽车有限公司、克莱斯勒（中国）汽车销售有限公司、奔驰公司与东风日产销售有限公司以及 12 家日本零部件和轴承企业的垄断处罚等，至今收到的反垄断罚单超过 20 亿元。2016 年 12 月，国家发改委价格监督检查与反垄断局称，正在对上汽通用汽车有限公司涉嫌违反反垄断法的行为进行调查。这或将是自 2011 年开展反垄断调查以来针对车企进行的第七次处罚。2016 年 3 月，由国家发改委会同有关部门共同起草的《关于汽车业的反垄断指南（征求意见稿）》开始公开征求意见，目前修改工作已基本完成，或将在 2017 年正式落地。随着汽车反垄断相关政策及法规的出台，反垄断执法将进一步常态化、制度化，这体现了中国汽车工业管理体制的不断完善和在世界汽车业中的地位的持续提升。

二　汽车工业总体规模及其在宏观经济中的地位和作用

（一）汽车工业总体规模①

2016 年中国汽车产销量分别为 2811.9 万辆和 2802.8 万辆，同比增长 14.5% 和 13.7%，高于上年同期 11.2 个和 9 个百分点。其中，乘用车产销量分别为 2442.1 万辆和 2437.7 万辆，同比增长 15.5% 和 14.9%；商用车产销量分别为 369.8 万辆和 365.1 万辆，同比增长 8.0% 和 5.8%；新能源汽车产销量分别为 51.7 万辆和 50.7 万辆，同比增长 51.7% 和 53.0%。

2016 年我国汽车商品零售总额 40372 亿元，占全国社会消费品零售总

① 数据采自国家统计局年度报告。

额的12.2%，同比增长10.1%，增幅同比上升4.8个百分点。截至2016年底，我国机动车保有量达2.9亿辆，其中汽车1.9亿辆；机动车驾驶人3.6亿人，其中汽车驾驶人超过3.1亿人。2016年新注册登记的汽车达2752万辆，保有量净增2212万辆，均为历史最高水平。近5年占比从50.4%提高到66.0%，全国有49个城市的汽车保有量超过百万辆，18个城市超200万辆，6个城市超300万辆。2016年，小型载客汽车达1.6亿辆，其中私家车1.5亿辆，占92.6%，同比增长15.1%。全国平均每百户家庭拥有36辆私家车，成都、深圳、苏州等城市每百户家庭拥有私家车超过70辆。

（二）汽车工业在宏观经济中的地位和作用

汽车工业产业链长、覆盖面广、上下游关联产业众多，在中国国民经济发展中发挥着十分重要的作用。随着中国汽车产业持续快速发展，汽车产业在国民经济中的重要地位也在不断加强，并成为支撑和拉动中国经济持续快速增长的主导产业之一。汽车工业增加值在全国GDP中所占比例由1996年的0.7%上升至2015年的1.6%，年均增速达到1.4%（见图1）。

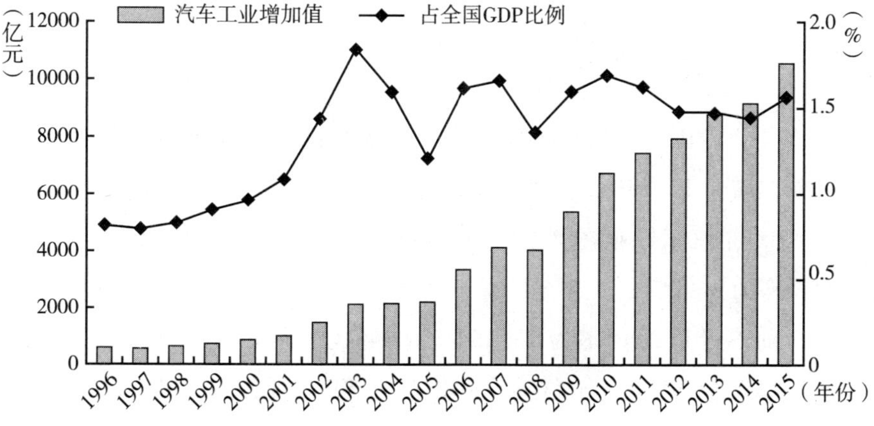

图1　历年中国汽车工业增加值及其占全国GDP比例

同时，中国汽车工业的蓬勃发展也显著拉动了上下游关联产业发展。国家信息中心分析认为，汽车产业（包括零部件企业在内）和相关产业的就业比例关系是1∶7，即汽车产业每增加1个就业岗位，就会带动相关产业增加7个就业岗位。从汽车工业链来看，涉及诸多行业，往往带动100多个产业的发展。国务院发展研究中心对2005年我国62个部门的投入产出流量表进行了分析，结果显示，汽车制造业每增值1元，就可带动上下游关联产业增值2.64元。鉴于汽车对上游钢铁、石化、橡胶、玻璃、电子和下游金融、保险、维修、旅游、租赁、旅馆等产业的拉动作用，2015年中国汽车工业对国民经济的综合贡献度在5.7%以上。随着汽车工业规模的不断扩大，汽车产品技术的不断发展，汽车工业链条不断完善，汽车工业对上下游关联产业的拉动效应更为显著。

三　汽车工业经济运行分析

2016年，国民经济运行缓中趋稳、稳中向好，实现了“十三五”良好开局。2016年汽车行业坚持国家稳中求进的工作总基调，坚持新发展理念，积极推进供给侧结构性改革，行业效益明显改善。2016年全国汽车行业15445家规模以上企业主要经济指标快报显示，行业整体经济运行平稳，主要经济指标呈较快增长，主营业务收入、利润总额明显高于上年。

（一）主营业务收入

2016年，全国汽车行业规模以上企业累计实现主营业务收入83345.25亿元，同比增长13.79%，增幅同比上升9.06个百分点。

从2016年汽车行业规模以上企业主营业务收入增长率变动来看，一季度，增长率为8.90%；上半年，增长率为9.90%，增幅比一季度提高1个百分点；前三季度增长率为13.25%，增幅比上半年提高3.35个百分点；全年增长率为13.79%，比前三季度提高0.54个百分点。从全年各月主营业务收入累计增长率变动来看，各月累计增长率基本呈逐月上升走势，增幅同比均高于上年同期（见表4）。

表4　2016年汽车行业主营业务收入增长率变动情况

单位：%

年份＼月份	1～2	1～3	1～4	1～5	1～6	1～7	1～8	1～9	1～10	1～11	1～12
2016	7.54	8.90	8.83	9.12	9.90	11.01	11.98	13.25	13.54	13.73	13.79
2015	6.22	4.84	4.55	3.95	3.84	3.03	2.50	2.36	2.83	4.18	4.73

从全国汽车行业规模以上企业各小行业实现主营业务收入的具体情况来看，5个小行业主营业务收入均高于上年。其中，汽车制造业、改装车制造业、汽车零部件制造业增长率较高，均超过10%，分别为14.18%、11.78%和14.23%；摩托车整车制造业和摩托车零部件制造业增长率分别为4.02%和9.69%（见表5）。

表5　2016年汽车行业各小行业实现主营业务收入情况

行业	企业数（家）	主营业务收入(亿元)		增长率（%）	增长额（亿元）
		本期	同期		
合　计	15445	83345.25	73244.99	13.79	10100.26
汽车制造业	523	39342.45	34457.96	14.18	4484.49
改装车制造业	830	3382.26	3025.85	11.78	356.41
汽车零部件制造业	12757	37202.80	32568.85	14.23	4633.95
摩托车整车制造业	209	1539.34	1479.92	4.02	59.42
摩托车零部件制造业	1126	1878.40	1712.41	9.69	165.99

（二）利润总额

2016年，全国汽车行业规模以上企业利润总额稳步增长，累计实现利润总额6886.24亿元，同比增长10.66%。

从2016年全国汽车行业规模以上企业利润总额增长率变动来看，一季度，利润总额增长率为8.52%；上半年，利润总额增长率为6.36%，增幅比一季度回落了2.16个百分点；前三季度增长率为12.70%，增幅比上半年提高 6.34 个百分点；2016 年增长率为 10.66%，比前三季度回落 2.04 个百分点。从全年各月利润总额累计增长率变动趋势来看，虽有起伏，但基本保持了增长走势（见表 6）。

表 6　2016 年汽车行业利润总额增长率变动情况

单位：%

年份＼月份	1～2	1～3	1～4	1～5	1～6	1～7	1～8	1～9	1～10	1～11	1～12
2016	4.87	8.52	7.38	8.79	6.36	7.82	10.75	12.70	13.50	12.32	10.66
2015	-0.49	-0.43	-0.11	-1.46	-1.58	-1.95	-3.86	-3.85	-2.63	1.02	1.74

从全国汽车行业规模以上企业各小行业实现利润总额的具体情况看，2016 年，在 5 个小行业中，汽车制造业由上年负增长转为正增长，摩托车整车制造业则由上年正增长转为负增长。2016 年汽车制造业、改装车制造业、汽车零部件制造业和摩托车零部件制造业利润总额高于上年同期，增长率分别为 5.79%、27.23%、17.12% 和 8.63%；摩托车整车制造业利润总额略低于上年，同比下降 0.65%（见表 7）。

表 7　2016 年汽车行业各小行业实现利润总额情况

行业	企业数（家）	利润总额(亿元)		增长率（%）	增长额（亿元）
		本期	同期		
合　计	15455	6886.24	6223.08	10.66	663.16
汽车制造业	523	3638.95	3439.83	5.79	199.12
改装车制造业	830	171.83	135.06	27.23	36.78
汽车零部件制造业	12757	2858.26	2440.39	17.12	417.87
摩托车整车制造业	209	91.40	91.99	-0.65	-0.60
摩托车零部件制造业	1126	125.80	115.81	8.63	9.99

（三）固定资产投资

2016 年，全国汽车行业规模以上企业累计完成固定资产投资 12338.91 亿元，同比增长 4.05%，增幅同比下降 10.15 个百分点。

从2016年固定资产投资增长率来看，一季度为21.96%；上半年为6.10%，增幅比一季度回落15.86个百分点；前三季度为5.20%，增幅比上半年回落0.90个百分点；全年增长率为4.05%，增幅比前三季度回落1.15个百分点。从各月固定资产投资累计增长率来看，基本呈逐渐回落走势（见表8）。

表8　2016年汽车行业固定资产投资增长率变动情况

单位：%

月份 / 年份	1~2	1~3	1~4	1~5	1~6	1~7	1~8	1~9	1~10	1~11	1~12
2016	3.75	21.96	16.84	12.28	6.10	6.93	6.97	5.20	2.32	3.11	4.05
2015	4.61	7.18	8.28	9.45	12.86	11.70	11.86	11.67	13.63	13.83	14.20

2016年，全国汽车行业规模以上企业固定资产投资资金来源合计为12188.44亿元，其中，上年末结余资金247.49亿元，本年资金来源为11940.95亿元。从汽车行业资金来源构成情况看，自筹资金为10835.96亿元，占行业资金来源的比重为90.75%。

从2016年全国汽车行业规模以上企业各小行业完成固定资产投资情况看，除汽车制造业和摩托车零部件制造业外，其余3个小行业完成固定资产投资均高于上年（见表9）。

表9　2016年汽车行业各小行业完成固定资产投资情况

单位：亿元，%

行业名称	固定资产投资		增长率	增长额
	本期	同期		
合　计	12338.91	11859.03	4.05	479.88
汽车制造业	2724.16	2728.75	-0.17	-4.59
改装车制造业	539.42	530.41	1.70	9.02
汽车零部件制造业	8685.49	8203.43	5.88	482.06
摩托车整车制造业	138.12	128.70	7.32	9.41
摩托车零部件制造业	251.72	267.74	-5.98	-16.02

（四）亏损企业情况

2016年，全国汽车行业规模以上亏损企业为1709家，同比下降10.94%，减少亏损企业210家。

2016年，亏损企业亏损额为315.09亿元，同比下降11.23%，其中，汽车制造业、改装车制造业、汽车零部件制造业、摩托车整车制造业和摩托车零部件制造业亏损额分别为179.56亿元、26.58亿元、103.61亿元、2.77亿元和2.57亿元，同比分别下降0.35%、6.53%、25.24%、33.96%和27.32%（见表10）。

表10　2016年汽车行业各小行业亏损额情况

企业名称	企业数（家）	亏损额（亿元）		增长率（%）	增长额（亿元）
		本期	同期		
合　计	15455	315.09	354.95	-11.23	-39.86
汽车制造业	523	179.56	180.19	-0.35	-0.63
改装车制造业	830	26.58	28.44	-6.53	-1.86
汽车零部件制造业	12757	103.61	138.59	-25.24	-34.98
摩托车整车制造业	209	2.77	4.19	-33.96	-1.42
摩托车零部件制造业	1126	2.57	3.54	-27.32	-0.97

（五）应收账款、产成品库存资金

2016年末，全国汽车行业规模以上企业应收账款为11526.12亿元，同比增长19.84%，增加资金占用1908.40亿元。2016年末，产成品库存资金为3030.08亿元，同比增长19.46%，增加资金占用493.53亿元。

2016年末，全国汽车行业规模以上企业应收账款、产成品库存资金占流动资产的比重为35.66%，比上年上升0.73个百分点。

（六）汽车商品进出口

2016年，世界经济增长依然乏力，发达经济体持续低迷，私人投资放缓，消费需求疲弱；新兴经济体增长虽缓中趋稳，但分化态势加剧，部分经济体经济结构单一，财政赤字偏高等结构性问题未得到根本改善。为此，国家有关部门加强了风险防范和预警机制，帮助出口企业有效规避汇率波动、经济下滑的不利影响；出口企业也加大了产品营销力度，同时海外并购的力度不减，产品品质也不断提升，因而中国汽车商品出口在2016年降幅比上年有所减缓。此外，受国内市场需求快速回升的刺激，中国整车进口降幅同比也大幅收窄。据中国汽车工业协会编辑整理的根据海关总署提供的汽车商品进出口数据，2016年，汽车商品进出口总额1564亿美元，同比下降0.62%，降幅比上年收窄13.34个百分点。具体而言，2016年汽车商品进出口大致呈现以下特点。

1. 进口情况分析

（1）汽车商品进口金额同比呈小幅增长，前十国进口金额占比维持较高水平

2016年，我国汽车商品进口结束下降趋势，呈小幅增长。累计进口金额797.46亿美元，同比增长3.13%。从全年汽车商品进口金额变化情况来看，除1月外，各月进口表现总体好于同期，10月后连续三个月月度同比较快增长，促进了全年汽车商品进口金额同比止跌回升。

在七大类汽车进口商品中，我国汽车整车进口金额降幅明显收窄，共进口449.47亿美元，同比下降0.31%，降幅比上年收窄25.67个百分点。摩托车进口占比虽较低，但增速依然最快，其中800毫升以上大排量品种表现最为突出，2016年，该系列进口量首次超过万辆，达到1.04万辆，占摩托车进口总量的49.52%；进口金额超过1亿美元，达到1.30亿美元，占摩托车进口总额的71.43%。此外，在四大类零部件品种中，除汽车、摩托车轮胎进口金额同比小幅下降外，其他三大类品种均呈不同程度增长，总体表现也好于上年。

2016年，汽车商品排名前十的进口来源国依次是：德国、日本、美国、英国、韩国、斯洛伐克、匈牙利、墨西哥、意大利和泰国，分别进口217.29亿美元、159.10亿美元、145.56亿美元、66.47亿美元、53.76亿美

元、19.00 亿美元、15.55 亿美元、14.60 亿美元、13.10 亿美元和 9.71 亿美元。与上年相比，我国自墨西哥进口商品金额下降较快，自韩国和英国进口金额降幅略低，其他国家呈不同程度增长，其中泰国和意大利增速更为明显。2016 年，我国自上述十国累计进口金额 714.14 亿美元，占我国汽车商品进口总额的 89.55%。

（2）汽车整车进口降幅比上年明显收窄，轿车进口止跌回升

2016 年，国内汽车市场需求明显回升，汽车整车进口表现也好于上年，总量维持在百万辆规模，达到 107.70 万辆，同比下降 2.26%，降幅比上年收窄 20.47 个百分点。从各月汽车进口表现来看，1~4 月进口量同比均下降，5 月略有增长，6 月和 7 月小幅下降，8 月同比增长超过 25%，9 月明显下降，10 月后各月同比均增长。

2016 年，乘用车进口依然占最大比重，共进口 104.93 万辆，同比下降 3.61%，占汽车进口总量的 97.43%。在乘用车主要进口品种中，轿车进口止跌回升，达到 37.74 万辆，同比增长 7.07%。在轿车主要进口品种中，排量小于 1 升的品种呈快速增长态势，共进口 2.31 万辆，同比增长 34.07%；1.5 升 < 排量≤2.0 升系列也呈明显增长，共进口 19.69 万辆，同比增长 17.15%；2.5 升以上各系列品种继续下降，共进口 7.30 万辆，同比下降 11.45%。越野车进口 46.57 万辆，同比下降 1.27%，降幅比上年收窄 18.63 个百分点。在越野车细分品种中，4 升以上品种增速最为显著，共进口 1.31 万辆，同比增长 66.68%；1.5 升 < 排量≤2.0 升增速居次，共进口 10.60 万辆，同比增长 10.25%；2.5 升 < 排量≤3.0 升所占比重依旧最大，共进口 26.22 万辆，同比增长 3.92%，占越野车进口总量的 56.75%。小型客车表现依旧低迷，共进口 20.62 万辆，同比下降 22%。在小型客车细分品种中，3 升以上各系列品种呈较快增长，共进口 2.44 万辆，同比增长 30.10%；1.5 升 < 排量≤2.0 升占比保持最高，共进口 12.81 万辆，同比下降 7.68%，占小型客车进口总量的 62.12%；上年呈迅猛增长的 1.5 升及以下小排量品种进口明显下降，共进口 0.54 万辆，同比下降 40.75%。

2016 年，汽车整车排名前十的进口来源国依次是：日本、美国、德国、

英国、匈牙利、斯洛伐克、墨西哥、法国、加拿大和比利时，分别进口28.60万辆、25.53万辆、22.73万辆、9.76万辆、3.72万辆、2.97万辆、2.29万辆、1.47万辆、1.37万辆和1.28万辆。与上年相比，我国自墨西哥进口汽车数量下降最快，自法国和美国进口降幅略低，自其他国家进口均增长，其中自匈牙利和比利时的进口增速更为明显。2016年，我国自上述十国共进口汽车99.72万辆，占汽车整车进口总量的92.59%。

（3）汽车零部件进口金额小幅增长，下半年总体表现好于同期

2016年，汽车零部件进口也结束上年下降趋势，呈一定增长。累计进口金额345.96亿美元，同比增长7.89%。从月度汽车零部件进口金额变化情况来看，1月同比降幅最为明显，2月同比呈较快增长，3月、5月增速略低，4月、6月和7月微降，8月后月度同比增速均呈两位数快速增长，表现明显好于其他各月。

在汽车零部件主要品种中，与上年同期相比，发动机结束了上年快速下降趋势，呈小幅增长，共进口72.67万台，同比增长6.66%；进口金额20.20亿美元，同比增长8.52%。汽车、摩托车轮胎进口金额降幅比上年有所收窄，共进口5.68亿美元，同比下降3.28%，降幅比上年收窄13.65个百分点。汽车零件、附件及车身和其他汽车相关商品进口金额也结束上年下降趋势，呈一定增长，分别进口288.51亿美元和31.57亿美元，同比增长7.68%和11.83%。

2. 出口情况分析

（1）汽车商品出口金额降幅比上年略有收窄，进出口贸易再现逆差

2016年，汽车出口形势依然较为严峻，出口商品金额降幅比上年虽有所收窄，但仍处于下行空间。2016年，汽车商品累计出口金额766.54亿美元，同比下降4.24%，降幅比上年收窄0.82个百分点。随着同期进口商品金额降幅明显减缓，进出口贸易再次呈现逆差，2016年，我国汽车出口对外贸易逆差为30.92亿美元，总体竞争力仍然偏弱。

从月度汽车商品出口金额同比增长变化情况来看，1~2月降幅较为明显，3月、8月和11月呈一定增长，其他各月降幅略低。

在七大类汽车出口商品中，只有发动机出口金额同比呈小幅增长，其他六大类品种均呈下降趋势，其中汽车及半挂车降幅最为明显。

2016 年，汽车商品排名前十的出口目的国依次是：美国、日本、韩国、墨西哥、德国、伊朗、俄罗斯、英国、越南和泰国，出口金额分别为 171.25 亿美元、60.70 亿美元、32.55 亿美元、25.73 亿美元、25.67 亿美元、23.50 亿美元、18.33 亿美元、17.82 亿美元、17 亿美元和 14.52 亿美元。与上年相比，我国对越南出口商品金额下降最快，对英国和日本出口金额略有下降，其他国家呈不同程度增长，对伊朗出口金额增速居前。2016 年，向上述十个国家共出口金额 407.07 亿美元，占汽车商品出口总额的 53.10%。

（2）汽车整车出口量呈小幅增长，客车表现最为突出

2016 年，汽车整车出口量结束上年下降，呈小幅增长，但整车出口金额仍呈一定下降趋势，未出现明显好转。2016 年，汽车整车共出口 80.98 万辆，同比增长 7.19%；出口金额 114.23 亿美元，同比下降 8.15%。出口单价 1.41 万美元，低于上年 0.24 万美元。从月度汽车出口量同比增长变化趋势来看，1 月和 2 月下降较明显，3 月、5 月和 7 月微增，4 月和 6 月略降，8 月后同比呈较快增长。

在汽车整车出口主要品种中，客车同比增长明显，表现最为突出，轿车也结束上年下降趋势，呈小幅增长，载货车依然呈下降趋势。2016 年，上述三大类品种共出口 66.24 万辆，占汽车整车出口总量的 81.80%，占比自 2014 年以来连续三年呈下降趋势。

2016 年，客车共出口 14.24 万辆，同比增长 20.26%。在客车主要品种中，小型客车（9 座以下）出口量增长最为明显，共出口 8.45 万辆，同比增长 42.64%，占客车出口总量的 59.34%。大型客车（30≤座位）比上年小幅下降，共出口 1.79 万辆，同比下降 6.58%；中轻型客车（10≤座位≤29 座）同比缓中略降，共出口 3.99 万辆，同比下降 0.04%。

轿车共出口 33.41 万辆，同比增长 8.47%。在轿车细分品种中，与上年相比，2 升及以上品种表现不佳，结束上年增长趋势，呈较快下降，共出

口1.19万辆，同比下降44.98%。小于2升各系列品种出口表现总体好于上年，其中1升及以下品种共出口1.76万辆，同比增长22.62%；1.5升<排量≤2.0升共出口14.20万辆，同比增长21.75%；1.0升<排量≤1.5升出口略有增长，共出口16.26万辆，同比增长4.62%。

载货车出口18.59万辆，同比下降15.05%。其中柴油载货车共出口14.24万辆，同比下降12.13%；汽油载货车共出口4.35万辆，同比下降23.28%。

（3）汽车零部件出口金额同比略有下降，贸易顺差比上年有所减少

2016年，汽车零部件出口金额比上年略有下降，累计出口金额602.50亿美元，同比下降2.69%；占汽车商品出口总额的78.60%，占有率比上年提升1.25个百分点。出口顺差达到256.54亿美元，比上年减少41.98亿美元。从月度汽车零部件出口金额同比变化情况来看，前2月同比降幅均超过10%，3月同比增幅为全年最高，4月、6月、7月、9月、10月、12月同比呈小幅下降，5月、8月、11月均同比增长，但增幅低于3月。

在四大类汽车零部件品种中，发动机出口金额增幅比上年略有减小，2016年，发动机出口338.48万辆，同比下降0.06%；出口金额18.22亿美元，同比增长2.22%，增幅比上年减小3.90个百分点。其他三大类零部件品种均呈小幅下降，其中汽车零件、附件及车身出口金额350.28亿美元，同比下降0.45%；汽车、摩托车轮胎出口金额117.70亿美元，同比下降7.05%；其他汽车相关商品出口金额116.30亿美元，同比下降5.34%。

（4）摩托车出口依然在低位运行，150~500毫升中型排量品种呈明显增长

2016年，摩托车出口继续呈小幅下降，但降幅比上年有所收窄，累计出口813.46万辆，同比下降4.39%，降幅比上年收窄3.89个百分点；出口金额41.68亿美元，同比下降8%，降幅比上年收窄1.13个百分点。从全年摩托车出口情况来看，1月、2月和4月出口量月度同比降幅较为明显，3月、5月、6月和8月同比均增长，其中3月增速最快，其他各月呈小幅下降。

2016年，在摩托车主导品种中，150毫升及以下品种出口均呈下降趋

势，其中排量≤50 毫升和 50 毫升 < 排量≤100 毫升两大系列品种降幅更为明显；150 ~ 500 毫升各系列品种均呈两位数较快增长，其中 250 毫升 < 排量≤400 毫升和 400 毫升 < 排量≤500 毫升增速更快。500 毫升以上大排量摩托车品种出口仍然呈下降趋势，表现明显不如同期。

四 中国汽车市场发展分析

2016 年是“十三五”开局之年，在改革创新深入推进和宏观政策效应不断释放的共同作用下，国民经济保持了总体平稳、稳中有进、稳中向好的发展态势。受此影响，汽车行业加大供给侧改革力度，产品结构调整和更新步伐持续加快，产销增速呈逐月增高态势。汽车全年产销双超 2800 万辆，分别为 2811. 9 万辆和 2802. 8 万辆，同比增长 14. 5% 和 13. 7% ，高于上年同期 11. 2 个和 9. 0 个百分点，产销量再创历史新高，已连续 8 年居世界首位。其中，乘用车产销增速高于行业，SUV 仍为增长亮点；商用车市场回暖，货车拉动效应明显；新能源汽车产销符合预期；进出口降幅持续收窄；功能性需求增长明显。我国汽车千人保有量与发达国家仍存较大差距，汽车市场发展潜力依旧巨大，预计汽车市场仍将保持平稳增长。

（一）相关政策

2016 年，国家相关部委及地方政府围绕汽车产业结构调整、汽车领域“三化”重点技术突破、绿色制造、新能源汽车推广、汽车行业管理及消费者权益保障等几个主要方面制定和出台了大量政策，这些政策和措施呈现以下几大特点。

1. 行业发展的顶层设计和方向

国家“十三五”发展纲要提出的“创新发展、协调发展、绿色发展、开放发展、共享发展”成为汽车行业后续政策法规的顶层设计框架，而《“十三五”汽车工业发展规划意见》确定大力发展中国品牌、推动三化发展、实施创新驱动、深化管理改革等八项重点任务为汽车业持续发展方向。

2. 制造业转型升级持续推进

为深入实施《中国制造2025》，推动制造业转型升级，国家相继发布实施了《工业强基2016专项行动实施方案》《金融支持工业稳增长调结构增效益的若干意见》《智能制造试点示范2016专项行动实施方案》等政策，明确了64个智能制造试点项目，其中汽车领域有5个项目。国家相关部委组织实施了一批重大工程和项目，出台了五大工程实施指南；作为十大重点发展领域，节能与新能源汽车将在制造业转型升级中得到快速发展，智能网联汽车的自主研发体系及生产配套体系也将被逐步建立。

3. 科技成果转化加快，科技创新规划明确方向

《中国促进科技成果转化法若干规定》《促进科技成果转移转化行动方案》《征集2016年交通运输部科技示范工程立项建议》《组织推荐2016年国家技术创新示范企业》等政策促进科技成果资本化、产业化，形成经济持续稳定增长新动力。国务院发布的《“十三五”国家科技创新规划》从七大方面对我国科技创新做了明确部署，同时也指出了汽车领域创新方向——突破新能源汽车电池、电机与电子电力、智能化、燃料电池、插电/增程式混合动力系统。

4. 绿色发展贯穿汽车生命周期，绿色制造成为行业必然选择

国家相关部委发布实施了《2016年能源工作指导意见》《能源技术革命创新行动计划（2016～2030年）》《绿色制造2016专项行动实施方案》《促进绿色消费的指导意见》《切实做好全国碳排放权交易市场启动重点工作》《国家绿色数据中心试点监测手册》《绿色制造标准体系建设指南》《绿色制造工程实施指南（2016～2020年）》《工业绿色发展规划（2016～2020年）》等一系列政策措施，将绿色发展从能源、制造、使用、监管四个环节贯穿汽车整个生命周期。面对日益严峻的能源、环境形势，汽车行业需要把绿色制造作为一项系统工程，从全产业链落实绿色制造。

5. 规范管理加大行业发展调控力度，企业及产品准入管理渐成体系

《进一步加强汽车生产企业及产品准入管理有关事项》《缺陷汽车产品召回管理条例实施办法》《道路运输车辆技术管理规定》《修改机动车维修

管理规定》《修改道路运输车辆动态监督管理办法》《2016 年推进简政放权放管结合优化服务改革要点》等，加大了汽车企业及产品事前、事中、事后的调控力度。《汽车动力电池行业规范条件（2017 年）（征求意见稿）》、《新能源汽车生产企业及产品准入管理规定（修订征求意见稿）》，加上以前发布的商、乘、专用车等企业及产品准入管理规定，准入管理已渐成体系。

6. 维护消费者权益破除行业垄断

《促进二手车便利交易的若干意见》《促进二手车便利交易加快活跃二手车市场》《在市场体系建设中建立公平竞争审查制度的意见》等，进一步维护了汽车公平的市场流通秩序，建立了公平公正的市场竞争和安全放心的消费环境。保护消费者权益，是汽车市场迈向成熟的标志，也将切实推动我国汽车工业整体质量升级。

7. 油耗、排放法规再度升级，减排方案力推节能与新能源汽车

新修订的《乘用车燃料消耗量限值》明确到 2020 年乘用车平均油耗降至 5.0 升/100 公里，《实施第五阶段机动车排放标准公告》将排放提升重点落在 NO_x、PM 控制和排放里程方面，《汽车有害物质和可回收利用率管理要求》明确将对 6 种有害物质的含量限值以及可再利用率、可回收利用率等进行公告管理。国务院发布《“十三五”控制温室气体排放的工作方案》，推动我国 CO_2 排放在 2030 年前尽早达到峰值，鼓励发展低碳电网，提倡电力替代交通燃料，提高纯电动汽车和插电式混合动力汽车产销量，同时要求严格实施传统汽车燃料消耗量限值标准，多方面降低温室气体排放。

8. 新能源汽车推广进程加速

以国五条为核心战略，从市场和创新导向、加快充电基础设施建设、扩大应用比例、提升整车品质、完善补贴五方面，指明 2016 ~ 2020 年新能源汽车发展方向；《“十三五”新能源汽车充电基础设施奖励政策及加强新能源汽车推广应用》将充电基础设施建设奖励与新能源汽车推广数量相关联，给出 2016 ~ 2020 年新能源汽车最低推广要求，目前大部分省市已制订和发布了“十三五”新能源汽车的发展规划，“十三五”期间，我国新能源汽车推广量将超过 200 万辆，市场规模将超过 500 万辆；《开展新能源汽车推广应用核查工作》《电动汽车动力蓄电池回收利用技术政策》等新能源汽车政策囊括产业、资金、充电设施等多方面，加速了新能源汽车的推广进程；根据《新能源汽车碳配额管理办法》（征求意见稿）、《企业平均燃料消耗量与新能源汽车积分并行管理暂行办法》（征求意见稿），未来通过碳配额管理与积分管理等方式，企业新能源汽车的产销情况将形成市场交易体系并直接纳入考核指标。

9. 网约车分享经济模式的发展

国家出台了《关于深化改革推进出租汽车行业健康发展指导意见》、《网络预约出租汽车经营服务管理暂行办法》、《网络预约出租汽车运营服务规范》（征求意见稿）、《关于网络预约出租汽车车辆准入和退出有关工作流程的通知》等，旨在提升网约车市场服务规范化，促进“互联网+”出行的分享经济产业发展。

10. 智能网联汽车政策推动力度加大

随着“互联网+”、《中国制造2025》等一些国家重大发展规划逐步落地和实施，智能网联汽车的政策推动力度也在不断加大，一方面要求加快核心技术的研发与突破、智能车载设备的开发；另一方面加快形成法规及标准体系，目前智能网联汽车标准体系框架的制定已全面展开。

（二）产业结构

受购置税优惠政策等促进因素影响，2016年我国汽车产销月度销量除2月以外，其余月份均明显高于上年同期，销量累计增长率呈“直线上升”走势，总体呈现产销两旺发展态势。汽车行业重点企业（集团）继续稳居主导，市场集中度虽略有下降，但仍保持较高水平，其中汽车销量排名前10的生产企业依次为上汽集团、东风汽车、一汽集团、长安汽车、北汽集团、广汽集团、长城汽车、吉利控股、华晨汽车和奇瑞汽车，分别销售647.2万辆、427.7万辆、310.6万辆、306.3万辆、284.7万辆、164.9万辆、107.5万辆、79.9万辆、77.4万辆和69.9万辆。与上年同期相比，华晨汽车销量呈小幅下降，其他企业均呈增长，吉利控股和奇瑞汽车增速更为明显，而上汽集团销量首次突破600万辆。2016年，汽车销量排名前3的企业市场占有率为49.4%，同比下降1.7个百分点；排名前5的企业市场占有率为70.5%，同比下降2.1个百分点；排名前10的企业销量合计为2476.1万辆，市场占有率为88.3%，同比下落1.2个百分点。

（三）产品结构

在中国私人汽车消费不断增长的形势下，汽车市场“商/乘”比持续下降，这几年商用车平均每年向乘用车转移大约1.5个百分点的产销份额，2016年，中国汽车市场“商/乘”销量比值约为0.15。乘用车主体地位进一步巩固，市场份额达87%，连续5年超过80%。其中，轿车销量同比增长3.7%，达到1215万辆，占比依旧最高，为49.8%，但同比下滑了5.6个百分点；运动型多用途乘用车（SUV）以45.4%的同比增幅快速增长，销量达到904.7万辆，与轿车销量的比例接近1∶1.3，占比为37.1%，同比提高7.7个百分点；多功能乘用车（MPV）同比增长18.5%，增幅提高8.4个百分点，占比提高了0.24个百分点，达到10.2%；交叉型乘用车自2011年以来，已连续6年销量下滑，同比降低37.8%，占比为2.8%。市场需求日趋多样化，各企业竞争更显白热化。商用车总体销量365.1万辆，同比增长5.8%，其中，载货车（含货车非完整车辆、半挂牵引车）共销售310.8万辆，同比增长8.8%。在四大类货车品种中，重型和中型载货车分别增长33.1%和14.3%，增幅明显，轻型载货车同比下降1.2%，降幅明显减小，微型载货车保持了小幅增长，同比增长11.0%。客车销售已连续两年持续下降，同比下滑8.7%。

2016年，我国新能源汽车销售50.7万辆，同比增长53%，占汽车总销量比例为1.8%。其中纯电动乘用车销售25.7万辆，同比增长75.1%，占比为50.7%，占据市场主力；插电式混合动力乘用车销售7.9万辆，同比增长30.9%，占比为15.6%；纯电动商用车销售15.2万辆，同比增长50.7%，占比为30.0%；插电式混合动力商用车销售1.9万辆，同比下降19.3%，占比为3.7%。

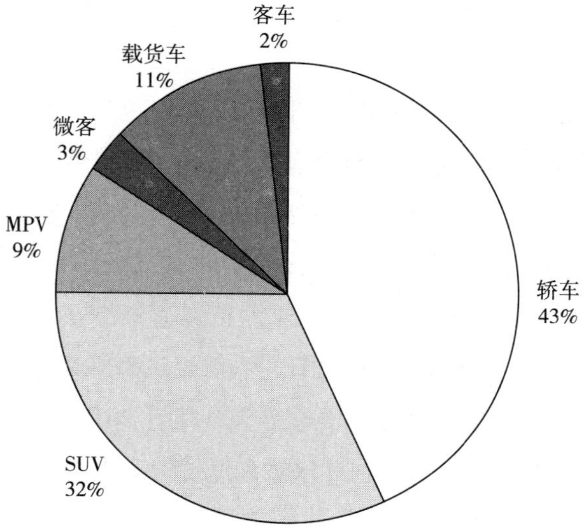

图 2　2016 年汽车产品结构

（四）中国品牌

2016 年，中国品牌汽车销售 1197.1 万辆。其中，乘用车销量首次超过千万辆，共销售 1052.9 万辆，同比增长 20.5%，比上年同期增加 5.2 个百分点，占乘用车销售总量的 43.2%，比上年提升 2 个百分点。中国品牌乘用车销量自 2006 年首次超过 200 万辆，10 年来平均增长 16.9%，增速略低于外国品牌，市场占有率一直在 40% 左右。

中国品牌轿车共销售 234 万辆，同比下降 3.7%，占轿车销售总量的 19.3%，比上年同期下降 1.4 个百分点。中国品牌轿车首次进入销量前十排名榜，销量排名前九的均为外国品牌，累计销售 308.3 万辆，前十位中国品牌共销售 118.4 万辆，是前者的 38.4%。

中国品牌 SUV 销售 526.8 万辆，稳居乘用车销量第一，同比增长 57.6%，占 SUV 销售总量的 58.2%，比上年同期提高 4.8 个百分点。在销量排名前十的 SUV 品牌中，中国品牌占据 6 席。销量排名前十的中国品牌 SUV 累计销售 240.2 万辆，占 SUV 销售总量的 45.6%。近 10 年来，SUV 市场需求一直保持快速增长，年均增速达到43.7%，明显高于乘用车行业增幅，市场占有率逐年提升。

中国品牌MPV销售223.8万辆，同比增长19.9%，占MPV销售总量的89.6%，比上年同期提高1.2个百分点。销量排名前十的MPV品牌中，有9款为中国品牌，市场表现继续好于外国品牌。销量排名前十的中国品牌MPV共销售184.9万辆，占MPV销售总量的82.6%。10年来，MPV市场发生较大变化，以高端商务用车为主流的市场逐渐缩小，取而代之的家用MPV正迅速扩大，尤其是2013年以后，一些交叉型乘用车生产企业产品线上移，使MPV品种更是呈现快速增长势头。尽管2016年MPV市场需求增速放缓，但家用MPV市场未来预计依然会保持稳定增长。

2016年，中国品牌主导企业共销售1397.6万辆，占汽车总销量的49.9%，依然保持了较高的市场占有率，在上汽集团、长安汽车、东风集团、北汽集团、长城汽车、吉利控股、江淮汽车、奇瑞汽车、一汽集团和比亚迪汽车这排名前十的中国品牌汽车中，上汽集团的中国品牌汽车销量超过200万辆，达到255.2万辆，占中国品牌汽车销售总量的18.3%，长安汽车、东风集团、北汽集团和长城汽车的中国品牌销量均超过100万辆。10家企业全年共销售中国品牌汽车1115.3万辆，占中国品牌汽车销售总量的79.8%。前10家企业共销售中国品牌乘用车896.3万辆，占中国品牌乘用车销售总量的85.1%。前10家企业共销售中国品牌商用车277.9万辆，占中国品牌商用车销售总量的80.6%。

中国品牌产品的综合质量水平与国际品牌产品的差距也以较高的速度不断缩小。J. D. Power中国新车质量报告显示，近年来，中国品牌汽车产品质量持续提升，新车PP100（问题数/百辆车）从2003年的469个锐减到2016年的112个，与国际品牌PP100的差距由2003年的191个缩小至2016年的14个（见图3）。

（五）发展态势

2017年，随着国家宏观经济形势稳中向好的趋势不断显现，汽车市场

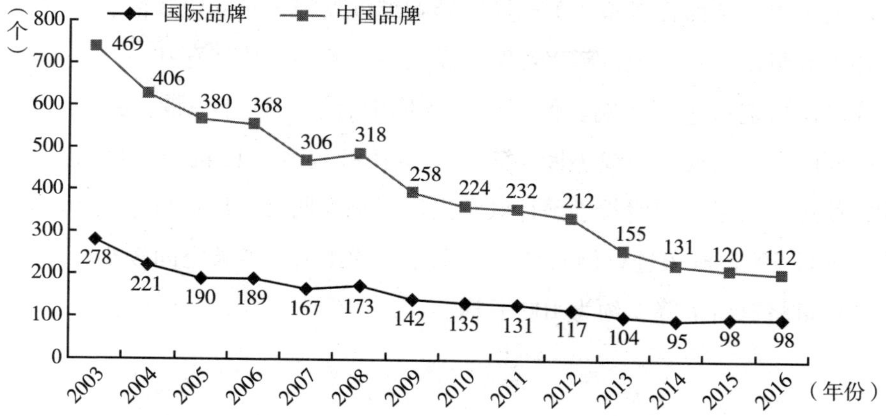

图3　中国品牌与国际品牌历年的新车质量问题差值

资料来源：J. D. Power 亚太公司。

需求也将继续保持稳定增长。类似购置税减半政策等释放完毕，再加上全国各城市的交通、环保压力陡增，政策面开始转向非传统内燃机汽车。汽车市场主要发展趋势是：乘用车销量仍会持续增长，私人购车市场会进一步扩大；各车企新产品规划已从数量转变为“品质”，全新换代车型成为重点；工信部发布的《企业平均燃料消耗量与新能源汽车积分并行管理暂行办法》（征求意见稿），将通过“车企积分”方式向新能源汽车倾斜；互联网造车进入“深水区”，互联网促动下的二手车业务已建起完整生态链，将出现全新的发展模式；汽车金融将成为车市最后的命脉，也势必带动汽车金融利润直线上升；中国的豪华车市场份额将再次扩大，各品牌间竞争将再次加剧。

尽管刺激性政策有所削弱，产销增幅也因此会有所减小，根据2016年汽车销量走势及2017年汽车市场的利弊因素，以及1.6L节能补贴政策的延续执行，中国汽车工业协会预测2017年全年汽车总销量达到2940万辆，同比增速为5%左右。预计乘用车销量达到2570万辆，同比增速为5%左右。其中，轿车和交叉型乘用车会负增长，SUV和MPV会继续保持快速增长。预计商用车销量达到370万辆，同比增长2%左右。

2017年，世界经济发展环境仍会呈现复杂多变态势，美国政府换届，经济政策连续性面临考验；英国脱欧影响继续发酵，对欧盟政治、经济等方面冲击或将进一步显现；新兴经济体发展不平衡问题依然存在。这些都将会对我国出口造成不利影响。但国内经济稳中有进，且“一带一路”良性推进，同时出口企业产品线不断丰富，质量持续提升，也将促进出口摆脱低迷，使进出口呈一定增长。预计汽车出口将触底回升，出口量达到76万辆，同比增长5%；汽车进口仍面临“去库存”的压力，增长空间较小，预测汽车进口量将有所下降，约为100万辆。

五 汽车新技术与新产品

（一）先进动力总成

尽管新能源动力技术发展得如火如荼，但是传统动力还是主流，并且在未来一段不短的时间内仍将是主流，因此如何挖掘传统动力的潜力显得非常重要。欧洲车企主要采用电子涡轮和48V技术，这两项技术都能提高发动机性能；日本车企则侧重提高发动机的热效率，如本田、丰田、马自达等均走此路线。提高发动机热效率不仅对传统动力有用，对混合动力技术也有用，无论是HEV还是PHEV，拥有高热效率的发动机都能让整个动力系统的环保性能和效率提升。

同时，随着各国的排放标准进一步严格，各大车企不得不推出相应的对策，而小排量涡轮增压发动机似乎成了一个不错的解决方案，各大车企也纷纷在自家的各个车系中普及小排量的涡轮增压发动机，超豪华车也从之前普遍为8缸、10缸的自然吸气发动机转变为排量更小的6缸乃至4缸涡轮增压发动机。小排量增压发动机现在已是大势所趋，沃尔沃XC90、奥迪Q7、宝马X5、捷豹F-Pace等都推出了2.0T版本车型，让豪华品牌SUV正式进入小排量涡轮时代。目前来看，2.0T的4缸涡轮增压发动机似乎是豪华车排量降低的底线，但也不排除未来技术水平进一步提升之后会把更小排量的发动机用在豪华车上。同时，从2016年的年度发动机获奖名单也可以看出明显的小型化、增压化趋势。

捷豹是第一个尝试小排量豪华车的品牌，早在2012年就率先在旗舰车型XJL中搭载了2.0T发动机，但由于当时发动机动力并不能令人满意，所以一度还遭人非议，但捷豹却开创了豪华车搭载2.0T小排量发动机的先河。对消费者来说，小排量带来低油耗，涡轮保证了强动力，似乎是一个两全其美的方案，但仍有相当一部分目标群体对小排量豪华车存在质疑，一方面是目前小排量发动机的平顺性仍达不到大排量发动机的水平，另一方面则主要认为小排量发动机降低了豪华车的身份。而随着法规的更加严苛，也许到了2020年，我们身边的8缸、12缸车型将被4缸发动机完全替代，甚至连超级跑车都将把小排量“发动机+电动机”作为主力配置。

2016年也是混合动力车型爆发的一年。在2016年之前，丰田几乎就是混合动力的代名词。但是到了2016年，通用大举进军混合动力领域，推出了凯迪拉克CT6插电混合动力版、别克君越30H全混合动力版、雪佛兰迈锐宝XL全混合动力版这三款车型。本田推出了在平顺性和燃油经济性两个方面都不逊于丰田的雅阁混合动力版，动力输出以电动机为主，发动机在大多数时间都用来带动发电机，所以转速可以保持稳定，据此实现良好的油耗表现。现代和起亚也推出了性价比很高的混合动力车型K5和索纳塔混合动力版。德系则专攻中高端的插电式混合动力车型，整个混合动力市场形成了群雄并起的局面。然而在2016年，中国品牌在混合动力领域的表现略显沉寂。油电混合动力方面，吉利和科力远合作研发了以行星齿轮为核心的双电机混合动力系统，但是目前还未上市。

（二）轻量化技术

节能环保是汽车行业发展的热点之一，轻量化技术也广泛应用到普通汽车领域。车身变轻对整车的燃油经济性、车辆控制稳定性、碰撞安全性都大有裨益，在提高操控性的同时还能有出色的节油表现。在全球环保标准不断强化的背景下，汽车厂商为了提高燃效性能，都在加快推进汽车轻量化。轻量化的主要途径有结构轻量化、材料轻量化和生产工艺轻量化。2016年，材料轻量化方面明显的趋势是铝材和复合材料越来越多地取代高强钢用来制造汽车，生产工艺的改进也伴随着材料的更替而出现。

在钢材和铝材方面，高强钢已经广泛用于车身制造，而铝合金则正在很多部位取代高强钢来进一步减重。2016 年 3 月上市的本田新款燃料电池车“CLARITY FUEL CELL”大量采用高张力钢板和铝合金等材料，实现了轻量车身。具体来说，车身质量的约 55% 为高张力钢板和铝合金等轻量材料，1.5GPa 级高张力钢板（热压材料）约为 10%，980MPa 级高张力钢板（冷压材料）约为 20%，780MPa 级高张力钢板（冷压材料）约为 5%，铝合金约为 15%，包含 GFRP（玻璃纤维强化树脂）在内的树脂材料约为 5%，与尺寸相近的中型轿车“雅阁”相比，车身重量减轻约 15%。新上市的奥迪 Q7 通过区分使用铝合金及高张力钢板等多种材料进行设计，实现了车身减重 300 千克，使燃效改善了三成以上，并且让大型 SUV 也实现了灵活的行驶性能。新发布的宝马 5 系虽然没有延续新 7 系采用碳纤维的做法，但通过采用高强度钢、镁和铝的组合仍然减重 62 千克。凯迪拉克新款 CT6 的车身含有 62% 的铝质材料，通过利用这种轻质材料和先进的接合技术，车辆整备重量明显减轻，使高级轿车 CT6 的重量与较小的中型轿车 CTS 基本相当，和使用高强度钢材的同级别车辆进行对比，CT6 减轻了大约 100 千克的重量。通用尖端的接合方法用于装配 CT6 各种车身结构件，工艺有通用专利认证的铝合金点焊技术，可以帮助实现轻量化，并增加强度，提高效率。激光焊接、热熔钻紧固件和自钻铆接工艺也得到应用，另外使用了接近 180 米的先进结构型胶黏剂。在抗弯曲方面，凯迪拉克 CT6 的车身强度比其他竞争车型高出 10%。捷豹路虎为实现轻量化，在新款 XF 车型的白车身表面积的约 75% 采用了铝合金，通过区别使用铝合金和钢板，新款 XF 的车重比上一代车型减轻 190 千克，而且车身的抗扭刚性达到 21700N·m，比上一代车型提高 28%。

在复合材料方面，目前应用的主流为碳纤维复合材料和玻璃纤维复合材料。马自达就将采用碳素纤维打造下一代全新 MX-5，使新车重量大幅减轻。但大量使用碳纤维材料，将会造成汽车成本过高超出消费者的接受范围，也不符合 MX－5 的市场定位，因此马自达将采用低成本的碳纤维材质。兰博基尼也在其复合材料实验室完成了碳纤维复合结构技术，该技术已用于制造发动机内的活塞连杆，未来还将在此基础上实现其多方面的轻量化目标，包括用碳纤维连接件取代钢制连接件、将重量减轻 40%～50%，V12 发动机如采用这类连接件，将会获得诸多益处。福特汽车公司也在其全新 GT 超级跑车上应用碳纤维轮毂，锻造铝合金轮毂作为标准配置，碳纤维部件作为选装配置，福特为 GT 开发的碳纤维轮毂比标准锻造铝合金单元重量减轻 2 磅。本田新款燃料电池车“CLARITY FUEL CELL”的后保险杠部件采用了积层型 GFRP，与原来采用钢板部件时相比，重量减轻了 50%，本田表示，对于保险杠这样的大型部件，利用 GFRP 一体成型尚属全球首次。德国汉高则推出了 GFRP 制造的板簧，被用于沃尔沃新款 XC90 的后悬挂上，使悬挂整体的重量减轻了 4.5 千克，并扩大了行李舱空间。

此外，新能源汽车电池也开始有了轻量化的尝试，沃尔沃研发了一种创新的轻质电池结构，由一种新型纳米材料组成，它包括由碳纤维、聚合树脂组成的纳米结构，以及植入其间的超级电容器。沃尔沃表示，这种新电池材料成本更低，也更加环保。如果将目前的电动车电池全部更换成这种新型材料，可以减低车重超过 15%。除了重量上的优势，此类电池结构还拥有良好的可塑性，并且强度高。因此，它甚至可被应用于车身面板及覆盖件的制造，通过叠加的方式，将其做成电池模块，并做成车身面板的样子，布置在车身框架之上，这种新型电池面板可以取代车门、后备厢盖、发动机罩、车顶等。由此来看，新能源汽车可以不用再为电池单独设计存放空间，所有车身覆盖件均能作为电力来源，减重、不占多余空间，一举多得。但这样的设计势必还要考虑车内乘客的安全性，在发生碰撞时，覆盖件中的电池是否会对乘客造成伤害，以及在受到挤压变形后，是否依旧能正常运行为车辆提供电力。新能源汽车的技术突破仍然是一项大课题。

（三）新能源汽车技术

2016 年，我国新能源汽车技术水平得到提升。续驶里程、百公里能耗等整车性能不断提升，动力电池能量密度、驱动电机效率等关键技术进步显著。我国纯电动乘用车的整车控制、动力系统匹配与集成设计等关键技术快速提升。

1. 技术方面

我国纯电动乘用车技术水平逐步提高，车辆整体技术接近国外先进水平，续驶里程、可靠性、安全性、动力性水平不断提高，经济性和综合效益水平持续优化，部分中国品牌整车产品向更高续驶里程、更低百公里耗电量持续迈进。

国内企业持续加大插电式混合动力汽车关键技术研发和产品开发，整车主要技术指标与国际先进水平基本相当并已批量上市，在百公里加速、综合油耗表现等方面，与国外同类车型相比相差不大，具备了一定竞争力。

2. 产品方面

纯电动乘用车小型化形成趋势。我国多家整车企业 2016 年推出多款 A00 级纯电动汽车，如江铃 E200、众泰 E200、长安新奔奔等。此外，上汽、北汽新能源、吉利、华泰等汽车企业在原有基础上推出了新一代的纯电动乘用车产品。2016 年插电式混合动力乘用车得到快速发展，产品车型进一步丰富，新出现了插电式混合动力轿车荣威 E950、插电式 SUV 荣威 eRX5 等车型。比亚迪新推出的插电式 SUV 宋、元车型，凭借领先的 542 技术，与唐车型组成了“三叉戟”矩阵，使比亚迪新能源 SUV 家族形成了从中大型、中型到中小型 SUV 的全面覆盖。未来插电式混合动力乘用车将向高端化方向发展。

需要关注的是，2016 年国外传统的新能源汽车厂商在稳步发展。以宝马为代表的德系品牌在新能源领域走的依然是中高端路线，宝马在中国市场推出了 740Le、X5 xDrive40e 等多款插电式混合动力车型；奥迪 E-tron Quattro 和保时捷 Mission E 宣布投产；韩国现代发布了新的 IONIQ，允许用户选择混合动力、插电式混合动力和纯电动，成为拥有三种不同电力传动系统的汽车；特斯拉 Model X 百公里加速时间仅为 3.1 秒，续航里程可达 542 千米，成为 2016 年最受关注的纯电动汽车之一。

3. 动力电池

2016 年，我国动力电池有了新的发展。锂电池产品综合性能不断提升，以 CATL、比克动力、哈尔滨光宇为代表的三元电池企业技术不断成熟、安全性能不断提高。

2016 年，我国燃料电池汽车技术努力跟进国外先进技术发展，在燃料电池的寿命、功率等方面取得积极进展。同时，积极探索燃料电池发展趋势，向小型化、模块化、功能高度集成化努力推进；储氢方式也将从高压储氢向液氢、新型储氢材料（金属储氢）方向发展。我国车用燃料电池堆的比功率已达到 2.0kW/L，掌握了 -20℃低温启动技术，氢燃料电池轿车工况运行寿命超过 3000 小时。

（四）"互联网 +"技术

2016 年是车联网快速发展的一年，车联网涉及汽车制造、汽车服务、通信与物联网、智能硬件与互联网等多个产业。

2016 年，车联网发展热点就是通过互联网企业与车企合作，大大促进了"互联网 +"技术的发展和实际应用。百度与奥迪中国、通用、一汽大众达成合作，这些品牌旗下多款 2016 年的新车型将搭载百度车联网产品，为更多用户提供智能化的人车互联服务；乐视汽车与北汽新能源、比亚迪和东风乘用车分别合作，三家汽车企业将在旗下多款产品上搭载乐视研发的车联网系统；HTC 与大众合作推出"Customer-Link"，为使用者提供最及时的行车资讯与数据服务；阿里巴巴集团和上汽集团发布了搭载"YunOS"操作系统的互联网汽车荣威 RX5；华为与启明信息合作推出车联网解决方案，产品包括车联网平台、大数据平台等，该方案最大的特点为可扩展性与灵活度高，可自由选择 T-BOX 厂商与上层应用厂商，使上层应用开发变得简单，不同厂家的 T-BOX 接入变得简单，新业务可以快速部署；中国联通与奇瑞汽车在企业信息化、资源共享、车联网以及新能源汽车四个方面展开全面合作；大众汽车与 LG 电子共同创建了一个基于云技术的互联汽车服务平台；丰田汽车与微软展开合作，将大多数全球研究业务都整合到远程信息处理、数据分析和网络安全服务中去。

车联网快速发展需要相关的技术标准法规体系支撑。目前全世界车与车之间的通信标准并无统一，如美国使用的是 DSRC 通信标准，要求每辆车自带 WiFi，车与车之间通过各自的 WiFi 接收信号，实现互联互通。欧盟、日本、新加坡、韩国等也相继推出通信标准。我国尚未推出任何标准，正在积极研究编制相关标准。

（五）智能化技术

近两年，智能汽车发展速度明显加快，无论是企业间的合作，还是推出新产品的频率，都较以往明显提速。日立汽车系统公司开发出了在自动驾驶汽车检测不到车道线时能够予以应对的自车位置检测技术。德国三大豪华汽车制造商宝马、戴姆勒和大众汽车共同持有的德国数字地图制造商 HERE 将推出一项实时交通服务。

近年来，工信部、科技部、交通部以及地方政府相关部门等都以不同的方式支持智能汽车的发展。国内整车企业、科研院所在环境感知、人员行为认知及决策、驾驶辅助系统等研发方面取得积极进展。国内一汽、上汽、长安、吉利、广汽等企业已开始装备 ADAS 产品。

六　汽车行业热点简析

（一）中国品牌乘用车市场份额提高显著

2016 年，借助 SUV 和 MPV 快速增长，中国品牌乘用车继续保持增长势头，共销售 1052.86 万辆，首次超过千万辆，同比增长 20.50%，增幅高于上年 5.23 个百分点，高于同期行业增幅 5.57 个百分点；占乘用车销售总量的 43.19%，占有率比上年提高 2 个百分点。令人可喜的是，中国品牌在销量增长的同时，整体的产品品质也在迅速提升。各中国品牌 SUV 车型不仅销量表现优异，口碑也很不错，中国品牌乘用车虽然总体上还与合资品牌有差距，但这个差距在不断缩小。

另外，随着产品力的增强，中国品牌乘用车产品的定价水平逐渐提高；以 SUV 为例，大多数主流中国品牌 SUV 产品定价集中在 8 万～15 万元区间，但部分中国品牌 SUV 产品，如荣威 RX5、哈弗 H7/H7L、传祺 GS8 等，已经开始突破价格“天花板”，在 15 万元以上的市场空间获得了消费者的认可。近两年，中国品牌主销 SUV 车型的加权成交价由原来的 10 万元逐渐提升至 12 万元左右，但合资品牌主销 SUV 车型的加权成交价却由原来的 21 万元一路降至 18 万元左右，下滑趋势十分明显。中国品牌开始向中高端进军，中国品牌轿车和 SUV 的市场表现都取得了一定的突破。

（二）新能源车补贴政策进一步完善

2016 年 12 月，财政部、科技部、工业和信息化部、国家发改委联合发布《关于调整新能源汽车推广应用财政补贴政策的通知》。主要内容如下。

1. 调整、完善、推广应用补贴政策

（1）提高推荐车型目录门槛并动态调整

一是增加整车能耗要求；二是提高整车续驶里程门槛要求；三是引入动力电池新国标，提高动力电池综合性能要求；四是提高安全要求；五是建立市场抽检机制，强化验车环节管理；六是建立目录动态管理制度，新能源汽车产品纳入目录后销售推广方可申请补贴。

（2）调整新能源汽车补贴标准

对新能源客车，以动力电池为补贴核心，设定能耗水平、车辆续驶里程、电池/整车重量比重、电池性能水平等补贴准入门槛，并综合考虑电池容量大小、能量密度水平、充电倍率、节油率等因素确定车辆补贴标准。

（3）改进补贴资金拨付方式

工业和信息化部会同有关部门对各地申请报告进行审核，并结合日常核查和重点抽查情况，向财政部出具核查报告。财政部根据核查报告按程序拨付补贴资金。

2. 落实推广应用主体责任

（1）生产企业是确保新能源汽车推广信息真实准确的责任主体

（2）地方政府是实施配套政策、组织推广工作的责任主体

（3）国家有关部门将加强推广应用监督检查

3. 建立惩罚机制

一是对违规谋补和以虚报、冒领等手段骗补的企业，追回违反规定谋取、骗取的有关资金，没收违法所得，并按《财政违法行为处罚处分条例》等有关规定对相关企业和人员予以罚款等处罚，涉嫌犯罪的交由司法机关查处。

二是对协助企业以虚报、冒领等手段骗取财政补贴资金的政府机关及其工作人员，按照《公务员法》《行政监察法》等法律法规追究相应责任；涉嫌犯罪的，移送司法机关处理。

三是对管理制度不健全、审核把关不严、核查工作组织不力、存在企业骗补行为的地区，将视情况严重程度予以通报批评、扣减基础设施奖补资金等处罚。

（三）实施第五阶段机动车排放标准和国六排放标准正式出台

2016 年 1 月 14 日环保部、工信部公布区域实施机动车国五标准。东部 11 省市（北京市、天津市、河北省、辽宁省、上海市、江苏省、浙江省、福建省、山东省、广东省和海南省）自 2016 年 4 月 1 日起，所有进口、销售和注册登记的轻型汽油车、轻型柴油客车、重型柴油车（仅公交、环卫、邮政用途），须符合国五标准要求。全国自 2018 年 1 月 1 日起，所有制造、进口、销售和注册登记的轻型柴油车，须符合国五标准要求。

2016 年 12 月 23 日，环保部正式颁布《轻型汽车污染物排放限值及测量方法》（即国六排放标准），计划于 2020 年 7 月 1 日起实施。

（四）小排量乘用车购置税优惠政策调整

2016 年 12 月，财政部公布了自 2017 年 1 月 1 日起至 12 月 31 日止，对

购置1.6升及以下排量的乘用车减按7.5%的税率征收车辆购置税。此后自2018年1月1日起，将恢复按10%的法定税率征收车辆购置税。购置税优惠政策并未退出，而是优惠幅度有所缩窄，预计对2017年的车市影响还将会持续。在今后乃至更长一段时间，作为中国消费者最喜爱的1.6升及以下小排量乘用车仍将居市场主导地位。

（五）国务院出台二手车交易意见

2016年3月14日，国务院发布《关于促进二手车便利交易的若干意见》，明确提出，除京津冀、长三角、珠三角的9个城市外，在2016年5月底前，“符合国家在用机动车排放和安全标准，在环保定期检验有效期和年检有效期内的二手车均可办理迁入手续”。截至2016年11月底，全国已有近200个城市取消迁令，还有一批城市将于2016年底前予以取消。

（六）《关于汽车业的反垄断指南》（征求意见稿）公开征求意见

为预防和制止汽车业垄断行为，降低行政执法和经营者合规成本，推进科学、有效的反垄断监管，保护公平竞争，维护消费者利益和社会公共利益，促进汽车业健康发展，国家发展改革委会同有关部门研究起草了《关于汽车业的反垄断指南》（征求意见稿），于2016年3月23日面向社会公开征求意见。内容主要包括垄断协议的禁止与豁免、汽车业横向垄断协议、汽车业纵向垄断协议、滥用市场支配地位行为、经营者集中、滥用行政权力排除、限制竞争等。

（七）《汽车销售管理办法》征求意见

2016年1月6日，商务部《汽车销售管理办法》公开征求意见。此次《汽车销售管理办法》有五大亮点：一是取消授权备案制，允许授权和非授权模式同时存在；二是销售与售后分离，供应商不得限制；三是在销售数量、搭售、压库、转售等方面限制供应商干涉经销商；四是鼓励共享型、节约型经济，体现在城乡一体、电商、新能源汽车等领域；五是车型数据、售后信息等实行明示制度。

总体来说，这次管理办法修改后，可以增加经销商话语权，增加经营的灵活性，也可以为经销商通过销售、服务获取合理的利润，改变经销商经营状况。

（八）《企业平均燃料消耗量与新能源汽车积分并行管理暂行办法》公开征求意见

2016 年 9 月 22 日，工信部提出《企业平均燃料消耗量与新能源汽车积分并行管理暂行办法（征求意见稿）》，旨在对中国境内销售乘用车的企业平均燃料消耗量和新能源乘用车生产情况进行管理，并强调两项目标要求分别考核。同时指出，燃料消耗量正积分允许结转和在关联企业间转让；新能源汽车正积分允许自由交易，不能结转。对汽车企业而言，无论政策如何变化，做好降耗工作和大力发展新能源汽车方是长远发展之计。

另外，国家发改委也正在编制《新能源汽车碳配额管理办法》。基本思路是：国家将新能源汽车发展目标转化为汽车企业新能源汽车与燃油汽车的年度产销量比例要求。企业根据应承担的新能源汽车比例要求，计算出应减排的二氧化碳排放总量，即企业必须上缴的新能源汽车碳配额总量。企业可以通过生产和销售新能源汽车达到碳配额总量要求，也可以通过碳排放权交易市场向有多余碳配额的企业购买。政府可通过一定碳配额或通过财政资金回购部分碳配额用于调控。

（九）《节能与新能源汽车技术路线图》发布

2016 年 10 月 26 日，工信部组织编制并发布的《节能与新能源汽车技术路线图》发布。路线图的总体目标之一是：新能源汽车逐渐成为主流产品，汽车产业初步实现电动化转型。路线图框架由“1 +7”组成，即一个总报告加七个分报告，包括节能汽车、纯电动和混合动力汽车、燃料电动汽车、智能网联汽车、汽车制造、动力电池、轻量化等技术路线图。它描绘出我国汽车产业技术未来 15 年的发展蓝图，明晰了产业发展路径。

乘用车篇

Passenger Vehicles

B.2
2016年乘用车工业发展报告

摘　要：本报告描述了2016年中国汽车市场乘用车产销情况，分析了轿车、SUV乘用车、MPV乘用车、交叉型乘用车四个细分市场较2015年度的发展情况和变化趋势，预测了基于中国2017年度总体经济形势下的汽车工业发展形势，提出了发展乘用车工业的政策建议。

关键词：乘用车工业　轿车　SUV　MPV　交叉型车

一　2016年乘用车工业发展综述

（一）乘用车市场产销情况

1. 乘用车市场规模大幅增加

2016年中国乘用车市场产销量分别为2442万辆和2438万辆，同比增长15.84%和15.27%。2016年经济增速下行有所缓解，对汽车市场的影响减少，购置税优惠政策极大地促进了汽车市场快速增长，乘用车市场产销重新回到两位数增长，增长速度创下近三年新高。从增量来看，2016年同比新增销量超过320万辆，仅次于上一轮购置税优惠政策的2010年（同比增量343万辆），创下近六年新高（见表1）。

表1　2009～2016年乘用车产销量统计

单位：万辆，%

年份	产量	同比增长	销量	同比增长
2009	1038	54.11	1033	52.93
2010	1390	33.83	1376	33.17
2011	1449	4.23	1447	5.19
2012	1552	7.17	1550	7.07
2013	1808	16.49	1793	15.71
2014	1993	10.23	1971	9.93
2015	2108	5.77	2115	7.31
2016	2442	15.84	2438	15.27

资料来源：中国汽车工业协会。

2. 乘用车市场增速“先降后升”

从月度销量增速走势看，2016年乘用车呈现明显的“前低、中高、后降”走势（见图1）。2016年上半年汽车市场同比增速低于预期，购置税优惠政策拉动效果不明显；三季度市场高速增长，购置税提前退出传言、降价促销和同期基数低是主要影响因素；四季度市场增速逐步走低，同期基数高和厂家控制批售量是主要影响因素。总体看，在购置税优惠政策、降价促销双重作用下，下半年车市火爆，成就了全年的高增长。

3. 乘用车市场SUV继续高速增长

从细分市场看，SUV市场继续高速增长，MPV市场快速增长，轿车同比小幅增长，交叉车型同比大幅下滑（见表2）。2016年SUV需求热度持续，全年销量905万辆，同比增长44.59%，同比增量达到279万辆。需求层面，SUV产品受惠于购置税优惠政策，同时对轿车市场形成替代；供给

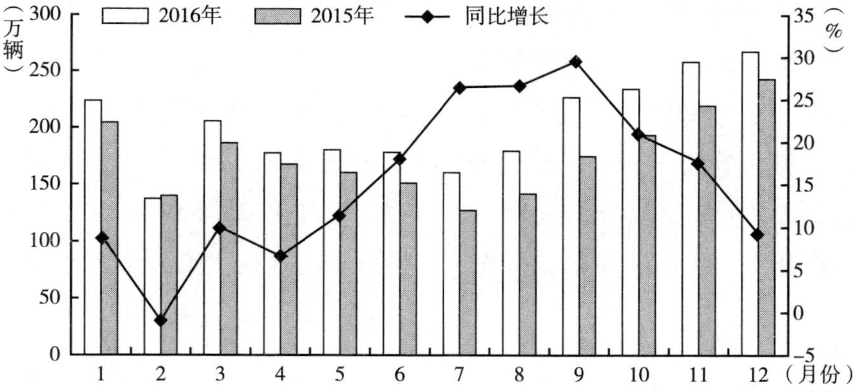

图1　2015 年、2016 年乘用车月度销量走势

资料来源：中国汽车工业协会。

层面，SUV 新产品供给继续加大，2016 年超过 48 款（不含改款车型），全年贡献增量 135 万辆。MPV 市场因购置税优惠政策刺激和降价促销，同比增速略有回升。轿车市场是购置税优惠政策最大受益者，终止下滑趋势，实现小幅正增长。交叉车型市场供需双降，同比下滑严重。

表 2　乘用车细分市场销量统计

单位：万辆，%

车型	2016 年销量	2015 年销量	同比增长	销量占比	增量贡献
轿车	1215	1175	3. 44	49. 84	40
MPV	250	211	18. 38	10. 24	39
SUV	905	626	44. 59	37. 11	279
交叉车型	68	110	-37. 81	2. 80	-42

资料来源：中国汽车工业协会。

4. 自主乘用车企业销量占比增加

2016 年乘用车销量排名前 10 的企业分别为上汽大众、上汽通用、上汽通用五菱、一汽大众、长安汽车、东风日产、北京现代、长城汽车、长安福特和吉利汽车，销量分别为 200 万辆、188 万辆、188 万辆、187 万辆、

122 万辆、114 万辆、114 万辆、97 万辆、94 万辆和 80 万辆（见图 2）。

2016 年乘用车市场中国品牌占比达到 41%，相比 2015 年增加 3 个百分点。自主乘用车企业表现出色，长安汽车达到 122 万辆，长城 97 万辆，吉利汽车 80 万辆。从成长性看，广汽乘用车、吉利汽车、长城汽车增长加快，同比增幅分别为 86.92%、42.24% 和 28.63%。自主乘用车品质提升快，在 SUV 市场获得先机，受惠于购置税优惠政策，得到了快速发展。

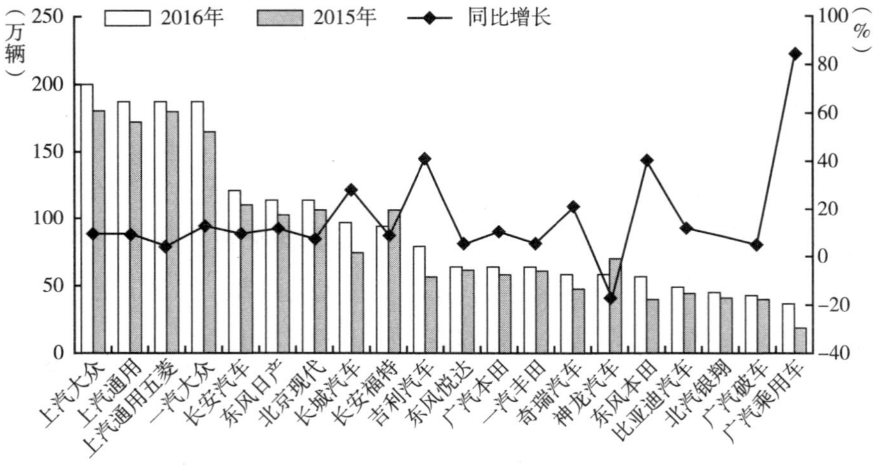

图 2　2016 年企业乘用车销量排名

资料来源：中国汽车工业协会。

（二）乘用车区域市场表现

从区域市场看，2016 年东北地区市场乘用车同比增长 11.13%，销售占比仅为 6.08%，销售占比少，同比增速低。东部地区仍是目前规模最大的区域市场，销量占比 47.74%，但东部市场同比增速不及中西部地区，同比增长 15.48%。中部、西部地区汽车市场成长性好，同比增速分别为 19.49% 和 16.49%，销售占比分别为 23.30% 和 22.89%（见表 3）。

表 3　2016 年分地区乘用车销量占比

单位：%

区域	同比增长	销售比重
东北地区	11.13	6.08
东部地区	15.48	47.74
中部地区	19.49	23.30
西部地区	16.49	22.89

注：东北地区为黑龙江、吉林和辽宁；东部地区为北京、天津、河北、上海、江苏、浙江、福建、山东、广东和海南；中部地区为山西、安徽、江西、河南、湖北、湖南；其他划归西部地区。

资料来源：中国汽车工业协会。

（三）乘用车进出口分析

2016 年乘用车进口同比下滑，出口同比增长。其中，出口 48 万辆，同比增长 11.63%；进口（预期）104 万辆，同比下滑 3.70%（见表 4）。

2016 年汽车进出口略有好转，进口降速有明显缓解，出口由负转正，结束三年的同比下滑。

表 4　2009～2016 年乘用车进出口数量

单位：万辆，%

年份	进口	同比增长	出口	同比增长
2009	41	3.46	14	-52.82
2010	78	90.24	26	85.71
2011	100	28.21	48	84.62
2012	108	8.00	66	37.50
2013	116	7.41	60	-9.09
2014	140	20.69	53	-11.67
2015	108	-22.86	43	-18.87
2016(F)	104	-3.70	48	11.63

注：2016 年进口数据为预估值。

资料来源：中国汽车工业协会。

二 2016年轿车发展

(一)轿车市场发展分析

1. 轿车市场产销量分析

2016 年轿车产销量分别为 1211.1 万辆和 1215.0 万辆，同比增长 3.91%和3.44%。生产、销售增量分别上升48 万辆和43 万辆，产销同比均转正，止住了下滑势头（见表5）。

表5　2009～2016 年轿车产销量统计

单位：万辆，%

年份	生产量	同比增长	销售量	同比增长
2009	747.1	48.32	747.3	48.07
2010	957.6	28.17	949.4	27.05
2011	1013.8	5.87	1012.2	6.62
2012	1076.7	6.21	1074.5	6.15
2013	1210.1	12.38	1201	11.77
2014	1248.1	3.14	1237.7	3.06
2015	1163.1	-6.84	1172	-5.33
2016	1211.1	3.91	1215	3.44

资料来源：中国汽车工业协会。

微型轿车、小型轿车、中型轿车市场销量同比下滑（见表6），微型轿车、小型轿车市场占比继续萎缩，中型轿车市场占比下降相对明显（见图3）。

表6　2016 年轿车细分市场销量增长情况

单位：万辆，%

细分市场	2016 年	2015 年	同比增长
微型轿车	24.7	30.5	-19.0
小型轿车	132.1	158.5	-16.7
紧凑型轿车	803.4	717.4	12.0

续表

细分市场	2016 年	2015 年	同比增长
中型轿车	159. 3	181. 9	-12. 4
大型轿车	8. 1	3. 7	116. 4
豪华轿车	87. 4	82. 4	6. 0
总计	1215. 0	1174. 5	3. 4

资料来源：中国汽车工业协会。

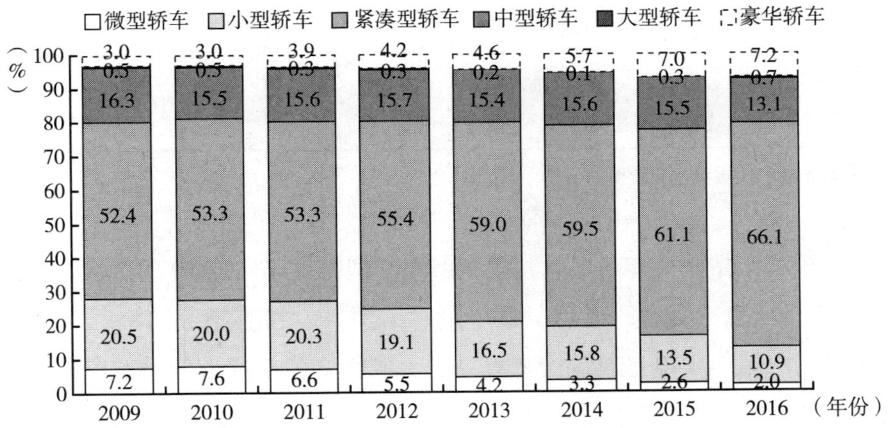

图 3　2009～2016 年轿车细分市场结构

资料来源：中国汽车工业协会。

从轿车市场企业销量排名来看，轿车市场销量排名前 10 的企业依次为上汽大众、一汽大众、上汽通用、北京现代、东风日产、长安福特、吉利汽车、一汽丰田、神龙汽车、东风悦达（见表 7）。

上汽大众、一汽大众、上汽通用依然位居前三；上汽大众、一汽大众均呈两位数增长，大众品牌在轿车市场依然迅速扩张。神龙汽车在轿车市场呈较明显的下滑，其次为东风悦达、北京现代均出现不同程度下滑，法系、韩系品牌面临在轿车市场竞争力下降。

吉利汽车是唯一进入轿车销量排名前十的中国品牌企业，其市场增速也在两位数，成为轿车市场中国品牌的一大亮点。

表 7　2016 年轿车企业销量排名

单位：万辆，%

序号	企业名称	2016 年	2015 年	同比增长	占有率
1	上汽大众	168.5	149.4	12.76	13.87
2	一汽大众	165.4	146.8	12.70	13.61
3	上汽通用	135.9	131.8	3.10	11.18
4	北京现代	75.7	76.7	-1.27	6.23
5	东风日产	72.1	71.4	0.91	5.93
6	长安福特	66.3	61.2	8.29	5.45
7	吉利汽车	56.5	50.2	12.51	4.65
8	一汽丰田	48.8	46.5	4.86	4.02
9	神龙汽车	43.7	52.2	-16.30	3.59
10	东风悦达	43.1	45.8	-5.84	3.55

资料来源：中国汽车工业协会。

从轿车产品销量排名来看，轿车市场车型销量排名前 10 的依次为朗逸、英朗 GT、轩逸、捷达、速腾、桑塔纳、卡罗拉、福睿斯、朗动和福克斯。轿车市场产品 TOP10 依然为合资品牌，上汽大众的朗逸继续领跑轿车市场，长安福特的福睿斯挤升前十，由上年排名第 12 进入 2016 年第八，科鲁兹则退出 TOP10 行列（见图 4）。

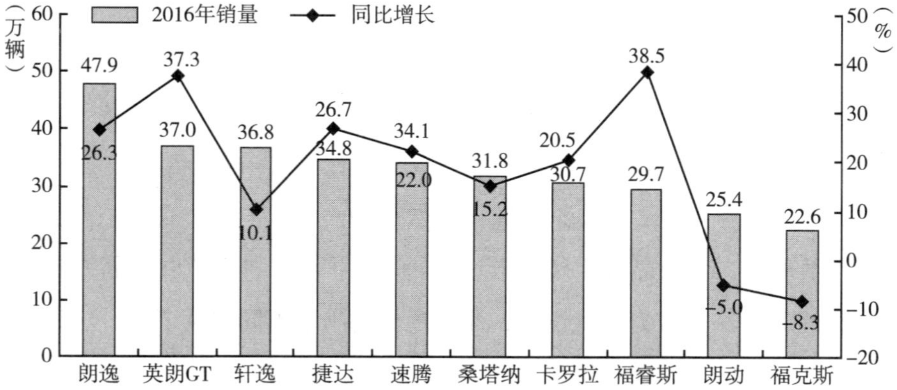

图 4　2016 年轿车畅销车型 TOP10

资料来源：中国汽车工业协会。

在轿车市场中，欧系品牌销量依然最高，其次是日系、中国品牌、美系、韩系和合资自主。中国品牌轿车市场被日系品牌超越，退居第三，中国品牌轿车同比增长 -3.98%，市场继续下降，但下降幅度较 2015 年的 -9.35% 有所收窄，占有率较 2015 年下降 1.40 个百分点，中国品牌轿车市场竞争力继续呈下降走势。韩系轿车也继续下滑，占有率下降 0.65 个百分点。欧系轿车市场竞争力相对较强，合资自主品牌增长最快，但基数较低（见表 8）。

表 8　2016 年轿车分国别销量统计

单位：万辆，%，个百分点

国别	2016 年销量	2015 年销量	同比增长	2016 年占比	2015 年占比	占比变化
欧　　系	425.2	394.1	7.89	35.00	33.55	1.45
日　　系	236.7	225.5	4.97	19.48	19.20	0.28
中国品牌	220.5	229.7	-3.98	18.15	19.55	-1.40
美　　系	202.1	192.7	4.91	16.64	16.40	0.24
韩　　系	118.8	122.5	-2.97	9.78	10.43	-0.65
合资自主	11.6	10.2	14.24	0.96	0.87	0.09

资料来源：中国汽车工业协会。

2016 年轿车区域实销排名前十的省份分别是广东、山东、江苏、河北、浙江、河南、四川、安徽、湖南、北京（见表 9）。广东增长明显，超越上年排名榜首的山东跃居第一，江苏迈入 100 万级轿车市场。增速超过全国平均增速的省份共计 14 个，17 个落后全国平均增速。

2. 轿车各细分市场发展情况

（1）微型轿车市场

2016 年微型轿车销量持续萎缩，同比减少 5 万辆，降幅达到 19.0%（见图 5），在狭义乘用车中的占比下降为 1.0%（见图 6）。整个微型轿车市场呈现逐年萎缩趋势，但从降幅和萎缩量来看有收窄态势。

微型轿车市场销量排名前 3 的企业依次为长安汽车、众泰汽车、奇瑞汽车。长安汽车取代上年排名第一的吉利汽车跃居榜首，江铃汽车凭借电动微轿排位第 6，进入前十，东风汽车也凭借电动微轿的投放，成为微轿市场的新进入者，前十位企业中有 6 家企业销量同比下滑（见表 10）。

表 9　2016 年轿车区域实销情况

单位：万辆，%

排序	省份	2016 年	2015 年	同比增长	排序	省份	2016 年	2015 年	同比增长
1	广　东	117.8	102.1	15.4	17	江　西	30.5	27.6	10.3
2	山　东	110.8	113.0	-2.0	18	重　庆	23.3	20.7	12.4
3	江　苏	106.4	98.2	8.3	19	广　西	22.7	20.1	13.3
4	河　北	86.6	87.5	-1.1	20	黑龙江	22.2	20.9	6.3
5	浙　江	81.3	79.6	2.1	21	云　南	22.2	22.2	0.0
6	河　南	76.8	71.2	7.8	22	贵　州	22.2	18.6	19.3
7	四　川	62.6	62.4	0.5	23	吉　林	19.7	20.5	-4.0
8	安　徽	46.0	38.8	18.6	24	内蒙古	19.6	20.1	-2.3
9	湖　南	43.4	39.3	10.2	25	天　津	16.5	11.4	45.0
10	北　京	42.0	39.0	7.9	26	甘　肃	11.7	12.0	-2.6
11	湖　北	40.6	38.9	4.2	27	新　疆	10.3	9.9	4.2
12	辽　宁	36.9	35.7	3.2	28	海　南	6.4	6.0	5.3
13	上　海	35.5	35.0	1.3	29	宁　夏	4.9	5.0	-1.1
14	山　西	34.4	33.1	3.6	30	青　海	3.8	4.0	-4.4
15	福　建	34.0	30.7	10.7	31	西　藏	0.4	0.5	-23.6
16	陕　西	33.1	30.9	7.1		总计	1224.5	1155.2	6.0

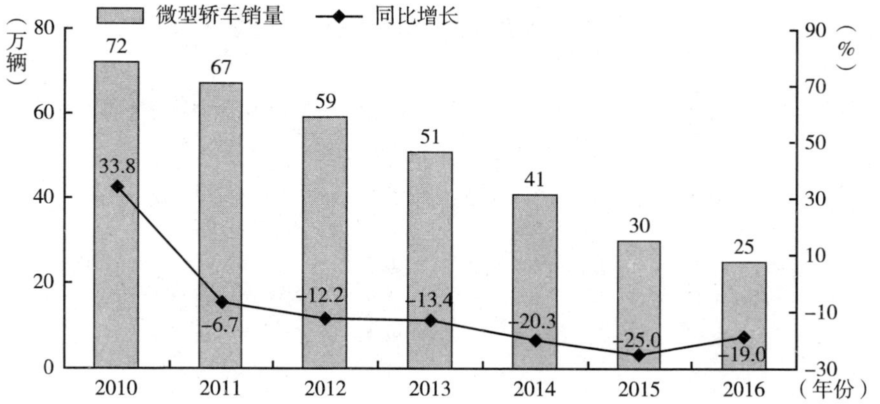

图 5　2010～2016 年微型轿车销量增长情况

资料来源：中国汽车工业协会。

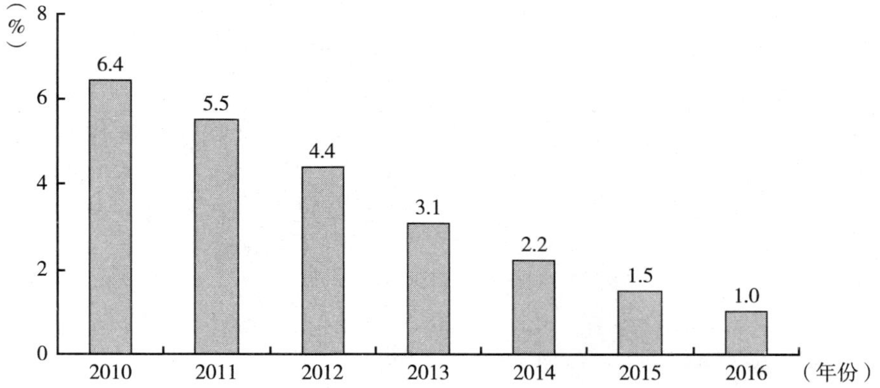

图 6　2010～2016 年微型轿车占狭义乘用车比重情况

资料来源：中国汽车工业协会。

微型轿车市场销量排名前 3 的车型依次为奇瑞 QQ、奔奔 mini、北斗星。众泰 E200、江铃 E100 两款电动微轿产品进入前十位行列，销量排名前十产品中有 4 款为纯电动微轿产品，奥拓、北斗星、比亚迪 F0 等传统微轿产品销量呈大幅度下降（见表 11），电动微轿产品有望成为微轿市场的重要力量。

表 10　2016 年微型轿车各企业销量情况

单位：万辆，%

序号	企业名称	2016 年	2015 年	同比增长	细分市场占有率
1	长安汽车	5. 1	4. 7	7. 81	20. 63
2	众泰汽车	4. 4	4. 0	9. 15	17. 61
3	奇瑞汽车	3. 3	3. 8	-11. 08	13. 55
4	吉利汽车	3. 2	6. 2	-47. 91	13. 09
5	昌河汽车	2. 7	3. 8	-28. 87	11. 05
6	江铃汽车	1. 6	0. 5	195. 08	6. 29
7	长安铃木	1. 3	2. 5	-50. 07	5. 06
8	比亚迪汽车	1. 1	1. 6	-32. 21	4. 40
9	上汽通用五菱	0. 5	1. 2	-59. 05	2. 01
10	东风汽车	0. 4	0. 0	—	1. 76

资料来源：中国汽车工业协会。

表 11　2016 年微型轿车各车型产品销量情况

单位：万辆，%

序号	车型名称	2016 年	2015 年	同比增长	细分市场占有率
1	奇瑞 QQ	3. 3	3. 0	9. 85	13. 48
2	奔奔 mini	3. 2	2. 3	40. 68	13. 15
3	北斗星	2. 7	3. 8	-28. 87	11. 05
4	新奔奔	1. 8	2. 4	-23. 59	7. 48
5	众泰云 100	1. 6	1. 5	6. 14	6. 64
6	众泰 E200	1. 3	0. 0	—	5. 32
7	奥拓	1. 3	2. 5	-50. 07	5. 06
8	知豆 D1	1. 1	1. 8	-36. 29	4. 53
9	比亚迪 F0	1. 1	1. 6	-32. 21	4. 40
10	江铃 E100	1. 0	0. 5	81. 64	3. 87

资料来源：中国汽车工业协会。

（2）小型轿车市场

2016 年小型轿车销量继续下滑，同比减少 27 万辆，降幅为 16. 7%（见图 7），在狭义乘用车市场的占比下降为 5. 6%（见图 8）。小型轿车市场呈逐年下滑趋势，市场萎缩明显。

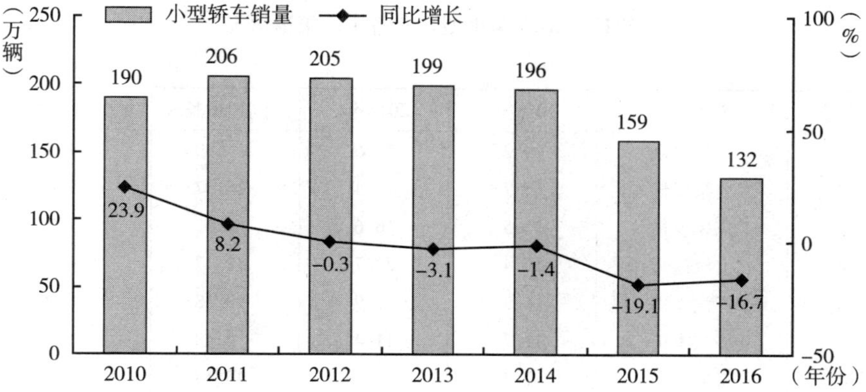

图7　2010～2016年小型轿车销量增长情况

资料来源：中国汽车工业协会。

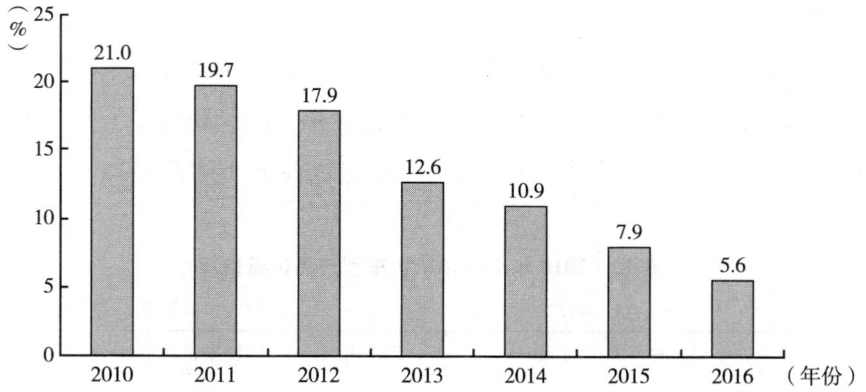

图8　2010～2016年小型轿车占狭义乘用车比重情况

资料来源：中国汽车工业协会。

小型轿车市场销量排名前3的企业依次为上汽大众、北京现代、东风悦达。合资车企中，上汽通用退出前三位之列，呈明显下滑，北京现代虽然保持了前三位，但也降幅明显。其次，中国品牌中的奇瑞汽车、长安汽车在该市场也下降较快，总体来看，销量排名前十的企业中有7家同比下滑，主流企业基本呈萎缩态势（见表12）。

表 12　2016 年小型轿车各企业销量情况

单位：万辆，%

序号	企业名称	2016 年	2015 年	同比增长	细分市场占有率
1	上汽大众	19.2	19.6	-1.80	14.56
2	北京现代	15.7	21.4	-26.57	11.88
3	东风悦达	15.5	16.6	-6.62	11.71
4	上汽通用	15.4	22.7	-32.17	11.66
5	广汽本田	11.8	9.9	18.38	8.91
6	一汽丰田	11.7	11.4	2.18	8.85
7	奇瑞汽车	7.2	13.1	-45.14	5.43
8	吉利汽车	7.1	7.0	0.69	5.34
9	广汽丰田	6.3	6.5	-1.98	4.80
10	长安汽车	5.1	9.3	-45.28	3.87

资料来源：中国汽车工业协会。

小型轿车市场销量排名前 3 的车型依次为 Polo、起亚 K2、赛欧。赛欧下降明显，让出了上年的榜首位置，瑞纳也大幅下降，跌出了上年的前三。宝骏 310，2016 年 9 月上市，其销量排名就进入前十（见表 13）。

表 13　2016 年小型轿车各车型产品销量情况

单位：万辆，%

序号	车型名称	2016 年	2015 年	同比增长	细分市场占有率
1	Polo	18.0	17.9	0.72	13.64
2	起亚 K2	15.4	16.4	-6.46	11.62
3	赛欧	14.0	21.7	-35.22	10.62
4	威驰	11.7	11.4	2.18	8.85
5	瑞纳	11.7	21.4	-45.47	8.82
6	飞度	11.4	9.6	18.36	8.60
7	致炫	6.3	6.5	-1.98	4.80
8	金刚	6.3	5.7	10.50	4.80
9	宝骏 310	5.0	0.0	—	3.79
10	风云 2	4.2	6.4	-33.80	3.20

资料来源：中国汽车工业协会。

(3) 紧凑型轿车市场

2016 年紧凑型轿车市场强势反弹，销量同比净增 86 万辆，突破了 800 万大关，创历史新高，增幅高达 12%，达到两位数增长（见图 9），在狭义乘用车市场中的占比为 33.9%，继续下降（见图 10）。总体来看，紧凑型轿车在 2016 年表现较好，在狭义乘用车市场中依然是最大的细分产品市场。

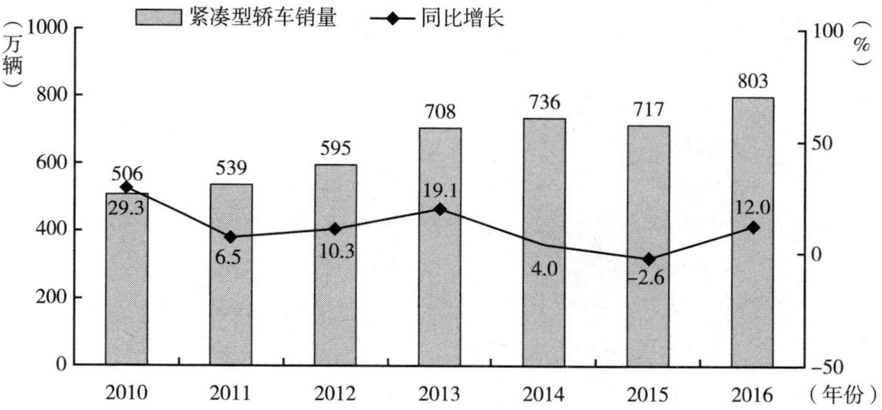

图 9　2010～2016 年紧凑型轿车销量增长情况

资料来源：中国汽车工业协会。

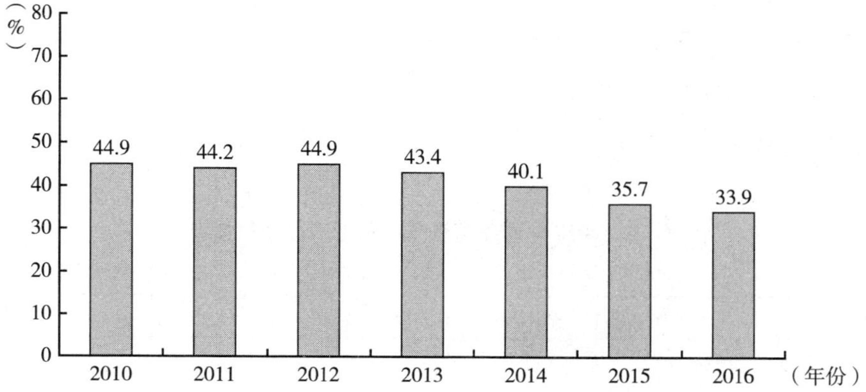

图 10　2010～2016 年紧凑型轿车占狭义乘用车比重情况

资料来源：中国汽车工业协会。

紧凑型轿车市场销量排名前3的企业依次为上汽大众、一汽大众、上汽通用。前三位与上年一致，前十位企业中仅神龙汽车和比亚迪汽车同比下滑（见表14）。

表14　2016年紧凑型轿车各企业销量情况

单位：万辆，%

序号	企业名称	2016年	2015年	同比增长	细分市场占有率
1	上汽大众	125.9	107.4	17.24	15.68
2	一汽大众	113.6	95.3	19.20	14.14
3	上汽通用	89.3	76.2	17.14	11.11
4	东风日产	60.7	57.6	5.41	7.56
5	长安福特	52.3	46.0	13.50	6.50
6	神龙汽车	42.0	48.3	-12.99	5.23
7	北京现代	41.1	32.3	27.20	5.12
8	吉利汽车	41.0	33.5	22.51	5.10
9	一汽丰田	32.4	30.1	7.65	4.03
10	比亚迪汽车	23.8	26.7	-11.08	2.96

资料来源：中国汽车工业协会。

紧凑型轿车市场销量排名前3的车型依次为朗逸、英朗GT、轩逸。2015年前三位中的速腾被英朗GT所替代，科鲁兹掉出了前十名，2016年长安福特的福睿斯进入前十名，同比增速排名第一，前十名中仅朗动、福克斯同比下降（见表15）。

表15　2016年紧凑型轿车各车型产品销量情况

单位：万辆，%

序号	车型名称	2016年	2015年	同比增长	细分市场占有率
1	朗逸	47.9	37.9	26.32	5.96
2	英朗GT	37.0	27.0	37.33	4.61
3	轩逸	36.8	33.4	10.14	4.58
4	捷达	34.8	27.5	26.74	4.34

续表

序号	车型名称	2016 年	2015 年	同比增长	细分市场占有率
5	速腾	34.1	28.0	21.95	4.25
6	桑塔纳	31.8	27.6	15.25	3.96
7	卡罗拉	30.7	25.4	20.54	3.82
8	福睿斯	29.7	21.4	38.49	3.70
9	朗动	25.4	26.7	-4.97	3.16
10	福克斯	22.6	24.6	-8.28	2.81

资料来源：中国汽车工业协会。

（4）中型轿车市场

2016 年中型轿车销量同比增长 -12.4%，呈大幅下滑，同比减少 23 万辆（见图 11），在狭义乘用车市场的占比下降为 6.7%（见图 12），中型轿车市场呈加速下滑态势。

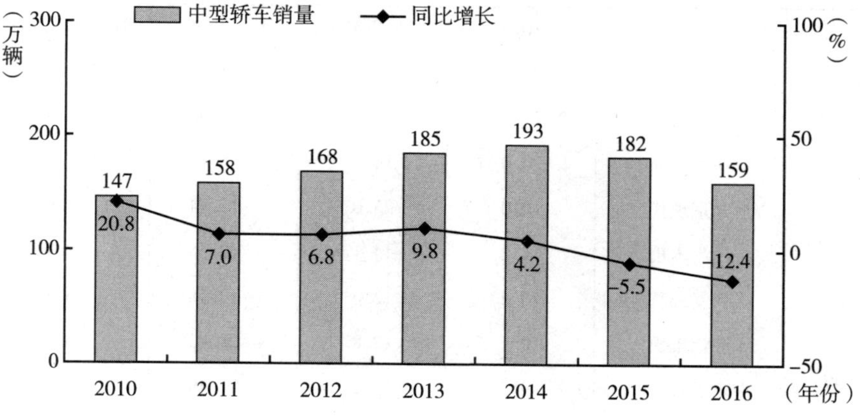

图 11　2010～2016 年中型轿车销量增长情况

资料来源：中国汽车工业协会。

中型轿车市场销量排名前 3 的企业依次为上汽通用、上汽大众、一汽大众。上年前三位中的北京现代被一汽大众取代，前十位企业中一汽轿车掉出前 10 名，吉利汽车挤入前十，排名首位的上汽通用等 5 家主要企业均大幅下滑（见表 16）。

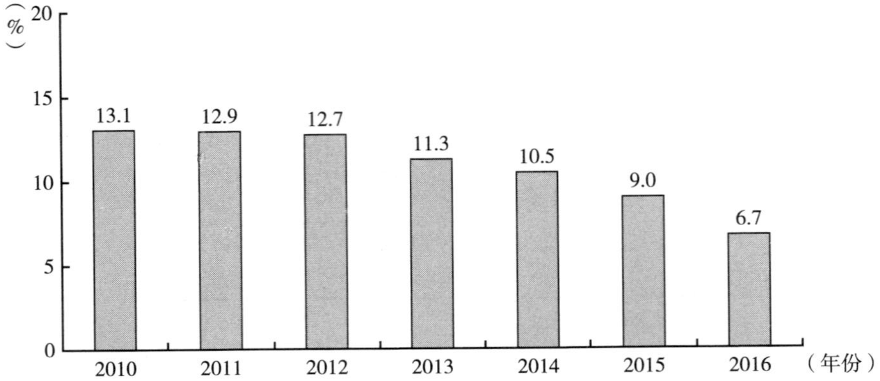

图 12　2010～2016 年中型轿车占狭义乘用车比重情况

资料来源：中国汽车工业协会。

表 16　2016 年中型轿车各企业销量情况

单位：万辆，%

序号	企业名称	2016 年	2015 年	同比增长	细分市场占有率
1	上汽通用	23.5	27.6	-14.65	14.78
2	上汽大众	23.0	22.4	2.53	14.43
3	一汽大众	20.0	18.7	6.91	12.58
4	北京现代	19.0	23.0	-17.74	11.90
5	广汽本田	14.2	14.1	0.65	8.94
6	长安福特	10.5	12.6	-17.18	6.56
7	广汽丰田	10.1	12.8	-21.43	6.31
8	东风日产	9.3	11.2	-17.19	5.81
9	东风悦达	6.9	10.0	-31.59	4.31
10	吉利汽车	5.2	3.5	47.63	3.25

资料来源：中国汽车工业协会。

中型轿车市场销量排名前 3 的车型依次为帕萨特、迈腾、名图（见表 17）。前三名排名未变，前十位车型中君威降幅最明显，其次凯美瑞、天籁、蒙迪欧等传统老产品均呈大幅下滑。

表 17 2016 年中型轿车各车型产品销量情况

单位：万辆，%

序号	车型名称	2016 年	2015 年	同比增长	细分市场占有率
1	帕萨特	18.8	20.6	-8.54	11.81
2	迈 腾	17.1	15.6	10.14	10.75
3	名 图	14.8	15.5	-4.10	9.30
4	雅 阁	14.3	14.0	2.22	9.00
5	蒙迪欧	10.5	12.6	-17.18	6.56
6	凯美瑞	10.1	12.8	-21.43	6.31
7	天 籁	9.0	11.2	-19.23	5.67
8	迈锐宝	8.5	8.0	6.17	5.35
9	君 越	8.1	8.5	-4.75	5.08
10	君 威	6.9	11.1	-37.36	4.35

资料来源：中国汽车工业协会。

（5）大型轿车市场

2016 年大型轿车销量同比大幅增长 116.4%，同比增量增加 4.4 万辆，在狭义乘用车市场的占比上升为 0.3%（见图 13、图 14）；大型轿车市场由于新品投放较快，虽然销量不大，但由于基数较小，市场呈高速增长。

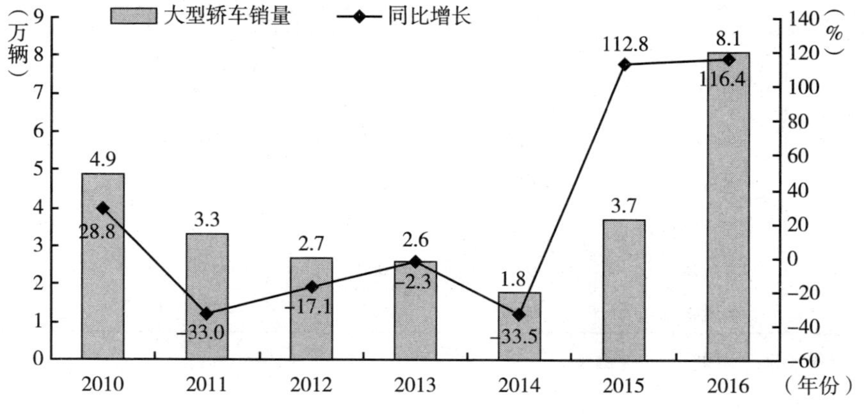

图 13 2010～2016 年大型轿车销量增长情况

资料来源：中国汽车工业协会。

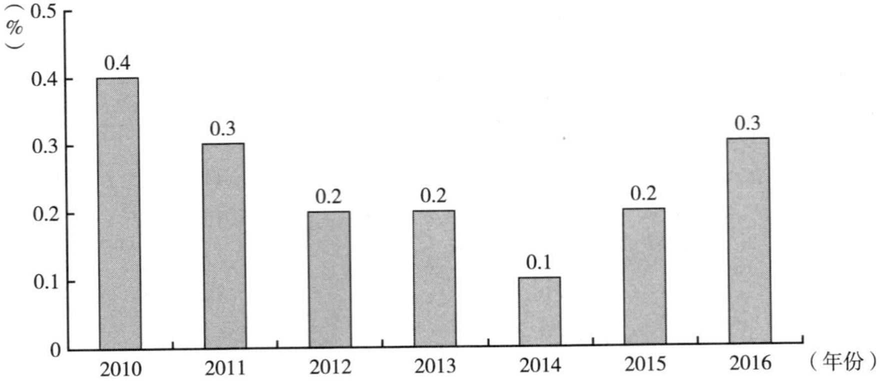

图 14　2010～2016 年大型轿车占狭义乘用车市场比重情况

资料来源：中国汽车工业协会。

大型轿车市场销量排名前 3 的企业依次为长安福特、一汽丰田、一汽集团（见表 18）。2016 年长安福特替代一汽丰田跃居榜首，神龙汽车、上汽大众、广汽乘用车、东风乘用车均纷纷投入新品，成为该市场的新进入者。

表 18　2016 年大型轿车各企业销量情况

单位：万辆，%

序号	企业名称	2016 年	2015 年	同比增长	细分市场占有率
1	长安福特	3.4	0.6	433.92	42.03
2	一汽丰田	3.0	2.6	15.08	36.96
3	一汽集团	0.5	0.5	0.16	6.24
4	神龙汽车	0.4	0.0	—	5.04
5	上汽大众	0.3	0.0	—	4.08
6	广汽乘用车	0.3	0.0	—	3.47
7	东风乘用车	0.2	0.0	—	2.18

资料来源：中国汽车工业协会。

大型轿车市场销量排名前 3 的车型依次为金牛座、皇冠、红旗 H7（见表 19）。2016 年长安福特的金牛座产品表现相对突出。

表 19　2016 年大型轿车各车型产品销量情况

单位：万辆，%

序号	车型名称	2016 年	2015 年	同比增长	细分市场占有率
1	金牛座	3.4	0.6	433.92	42.03
2	皇冠	3.0	2.6	15.08	36.96
3	红旗 H7	0.5	0.5	0.16	6.24
4	雪铁龙 C6	0.4	0.0	—	5.04
5	辉昂	0.3	0.0	—	4.08
6	传祺 GA8	0.3	0.0	—	3.47
7	风神 A9	0.2	0.0	—	2.18

资料来源：中国汽车工业协会。

（6）豪华轿车市场

2016 年豪华轿车销量同比增长 6.0%，增速降为个位数增长，同比增加 5 万辆（见图 15），在狭义乘用车市场的占比下降至 3.7%（见图 16）。2016 年豪华轿车市场增速呈明显下滑。

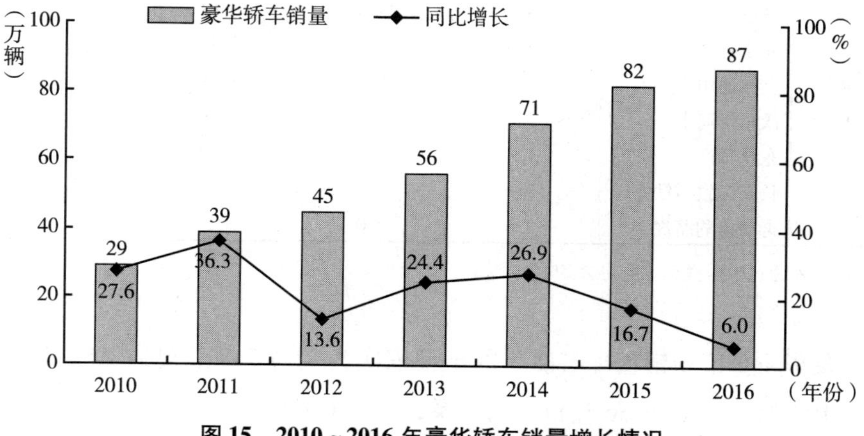

图 15　2010～2016 年豪华轿车销量增长情况

资料来源：中国汽车工业协会。

豪华轿车市场销量排名前 3 的企业依次为一汽大众、华晨宝马、北京奔驰。前三位排名与上年一致，但一汽大众同比下降，北京奔驰两位数增长。奇瑞捷豹路虎为新进入企业（见表 20）。

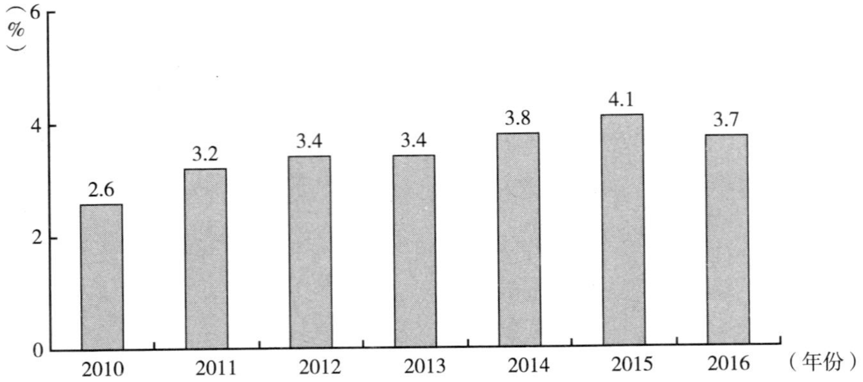

图 16　2010～2016 年豪华轿车占狭义乘用车市场比重情况

资料来源：中国汽车工业协会。

表 20　2016 年豪华轿车各企业销量情况

单位：万辆，%

序号	企业名称	2016 年	2015 年	同比增长	细分市场占有率
1	一汽大众	31.8	32.7	-2.91	36.40
2	华晨宝马	25.5	24.6	3.61	29.21
3	北京奔驰	16.3	14.5	12.16	18.64
4	上汽通用	7.7	5.3	44.59	8.79
5	沃尔沃亚太	3.1	2.5	21.10	3.50
6	东风日产	1.8	1.7	3.64	2.07
7	长安标致雪铁龙	0.6	0.7	-7.96	0.70
8	奇瑞捷豹路虎	0.6	0.0	—	0.69

资料来源：中国汽车工业协会。

豪华轿车市场销量排名前 3 的车型依次为宝马 5 系、奥迪 A6、奔驰 C 级。上年榜首的奥迪 A6 让位宝马 5 系，奔驰 C 级大幅增长挤入前三，表现相对强势，此外，奥迪 A3、凯迪拉克增长相对迅猛（见表 21）。

3. 轿车市场发展特点及趋势

2016 年轿车市场呈现止跌回升趋势，主要得益于购置税政策的利好刺激；由于 SUV 继续保持高速增长，消费者从众消费心理短期不易改变，对轿车市场的快速替代影响依然较强，同时，轿车市场自身的升级特征依然明显。

表 21　2016 年豪华轿车各车型产品销量情况

单位：万辆，%

序号	车型名称	2016 年	2015 年	同比增长	细分市场占有率
1	宝马 5 系	14.4	14.7	-2.43	16.44
2	奥迪 A6	13.6	14.8	-8.28	15.54
3	奔驰 C 级	10.5	8.5	23.88	12.07
4	奥迪 A4	9.7	11.5	-15.39	11.15
5	宝马 3 系	9.7	9.9	-1.53	11.12
6	奥迪 A3	8.5	6.4	31.75	9.71
7	凯迪拉克	7.7	5.3	44.59	8.79
8	奔驰 E 级	5.7	6.0	-4.43	6.58
9	沃尔沃 S60L	3.0	2.5	17.26	3.39
10	英菲尼迪 Q50	1.8	1.7	3.64	2.07

资料来源：中国汽车工业协会。

微轿市场销量继续下降，但降幅有收窄趋势，主要是电动微轿的快速成长，随着新能源汽车市场的快速发展，电动微轿将成为微轿市场新的增长点，微轿市场有望止跌回升。

小型轿车市场面临消费升级及小型 SUV 产品替代的双重打压，将继续呈下降走势。

紧凑型轿车是轿车消费升级的主要受益市场，无论产品大小、档次、价位、产品力都具备满足大众消费的心理需求，在轿车市场的主导地位稳固，但也面临紧凑 SUV 产品的侵蚀。

近两年，中型轿车市场销量连续下降，主要是面临紧凑型 SUV 与中型 SUV 的替代以及豪华轿车品牌低端化的打压，但轿车消费升级是趋势，未来中型轿车市场依然看好。

随着人们收入的进一步增长，消费升级人群进一步扩张，豪华轿车以及大型轿车市场将呈稳步扩张态势。

2017 年，随着购置税政策的退坡，轿车市场也面临较大考验，预计 2017 年轿车销量 1175 万辆左右。

（二）轿车产品进出口情况

1. 轿车进口分析

2016 年 1 ~ 11 月，轿车进口 34 万辆，同比增长 -2.2%，轿车进口继续下滑，但降幅明显收窄（见图 17）。排量在 1500 ~ 2000L 的占比达到 51.62%，居半壁江山（见图 18）。

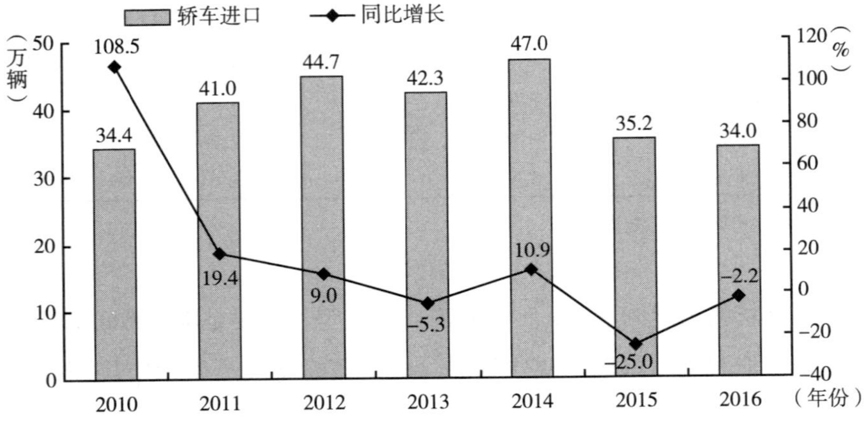

图 17　2010 ~ 2016 年轿车进口及增长情况

注：2016 年为 1 ~ 11 月数据

资料来源：中国汽车工业协会。

表 22　2016 年轿车分排量进口量及占比情况

单位：辆，%

按排量分类(L)	2016 年 1 ~ 11 月	同比增长	占比结构
1000≥排量	21794	57.06	6.41
排量 1000 ~ 1500	46641	-3.40	13.73
排量 1500 ~ 2000	175404	18.55	51.62
排量 2000 ~ 2500	29118	1.15	8.57
排量 2500 ~ 3000	59883	-10.18	17.62
排量 3000 ~ 4000	5232	-22.24	1.54
排量 >4000	1717	-35.69	0.51
合计	339794	7.84	100.00

资料来源：中国汽车工业协会。

2. 轿车出口分析

2016 年轿车出口 23 万辆，同比下滑 2.5%，较 2015 年减少 1 万辆，轿车出口市场虽然继续下滑，但下滑幅度大幅收窄（见图 18）。

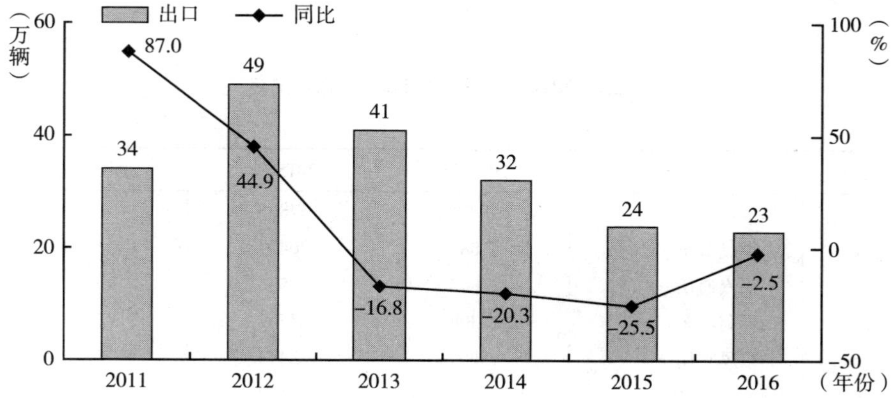

图 18　2011～2016 年轿车出口情况

资料来源：中国汽车工业协会。

从细分市场看，2016 年紧凑型轿车出口增长一枝独秀，其他细分市场均下滑，微轿、中型轿车出口呈明显下滑（见图 19）。

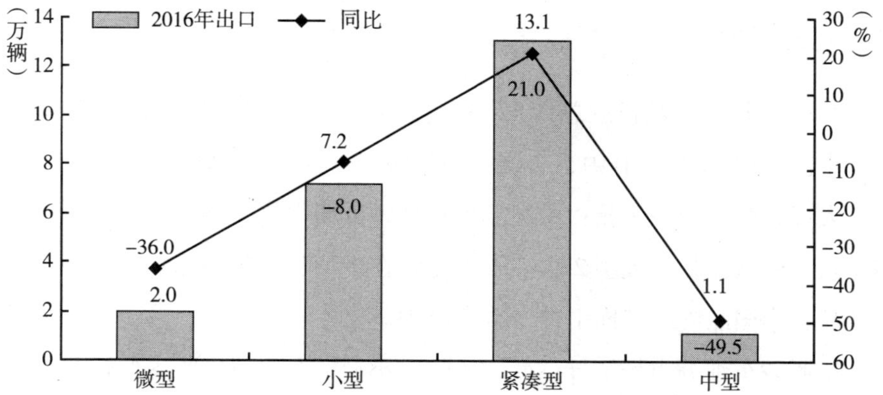

图 19　2016 年轿车细分市场出口情况

资料来源：中国汽车工业协会出口数据。

从出口企业排名看，2016年，奇瑞汽车、华晨汽车、上汽通用依然位居前三，但华晨大幅增长跃居第二；其次，东风乘用车、众泰汽车出口增长也较明显；上汽通用、吉利汽车、江淮汽车、比亚迪汽车、力帆汽车出口均有明显下滑（见表23）。

表23　2016年轿车出口量TOP10排名

单位：辆，%

排序	企业	2016年	2015年	同比增长
1	奇瑞汽车	58820	57865	1.7
2	华晨汽车	41882	26439	58.4
3	上汽通用	33844	40536	-16.5
4	吉利汽车	18308	25707	-28.8
5	东风乘用车	15604	3403	358.5
6	本田中国	11547	12182	-5.2
7	江淮汽车	8059	17081	-52.8
8	比亚迪汽车	7951	11628	-31.6
9	众泰汽车	7133	2271	214.1
10	力帆汽车	6064	10954	-44.6

资料来源：中国汽车工业协会。

（三）新技术和新产品发展

2016年轿车新品投放总计37款，按照合资自主品牌统计，合资品牌13款，中国品牌24款；其中，合资在小型轿车投放2款、紧凑型4款、中型2款、大型2款、豪华3款；中国品牌在微轿市场投放8款、小型3款、紧凑型9款、中型2款、大型2款。中国品牌在中型、大型轿车市场均投放了2款产品，中国品牌继续向上冲击合资品牌。

按照轿车细分市场统计，微轿8款、小型轿车5款、紧凑型轿车13款、中型轿车4款、大型轿车4款、豪华轿车3款。微轿市场新品基本上都是新能源纯电动产品，微轿市场成为新能源产品投放热点，紧凑型轿车市场依然是厂家必争的重点市场。

2016 年新产品共计销售 58.1 万辆，占轿车总销量的 4.8%，新品对轿车市场的贡献度较弱，反映轿车市场是较为成熟的市场，新品对市场的拉动作用不是太明显，从新品销量表现来看，表现较好的有宝骏 310、艾瑞泽 5、帝豪 GL、悦纳、科沃兹、领动等产品。

2017 年，预计轿车市场将有 35 款新品投放市场，其中微轿 8 款、小型轿车 2 款、紧凑型轿车 19 款、中型轿车 7 款、大型轿车 1 款，紧凑型轿车仍将成为市场争夺热点，中型轿车市场将投放 7 款产品，产品供给明显加强，2017 年中型轿车市场会不会有所好转，值得关注。

（四）存在的问题和发展建议

2016 年轿车市场虽然恢复增长，但主流车企轿车销量基本继续下滑，轿车市场依然面临 SUV 产品市场的替代挤压，从 2017 年主要企业（尤其中国品牌企业）的排产计划来看，轿车产品排产量正在弱化。从成熟汽车市场国家汽车产品结构来看，轿车产品市场基本在 50% 比重水平，轿车的主要市场地位毋庸置疑。

近年来，中国 SUV 市场火爆的确带来了市场机遇，尤其中国品牌车企通过抢先占领该市场获得较快发展，甚至依靠 SUV 产品获得重生发展机会，但从我国汽车千人保有量来看，仍然相对较低，中国汽车市场仍有较大发展空间，轿车市场未来仍将有较大的发展机遇，车企，尤其中国品牌车企在企业战略规划中要有远谋，切记不要为了抓住当前机遇而忽略甚至放弃轿车市场。

三　2016年 SUV 乘用车发展

（一）SUV 市场分析

1. SUV 市场表现

2016 年，SUV 继续呈加速扩张态势，运动型多用途乘用车（SUV）连续跨越 800 万、900 万整百万辆关口，实现销售 9047010 辆，同比增长

44.59%，是狭义乘用车中同比增速最高的细分市场；占狭义乘用车市场的比重由上年的31.11%上升到38.18%，上升7.07个百分点，市场呈加速扩张势头。

从驱动类型来看，两驱SUV销售7771082辆，同比增长47.00%，四驱SUV销售1275928辆，同比增长31.48%，两驱占SUV比重由2015年的84.49%上升为85.90%，四驱由15.51%下降至14.10%。两驱SUV主导地位继续巩固（见图20）。

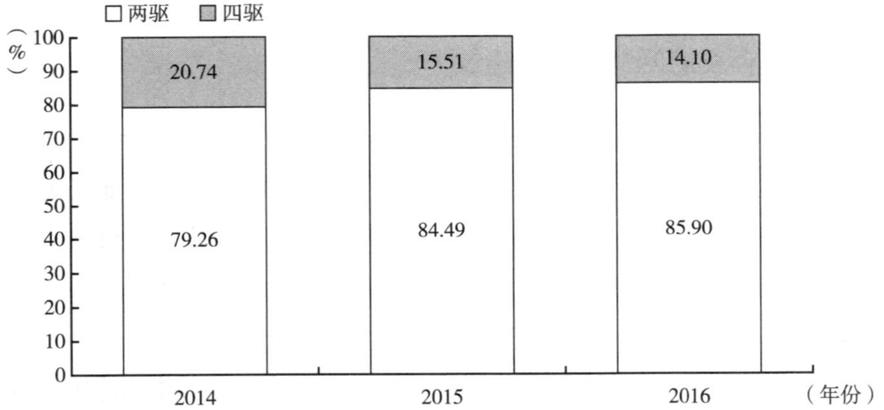

图20　2014~2016年SUV驱动类型占比情况

资料来源：中国汽车工业协会数据。

从排量细分国内销量来看，1.6升及以下小排量SUV品种增速、增量依然位居首位，增速高达78.39%，远高于44.84%的SUV增速，增量贡献度高达79.33%，市场占比由2015年的45.38%上升至55.89%，净增10.51个百分点，市场比重跃居首位，小排量SUV产品市场已经成为SUV市场举足轻重的细分市场，是2016年SUV市场高速增长的一大亮点（见表24）。

从各系别表现来看，中国品牌SUV继续表现抢眼，全年共销售484.08万辆，同比增长54.52%，高于SUV平均增速9.93个百分点，增量贡献高达61.22%，市场占有率为53.51%，较2015年提升3.44个百分点，中国品牌在SUV市场已占据半壁江山，优势地位在进一步凸显（见表25）。中国品牌中，长

表 24　2016 年运动型多用途乘用车（SUV）排量国内销量

单位：万辆，%，个百分点

排量细分	2016 年销量	2015 年销量	同比增长	增量
1 升 < 排量≤1.6 升	462.97	259.53	78.39	203.44
1.6 升 < 排量≤2.0 升	331.28	276.39	19.86	54.89
2.0 升 < 排量≤2.5 升	29.23	29.29	-0.18	-0.05
2.5 升 < 排量≤3.0 升	3.26	5.40	-39.65	-2.14
3.0 升以上	1.64	1.32	24.41	0.32
SUV 总量	828.38	571.92	44.84	256.46
排量细分	增量贡献度	2016 年占比	2015 年占比	占比差
1 升 < 排量≤1.6 升	79.33	55.89	45.38	10.51
1.6 升 < 排量≤2.0 升	21.40	39.99	48.33	-8.33
2.0 升 < 排量≤2.5 升	-0.02	3.53	5.12	-1.59
2.5 升 < 排量≤3.0 升	-0.84	0.39	0.94	-0.55
3.0 升以上	0.13	0.20	0.23	-0.03
SUV 总量	100.00	100.00	100.00	0.00

城汽车、长安汽车和广汽乘用车销量占比最大，占比分别为 19.38%、11.17%、7.11%。TOP3 之外的中国品牌之间销量占比差值较小，TOP3 企业的优势明显。TOP10 中国品牌企业中，北京汽车、吉利汽车、广汽乘用车、众泰汽车、比亚迪汽车、长安汽车同比增速均超过 SUV 市场整体水平，增速分别为 553.21%、291.25%、108.07%、67.44%、57.53%、51.88%（见表 26）。

除合资自主外，其他国际品牌 SUV 市场比重均有所下降。合资自主品牌 2015 年步入 SUV 市场，已占据一席之地，其 2016 年表现比较抢眼，2016 年销售 39.64 万辆，同比增长 88.71%，增速在所有系别中最高。

表 25　2016 年 SUV 国别细分市场表现

单位：万辆，%，个百分点

车系细分	2016 年销量	2015 年销量	同比增长	增量	贡献度	2016 年占比	2015 年占比	占比差
中国品牌	484.08	313.28	54.52	170.80	61.22	53.51	50.07	3.44
日系品牌	132.21	101.69	30.01	30.52	10.94	14.61	16.25	-1.64
欧系品牌	115.38	85.32	35.24	30.06	10.78	12.75	13.64	-0.88

续表

车系细分	2016年销量	2015年销量	同比增长	增量	贡献度	2016年占比	2015年占比	占比差
美系品牌	73.03	58.99	23.79	14.03	5.03	8.07	9.43	-1.36
韩系品牌	60.36	45.40	32.95	14.96	5.36	6.67	7.26	-0.58
合资自主	39.64	21.01	88.71	18.64	6.68	4.38	3.36	1.02
SVU总量	904.70	625.69	44.59	279.01	100.00	100.00	100.00	0.00

资料来源：中国汽车工业协会。

表26　2016年中国品牌SUV TOP10企业表现

单位：万辆，%

序号	企业简称	2016年销量	2015年销量	同比增速	2016年占比
1	长城汽车	93.80	69.91	34.18	19.38
2	长安汽车	54.07	35.60	51.88	11.17
3	广汽乘用车	34.39	16.53	108.07	7.11
4	江淮汽车	27.57	25.31	8.95	5.70
5	众泰汽车	25.38	15.16	67.44	5.24
6	奇瑞汽车	24.98	19.28	29.56	5.16
7	比亚迪汽车	24.46	15.53	57.53	5.05
8	吉利汽车	23.45	5.99	291.25	4.84
9	北京汽车	22.75	3.48	553.21	4.70
10	北汽银翔	17.13	18.70	-8.40	3.54

从企业销量排名来看，SUV销量排名前十的企业中，合资品牌占据6家，自主品牌有4家，长城汽车销量优势依然相对明显，仍然是占有率在两位数的唯一企业，但市场份额有所下降。2016年中国品牌广汽乘用车SUV销量同比成倍增长，同比增长108.07%，扩张强劲。合资品牌的上汽通用五菱、上汽通用、东风日产也增长较快（见表27）。

从SUV产品销量来看，2016年SUV产品销量排名前15产品由2015年7款合资产品、8款中国品牌变成9款合资产品、6款中国品牌；2015年销量排位靠前的幻速、众泰T600等中国品牌产品退出了TOP15的排名，途胜、本田XR-V、逍客3款合资品牌入围排名，中国品牌SUV产品的优势地位受到挑战。

表 27　2016 年 SUV 销量排名前十车企销售情况

单位：万辆，%，个百分点

车企	2016 年销量	2015 年销量	同比增长	2016 年占有率	2015 年占有率	占比差
长城汽车	93.80	69.91	34.18	10.37	11.17	-0.80
长安汽车	54.07	35.60	51.88	5.98	5.69	0.29
上汽通用	44.17	32.81	34.61	4.88	5.24	-0.36
东风日产	42.34	31.20	35.70	4.68	4.99	-0.31
北京现代	38.45	29.56	30.10	4.25	4.72	-0.47
广汽乘用车	34.39	16.53	108.07	3.80	2.64	1.16
东风本田	34.22	27.54	24.27	3.78	4.40	-0.62
上汽通用五菱	32.16	14.50	121.75	3.55	2.32	1.24
长安福特	28.12	25.68	9.48	3.11	4.10	-1.00
江淮汽车	27.57	25.31	8.95	3.05	4.04	-1.00
SUV 总计	904.70	625.69	44.59	100.00	100.00	0.00

资料来源：中国汽车工业协会。

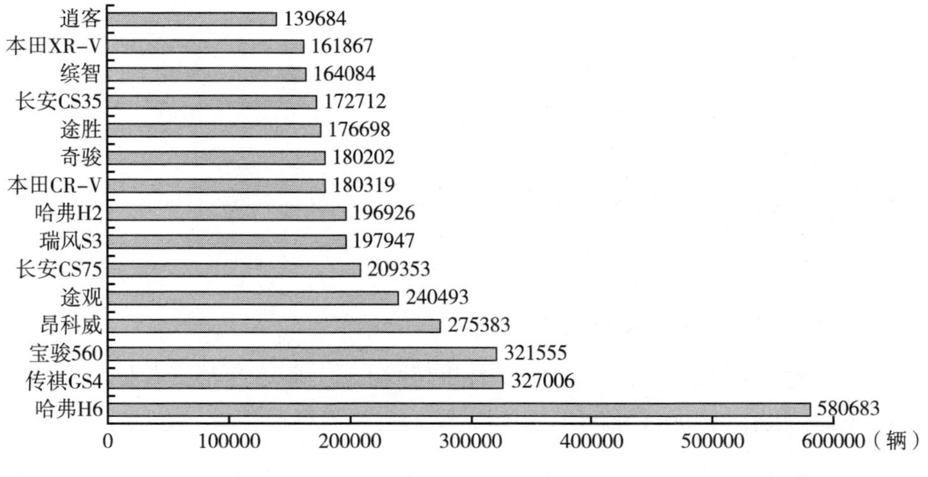

图 21　2016 年 SUV 品牌销量排名

资料来源：中国汽车工业协会。

从 2016 年统计数据来看，有 14 个省级市场 SUV 上户增速高于全国 SUV 平均增速，SUV 上户量前十名区域市场排名变化不大，河南省跃居一位排名第四，其他排名基本没变。在排名前十以后的省级市场中，云南、江西、贵州、广西、山西、内蒙古、天津、海南八个区域 SUV 增速高过全国平均增速，中西部区域 SUV 市场也呈高速增长态势。

表 28　SUV 区域市场上户情况

单位：万辆，%

省份	2016 年	2015 年	同比增长	省份	2016 年	2015 年	同比增长
广　东	80.04	54.47	46.94	贵　州	21.28	12.74	67.08
江　苏	57.73	39.51	46.12	辽　宁	20.40	15.73	29.71
山　东	54.69	37.87	44.40	福　建	20.29	14.03	44.57
河　南	54.62	34.23	59.56	广　西	18.68	11.69	59.76
浙　江	51.05	36.82	38.66	山　西	16.81	11.35	48.03
四　川	46.03	34.40	33.79	内蒙古	15.47	10.14	52.55
河　北	43.29	27.34	58.32	甘　肃	15.21	10.88	39.71
湖　北	39.14	29.06	34.70	新　疆	15.16	11.09	36.70
湖　南	35.26	23.54	49.76	黑龙江	14.88	10.78	37.97
安　徽	32.21	21.63	48.90	吉　林	13.20	9.74	35.49
云　南	25.86	16.88	53.22	天　津	6.61	4.56	45.08
北　京	25.51	18.07	41.12	宁　夏	5.38	3.87	38.99
江　西	22.89	14.76	55.05	海　南	4.81	3.22	49.11
重　庆	22.57	17.09	32.04	青　海	4.42	3.09	43.07
陕　西	21.89	16.09	36.04	西　藏	1.63	1.18	37.93
上　海	21.40	16.05	33.36	合　计	828.38	571.92	44.84

资料来源：上险数据。

2. SUV 市场消费特征及趋势

近年来，消费者对 SUV 市场的关注度持续上升。2016 年消费者对 SUV 的关注度为 45.90%，较 2014 年的 38.12% 上升 7.78 个百分点。与之相对应的是消费者对轿车的关注度持续下滑，2016 年消费者对轿车的关注度为 50.22%，较 2014 年的 58.95% 下滑 8.73 个百分点（见图 22），SUV 逐渐挤压轿车市场空间。

从用户购买原因分析，用户选购 SUV 产品的最重视因素是空间、性价比和外观，满足了消费者对“空间、价格、外观”等方面的需求（见图 23）。消费者选择 SUV 目标明确，其他车型不能替代。可以预计在未来一段时期，SUV 市场份额将继续扩张。

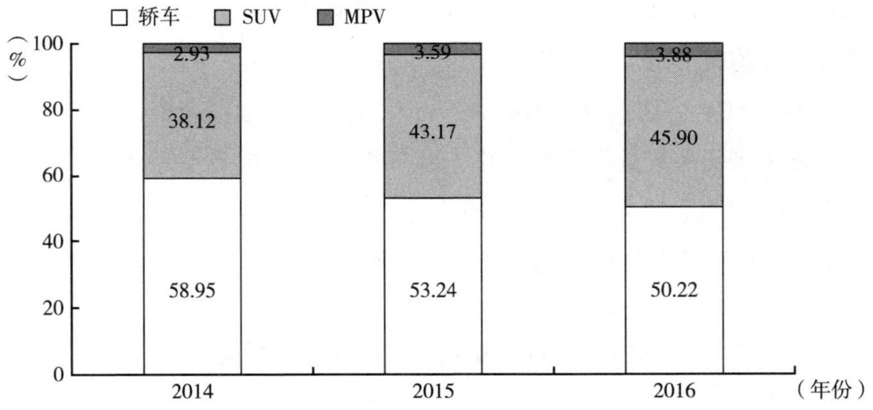

图 22　2014～2016 年 SUV 市场关注度变化

资料来源：汽车之家指数平台。

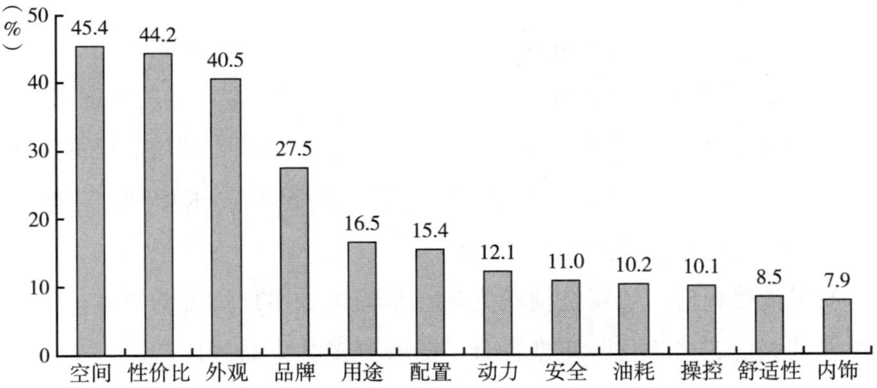

图 23　2016 年 SUV 用户购买原因

资料来源：2016 年大数据预测汽车市场消费趋势项目。

从供给和需求两方面来看，分析如下。

供给因素导致小型 SUV 2016 年增速及占比迅速增加，目前主流中国品牌已基本布局完善，未来主力新品较少，供给因素导致的大幅增长预计将不再出现；小型 SUV 产品价格亲民实惠、配置实用、空间合理、省油，满足了小型 SUV 用户的需求，所以仍将保持增长，但小型 SUV 市场目前基本以国产品牌为主，且大多是低质低价产品，用户对急加速的顿挫感、车内异味与内饰设计等方面抱怨较多，随着 SUV 市场消费升级，远期小型 SUV 市场增速、占比均将下滑。

紧凑型 SUV 短期仍以中国品牌产品供给为主，远期合资品牌也将逐渐进入，但未来新品数量将逐步下滑（2017 年预计有 16 款全新产品，较 2016 年的 25 款少 9 款，见表 29），月均销量能在 2 万辆以上的产品会更少，增速将下滑；用户对紧凑型 SUV 的外观、空间满意度较高，仍有较大的市场需求。

表 29　2017 年紧凑型 SUV 市场新品数量

单位：款

细分市场	2017 年全新产品数量	2016 年全新产品数量	同比增量
紧凑型 SUV	16	25	-9
中型 SUV	14	7	7

中型 SUV 市场目前产品数量少，但 2017 年预计有 14 款产品上市，较 2016 年增加了 7 款，且合资品牌较多，如雪佛兰探界者、东风本田 UR-V 等，预计将带来 20 万辆左右增量，对市场贡献较大；自驾游、全面二孩政策放开，对车辆大空间需求增加，特别是 7 座 SUV 需求增加，未来中型 SUV 市场 7 座产品将成为主要增长点。

我国消费观仍以炫耀性消费为主，车辆也是用户炫耀的资本，推动以 SUV 为代表的“豪华化”车型提升；随着更多豪华品牌国产，未来新品数量增多，豪华 SUV 也将会是一大增长亮点。

受部分固定消费群（如越野爱好者）的青睐，越野 SUV 近年来始终维持一定的市场份额，主要是因为用户对其关注的用途、动力和空间满意度较高，2016 年呈现正增长的趋势。但越野 SUV 舒适性差、油耗高，其未来市场份额基本变化不大。

总体来看，SUV 市场目前还是处于需求旺盛时期，其市场比重仍将会持续提升，但增速将趋缓。2016 年，SUV 新品投放依然是市场亮点，预计 2017 年 SUV 市场仍然有一个不错的增长，销量有望突破 1100 万辆，增速将保持在 20% 左右的水平。

（二）SUV 新产品发展

2016 年，也是 SUV 新品投放丰收年，仅国内车企 SUV 全新产品投放量共计 47 款之多，较 2015 年的 38 款多 9 款。其中合资品牌投放了 16 款，较 2015 年多 4 款，中国品牌 SUV 产品投放高达 31 款，较 2015 年的 26 款多 5 款（见表 30）。新品共实现销售 92 万辆，较 2014 年新品销售 38 万辆多 54 万辆，新品销量提升非常明显，2015 年新品销量贡献度高达 15%，较 2014 年 9% 净增 6 个百分点，新品对市场的拉动作用明显。

表 30　2015 ~ 2016 年 SUV 系别新品投放数量

单位：款

品牌	2016 年	2015 年
合资品牌（含合资自主）	16	12
中国品牌	31	26
合　计	47	38

2016 年 SUV 新品销量排名前五的分别是：吉利的博越，实现销售 109209 辆，位居新品销量第一；上汽的荣威 RX5，实现销售 90033 辆，位居第二；再次为长安汽车的 CX70，销量为 80636 辆；北京汽车的绅宝 X35，销量为 74182 辆，东风悦达的起亚 KX5，销量达到 64414 辆，分别位列第四、第五。

2016 年，车长在 4.35 米及以下的小型 SUV 新品有 10 款，4.35 ~ 4.70 米的紧凑型 SUV 新品有 25 款，4.70 ~ 5.00 米的中型 SUV 新品有 7 款，5.00 米以上的大型 SUV 新品有 0 款，豪华品牌有 4 款，越野 SUV 1 款，新品投放主要集中在小型 SUV 及紧凑型 SUV 市场，可见小型 SUV 市场、紧凑型 SUV 市场仍然是 2016 年各企业新品投放、市场争夺的主要细分市场。

从目前市场了解情况来看，2017 年 SUV 新品投放数量与 2016 年差异不大，预计新品投放数量将高达 50 款左右，中型 SUV 市场将是增长最快的细分市场。

（三）部分重点生产企业

1. 长城汽车

2016 年长城汽车实现汽车销售 1074471 辆，同比增长 26.01%，首次突破百万大关。其中，哈弗品牌销售 938019 辆，同比增长 34.18%，销量净增 238967 辆；哈弗品牌销量结构占比由上年的 81.98% 上升到 87.30%，净增 5.32 个百分点（见图 24），通过聚焦战略的实施，哈弗品牌打造出众多明星产品。2016 年，哈弗 H6 以 580683 辆的成绩领先第二名传祺 GS4 近 25 万辆优势，继续夺取了 SUV 销量冠军，可谓 SUV 产品市场的神车；2016 哈弗 H2 年销售 196926 辆，同比增长 16.89%，在 SUV 市场排名第八，成为哈弗品牌继哈弗 H6 之后又一热销车型。

2017 年，长城汽车的年度销量目标为 125 万辆，同比增长 16.34%。

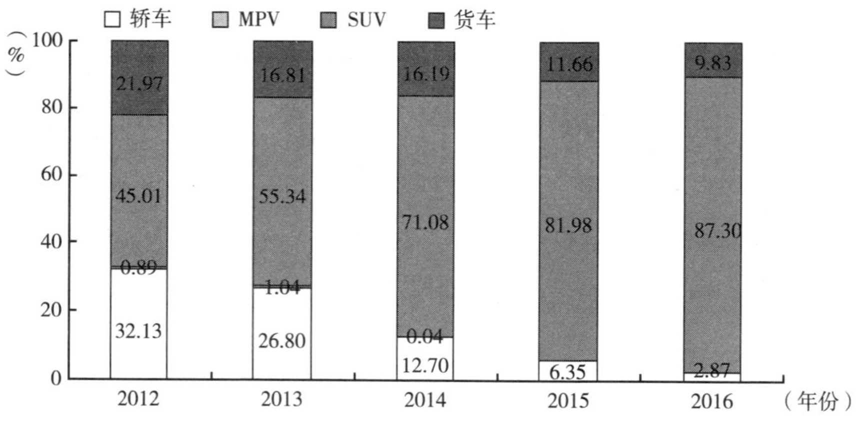

图 24　长城产品品牌结构比重

资料来源：中国汽车工业协会。

2. 长安汽车

2016 年长安 SUV 销售 540674 辆，同比增长 51.88%，继续高速增长；SUV 产品占比结构由 2013 年的 7.95% 上升为 39.47%，净增 31.52 个百分点（见图 25），继续成为长安产品结构占比上升最明显的产品种类，销量占比首次超过轿车产品。

2016 年 CS75 突破 20 万辆，销售 209353 辆，同比增长 12.18%，位居 SUV 市场第六；2016 年 CS35 销售 172712 辆，同比增长 2.00%，在小型 SUV 市场位居第三；新产品 CX70 上市就表现不俗，已成为长安又一款月销破万辆的产品。

从目前发展态势来看，随着拳头产品长安 CS75、CS35、CX70 等的成长成熟以及 2017 年 SUV 新品（长安 CS55 和长安 CS95）的投放，预计 2017 年长安汽车 SUV 市场将继续高速增长，将成为其快速扩张的重要增长点。

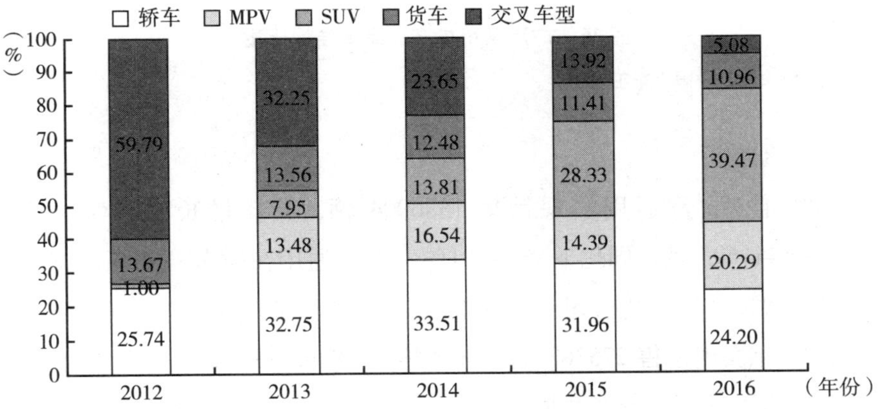

图 25　长安产品品牌结构比重

资料来源：中国汽车工业协会。

3. 广汽乘用车

2016 年，广汽乘用车实现销售 371171 辆，同比高速增长，增速为 86.92%，其中，SUV 销售 343941 辆，同比增长 108.07%，SUV 产品占比结构由 2012 年的 75.21% 上升为 92.66%，净增 17.45 个百分点（见图 26），成为广汽乘用车产品结构中的领头羊市场，广汽乘用车 SUV 市场主力产品传祺 GS4 全年实现 327006 辆销量，位居 SUV 产品销量排名第 2，成为广汽乘用车唯一的拳头产品。可以说，SUV 产品传祺 GS4 为广汽乘用车崛起奠定了基础，有利于传祺 GS8 和 2017 年新品传祺 GS7 的上量。

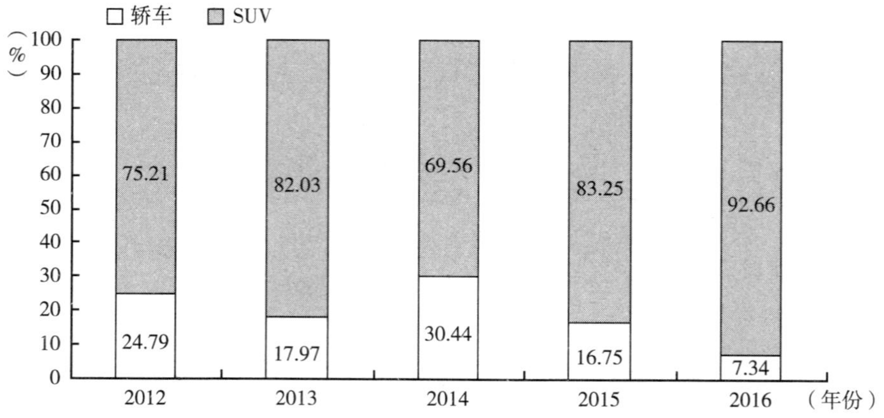

图 26　广汽乘用车产品品牌结构比重

资料来源：中国汽车工业协会。

4. 上汽通用

2016 年，上汽通用实现销售 1880004 辆，同比增长 8.99%，其中，SUV 销售 441695 辆，同比下降 34.61%。上汽通用在轿车、MPV 及 SUV 市场均保持增长趋势，其中 SUV 产品的优异表现保证了企业的较高增长。昂科威 2016 年实现销售 275383 辆，同比增长 68.92%，位居 SUV 市场第四，成为中型 SUV 市场规模最大的产品。

以上汽通用为代表的合资企业 2017 年将主要发力中型 SUV 市场，SUV 市场的竞争必将更加激烈。

5. 东风日产

2016 年，东风日产实现销售 1144032 辆，同比增长 11.49%。其中，SUV 销售 423387 辆，同比增长 35.70%，属于在 SUV 市场增速较高的合资企业。东风本田的 SUV 产品结构比重较 2012 年的 16.68% 上升 20.33 个百分点（见图 28）。奇骏 2016 年销售 180202 辆，同比增长 8.30%，逍客 2016 年销售 139684 辆，成倍增长，增速为 132.53%，成为东风日产增长最快的产品。

6. 吉利汽车

2016 年是吉利汽车 SUV 战略发展的元年，也是全面迈进精品 3.0 时

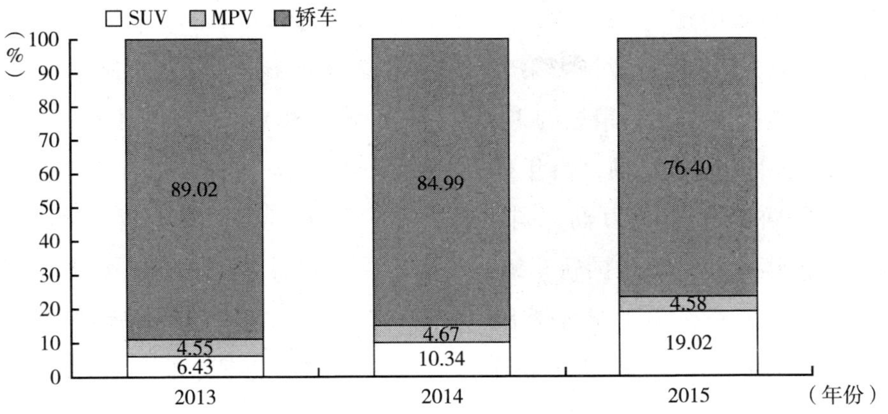

图 27　上汽通用产品品牌结构比重

资料来源：中国汽车工业协会。

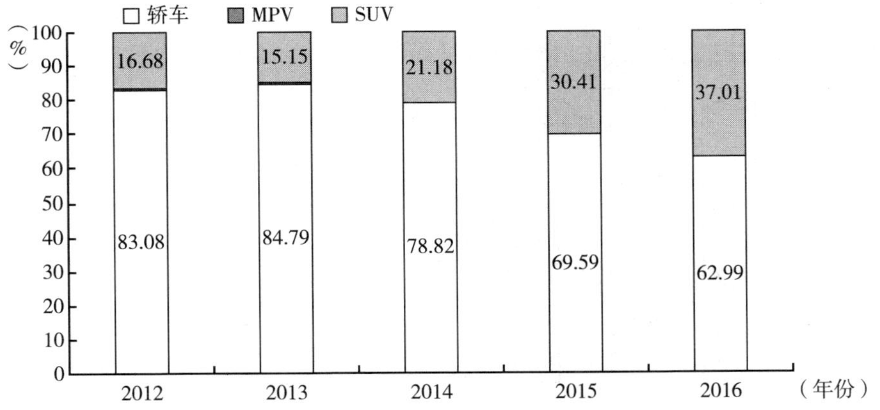

图 28　东风日产产品品牌结构比重

资料来源：中国汽车工业协会。

代的关键之年，更是吉利汽车厚积薄发的迸发之年。全年相继推出博越、帝豪 GS、帝豪 GL 三款全新 3.0 时代产品，加上 2015 年推出的博瑞，吉利 3.0 时代产品已经形成了完善的产品矩阵，覆盖了包括 B 级轿车、A + 级轿车、SUV、跨界 SUV 在内的主要细分市场，品牌影响力得到了大幅提升。

全年实现销售 799188 辆，同比增长 42.24%，增幅高于乘用车行业 27.3 个百分点，在行业排名第 10（较 2015 年上升 4 位），中国品牌排名第 3，占中国乘用车总销量的 3.3%。吉利全新 SUV 博越 3 月上市即热销，月终端销量突破 2 万辆，当年累计销量突破 10 万辆，市场欠单近 10 万辆；帝豪轿车销售 24 万辆，同比增长 17%，上市 7 年累计销量突破 100 万辆，连续 6 年蝉联中国轿车销冠，是中国品牌轿车首款销量突破百万辆车型；吉利首款纯电动车帝豪 EV 销售 1.7 万辆，在中国纯电动车单车型销量中排名第一；吉利 B 级轿车博瑞销售超过 5 万辆，同比增长 59%，位居中国品牌 B 级轿车销售量第一；9 月 20 日上市的吉利首款跨界 SUV 帝豪 GL，上市 3 个月累计销量超过 3 万辆，体现了自胜自强的中国品牌魅力。

2017 年，吉利汽车年度销量目标为 100 万辆，同比增长 25.16%。

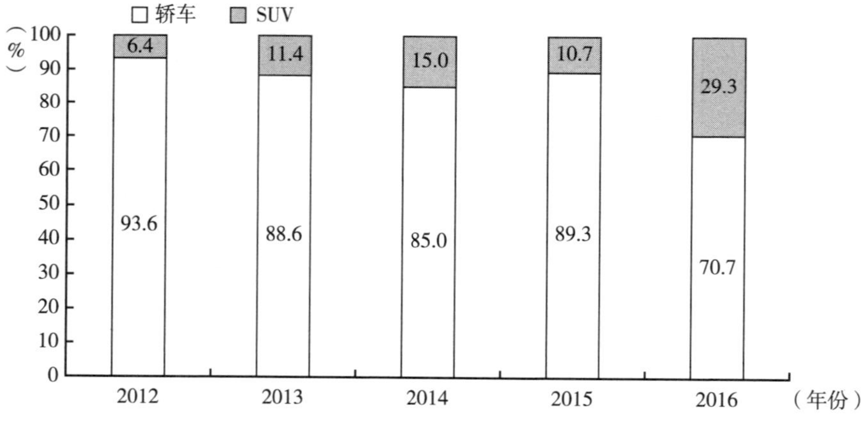

图 29　吉利汽车产品结构比重

资料来源：中国汽车工业协会。

（四）SUV 进出口概况

1. SUV 进口情况（见图30）

2016 年 1～11 月，SUV 进口 41.39 万辆，同比增长 -3.79%（见图 31），

SUV 进口市场连续两年呈明显下降，较轿车进口市场相对比重出现下滑。随着中国品牌 SUV 产品的崛起，预计明年 SUV 产品进口市场也将不会乐观。

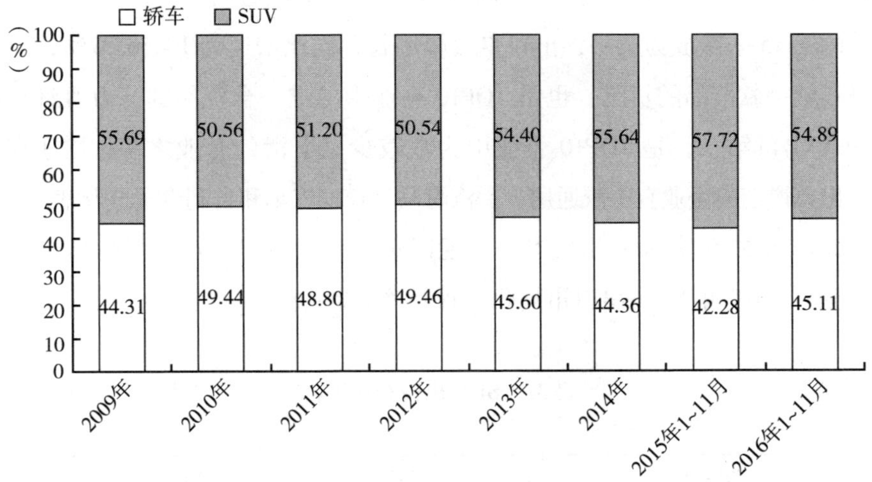

图 30　2009～2016 年 SUV 进口比重

资料来源：中国汽车工业协会。

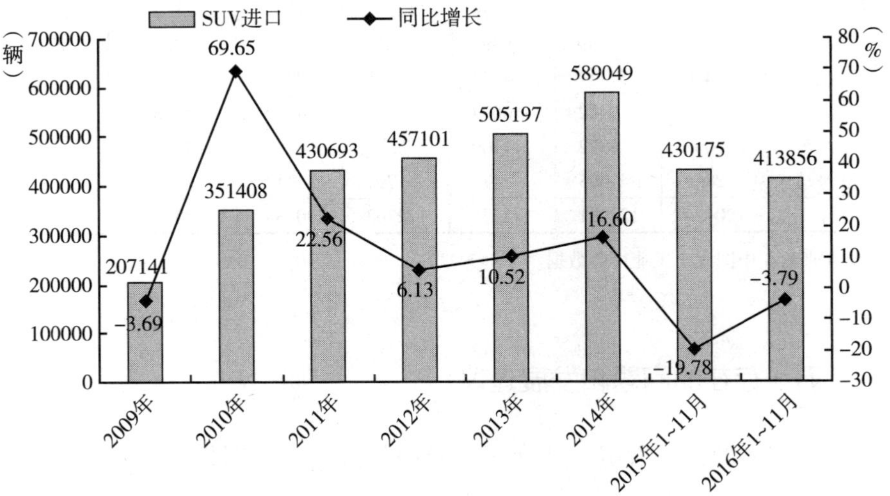

图 31　2009～2016 年 SUV 进口及增长情况

资料来源：中国汽车工业协会。

2. SUV 出口情况

2016 年 SUV 产品出口 190734 辆，逆转上年同比下滑趋势，呈高速增长态势，增速为 55.37%。出口量排名前 10 企业中，上汽通用 SUV 出口量排名由上年的第 15 一跃成为第一，出口量大幅增长，同比增速为 10466.37%，主要是昂科威一款产品的贡献，也是 TOP10 企业中的唯一合资品牌；力帆汽车位居 SUV 出口第二，是 TOP10 企业中为数较少呈下滑的企业之一；增速高于 SUV 出口增速的企业有上汽通用、一汽海马、长安汽车和吉利汽车（见表 31）。

2016 年二季度 SUV 出口市场出现回暖，后三个季度持续保持高增长态势，预计 2017 年 SUV 出口市场仍将保持增长。

表 31　SUV 出口企业排名

单位：辆，%

企业	2012 年	2013 年	2014 年	2015 年	2016 年	2015 年同比	2016 年同比
上汽通用	0	0	0	446	47126	—	10466.37
力帆汽车	15704	28693	39180	36631	30923	-6.51	-15.58
江淮汽车	560	354	1804	19186	28849	963.53	50.36
奇瑞汽车	53449	39993	29113	24756	27746	-14.97	12.08
华泰汽车	1	0	15774	11242	12507	-28.73	11.25
长安汽车	0	1709	6497	3117	11590	-52.02	271.83
长城汽车	36448	31734	24123	10958	8820	-54.57	-19.51
吉利汽车	11	9352	10094	2765	4767	-72.61	72.41
华晨汽车	3068	6372	11109	6377	4267	-42.60	-33.09
一汽海马	2866	1405	477	791	3412	65.83	331.35
总计	120424	127291	142276	122763	190734	-13.71	55.37

资料来源：中国汽车工业协会数据。

（五）存在的问题和发展建议

SUV 市场的一路看涨，让众多车企纷纷进入，试图借市场“牛市”从中获益。这导致国内 SUV 市场出现了产品质量水平参差不齐等问题，这些问题已经在近两年显现出来，低质低价产品的销量已经出现下滑。虽然这两年此问题有所缓减，但中国品牌之间、中国品牌与合资品牌之间的产品还是存在差距。因此，在面对SUV机会市场的情况下，提升品牌竞争力应该成为今后长期生存和发展的重中之重。各企业要精心提高产品技术和品质，精心打造产品的品牌，以更好的状态参与激烈的竞争。

目前，SUV市场仍存在较大的增长潜力，仍是各大企业的主力市场。部分自主品牌企业为了发展SUV产品，轿车、MPV产品市场基本放弃，产品结构单一化趋势明显，呈现SUV打天下的局面。随着合资品牌产品价格下移，市场日趋饱和，产品结构单一化的竞争劣势将凸显，企业依赖单一品类非长久之计，均衡产品结构是企业前进的基础。因此，中国品牌在抓住机遇发展的同时，必须全面考虑布局产品，未来发展仍要靠技术进步和产品的均衡布局来支撑。

四　2016年MPV乘用车发展

（一）MPV市场分析

1. MPV市场销量分析

2016年，MPV市场销量250万辆，销量净增39万辆，同比增长18.4%，增幅较上年明显回升（见图32），继续呈稳定增长走势，在狭义乘

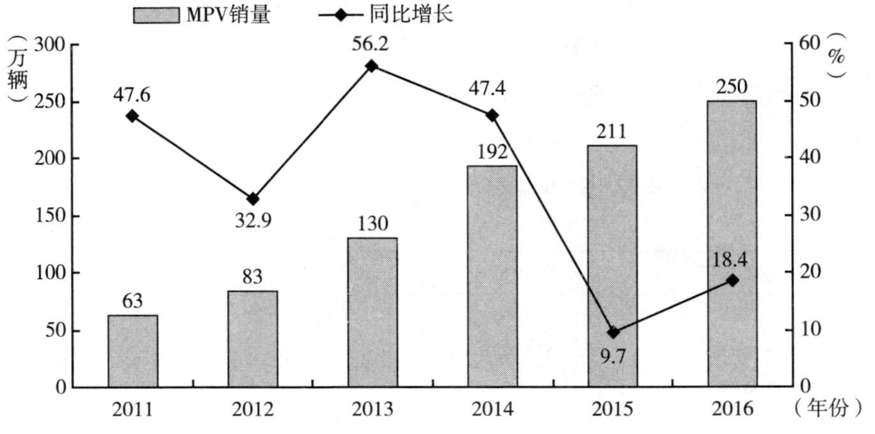

图32　2011～2016年MPV市场销售规模及增速

资料来源：中国汽车工业协会。

用车市场的比重为10.5%，占比与上年一致，MPV市场竞争格局处于相对稳定状态（见图33）。2016年MPV的较快增长也受益于购置税减半利好政策刺激。

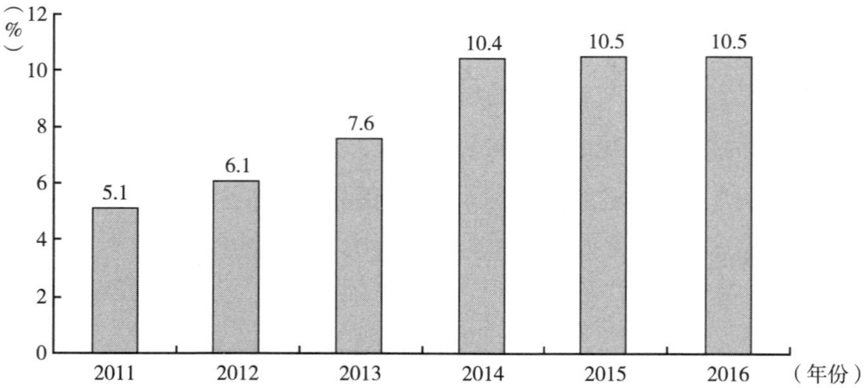

图33　2011～2016年MPV在狭义乘用车市场占比走势

资料来源：中国汽车工业协会。

2016年，MPV各细分市场销量增长情况如下：小型MPV销售134.4万辆，同比增长5.1%；中型MPV销售86.5万辆，同比增长53%，大型MPV销售27.6万辆，同比增长7.7%，豪华MPV销售1.1万辆，同比增长52.5%。中型MPV市场继续高速增长，豪华MPV由于基数较低，也增长迅速。小型MPV市场比重继续大幅下降，中型MPV强势扩张趋势明显（见表32、图34）。

表32　2016年MPV细分市场销量增长情况

单位：万辆，%

细分市场	2016年	2015年	同比增长
小型MPV	134.4	128.0	5.1
中型MPV	86.5	56.5	53.0
大型MPV	27.6	25.7	7.7
豪华MPV	1.1	0.7	52.5
总　计	249.7	210.9	18.4

资料来源：中国汽车工业协会。

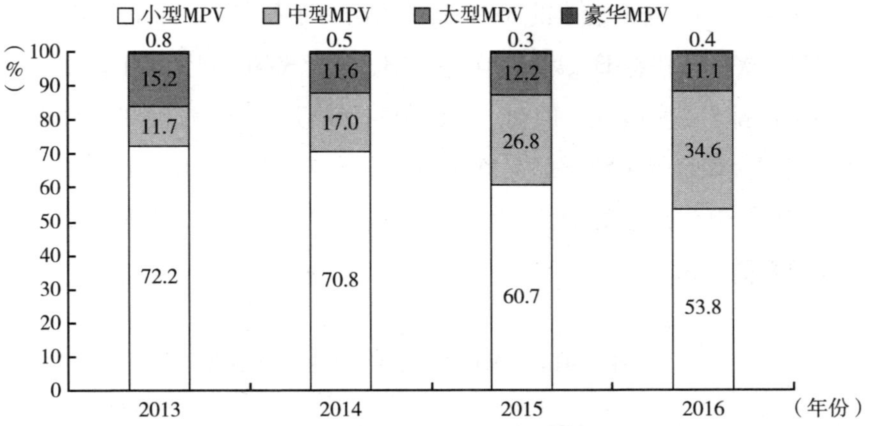

图 34　2013～2016 年 MPV 市场结构

资料来源：中国汽车工业协会。

2016 年，MPV 市场销量排名前十的企业依次为上汽通用五菱、长安汽车、北汽银翔、东风小康、东风柳汽、上汽通用、华晨汽车、江淮汽车、东风本田、奇瑞汽车（见表 33）。与上年前十强企业一致，但排名发生了一定变化。前三企业排名中，长安汽车超越北汽银翔，升至第二位。上汽通用五菱继续强势领跑，连续实现销量 100 万辆规模，但占有率下降近 6 个百分点，长安汽车、北汽银翔、东风小康增长迅速，加快抢夺市场步伐。

表 33　2016 年 MPV 市场销量排名前十企业

单位：辆，%

排名	生产厂商	2016 年销量	2015 年销量	同比	2016 年占比	2015 年占比
1	上汽通用五菱	1037798	1000007	3. 78	41. 57	47. 42
2	长安汽车	277973	180838	53. 71	11. 13	8. 58
3	北汽银翔	254954	183754	38. 75	10. 21	8. 71
4	东风小康	168579	99622	69. 22	6. 75	4. 72
5	东风柳汽	165297	158951	3. 99	6. 62	7. 54
6	上汽通用	79600	78985	0. 78	3. 19	3. 75
7	华晨汽车	73233	47199	55. 16	2. 93	2. 24
8	江淮汽车	64523	58706	9. 91	2. 58	2. 78
9	东风本田	63121	60040	5. 13	2. 53	2. 85
10	奇瑞汽车	61796	52239	18. 29	2. 48	2. 48

资料来源：中国汽车工业协会。

2016 年，销量排名前十的 MPV 品牌依次为五菱宏光、宝骏 730、欧诺、威旺 M20、欧尚、幻速 H3、风光、别克 GL8、风行 S500、风光 370（见表 34）。

前十位排名有所变化，欧尚、幻速 H3、风行 S500、风光 370 挤升十强之列，菱智、瑞风等传统产品品牌则退出前十名；欧诺超越威旺 M20 跃居前三，宝骏 730 继续强势增长，欧尚、幻速 H3 等新品成长迅速，MPV 市场产品竞争变数较大。

表 34　2016 年 MPV 市场销量排名前十品牌

单位：辆，%

排名	产品名称	2016 年销量	2015 年销量	同比	2016 年占比	2015 年占比
1	五菱宏光	650018	655531	-0.84	26.04	31.08
2	宝骏 730	370169	321069	15.29	14.83	15.22
3	欧诺	152607	142344	7.21	6.11	6.75
4	威旺 M20	120912	147399	-17.97	4.84	6.99
5	欧尚	118185	972	12058.95	4.73	0.05
6	幻速 H3	106634	17537	508.05	4.27	0.83
7	风光	98039	99622	-1.59	3.93	4.72
8	别克 GL8	79600	78985	0.78	3.19	3.75
9	风行 S500	71653	10021	615.03	2.87	0.48
10	风光 370	70540	0	—	2.83	0.00

资料来源：中国汽车工业协会。

2016 年，MPV 分排量细分品种来看，1.6 升及以下共销售 219.63 万辆，占 MPV 销售总量的 88.02%，市场占比较上年提升 4.17 个百分点；1.6 升 < 排量≤2.0 升系列共销售 13.94 万辆，同比增长 17.73%；2.0 升 < 排量≤2.5 升销售 14.31 万辆，同比增长 -27.71%，该市场继续大幅萎缩；2.5 升 < 排量≤3.0 升销售 1.62 万辆，同比增长 -32.19%，该市场也继续萎缩；3.0 升以上 MPV 市场虽然增长迅速，但基数太小（见图 35）。

2016 年，MPV 市场依然呈中国品牌和以上汽通用五菱为代表的合资自主品牌的两强竞争格局，但由于中国品牌 MPV 强势增长，较 2015 年净增约 14 万辆，超过合资自主品牌，位居销量排位第一，市场占比达到 48.06%，

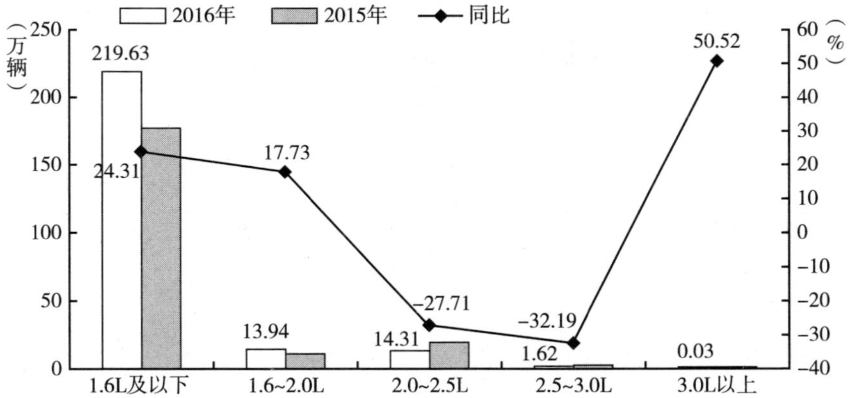

图 35　2016 年 MPV 市场排量分布

资料来源：中国汽车工业协会。

较 2015 年上升 7 个百分点，而合资自主品牌净增量仅不到 4 万辆，占比下降约 6 个百分点；日系则继续小幅萎缩，美系与上年基本持平，欧系虽增长迅速，但基数较小（见表 35）。从目前市场竞争格局来看，MPV 市场在未来一定时间内仍将是中国品牌与合资自主品牌的较量。

表 35　2016 年 MPV 市场各系别情况

单位：辆，%

系别	2016 年销量	2015 年销量	同比	2016 年占比	2015 年占比
中国品牌	1199815	865802	38.58	48.06	41.06
合资自主	1037798	1000007	3.78	41.57	47.42
日系	121604	124360	-2.22	4.87	5.90
美系	79600	78985	0.78	3.19	3.75
欧系	57712	39712	45.33	2.31	1.88
合计	2496529	2108866	18.38	100.00	100.00

资料来源：中国汽车工业协会。

2016 年，MPV 区域实销量排名前十的分别是河南、广东、山东、江苏、云南、河北、广西、浙江、贵州、四川；全国 31 个省份增速高过全国平均增速的有 18 个，低于平均增速的为 13 个；前十强中江苏、云南、河北、贵州增幅均高于全国平均，贵州增速位居全国第一，依靠高速增长挤入前十；总体来看，东北地区、中西部等欠发达地区 MPV 增长较快（见表 36）。

表 36　2016 年 MPV 各省份零售情况

单位：万辆，%

排序	省份	2016 年	2015 年	同比增长	排序	省份	2016 年	2015 年	同比增长
1	河　南	24.4	21.0	16.0	17	辽　宁	5.6	4.4	27.6
2	广　东	21.4	19.9	7.8	18	北　京	5.5	5.0	9.8
3	山　东	18.4	15.5	18.8	19	江　西	5.3	4.4	20.1
4	江　苏	14.5	11.7	23.8	20	重　庆	4.8	4.5	6.6
5	云　南	13.1	9.5	38.0	21	福　建	4.1	3.3	23.5
6	河　北	12.9	10.0	28.9	22	甘　肃	3.9	3.1	27.1
7	广　西	11.3	10.3	10.3	23	黑龙江	3.8	2.9	30.2
8	浙　江	10.1	9.4	8.0	24	吉　林	3.1	2.4	28.7
9	贵　州	10.0	6.6	52.8	25	新　疆	2.9	2.2	35.6
10	四　川	9.1	7.7	18.5	26	内蒙古	2.2	1.5	41.6
11	湖　南	8.3	7.3	14.0	27	天　津	1.4	0.9	44.1
12	安　徽	8.1	6.4	25.7	28	青　海	1.1	1.0	8.5
13	湖　北	7.9	7.5	5.7	29	海　南	1.1	0.9	20.3
14	陕　西	6.9	6.1	13.0	30	宁　夏	0.8	0.7	21.3
15	上　海	5.9	5.5	7.2	31	西　藏	0.7	0.5	30.7
16	山　西	5.7	4.3	33.6	总计		234.4	196.4	19.3

2. MPV 市场发展特点及趋势

MPV 市场从 2014 年开始，市场比重基本稳定在 10%，市场进入平稳增长期，在狭义乘用车市场的竞争格局相对稳定，其非主流地位短期难有改变。

小型 MPV 经过微客转型的快速增长后，连续 3 年基本稳定在 130 万辆水平，但市场比重呈明显的下滑走势，市场的扩容在小型 MPV 市场基本没有体现，短期来看，市场主导地位不会改变，但该市场有萎缩的风险。

随着偏乘用车的家用 MPV 升级，各车企在中型 MPV 市场大量投放新品，中型 MPV 市场仍将步入快速发展轨道，随着二孩政策的进一步体现，二孩家庭的逐步增多，未来，中型 MPV 市场有望占据 MPV 市场的主导地位。

大型 MPV 市场，以别克 GL8 为代表的传统意义上的商务用车市场，随着家用 MPV 升级向更高端发展，以及中国品牌在该市场产品投入竞争，产品价格下移，大型 MPV 市场还将赢得更大的市场空间。

此外，MPV 市场还呈现以下特点。

1.6 升及以下排量 MPV 在较长时期仍将占据主导地位。

涡轮增压技术在 MPV 产品上开始逐步应用，有加速扩张趋势。

新能源汽车发展，将促进纯电动 MPV 的发展。

MPV 市场在东北、西部地区、三四线城市等发展相对落后地区发展潜力较大。

预计 2017 年 MPV 销量将达到 275 万辆，同比增长 10% 左右。

（二）MPV 新产品发展

2016 年 MPV 上市新车共计 9 款，其中，小型 MPV 1 款、中型 MPV 6 款、大型 MPV 1 款、豪华 MPV 1 款，中型 MPV 是新品投放重点市场（见表 37）。9 款新产品共计销售 5.5 万辆，占 MPV 总销量的 2.2%，新品对 MPV 市场的贡献较弱，对市场的拉动作用不太明显。

2017 年，MPV 市场预计将有 17 款新品投放市场，其中小型 MPV 5 款，其中 3 款纯电动车；中型 MPV 8 款，其中 1 款纯电动；大型 MPV 4 款。中型 MPV 依然是企业产品投放的重点市场，大型 MPV 市场也得到了企业的重视，纯电动 MPV 的投放及市场表现值得关注。

表 37　2016～2017 年 MPV 上市及预计上市新品

单位：款

细分市场	2016 年	2017 年	备注
小型 MPV	1	5	3 款纯电动
中型 MPV	6	8	1 款纯电动
大型 MPV	1	4	
豪华 MPV	1		
合计	9	17	

资料来源：资料统计。

（三）部分重点生产企业

1. 上汽通用五菱

2016 年，上汽通用五菱 MPV 实现销售 103.8 万辆，同比增长 3.8%（见图 36）。连续两年基本维持在 100 万辆水平，五菱 MPV 呈滞涨发展态势，主力产品五菱宏光增长乏力（见图 37）。

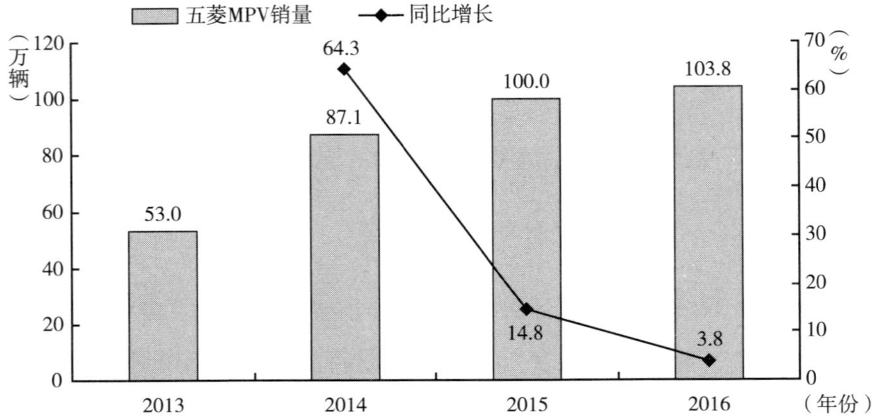

图 36　2013～2016 年五菱 MPV 销量增长情况

资料来源：中国汽车工业协会。

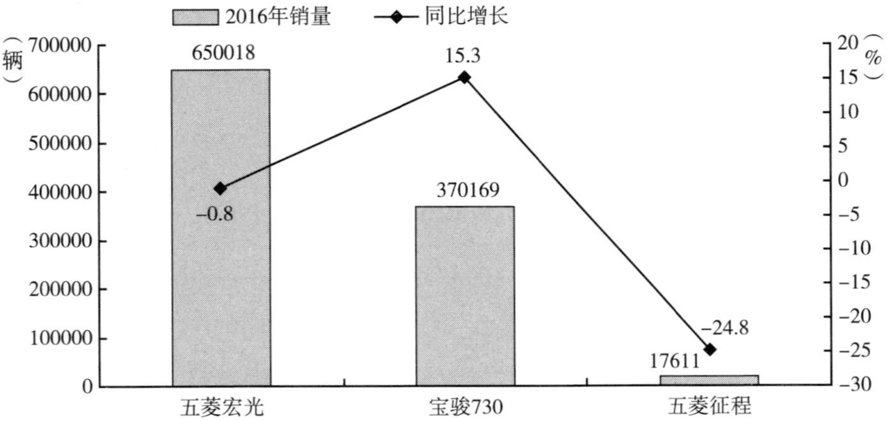

图 37　2016 年五菱 MPV 产品销量增长情况

资料来源：中国汽车工业协会。

从五菱狭义乘用车产品结构变化来看，MPV 产品依然占据主导地位，但 SUV 产品结构比重上升较快（见图 38）。

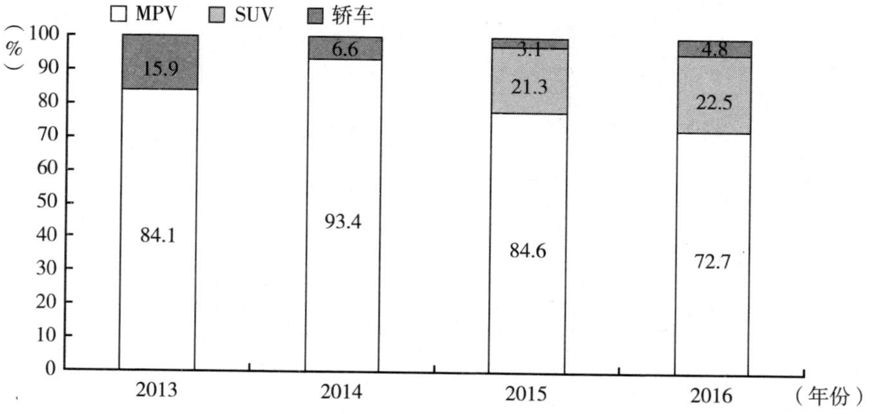

图 38　2013～2016 年五菱狭义乘用车产品结构比重情况

资料来源：中国汽车工业协会。

从 2017 年五菱狭义乘用车产品排产计划来看，五菱的 MPV 产品市场将同比下降，短期来看，五菱将在 SUV 市场及轿车市场发力（见表 38）。2017 年五菱将在中型 MPV 市场再布局一款宝骏 710 产品。

表 38　2016～2017 年上市及预计上市新品销售

单位：万辆，%

细分市场	2016 年销量	2017 年计划销售	同比增长
MPV	103.8	98	-5.6
SUV	32.2	46	42.9
轿车	6.9	18	160.9

资料来源：全国乘用车市场信息联席会。

2. 长安汽车

2016 年长安 MPV 实现销售 27.8 万辆，同比增长 53.7%，呈高速增长，从其产品表现来看，主要是新品欧尚产品表现强（见图 39、图 40）。

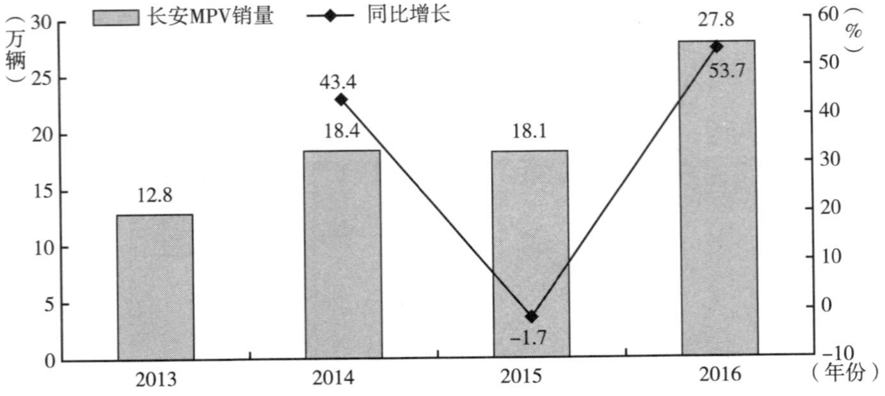

图 39　2013～2016 年长安 MPV 销量增长情况

资料来源：中国汽车工业协会。

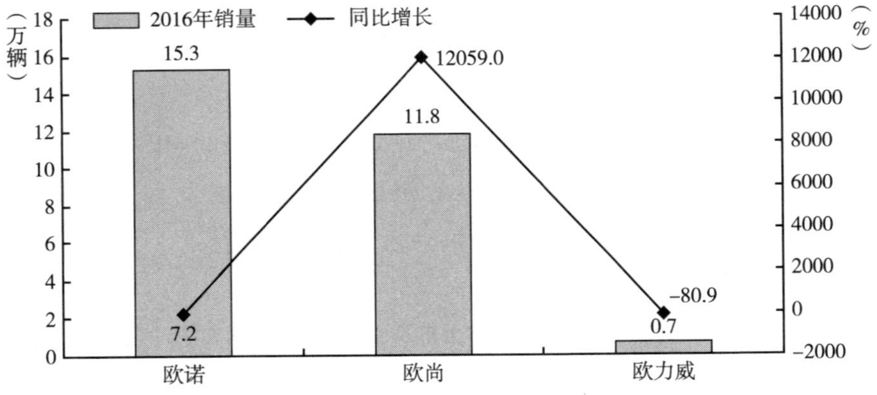

图 40　2016 年长安 MPV 产品销量增长情况

资料来源：中国汽车工业协会。

从长安汽车乘用车产品结构变化来看，2016 年 MPV 产品结构比重提升近 5 个百分点，回升较明显（见图 41）。

从 2017 年长安汽车狭义乘用车产品排产计划来看，长安的 MPV 产品市场将同比增长近 20%，预计推出长安凌轩、欧尚 A800 两款 MPV 新品，将为 2017 年长安 MPV 产品销量增长奠定基础（见表 39）。

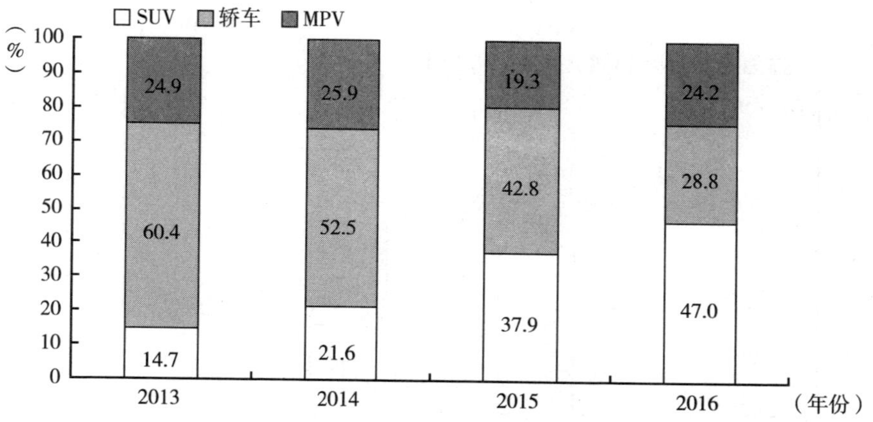

图 41　2013～2016 年长安狭义乘用车结构比重情况

资料来源：中国汽车工业协会。

表 39　2016～2017 年长安上市及预计上市新品

单位：万辆，%

细分市场	2016 年销量	2017 年计划	同比增长
SUV	54. 1	79. 5	47. 0
轿车	33. 1	28. 5	-13. 9
MPV	27. 8	32. 8	18. 0

资料来源：全国乘用车市场信息联席会。

3. 东风小康

2016 年，东风小康 MPV 实现销售 16. 9 万辆，同比增长 69. 2%（见图 42），呈高速增长，从其产品表现来看，主要是风光 370 的贡献（见图 43）。

从东风小康乘用车产品结构变化来看，2016 年 MPV 产品结构比重提升 3. 7 个百分点，呈回升态势（见图 44）。

从 2017 年东风小康狭义乘用车产品排产计划来看，东风小康将弱化 MPV 产品，力推 SUV 产品（见表 40）。

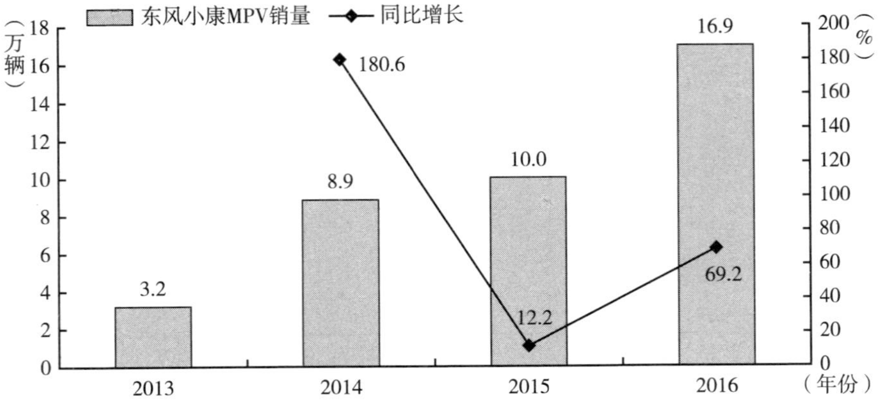

图 42　2013～2016 年东风小康 MPV 销量增长情况

资料来源：中国汽车工业协会。

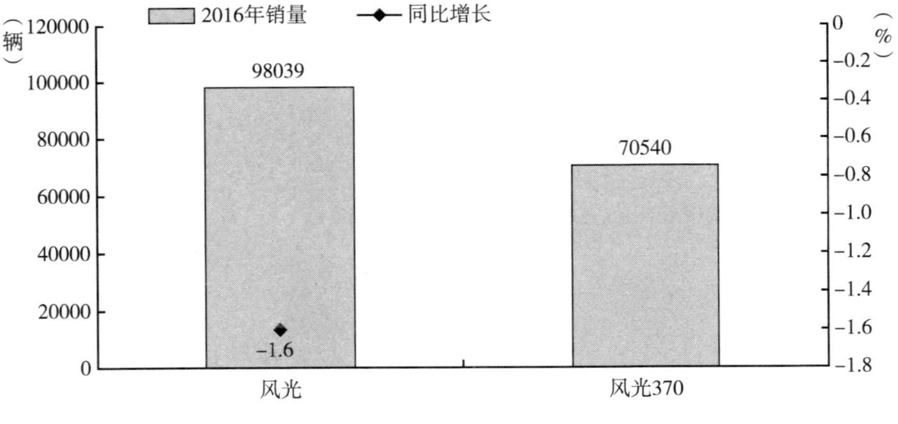

图 43　2016 年东风小康 MPV 产品销量增长情况

资料来源：中国汽车工业协会。

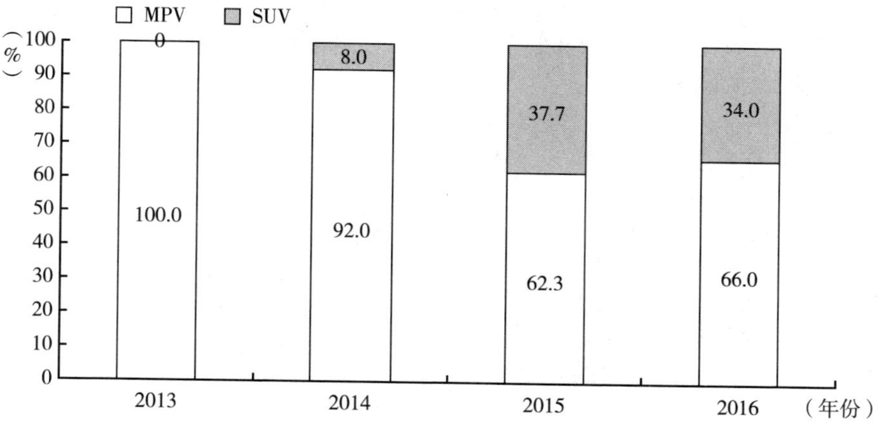

图 44　2013～2016 年东风小康狭义乘用车结构比重情况

资料来源：中国汽车工业协会。

表 40　2016～2017 年上市及预计上市新品

单位：万辆，%

细分市场	2016 年销量	2017 年计划	同比增长
MPV	16.9	14	-17.2
SUV	8.7	15	72.4

资料来源：全国乘用车市场信息联席会。

（四）MPV 进出口概况

1. MPV 进口情况

来自国机汽车对海关数据的统计分析，2016 年 MPV 进口 43919 辆，较 2015 年 46961 辆增长 -6.5%，继 2015 年 MPV 进口同比增长 -10.46%，MPV 进口市场继续呈下滑走势。

2. MPV 出口情况

2016 年，MPV 市场出口 10989 辆，同比增长 89.5%，呈强势回升走势，主要是小型 MPV 和大型 MPV 出口迅猛（见图 45、图 46）。

从产品来看，主要是上汽通用五菱的五菱宏光产品以及上汽大通的 G10 出口量较大（见表 41）。

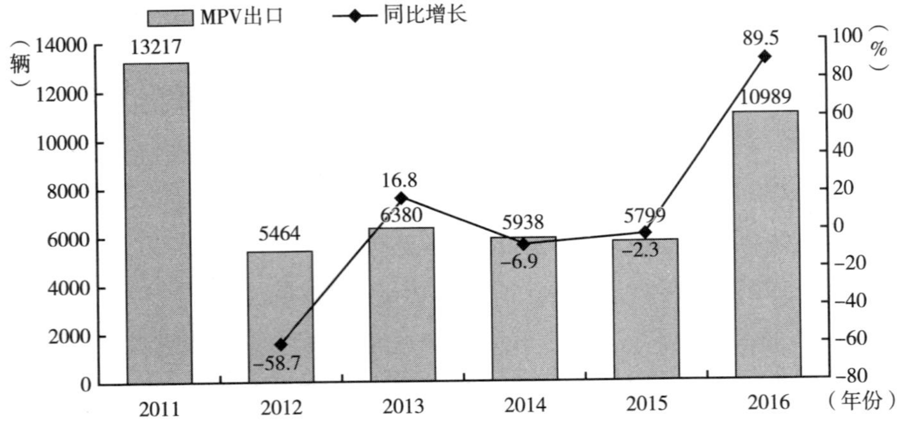

图 45　MPV 出口情况

资料来源：中国汽车工业协会。

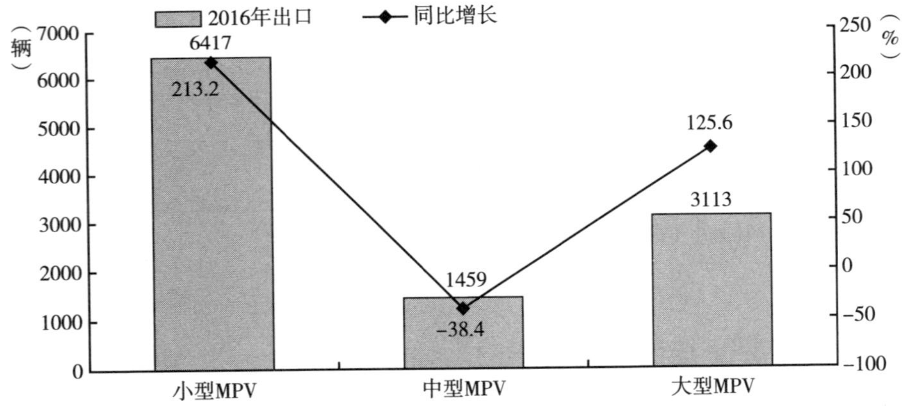

图 46　MPV 出口结构情况

资料来源：中国汽车工业协会。

表 41　MPV 产品出口情况

单位：辆，%

产品	2016 年	2015 年	同比增长
五菱宏光	3828	17	22417.6
上汽大通 G10	2794	1365	104.7
开瑞优雅	1010	1000	1.0
风行	779	267	191.8

续表

产品	2016 年	2015 年	同比增长
启腾 EX80	551	0	—
瑞风短轴	461	1420	-67.5
欧诺	395	423	-6.6
威旺 M20/M30	288	57	405.3
瑞风长轴	285	0	—
幻速 H3	219	1	—
总计	10989	5799	89.5

资料来源：中国汽车工业协会。

2016 年，MPV 出口前十位企业分别是上汽通用五菱、上汽大通、奇瑞汽车、东风柳汽、江淮汽车、福建新龙马、长安汽车、北汽银翔、北京汽车、昌河汽车（见表 42）。五菱表现抢眼，跃居出口销量排名第一。

表 42　MPV 企业出口情况

单位：辆，%

企业	2016 年	2015 年	同比增长	2016 年占比	2015 年占比
上汽通用五菱	3828	17	22417.6	34.8	0.3
上汽大通	2794	1365	104.7	25.4	23.5
奇瑞汽车	1011	1182	-14.5	9.2	20.4
东风柳汽	779	267	191.8	7.1	4.6
江淮汽车	746	1420	-47.5	6.8	24.5
福建新龙马	551	0	—	5.0	0.0
长安汽车	395	517	-23.6	3.6	8.9
北汽银翔	298	227	31.3	2.7	3.9
北京汽车	288	57	405.3	2.6	1.0
昌河汽车	111	30	270.0	1.0	0.5
总计	10989	5799	89.5	100.0	100.0

资料来源：中国汽车工业协会。

（五）存在的问题和发展建议

近年来，由于 SUV 市场的强势增长，增长表现也较好的 MPV 市场在行业的重视度有减弱迹象，从行业主流企业如五菱、小康等 2017 年 MPV 产品的排产计划来看，基本上是一个负增长的排产，主动追逐热门 SUV 产品市场的目标彰显，SUV 产品市场的确是一个机会市场，但目前也基本步入红海比拼阶段，新产品推出步伐相当快，产品生命周期也在缩短，SUV 产品市场竞争风险激增，固本发展也将是主流 MPV 企业必须重视的问题，应该根据自身的实际情况量力而行，否则将面临主业丢失而新机会也难把握的尴尬局面。

五　交叉型乘用车发展

（一）交叉型乘用车市场分析

1. 交叉型乘用车市场销量分析

2016 年，交叉型乘用车（不含小 MPV）共销售 68.4 万辆，同比下降 37.81%，与 2015 年 17.47% 的降幅相比，加速下滑（见图 47）。2016 年几乎所有的传统微客企业都在大幅下滑，另有多家企业停产。

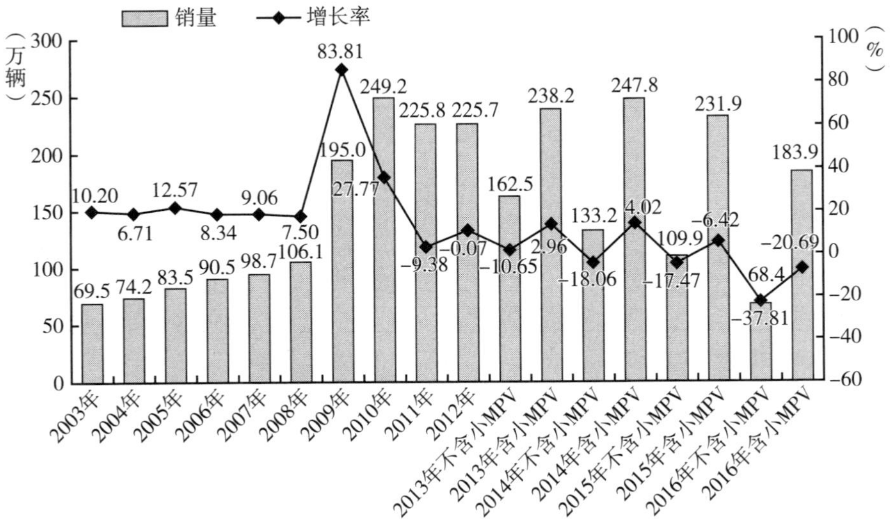

图 47　近年交叉型乘用车整体销量走势

资料来源：中国汽车工业协会数据。

从企业表现来看，销售排名前五的企业分别是上汽通用五菱、长安汽车、东风小康、华晨汽车和北汽银翔，分别销售45万辆、6.95万辆、5.13万辆、4.89万辆和2.82万辆。行业排名前五同比均下滑，五菱、长安、小康、华晨和银翔分别下滑26.92%、60.24%、19.05%、19.85和42.10%。2016年，上述五家企业共销售64.78万辆，占交叉型乘用车销售总量的94.79%，集中度进一步提升（见表43）。

表43　2016年国内交叉型乘用车企业销量情况

单位：辆，%

企业	2016年	2015年	同比增长	2016年占比
总计	683502	1099128	-37.80	100.00
上汽通用五菱	450008	615798	-26.92	65.80
长安汽车	69530	174879	-60.24	10.20
东风小康	51254	63315	-19.05	7.50
华晨汽车	48876	60984	-19.85	7.20
北汽银翔	28196	48673	-42.10	4.10
一汽吉林	10612	22705	-53.30	1.60
北汽制造	7932	6508	21.90	1.20
北汽福田	5163	10322	-50.00	0.80
福建新龙马	2737	11257	-75.70	0.40
力帆汽车	2512	58811	-95.70	0.40
奇瑞汽车	2507	5741	-56.30	0.40
昌河汽车	2023	11567	-82.50	0.30
海马商务	600	768	-21.90	0.10
浙江飞碟	514	2714	-81.10	0.10
广汽吉奥	494	2209	-77.60	0.10
众泰汽车	390	325	20.00	0.10
航天圆通	127	342	-62.90	0.00
东南汽车	27	950	-97.20	0.00

资料来源：中国汽车工业协会，不含新型微客，不含微货。

2016年，从交叉型乘用车细分品种销量来看，除了前置动力的荣光V增长1.57%，其他传统微客主力车型，如五菱之光、长安之星、小康K系列等车型，都出现了明显下降。

2. 交叉型乘用车市场的发展特点及趋势

随着消费升级和微车企业的重心转移，跨界小 MPV 车型（新型微客）越来越多，微车企业产品呈多元化发展趋势，需要指出的是，2016 年，小 MPV 车型销量基本稳定，而传统微客市场进一步萎缩。

面对持续大幅下滑的传统微客市场，厂家对开发传统微车新品投入大幅减少，并减产、停产部分车型系列。

除向小 MPV 发展外，微车厂家普遍还借 SUV 行业大势，大力开发 SUV 车型，努力拓展新市场，如五菱推出宝骏 560，长安推出 CX70，小康推出风光 580，等等，相关产品取得了成功，打开了一定市场，为企业发展转型和开疆拓土做出了积极贡献。

预计 2017 年交叉型乘用车（不含小 MPV）将继续下滑，全年预计销售 50 万辆，比 2016 年累计下滑 35% 左右。

（二）交叉型乘用车新产品发展

2016 年，交叉型乘用车行业仅有五菱之光 V 一款重要新品推出，其他有少量改款车型。

五菱之光 V 是五菱引入微客市场的前置后驱动力车型，新车共推出搭载 1.2L 发动机的 3 款车型，外部长宽高为 4051mm/1575mm/1780mm，轴距 2600mm，售价区间为 3.38 万 ~3.68 万元。这是五菱进一步将前置后驱车型低成本化去适应微客商用车化升级需求，同时，中置后驱的传统微客将进一步受到挤压。

（三）部分重点生产企业

1. 上汽通用五菱

2016 年交叉车型销量为 45 万辆，同比下滑 26.92%；主力产品五菱之光销售 13.55 万辆，下降 40.57%；五菱荣光销售 11.33 万辆，下降 41.49%。2016 年五菱继续向乘用车拓展，其宝骏 730、560 车型取得了较大成功，且下半年推出的宝骏 310 轿车在短期内销量过万辆，表现抢眼，而微客占比进一步减少。

2. **长安汽车**

2016 年长安交叉车型销售 6.95 万辆，下滑 60.24%，主力产品长安之星系列大幅下滑。2016 年，长安汽车在乘用车领域发展突出，推出的欧尚 MPV、CX70 SUV 等车型热销，其自主狭义乘用车销量继续排名中国自主乘用车第一，助推整个长安汽车跨越 300 万辆销量大关。预计未来，长安汽车将加大向乘用车的拓展力度，乘用车占比进一步提升。

3. **东风小康**

2016 年，东风小康实现销售 5.13 万辆，下滑 19.05%；其主力微客东风小康 K 系为 3.59 万辆，下降 26.04%。东风小康继续努力向乘用车拓展转型，其推出的风光 580 SUV 车型，上市后不久就取得了月销过万辆业绩，为企业转型奠定了良好基础。预计 2017 年，东风小康狭义乘用车将实现更多销量。

至此，主要微车企业早已脱胎换骨，实现了向乘用车转型。

（四）交叉型乘用车进出口概况

2016 年交叉型乘用车出口总量为 40470 辆，同比下降 30.42%。其中，行业前三强的五菱出口 11804 辆，华晨 11012 辆，小康 4068 辆，前三强合计 26884 辆，占 66.43%，优势明显（见表 44）。

表 44　交叉型乘用车出口量情况

单位：辆，%

企业	2016 年	2015 年	同比增长
上汽通用五菱	11804	16182	-27.05
华晨汽车	11012	10660	3.30
东风小康	4068	5786	-29.69
长安汽车	2950	2455	20.16
一汽吉林	2935	2755	6.53
北京汽车	2268	5485	-58.65
北汽福田	2022	521	288.10
力帆汽车	1631	7663	-78.72
北汽银翔	542	1522	-64.39
奇瑞汽车	436	2573	-83.05

续表

企业	2016 年	2015 年	同比增长
海马商务	328	37	786.49
福建新龙马	235	534	-55.99
广汽吉奥	123	1405	-91.25
众泰汽车	91	159	-42.77
东南汽车	25	179	-86.03
总　计	40470	58166	-30.42

资料来源：中国汽车工业协会。

（五）存在的问题和发展建议

随着消费趋势的变化，微车企业的重心已向乘用车转移，由于车型结构、用途、价格、用户特征等因素影响，小型 MPV 市场成为各主力厂家突围的首选。五菱宏光、长安欧诺、风光 330、威旺 M20 等车型的迅速崛起带动了小型 MPV 市场容量的快速拉升。

在取得小型 MPV 市场的成功后，部分微车企业正在快速向上突破，以“MPV + SUV”的产品组合作为企业重心的微车转型正式进入新时代。

当前，MPV 和 SUV 车型早已成为企业主力车型，微车企业产品呈多元化发展趋势，成为行业新品亮点，而整个传统微客市场进一步持续萎缩。

2016 年交叉车型有销量车型总共 27 款，过万辆仅 10 款，销量最大是前置后驱的荣光 V，中置后驱的传统微客车型大幅下滑。

2017 年，1.6 升及以下排量购置税优惠政策使小 MPV、经济性 SUV、微客都可享受，但曾经的激励政策表明，更符合市场趋势的产品受益更大，因此该政策将更有效促进 1.6 升及以下排量的 MPV、SUV 市场发展，而对传统微客市场提振有限。

2016 年交叉车型销量扣减前置动力车型荣光 V 后，传统微客仅销售 48.6 万辆，相比 2015 年的 90.5 万辆少了 40 多万辆，同比大幅下降 46.3%。2016 年底，前置后驱的五菱之光 V 上市，将进一步挤压传统微客市场。

综上，2017 年交叉车型销量会继续下滑，企业的传统微客平台进一步减少。

纵观微客市场，由最初的长安、五菱、哈飞、昌河、佳宝 5 家，迅速扩大到 20 多家；在现有 18 家微车企业中，2016 年微车年销量过万的企业仅 6 家，12 家年销量低于 1000 辆，未来，预计还将有企业退出微客市场。

实际上，目前各微车厂家早已转型进行多元化发展，主力厂家中已没有单纯微车厂家，缺乏新乘用车类型产品支撑的企业将加速出局，企业单靠微车也很难生存，一些企业在目前对品牌敏感度不太强的 SUV、MPV 市场进行拓展，收到了较好的效果，其中长安、五菱在各自的领域转型是比较成功的，而一些转型慢、效果不佳的微车企业前途未卜。

面对日益激烈竞争，为此提出以下建议。

（1）要么成本优先，要么与众不同

微车企业应充分发挥成本优势，同时应避免自身产品与行业主力产品的高度同质化现象，陷入新的恶性竞争，企业需要慎重审视未来战略，重视产品差异化风格打造，营销推广也要有创新，以更富有创新的产品和营销获得新发展。

（2）高度重视品质

乘用车用户有更高品质要求，切记为抢占市场先机牺牲质量，否则无异于自杀，微车企业要加强体系建设，用体系来保证产品开发和制造过程的品质控制。

（3）持续重视技术支撑

乘用车开发要求比微客产品要求高很多，这需要企业在研发的持续投入建设，在这产品为王的时期不能掉队。

（4）重视品牌建设

微车企业转型开发的 MPV 和 SUV 等车型的品牌形象和品牌溢价都较低，随着合资企业的产品进入，随着消费升级和产品的丰富，缺乏品牌支撑的产品将逐渐被边缘化，被始终压制在最低端，或被更快淘汰，为此，大力进行品牌建设尤为重要。

（5）跟上时代快速变化要求

随着经济/交通的发展，技术的进步，个人用车兴起，用户需求的多元化、共享化、个性定制化和小型化变化趋势，企业应强化对相关领域的跟踪和研究，把握变化趋势，跟上时代步伐，抓住稍纵即逝的机会，在不对称竞争中取得快速发展。

六　2017年乘用车工业市场预测

（一）影响市场的因素分析

1. 市场有利因素

第一，购置税优惠政策仍会继续，尽管优惠力度有所减小，但 2017 年底政策退出对市场影响较大，年底将会有一大波购车热潮，对市场销量的拉动较大。第二，我国乘用车市场刚性需求大，尤其是中部和西部地区增长潜力大。第三，国内经济稳中有进，经济增速下滑趋势有所缓解，预期 2017 年 GDP 增速不低于 6.5%，有利于车市的稳定增长。第四，预期 2017 年汽车市场价格优惠程度略高于 2016 年，尤其是紧凑型 SUV 市场和紧凑型轿车市场，降价将促进市场销量的增长。第五，汽车出口形势有所好转，预期能够带来同比增量。

2. 市场不利因素

首先，受制于经济下滑，2016 年地方政府没有实施城市限购政策，随着经济企稳，不排除交通压力大、污染严重的城市出台限购政策，限购必然会抑制市场增量。其次，在共享经济模式下，消费者对拥有车辆欲望有所降低，随着共享汽车和公共交通的发展，汽车消费需求必将受到影响。

（二）2017年乘用车销量预测

预测 2017 年乘用车销量为 2610 万辆，同比增长 6.5%。从细分市场看，轿车销售 1149.2 万辆，MPV 265 万辆，SUV 1142 万辆，交叉车型 53.8 万辆。

商 用 车 篇

Commercial Vehicles

B.3
2016年载货车工业发展报告

摘　要：本报告综合描述了2016年中国汽车市场载货类商用车产销情况，按重型车辆、中重型车辆、轻型车辆、微型车辆等细分市场分析了2016年该市场的发展情况及变化趋势，剖析了载货类商用车发展中存在的问题，从宏观经济及产业政策方面预测了2017年载货类商用车发展趋势，并提出了相关建议。

关键词：重型载货车　中型载货车　轻型载货车　微型载货车

一　2016年载货车工业发展综述

（一）载货车市场整体产销情况

经过连续两年负增长，在房地产复苏、基础设施投资保持高增长和执行新版国标 GB1589－2016 新法规，交通部等相关部委联合在全国范围内严查超载政策的刺激下，2016 年载货车终于迎来了久违的增长，全年共生产载货车 315.11 万辆，销售 310.79 万辆，同比分别增长 11.23% 和 8.82%（见图 1）。

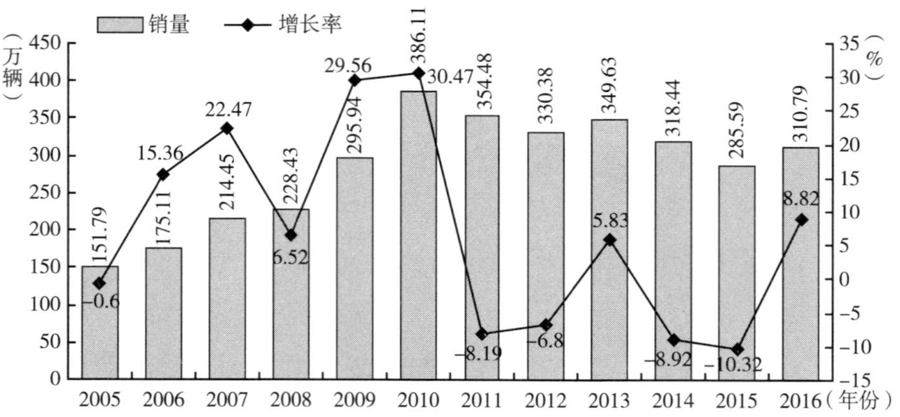

图 1　历年载货车销量走势示意

分车型看，重型载货车（GVW > 14T，包含重型载货车、重型货车非完整车辆和半挂牵引车）全年共生产 74.13 万辆，同比增长 38.29%；销售 73.29 万辆，同比增长 33.08%（见图 2，下同）。中型载货车（6T < GVW≤14T，包含中型货车、中型货车非完整车辆）全年共生产 23.14 万辆，同比增长 13.43%；销售 22.91 万辆，同比增长 14.29%。轻型载货车（1.8T < GVW ≤6T，包含轻型货车、轻型货车非完整车辆）全年共生产 155.02 万辆，同比下降 0.23%；销售 153.98 万辆，同比下降 1.20%。微型载货车（GVW≤1.8T，包含微型货车、微型货车非完整车辆）全年共生产 62.82 万辆，同比增长 16.51%；销售 60.61 万辆，同比增长 10.96%（见图 2）。虽然 2016 年载货车整体实现了增长，但占载货车比重最大的轻型载货车却没有增长。从车型上看，重型载货车增长幅度最大，其次是中型载货车，再次是微型载货车，都实现了两位数的增长。从绝对量上看，重型载货车 2016 年的销量比 2015 年增加了 18.22 万辆，而 2015 年重型载货车全年

销量比 2014 年是少了 19.33 万辆，可谓是大起大落，波幅巨大。从各车型销量对载货车总体增长贡献的情况看，重型载货车贡献最大，在载货车总体增长 8.82% 中，重型载货车贡献了 6.38 个百分点，中型载货车对载货车总体的增长贡献了 1 个百分点，轻型载货车虽然负增长不多，但由于占载货车总体的比重较大，因而影响载货车整体负增长 0.66 个百分点，微型载货车贡献了 2.10 个百分点（见表 1）。从上数据可看出，2016 年载货车的增长主要是由重型载货车的增长决定的。

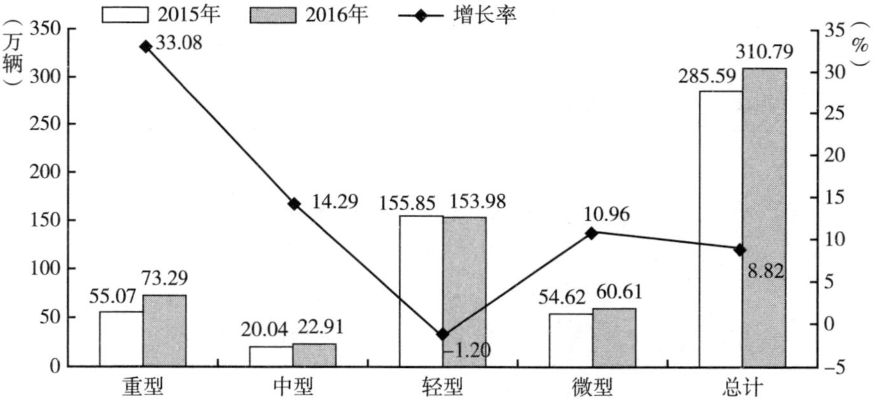

图 2　2015 年和 2016 年载货车各车型销量及增长情况

表 1　2016 年载货车各车型销量增长贡献度

分类	2015 年		2016 年			贡献度（个百分点）
	绝对量（万辆）	比重（%）	绝对量（万辆）	比重（%）	增长率（%）	
重型	55.07	19.28	73.29	23.58	33.08	6.38
中型	20.04	7.02	22.91	7.37	14.29	1.00
轻型	155.85	54.57	153.98	49.55	-1.20	-0.66
微型	54.62	19.13	60.61	19.50	10.96	2.10
总计	285.59	100.00	310.79	100.00	8.82	8.82

从月度走势上看，全年除 1 月、6 月负增长外，其余都超过上年相应月份，从 9 月开始出现增长越来越快的趋势，到 12 月，同比增幅高达

18.24%，是全年最高的增幅（见图3）。这主要是受执行新版国标GB1589－2016新法规，交通部严查超载政策带来的中重卡高速增长的影响。

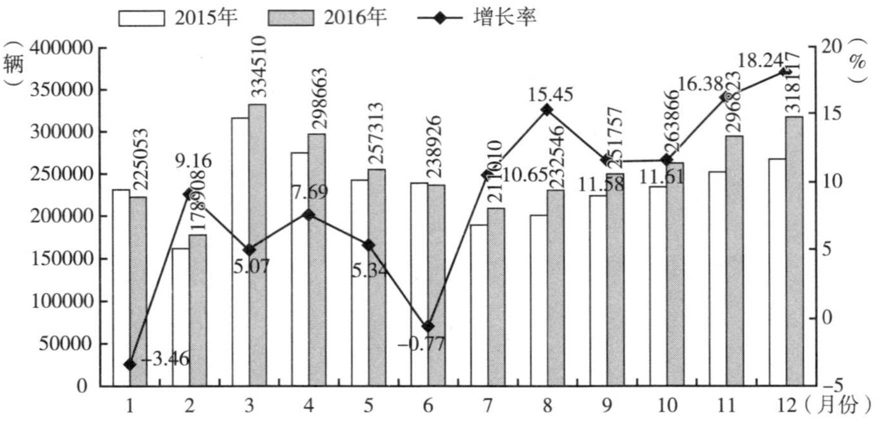

图3　2015～2016年载货车各月销量走势示意

注：图中只标注了2016年的销量。

从载货车内部各车型销售占比结构上看，2016年变化较大的是重型载货车和轻型载货车，重型载货车占全部载货车的比重从2015年的19.3%上升到23.6%，增加了4.3个百分点，而轻型载货车占全部载货车的比重从2015年的54.6%下降到49.5%，减少了5.1个百分点，第一次比重降到50%以下。中型载货车和微型载货车占全部载货车的比重变化不大，都增加了0.4个百分点（见图4）。值得指出的是，轻型载货车在历史上，从2005年以来占全部载货车的比重从来没有低于过50%，未来轻型载货车的比重是否还会进一步降低，值得观察。从历史走势上看，微型载货车占全部载货车的比重从2005年的15.4%已上升到2016年的19.5%，接近载货车全部20%的比重。中型载货车仍然维持在低位，虽然2016年占全部载货车的比重上升了十分微弱的0.4个百分点，但从历史走势来看，中型载货车将继续减少。重型载货车近几年占全部载货车的比重波动较大，重型载货车占全部载货车的比重25%似乎是个重要的关键点，除2010年达到26.4%外，其余的年份都没有超过这一比重，而汽车工业振兴规划的比重是25%以上。

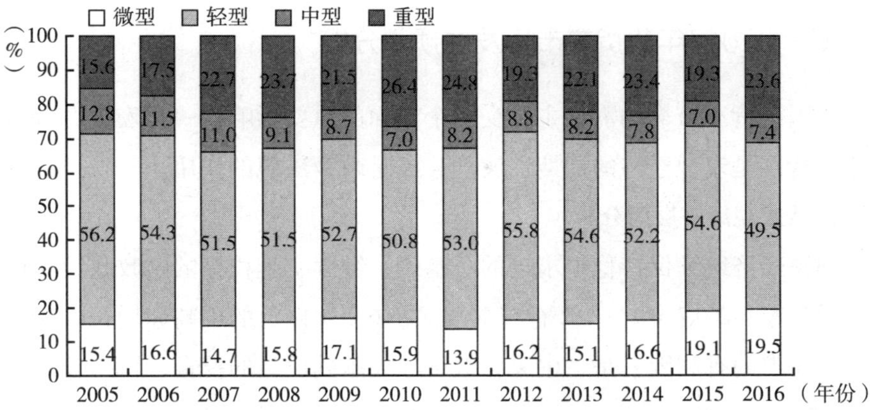

图4　历年载货车各车型销量占比结构示意

（二）载货车进出口概况

按照中国汽车工业协会的归口统计标准，2016 年我国各种货车共出口 20.54 万辆，同比下降 18.52%。其中，车总重≤5 吨的柴油车出口了 6.00 万辆，同比下降 12.03%，汽油车出口了 4.34 万辆，同比下降 23.33%。5 吨＜车总重≤14 吨的柴油车出口了 4.05 万辆，同比下降 8.48%。14 吨＜车总重≤20 吨的柴油车出口了 1.14 辆，同比下降 12.97%。车总重＞20 吨的柴油车出口了 3.05 万辆，同比下降 16.43%。半挂车专用的公路牵引车共出口了 1.63 万辆，同比下降 42.98%。在特种专用车里面，混凝土搅拌车出口了 0.63 万辆，同比下降 2.87%。综观以上数据，可见，2016 年出口市场与国内市场可谓是冰火两重天。出口市场一片惨不忍睹。

从进口情况来看，全年共进口货车 1.15 万辆，同比增长 63.44%。其中，比较引人注目的是两个车型。一个是车总重≤5 吨的汽油车，进口了 6512 辆，同比增长 97.63%。另一个是半挂车专用的公路牵引车，全年共进口了 3821 辆，同比增长 78.63%。我们知道，进口国外的半挂牵引车都是高端产品，这从一个侧面反映了国内高端重型牵引车的需求十分旺盛。

（三）2017年载货车市场发展预测分析

我国载货车市场的需求主要受两个方面的重要影响，一是宏观经济增长快慢，特别是宏观经济的周期性波动，二是政策法规的作用。

1. 从宏观经济层面分析

国民经济继续保持稳中求进的总基调，继续实施积极的财政政策和稳健的货币政策。2017 年，GDP 有望继续保持6.5%以上的中高速增长。对载货车市场需求的有利因素是，中央会继续加大基础设施的投资，保持较高增长速度，PPP 会加速落地，预计全年基础设施的投资增长速度与 2016 年持平。同时，“一带一路”进程的加快，会带动国内经济的发展和中重卡的需求。2017 年消费将继续保持平稳增长，进出口有可能好于 2016 年。不利因素是，房地产市场在国家严厉调控下，增长速度会大大低于 2016 年。货币政策已开始稳中趋紧，已从防通缩转向防通胀。随着供给侧改革的深入，钢铁、煤炭等过剩行业还将进一步去产能，这些都不利于载货车的需求。

2. 从产业政策和法规层面分析

2017 年，对载货车市场需求影响最大的仍是 GB1589－2016 新国标的实施和全国范围内的治理超限超载行动。GB1589－2016 新国标的实施和全国范围内的治理超限超载行动对载货车市场产生两个重要方面的影响，一是新国标要求 6×2 牵引车总重从 55 吨下降到 46 吨，相比 6×4 牵引车 49 吨的总重减少了 3 吨，从而失去了原有的经济优势，导致大量的用户换车，形成换车潮。另外，由于严格的治理超载，全国的单车运力下降，一部分运力缺口需要补充。

国五排放法规全面实施影响。全国自 2017 年 7 月 1 日起，所有制造、进口、销售和注册登记的重型柴油车，须符合国五标准要求。全国自 2018 年 1 月 1 日起，所有制造、进口、销售和注册登记的轻型柴油车，须符合国五标准要求。2017 年上半年，随着治超和国五法规升级两个因素的叠加，中重型载货车销售将继续保持较高增长速度。

2017 年，影响载货车市场的另一个因素是黄标车的淘汰更新。根据国家有关要求，2017 年底，基本淘汰全国范围内的黄标车。淘汰黄标车会增加一部分新购车需求。

2017 年 1 月 1 日起低速货车将停止生产与销售。低速货车退出市场，将为微型载货车和部分低端轻型载货车增加市场容量。

载货车市场及出口情况反映了全球经济还在艰难复苏中。展望 2017 年，可以预计，全球经济如果得不到有效复苏，发展中国家经济仍不会有太大的起色，载货车出口形势仍将艰难。

二　2016年中重型载货车发展

（一）重型载货车市场分析

1. 重型载货车销量分析

受基础设施投资高增长、房地产行业的火爆、政策法规的刺激等多重利好因素的作用，2016 年，重型载货车在连续两年负增长后，终于迎来了高增长，全年重型载货车销售 73.29 万辆，同比大幅增长 33.08%（见图 5）。

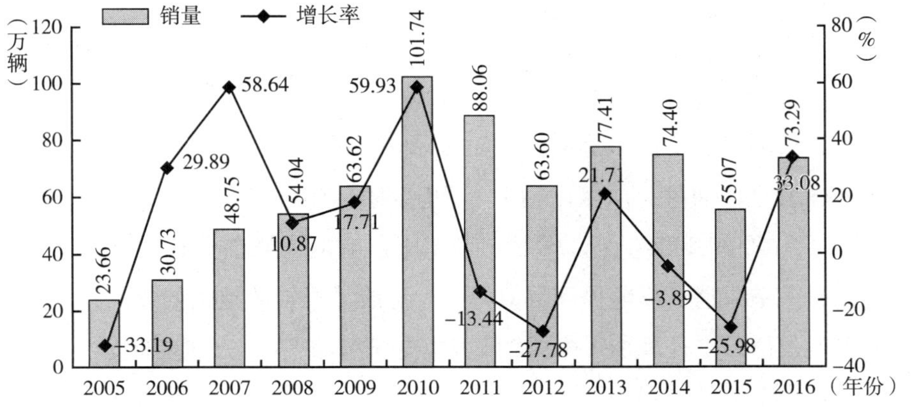

图 5　重型载货车历年销量走势示意

资料来源：中国汽车工业协会。

分车型看，重型货车全年销售 16.14 万辆，同比增长 24.19%；重型货车非完整车辆全年销售 18.35 万辆，同比增长 7.60%；半挂牵引车全年销售 38.80 万辆，同比增长 55.08%，我们可看出，2016 年重型载货车大幅增长，主要得益于半挂牵引车的大幅增长。由于 2016 年半挂牵引车大幅度增长了 55.08%，从而为整个重型载货车的增长贡献了 25.02 个百分点，也即重型载货车全部增长的 76% 来源于半挂牵引车，这是个惊人的数字（见表 2）。不仅如此，由于 2016 年半挂牵引的大幅增长还为整个载货车 8.82% 的增长贡献了 4.83 个百分点，也就是说，2016 年载货车的增长有 55% 是由牵引车贡献的。重型货车 2016 年比 2015 年增长了 24.19%，贡献了 5.71 个百分点；重型货车非完整车辆 2016 年比 2015 年只增长 7.6%，因而只贡献了 2.35 个百分点。重型货车非完整车辆已不是主流了。

表 2　2016 年重型载货车各车型销量增长贡献度

分类	2015 年		2016 年			贡献度（个百分点）
	绝对量（辆）	比重（%）	绝对量（辆）	比重（%）	增长率（%）	
重型货车	129995	23.60	161437	22.03	24.19	5.71
重型货车非完整车辆	170541	30.97	183502	25.04	7.60	2.35
半挂牵引车	250180	45.43	387980	52.94	55.08	25.02
合计	550716	100.00	732919	100.00	33.08	33.08

从重型载货车月度走势看，受政策性因素的影响非常显著。2016 年 7 月，由工信部组织全国汽标委修订的强制性国家标准《汽车、挂车及汽车列车外廓尺寸、轴荷及质量限值》（GB1589－2016）正式发布。对比实施 12 年的 GB1589－2004，新版国标对商用车影响较大的主要有以下几个方面的变化：一是取消了车辆长度限值与最大总质量或轴数挂钩的限制，放宽了车辆宽度限值；二是增加了中置轴车辆运输挂车及列车、中置轴货运挂车及列车、长头牵引铰接列车等新车型；三是增加了牵引车、半挂车匹配运输相关参数的规定；四是明确了外廓尺寸测量要求。在此基础上，针对我国公路运输领域超载超限、运输车辆非法改装的现象愈演愈烈，必须下大力气治理

的情况，2016 年 8 月，国家相关部门发布了《关于进一步做好货车非法改装和超限超载治理工作的意见》等文件。9 月 21 日，交通运输部、工业和信息化部、公安部、工商总局和质检总局五部委正式按照新版 GB1589 标准，联合开展治理超限超载专项行动。10 月 18 日，交通运输部、公安部两部委再次发文，历史罕见地详细规定了执法流程；再次重申新版 GB1589 限重标准的同时，对外廓尺寸超过限定标准的，明确暂缓检查，另行部署整治，目前主要是针对三轴及以上超载行为进行整治。全国范围内大规模治超从 2016 年 9 月 21 日开始执行，至 2017 年 8 月 31 日结束。此次治超标准之严历史罕见，影响范围之广历史罕见。具体到重型车，影响主要表现在：首先，按照 GB1589 - 2016 新国标实施的要求，6 ×2 牵引车总重从 55 吨下降到 46 吨，相比 6 ×4 牵引车 49 吨的总重减少了 3 吨，从而失去经济性优势，政策因素导致大量用户把现有的 6 ×2 牵引车换成 6 ×4 牵引车，出现换车高潮；其次，治超新政导致全国大量单车运力下降，再加上煤炭市场四季度的补充库存，“双十一”电商快递运力需求的大增，多重因素的叠加，公路运力出现较大缺口，全国公路货运运价也相应普遍上涨 10% ~30%，吸引了很多重卡用户购新车来满足运力需求的缺口。其结果，导致重卡销售在 10 月后出现井喷行情。11 月单月的销量达到了创纪录的 91849 辆，同比增长了近 1 倍，超过了历史上重卡销量最高 2010 年 11 月的 80777 辆。整个重卡在四季度实现了高速增长（见图 6）。

从重型载货车各车型的结构比例看，2016 年，半挂牵引车占全部重型载货车的比重达到了 52.9%，首次超过 50%（见图 7），半挂牵引车已构成重型载货车的主体。在半挂牵引车占比持续增长的同时，重型货车、重型货车非完整车辆占比持续下降，特别是重型货车非完整车辆，已从 2005 年占全部重型载货车的近一半下降到现在的 25%，这从一个侧面反映了，重型载货车已从以工程自卸车为主体的格局转变为以半挂牵引车为主体的格局。至于重型货车，其占比虽有波动，但总体变化不大。

分企业来看，2016 年，销量居前 5 位的企业分别是中国第一汽车集团公司（一汽）、东风汽车公司（东风）、中国重型汽车集团有限公司（重

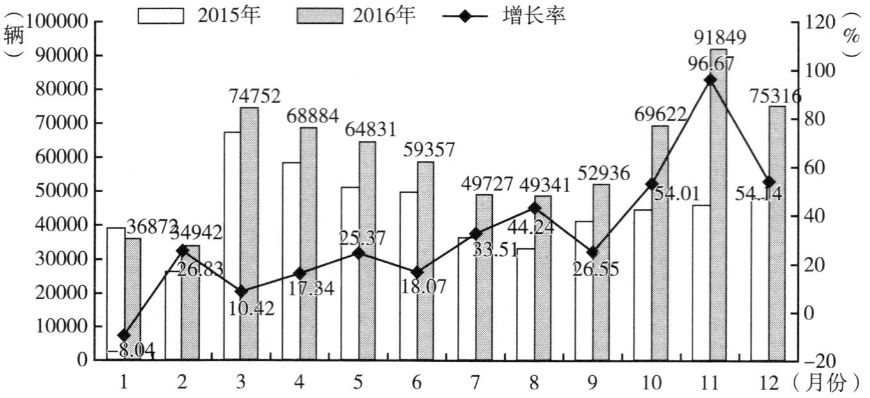

图6　重型载货车2015年和2016年各月销量走势示意

资料来源：中国汽车工业协会。

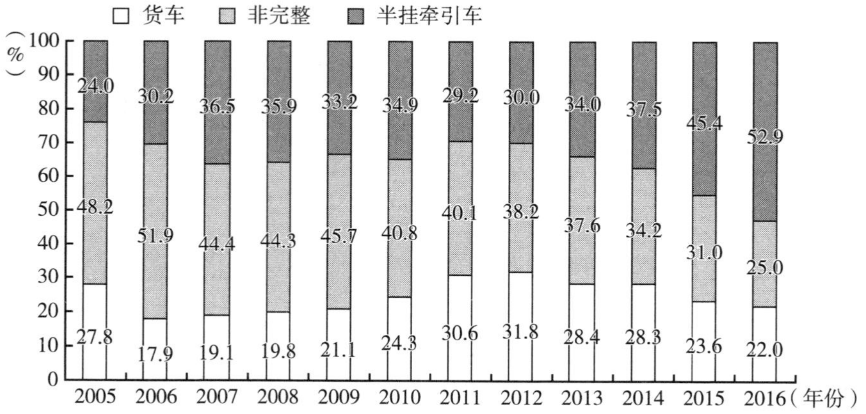

图7　历年重型载货车各车型结构比重示意

资料来源：中国汽车工业协会。

汽）、陕西汽车集团有限公司（陕汽）和北汽福田汽车股份有限公司（北汽），这5家企业全年共销售了60万辆重型载货车，占全部重型载货车73.29万车辆的比重为81.87%，相比2015年，其市场集中度还下降了1.32个百分点（见图8）。中国第一汽车集团公司全年销售重型载货车14.80万辆，同比增长71.72%，市场份额20.20%，上升了4.54个百分点。东风汽车公司全年销售重型载货车14.26万辆，同比增长21.76%，市场份额

19.46%，同比下降了1.81个百分点。中国重型汽车集团有限公司全年销售重型载货车12.29万辆，同比增长24.31%，市场份额16.76%，同比下降了1.18个百分点。陕西汽车集团有限公司全年销售重型载货车10.81万辆，同比增长33.47%，市场份额14.74%，同比上升了0.04个百分点，与2015年基本上持平。北汽福田汽车股份有限公司全年销售重型载货车7.85万辆，同比增长4.76%，市场份额10.71%，同比下降2.90个百分点（见图9）。从以上数据可看出，虽然5家大企业重型载货车在2016年都实现了增长，但增长幅度最大的是中国第一汽车集团公司和陕西汽车集团有限公司，它们的增长幅度超过了重型载货车总体的平均增长速度，因而它们的市场份额也相应保持了上升，特别是中国第一汽车集团公司，其增长幅度超过重型载货车总体平均增长速度1倍以上。市场份额下降幅度最大的是北汽福田汽车股份有限公司，北汽福田汽车股份有限公司已是连续两年市场份额下降。值得指出的是，2016年，中国第一汽车集团公司重型载货车的市场份额第一次超过东风汽车公司的，按照目前的情况，很可能2017年将会继续超越东风汽车公司。

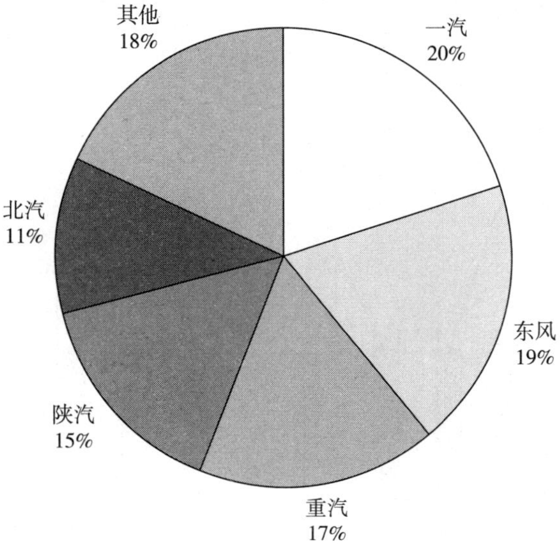

图8　2016年重型载货车各企业市场份额示意

资料来源：中国汽车工业协会。

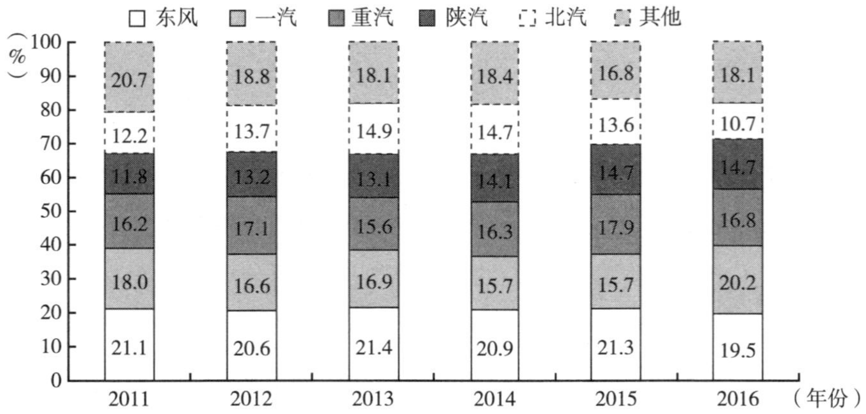

图 9　历年重型载货车各企业市场份额示意

资料来源：中国汽车工业协会。

2. 重型载货车各细分市场发展情况

（1）半挂牵引车市场

2016 年，半挂牵引车全年共销售 38.80 万辆，同比增长 55.08%（见图 10），超过了历史上销量最多的 2010 年的 35.46 万辆，创下了历年销量之最。

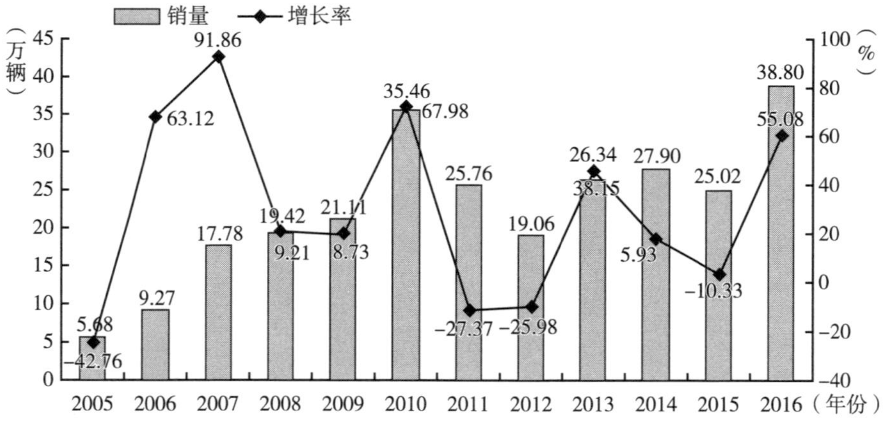

图 10　半挂牵引车历年销量走势示意

资料来源：中国汽车工业协会。

从月度走势看，受政策影响，2016 年第四季度半挂牵引车销量创下了历史纪录，仅 11 月一个月，就销售了 6.04 万辆，全季度销售半挂牵引车 15.08 万辆，占全年半挂牵引车销量的比重高达近 40%（38.86%）（见图 11）。

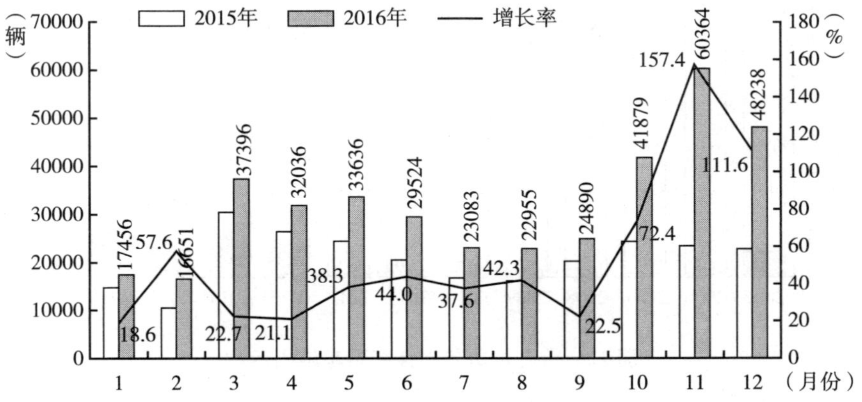

图 11　半挂牵引车 2015 年和 2016 年各月销量走势示意

资料来源：中国汽车工业协会。

从半挂牵引车准拖挂车总质量结构分布看，半挂牵引车的销量主要集中在准拖挂车总质量为 25～40 吨的范围内，全年共销售了 24.49 万辆，占全部牵引车总量的比重为 63.10%（见图 12）。从历年发展趋势上看，这一块的比重在减少，已从最高年份 2009 年的占比 91.7% 下降到现在的 63.10%，减少了 28.6 个百分点。而准拖挂车总质量大于 40 吨的牵引车部分呈快速上升的趋势，目前占比已达 23.8%，估计这一趋势在 2017 年还将延续。

分企业来看，2016 年牵引车销量居前 5 位的企业是中国第一汽车集团公司、陕西汽车集团有限公司、中国重型汽车集团有限公司、东风汽车公司和北汽福田汽车股份有限公司，这 5 家企业全年共销售了 33.96 万辆半挂牵引车，占全年全部半挂牵引车销量 38.80 万辆的比重为 87.52%（见图 13），市场集中度比重型载货车高出了 5.65 个百分点。中国第一汽车集团公司全年共销售半挂牵引车 11.42 万辆，同比增长 75.06%，市场份额为 29.43%，上升 3.36 个百分点。陕西汽车集团有限公司全年共销售半挂牵引车 6.78 万

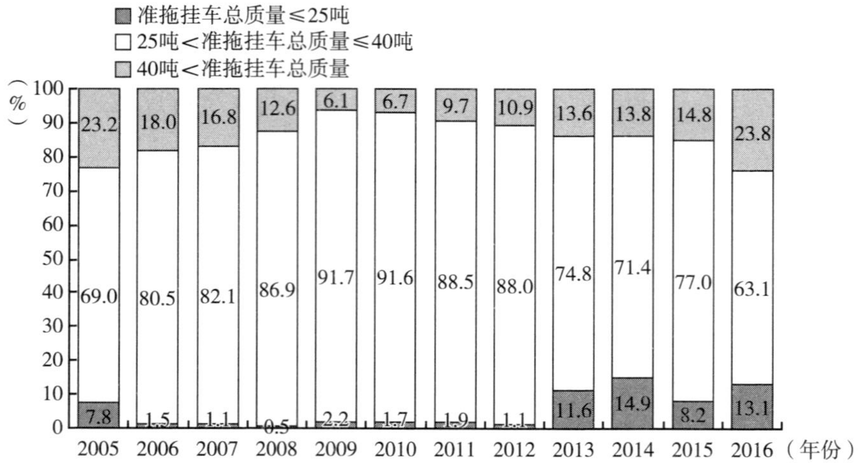

图12　分吨位历年半挂牵引车结构示意

资料来源：中国汽车工业协会。

辆，同比增长55.42%，市场份额为17.48%，同比上升了0.04个百分点。中国重型汽车集团有限公司全年共销售半挂牵引车5.25万辆，同比增长53.65%，市场份额为14.24%，同比微弱下降了0.13个百分点，基本上与上年持平。东风汽车公司全年共销售半挂牵引车5.37万辆，同比增长50.91%，市场份额为13.85%，同比下降了0.38个百分点，基本上与上年一致。北汽福田汽车股份有限公司全年共销售半挂牵引车4.86万辆，同比增长11.71%，市场份额为12.52%，同比下降了4.85个百分点。从以上数据可以看出，增长幅度最大的是中国第一汽车集团公司，增长幅度最小的是北汽福田汽车股份有限公司。北汽福田汽车股份有限公司基本上没有跑赢大市，北汽福田汽车股份有限公司已是连续两年减少市场份额。从历年这5大家企业半挂牵引车的市场份额的发展趋势上看，北汽福田汽车股份有限公司一直处于下降的通道中，已从最高的市场份额19.7%下降到现在的12.52%。而陕西汽车集团有限公司、中国重型汽车集团有限公司的半挂牵引车市场份额则一直在缓慢增长。虽然中国第一汽车集团公司的牵引车市场份额前几年一度有所下降，但从2016年的势头看，似乎又有回到原来占比超过30%的趋势（见图4）。值得一提的是，东风汽车公司近两年半挂牵引车市场份额下降较多。

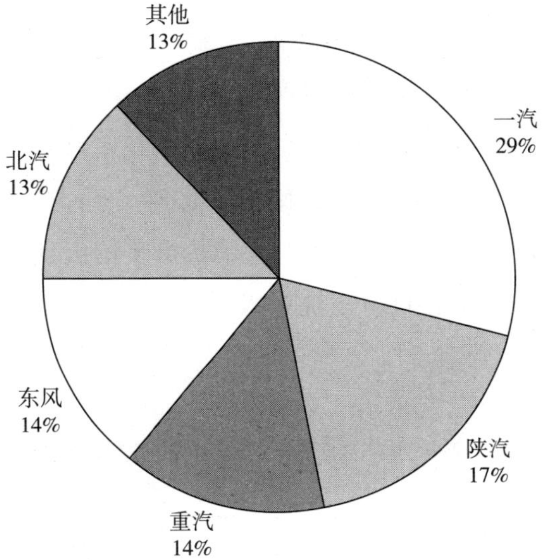

图13　2016年几大企业牵引车市场份额示意

资料来源：中国汽车工业协会。

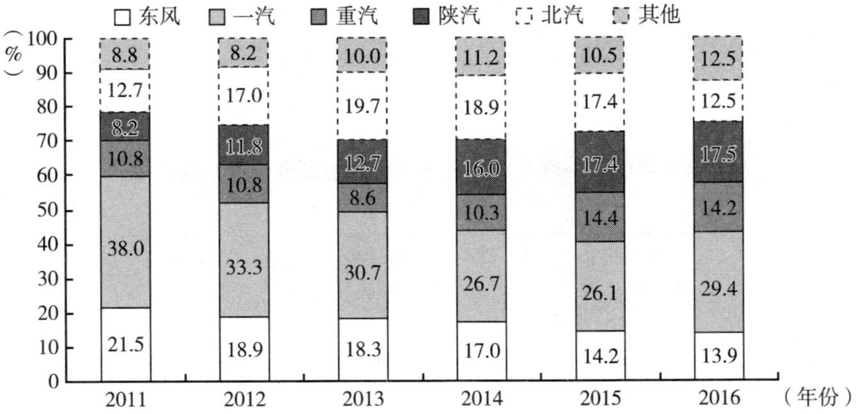

图14　历年牵引车几大企业销量结构比重示意

资料来源：中国汽车工业协会。

从准拖挂车总质量分布上看，中国第一汽车集团公司在准拖挂车总质量≤25吨，准拖挂车总质量>40吨这两个一高一低总质量级别中，继续保持绝对的市场份额。2016年，中国第一汽车集团公司在准拖挂车总质量≤25吨级别中销售了3.50万辆，同比增长105.22%，占全部该级别总量的比重为68.76%，同比减少了13.88个百分点。在准拖挂车总质量>40吨这个级别，中国第一汽车集团公司销售了5.23万辆，同比增长112.91%，占全部该级别总量的比重为56.63%，同比减少了9.87个百分点。在25吨<准拖挂车总质量≤40吨这个目前半挂牵引车销量最多的级别，中国第一汽车集团公司销售了2.69万辆，只占全部该级别总量的11.02%，同比减少1.25个百分点（见表3、表4）。

表3　历年25吨<准拖挂车总质量≤40吨各企业销量比重情况

单位：%

年份	东风	一汽	重汽	陕汽	北汽	其他	总计
2011	23.7	37.1	7.5	9.2	14.4	8.0	100.0
2012	21.0	31.8	6.6	13.4	19.3	7.9	100.0
2013	24.1	18.5	6.9	16.9	26.2	7.5	100.0
2014	23.6	10.7	10.7	22.4	26.5	6.2	100.0
2015	17.5	12.3	14.1	22.7	22.6	10.9	100.0
2016	19.4	11.0	8.7	27.7	19.8	13.4	100.0

资料来源：中国汽车工业协会。

表4　中国第一汽车集团公司半挂牵引车分吨位级别结构

单位：%

年份	准拖挂车总质量≤25吨	25吨<准拖挂车总质量≤40吨	40吨<准拖挂车总质量	合计
2011	1.2	86.5	12.4	100.0
2012	0.7	83.8	15.5	100.0
2013	26.3	45.1	28.6	100.0
2014	35.3	28.5	36.2	100.0
2015	26.1	36.3	37.6	100.0
2016	30.6	23.6	45.8	100.0

资料来源：中国汽车工业协会。

在25吨<准拖挂车总质量≤40吨这个目前半挂牵引车主销级别中，2016年，陕西汽车集团有限公司占据鳌头，全年共销售了6.78万辆，同比增长55.42%，市场份额也提升了5个百分点。其次是北汽福田汽车股份有限公司和东风汽车公司，分别销售了4.86万辆和4.75万辆。由于东风汽车公司在这一级别同比增长幅度达40.74%，而北汽福田汽车股份有限公司只增长了11.77%，因而东风汽车公司在这一级别的市场份额增加了1.9个百分点，北汽福田汽车股份有限公司减少了2.8个百分点。

深入分析，除中国第一汽车集团公司外各家企业在半挂牵引车分吨位级别上的分布都是不均匀的。中国第一汽车集团公司在半挂牵引车准拖挂车总质量各级别上都占据了比较好的市场份额，特别是在迅速成长的25吨<准拖挂车总质量≤40吨级别增长快，抢占了新的增长点，中国第一汽车集团公司不愧为牵引车市场的龙头老大。东风汽车公司半挂牵引车主要集中在准拖挂车总质量≤25吨和25吨<准拖挂车总质量≤40吨级这两个级别，主要还是在25吨<准拖挂车总质量≤40吨级这个级别，占比达88.5%（见表5）。中国重型汽车集团有限公司半挂牵引车主要集中在25吨<准拖挂车总质量≤40吨级别和准拖挂车总质量>40吨这两个级别，其在准拖挂车总质量>40吨部分占比高于25吨<准拖挂车总质量≤40吨级别部分，是一个比较好的结构（见表6）。而陕西汽车集团有限公司和北汽福田汽车股份有限公司都集中在25吨<准拖挂车总质量≤40吨级别。

表5　东风汽车公司半挂牵引车分吨位级别结构

单位：%

年份	准拖挂车总质量≤25吨	25吨<准拖挂车总质量≤40吨	40吨<准拖挂车总质量	合计
2011	2.7	97.3	0.0	100.0
2012	2.3	97.7	0.0	100.0
2013	1.8	98.2	0.0	100.0
2014	0.9	99.1	0.0	100.0
2015	5.1	94.9	0.0	100.0
2016	11.5	88.5	0.0	100.0

资料来源：中国汽车工业协会。

表 6　中国重型汽车集团有限公司半挂牵引车分吨位级别结构

单位：%

年份	准拖挂车总质量≤25 吨	25 吨＜准拖挂车总质量≤40 吨	40 吨＜准拖挂车总质量	合计
2011	0.0	62.1	37.9	100.0
2012	0.0	54.3	45.7	100.0
2013	0.0	59.7	40.3	100.0
2014	0.0	74.7	25.3	100.0
2015	0.0	75.6	24.4	100.0
2016	0.0	38.5	61.5	100.0

资料来源：中国汽车工业协会。

（2）重型货车市场

重型货车市场2016 年全年销售了16.14 万辆，同比增长24.19%，占全部重型载货车的比重为22.00%，比重同比下降了1.6 个百分点（见图15）。重型载货车销售前五名的企业分别是中国重型汽车集团有限公司、安徽江淮汽车集团股份有限公司、北汽福田汽车股份有限公司、陕西汽车集团有限公司和东风汽车公司（见图16），分别销售了3.99 万辆、3.89 万辆、1.68 万辆、1.51 万辆和1.42 万辆，同比分别增长48.18%、30.03%、－1.91%、55.71%和－20.45%。重型货车市场2016 年与2015 年相比，不同的有两点：第一，安徽江淮汽车集团股份有限公司2014 年、2015 年一直是重型货车市场份额第一，虽然2016 年仍然保持了增长，但重汽获得了市场份额第一；第二，2016 年重型货车市场走势出现了分化，中国重型汽车集团有限公司、安徽江淮汽车集团股份有限公司和陕西汽车集团有限公司以及中国第一汽车集团公司都实现了高增长，但北汽福田汽车股份有限公司和东风汽车公司却负增长。

（3）重型货车非完整车辆市场

2016 年，重型货车非完整车辆销售了18.35 万辆，同比增长7.6%，占整个重型载货车的比重为25%（见图17），是重型载货车中增长幅度最小的车型，换句话说，2016 年重型载货车的大幅增长，工程自卸车已没有做

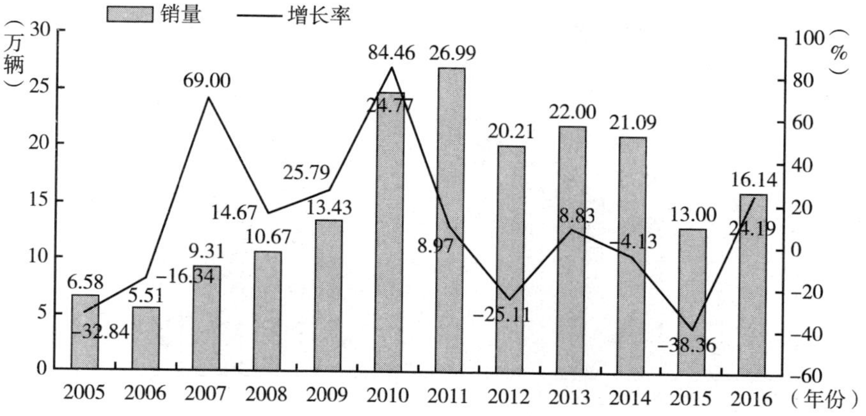

图 15　重型货车历年销量增长示意

资料来源：中国汽车工业协会。

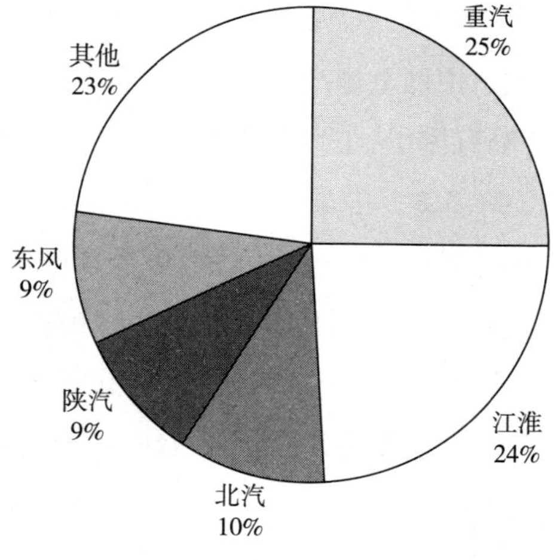

图 16　2016 年重型货车几大企业市场份额示意

资料来源：中国汽车工业协会。

什么贡献。从重型货车非完整车辆历史走势来看，在 2010 年销售达到最高峰 41.51 万辆后，就一直处于下降的趋势，中间偶尔有所反弹，但并不改总的下降趋势，且反弹的力度越来越弱，在 2016 年重型载货车如此火爆的情况下，销量也只增长了 1.3 万辆。

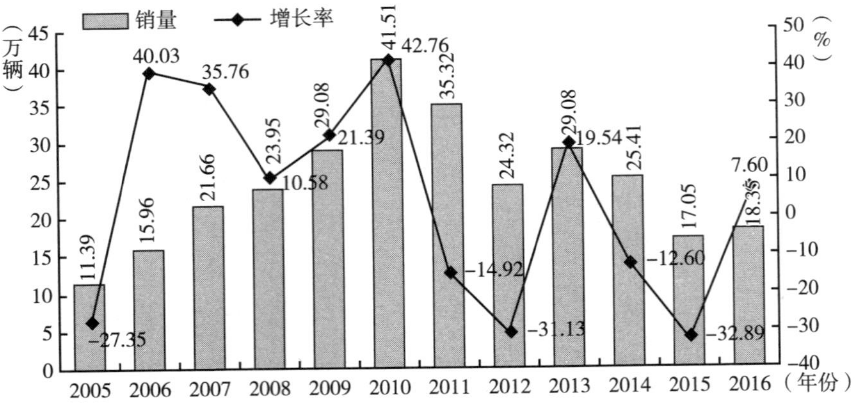

图 17　重型货车非完整车辆历年销量增长示意

资料来源：中国汽车工业协会。

2016 年，重型货车非完整车辆销售前 5 名的企业分别是东风汽车公司、中国第一汽车集团公司、中国重型汽车集团有限公司、陕西汽车集团有限公司和北汽福田汽车股份有限公司（见图 18）。东风汽车公司全年销售了 7.45 万辆，同比增长 17.3%；中国第一汽车集团公司全年销售了 3.22 万辆，同比增长 57.02%；中国重型汽车集团有限公司全年销售了 2.77 万辆，同比下降了 22.94%；陕西汽车集团有限公司全年销售了 2.51 万辆，同比下降 9.04%；北汽福田汽车股份有限公司全年销售了 1.31 万辆，同比下降 8.53%。5 家企业中，东风汽车公司占据了 41% 的市场份额，相比于 2015 年，东风汽车公司的市场份额还增加了 3.4 个百分点（见图 19）。

重型载货车市场从总量上讲，未来仍将继续减少；从车型结构上看，半挂牵引车将继续保持增长，重型货车也将有所减少，重型货车非完整车辆还将继续有较大的减少。

从各个企业的情况来看，中国第一汽车集团公司的状况最好，一是在重型载货车各车型品种上都占据较大的市场份额，而且都有所发力，相对于其他企业，产品比较均衡；二是在重型载货车未来增长的牵引车市场，把握了机会，占据了较大的市场份额。其次是中国重型汽车集团有限公司，经过这

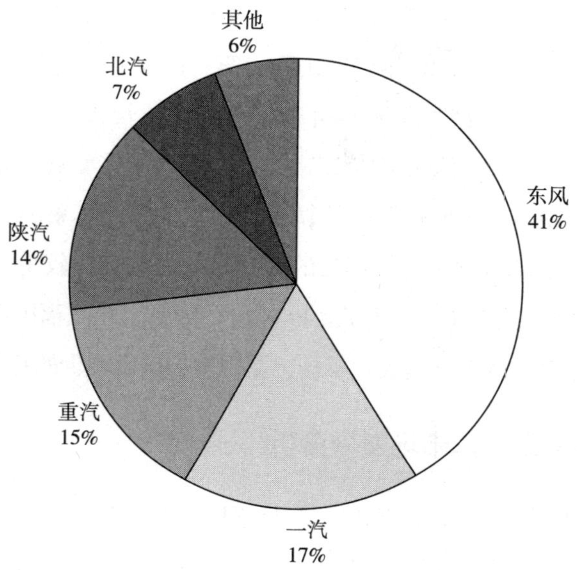

图 18　2016 年重型货车非完整车辆几大企业市场份额示意

资料来源：中国汽车工业协会。

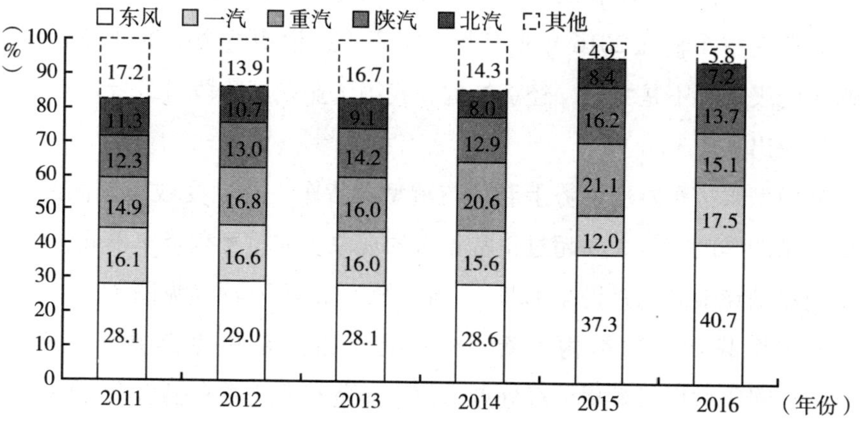

图 19　历年重型货车非完整车辆几大企业销量结构比重示意

资料来源：中国汽车工业协会。

几年的产品结构调整，已开始见成效，如在半挂牵引车市场准拖挂车总质量大于 40 吨的这个牵引车市场未来快速增长的级别，市场份额仅次于中国第一汽车集团公司。东风汽车一直以来都是重型载货车销量的老大，市场份额一直保持在20%以上，但2016年，首次跌出第一的位置。此外，从产品结构上看，东风汽车公司重型载货车不尽合理，市场增长较快的半挂牵引车一直不见起色，销量上不去。而重型载货车市场下降较快的重型货车非完整车辆则持续保持较大市场份额，说明产品结构调整较慢。陕西汽车集团有限公司在重型载货车市场一直保持着增长，但存在的问题是产品结构比较单一，半挂牵引车主要集中在25吨<准拖挂车总质量≤40吨这一级别。北汽福田汽车股份有限公司近一两年在重型载货车市场表现不佳，呈现市场份额减少的趋势。

（二）中型载货车市场发展分析

2016年，中型载货车全年共销售22.91万辆，同比增长14.29%（见图20），其中，中型货车销售14.59万辆，同比增长32.72%；中型货车非完整车辆销售8.32万辆，同比下降8.08%。总体走势上，中型载货车与重型载货车是同步的，但一般都弱于重型载货车。值得一提的是，虽然2016年中型载货车总体上是增长的，但中型货车非完整车辆却是下降的，结合重型载货车非完整车辆在2016年增长幅度也不大，说明整个中重型载货车工程自卸车的表现都不是太好，经济结构和我国工业发展阶段对载货车的要求已充分反映出来。

从中型载货车月度走势上看，与重型载货车一样，受政策刺激的影响，也出现第四季度销量大大超过正常年份的现象，与重型载货车不同，中型载货车全年销量最高的月份是12月，当月销了2.87万辆（见图21）。

从中型载货车的结构上看，中型货车占全部中型载货车的比重为63.7%，同比增加了8.9个百分点；而中型货车非完整车辆占全部中型载货车的比重为36.3%，同比下降8.9个百分点（见图22）。

分企业来看，销售前五名的企业是重庆力帆汽车有限公司、东风汽车公司、中国第一汽车集团公司、安徽江淮汽车集团股份有限公司和庆铃汽车（集图）有限公司。重庆力帆汽车有限公司2016年全年共销售中型载货车6.97万辆，同比增长70.67%，市场份额30.4%。东风汽车公司全年销售

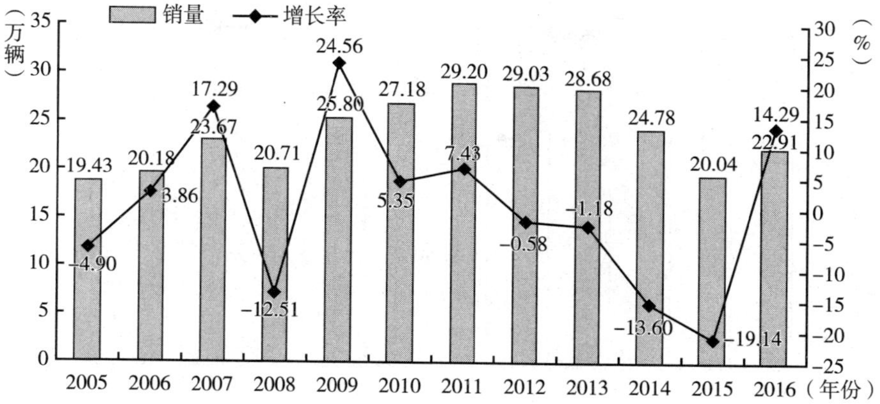

图20　中型载货车历年销量增长情况

资料来源：中国汽车工业协会。

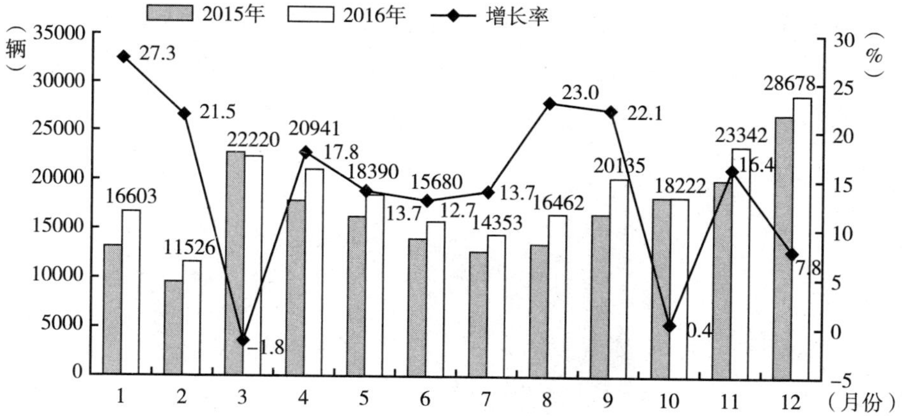

图21　中型载货车2015年和2016年各月销量走势示意

资料来源：中国汽车工业协会。

中型载货车5.65万辆，同比增长2.42%，市场份额24.7%。中国第一汽车集团公司全年销售中型载货车3.72万辆，同比下降13.14%，市场份额16.2%。安徽江淮汽车集团股份有限公司全年销售中型载货车1.49万辆，同比增长86.05%，市场份额6.5%。庆铃汽车（集图）有限公司全年销售中型载货车1.32万辆，同比下降16.42%，市场份额5.7%（见图23）。中

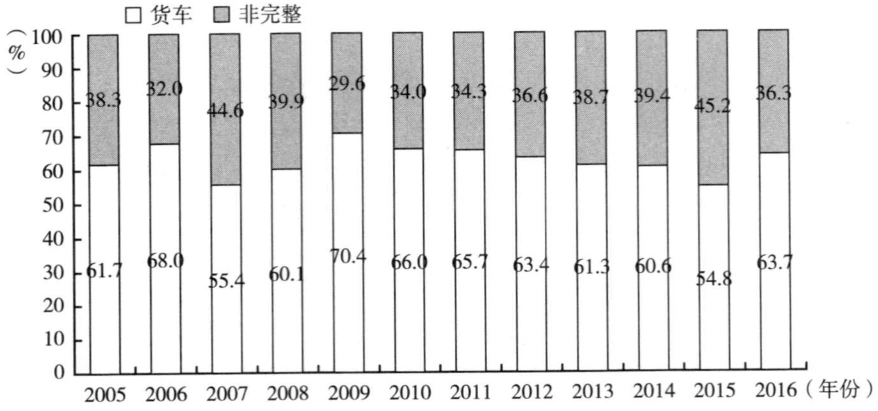

图 22　中型载货车分车型历年销量结构占比情况

资料来源：中国汽车工业协会。

型载货车原来主要是东风汽车公司和中国第一汽车集团公司两家公司占据大头，近两年，中国第一汽车集团公司一直在减少份额，而重庆力帆汽车有限公司则逐渐成为中型载货车销量最大的企业。

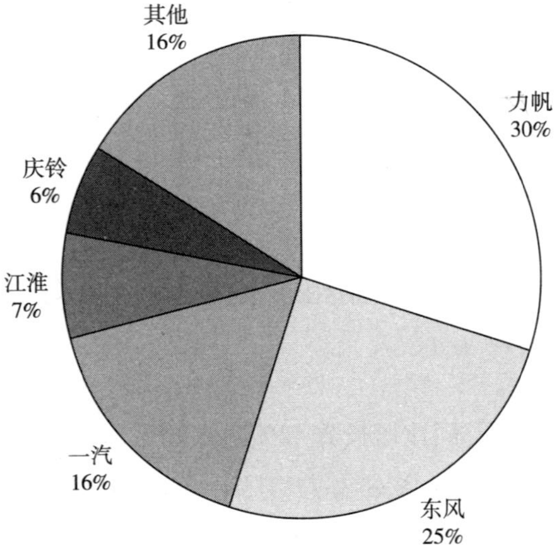

图 23　2016 年中型载货车主要企业市场份额示意

资料来源：中国汽车工业协会。

分车型看，中型货车销量上万的有 4 家，分别是重庆力帆汽车有限公司、东风汽车公司、安徽江淮汽车集团股份有限公司、成都大运汽车集团有限公司，分别销售了 6.97 万辆、2.16 万辆、1.49 万辆和 1.12 万辆，同比分别增长 70.67%、17.77%、86.05% 和 59.05%。中型货车非完整车辆销售上万的只有三家企业：中国第一汽车集团公司，全年销售了 3.61 万辆，同比下降 10.19%；东风汽车公司，全年销售了 3.49 万辆，同比下降 5.21%；庆铃汽车（集团）有限公司，全年销售了 1.13 万辆，同比下降 10.38%。

中型载货车目前占全部载货车的比重已下降到不足 10%，似乎快要被市场抛弃了，原先占据市场份额主流的企业东风汽车公司和中国第一汽车集团公司，随着这两家企业重心转向重型载货车，似乎目前都不太重视中型货车的发展，毕竟已不是市场的增长点。但另外，中型载货车市场毕竟还有 20 多万辆的市场容量，这个容量也不小，因而吸引了不少新的企业进入，分一杯羹，导致这个市场经常是你方唱罢我登场，企业排名变化较大。估计在未来一段时间这种现象还会持续。

（三）中重型载货车新技术和新产品发展

2016 年 9 月 19 日，中国重型汽车集团有限公司在济南举行了“智能化战略及车辆展示发布会”，公布了我国首款智能卡车。这款卡车的最大特点是配备了先进的智能化技术。该车辆驾驶智能化技术主要由汽车驾驶辅助系统组成，包括前撞预警系统（CWS）、自动紧急制动系统（AEB）、自适应巡航控制系统（ACC）、车道偏离预警系统（LDW）、车身稳定性控制系统（ESC）、坡道辅助系统（HSA）、智能远光灯系统（IHS）、智能雨刷系统（IWS）、盲点监控（BSD）、线控转向系统（Servowin）等。

中国重汽推出的首款智能卡车是为了通过智能化和网联化技术的应用，大幅提高卡车驾驶的行驶安全性和经济性，并大幅降低卡车事故的发生概率和能量消耗，全面实现卡车运行过程中人、车、货的综合智能管理，并全面提升卡车的物流运输效率。

在智能互联卡车方面有所作为的还有北汽福田汽车股份有限公司。2016年4月25日，北京车展上福田戴姆勒汽车发布了由中德美联合打造的第一代互联网超级卡车——欧曼EST。本次车展，福田戴姆勒发布了包括定位于中端高档的“4×2标准货台、6×2悬浮桥、6×4标准货台”三款欧曼EST超级卡车产品，分别配装梅赛德斯－奔驰OM457经典动力以及福田康明斯全新一代ISG12L超能动力，且全部采用全新平台、全新车身，标配电控空气悬架、自动变速箱、液力缓速器、超级车队管理系统，同时，该车最大的亮点是配置了六大智能控制系统，能使福田戴姆勒通过“智能卡车＋智能物流”两大路径，给出“绿色环保、高效节能、安全智能”的现代化物流运输智能一体化运输的“欧曼方案”。2016年9月23日德国时间22日晚，福田汽车与美国康明斯、德国采埃孚、德国大陆等“超级卡车全球创新联盟”成员、经销商及欧洲新闻媒体约100人，在第66届德国汉诺威商用车博览会（IAA）期间于当地隆重举行了福田汽车集团超级卡车全球上市仪式。

其他一些重要的新产品包括2016年1月9日在上汽依维柯红岩商用车有限公司2016年营销商务年会上推出全新杰狮全系产品。

在外观造型方面，全新杰狮保留了依维柯流线型经典造型风格，并从美观与实用的角度对整车面罩、大灯、内饰等诸多部位以及时尚专属色彩等方面进行了升级改进，使其更加符合重卡力量与时尚之美，更加彰显磅礴大气风范。

在动力与安全方面，全新杰狮系列动力匹配更为广泛，从9升、10升、11升、12升、13升进行了全覆盖，成为行业动力匹配最为完整的产品品系，可以有效满足不同工况、不同用户、不同车型的广泛需要。此外，该系列车型还可匹配ABS、EBL、ASR等诸多制动或安全系统。

中型载货车值得一提的新产品是2016年12月16日陕汽商务年会上德龙L3000载货车正式发布上市。从X3000、M3000到L3000陕汽完成了不同系列产品的布局，这也标志着陕汽的产品覆盖中重卡整个领域。

德龙L3000系列产品主要定于城际之间的快递、冷链、绿通以及零担等细分市场，对标车型天锦、格尔发、J6L。

此外，2016年4月25日，在北京车展上，东风柳汽发布了两大全新的产品平台——新重型平台和新中型平台。两大产品平台共六款新车，全部为国五车型，包括新重型平台的H7潍柴13L牵引车、H7玉柴6K机牵引车、H7智能渣土车、长头重卡T7和新中型平台的M3B载货车、M3B工程车。

乘龙H7新增了只有在国外高端重卡或豪华轿车上才配置的技术，比如EBS技术、车辆防撞预警、轨道偏移技术和胎压监测功能等，能够提供更好的主被动安全性，保障驾乘人员的生命安全。

乘龙T7是运用北美卡车技术打造的中国首款高端长头重卡，一经推出，即获得“中国最美长头车”的美誉。它实现了北美长头卡车技术和乘龙高端平台技术的完美融合，具备“双重安全、双重舒适、双重省油、双重高效、双重可靠”的特性。

除了新重型平台外，东风柳汽将打造高端重卡的技术和标准，应用于中卡平台，打造了新中型平台M3B。此款平台，在外观上，打造了与乘龙H7的家族式脸谱，继承了新重型平台的设计理念，采用无连接板横梁单层车架、少片簧应用以及优化铸件重量、全新结构驾驶室、前后桥盘式制动等，同时，结合中卡用户的需求特征，将平台车型的轻量化、模块化打造到极致，车架、悬架、铸件等采用高强度轻量化材料整车降重600千克以上。

（四）中重型载货车市场发展趋势及运行问题分析

1. 中重型载货车市场发展趋势

第一，随着GB1589－2016新国标的实施，重型载货车的车型和结构将发生变化。如前所述的6×4牵引车比重会增大。中置轴列车将成为新的车型增长点。9.6米大单桥车型再度复活。轻量化的车也会更加受欢迎。

第二，牵引化趋势将继续高速公路通车里程的持续增加，甩挂运输的逐渐普及、牵引车的经济优势、运输的集约化等都是进一步促使半挂牵引车市场份额增加的因素。

第三，工程自卸车所占比重还将进一步下降，虽然我国还有大量的基础设施要建设，房地产仍将保持一定的增长，但从总的经济发展阶段来看，我国已处于重化工业化的中后期，产业结构开始转向第三产业和具有高附加值的制造业，大规模的建设特别是基本建设已开始减少，因此，工程自卸车总的来说，需求开始减少。当然，随着“一带一路”的规模上去，工程自卸车还有一定量的需求，减少的趋势会有所延缓。

第四，继续向高质量、高可靠性、经济省油的方向发展。国内快递行业的高速发展，引领载货车走向高品质。快递行业需要越来越多的高质量、高可靠性和高效的载货车。数据显示，2015 年的电商物流配送达货物量是 206 亿件，2016 年达到了 257 亿件，预计 2017 年会达到 300 亿件，目前网络零售占整个零售总额的 12%，预计到 2020 年会超过 10 万亿元，占比超过 20%，也就是说，在 5 ~8 年以后物流配送将会超过 1000 亿件。这是一个相当大的量，也即意味着，到 2020 年，用于快递的物流用车将在现在的基础上增加 2 倍多的需求量。另外，我国物流成本占 GDP 的比重一直居高不下，运输成本高是其一个重要原因，我国载货车过去主要以超载为主要盈利手段，但随着法规的日益严格，我们需要通过高效的物流用车来获取盈利，这也导致一般的物流用车最终也要走向高端化。

第五，智能化是未来载货车的一个重要发展方向。无人驾驶、智能辅助驾驶可能会更早更多更快地在载货车身上实现。

第六，新能源用在轻微型载货车是今后的一个重要发展方向。

2. 中重型载货车发展存在的问题及建议

（1）核心技术掌握不够，自主开发仍不足

虽然我们是载货车大国，但我们并不是载货车强国，我们在载货车工业技术方面并不引领世界潮流，与世界先进的载货车企业相比，我们仍存在相当大的差距。中重轻载货车引进技术较多，消化吸收再创新较好，但原创性创新较少。过去，我们能大量引进国外的技术，虽然引进成本很高，但靠国内市场规模大能很好地消化引入成本，今后，随着后发优势的逐渐消失，国内载货车市场的竞争日趋激烈，技术引入的成本会越来越高，同时，跨国商用车企业也不会把最核心的技术卖给我们，如果中国的载货车企业不及时掌握和攻克载货车的核心技术，高端载货车市场，特别是中重型载货车有可能就是别人的天下。

（2）企业管理水平不高，缺乏先进的企业管理理念和流程

国内载货车企业从总的管理水平来看，除极个别企业外，绝大多数还是以粗放式管理为主。载货车工业涉及的行业众多，管理幅度大，企业组织生产协调不易，同时，又是生产的终端产品，还要面向广大的最终用户市场，因此，企业的管理至为重要。随着国内市场竞争的加剧，人工成本的上升，国内载货车企业的管理必须走向精细化，必须向管理要效益。在未来一段时间，国内的载货车企业必须不断地导入和创新先进的企业管理理念，必须不断地优化管理流程，必须进行智能化改造，以此实现生产制造和销售成本的大幅度下降，否则，被市场竞争淘汰出局也只不过是时间问题。可以预计，随着国内市场需求总量的继续下降，如果管理上不来，国内一部分载货车企业最终将因两个方面被彻底淘汰出局，一是没有新的产品，因为掌握不了核心技术，没有自己的研发能力，开发不出有竞争力的新产品，失去市场，被淘汰。二是成本降不下来，管理粗放落后，在研发、采购、生产制造、销售等各个环节成本居高不下，导致大量亏损，最终丧失竞争力，淘汰出局。

（3）不能有效拓展国际市场

中国载货车的出口取得了很大的成绩，但与国内市场相比，出口仍只是一个很小的数目。中国的载货车企业要做强，其中一个重要的条件是，必须出口占到相当大的比例。目前国内载货车企业出口仍是以零星、随机、偶然为主体；普遍重销售、轻服务；对出口所在国市场调查研究也不够，车型往往要么不对路，要么存在很多不适应当地市场的问题；在人才、管理、机制、体制方面也都存在诸多问题。在充分满足国内市场的需求后，走向国际市场，这是企业发展的一个必由之路。中国的载货车企业应认真学习和研究我国的家电企业出口的经验与教训，把拓展全球市场作为关系到未来发展的一个重大战略来对待。国内载货车企业应该很好地抓住目前我国正在实施的“一带一路”战略，以此为契机，快速、大规模地走向全球市场。

三 2016年轻型载货车发展

（一）轻型载货车市场分析

2016 年，轻型载货车销售 153.98 万辆，同比下降 1.20%（见图 24）。其中，轻型货车销售 146.05 万辆，同比下降 0.71%；轻型货车非完整车辆销售 7.93 万辆，同比下降 9.47%。从历史走势来看，轻型载货车自 2010 年销售达到 195.98 万辆的量后，其市场需求总量一直在减少，这一趋势与整个载货车的走势保持了一致。

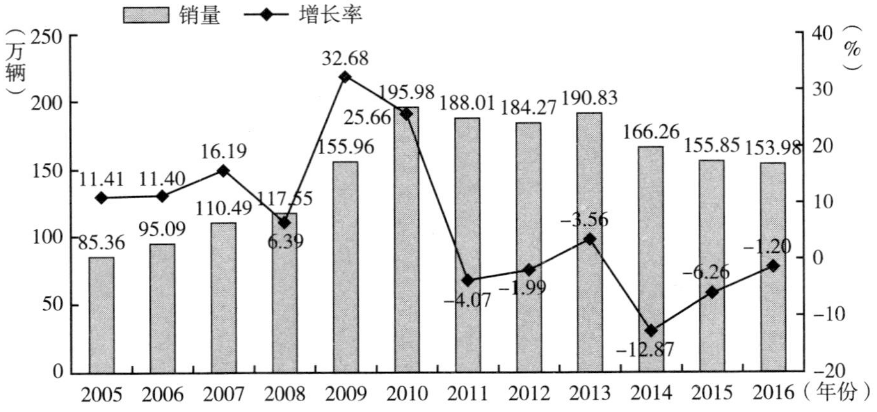

图 24 轻型载货车历年销量增长情况

资料来源：中国汽车工业协会。

分车型结构看，轻型载货车非完整车辆继续呈现一个逐年减少的趋势，2016 年的比重为 5.2%，又比 2015 年减少了 0.4 个百分点（见图 25）。这一趋势很有可能还将延续。

分企业来看，销售前五名的企业分别是北汽福田汽车股份有限公司，全年共销售轻型载货车 26.95 万辆，同比增长 1.03%，市场份额 17.5%，同比增加了 0.39 个百分点；安徽江淮汽车集团股份有限公司，全年共销售轻

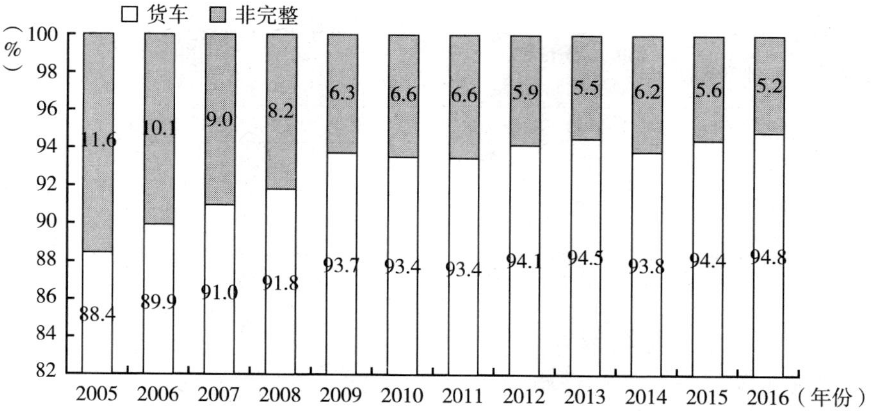

图 25 轻型载货车分车型历年销量结构占比情况

资料来源：中国汽车工业协会。

型载货车 18.49 万辆，同比增长 11.01%，市场份额 12.01%，同比增加了 1.33 个百分点；江铃控股有限公司，全年共销售轻型载货车 16.61 万辆，同比下降 1.80%，市场份额 10.79%，同比减少了 0.07 个百分点；东风汽车公司，全年共销售轻型载货车 12.75 万辆，同比增长 3.25%，市场份额 8.28%，同比增加了 0.36 个百分点；长城汽车股份有限公司，全年共销售轻型载货车 10.56 万辆，同比增长 6.19%，市场份额 6.86%，同比增加了 0.48 个百分点（见表 7）。值得指出的是，在整个轻型载货车下降的大背景下，安徽江淮汽车集团股份有限公司在 2016 年却大幅增长，而一直占据轻型载货车最大市场份额的北汽福田汽车股份有限公司，最近几年却表现不佳。

表 7 轻型载货车主要企业销量和市场占有率情况

排名	企业名称	2016 年累计销量（辆）	2015 年累计销量（辆）	同比增长（%）	2016 年份额（%）	2015 年份额（%）	份额增减（个百分点）
1	北汽福田汽车股份有限公司	269531	266776	1.03	17.50	17.12	0.39
2	安徽江淮汽车集团股份有限公司	184862	166522	11.01	12.01	10.68	1.32

续表

排名	企业名称	2016年累计销量(辆)	2015年累计销量(辆)	同比增长(%)	2016年份额(%)	2015年份额(%)	份额增减(个百分点)
3	江铃控股有限公司	166142	169186	-1.80	10.79	10.86	-0.07
4	东风汽车公司	127472	123464	3.25	8.28	7.92	0.36
5	长城汽车股份有限公司	105621	99463	6.19	6.86	6.38	0.48

轻型载货车历来市场集中度不高，销量在10万辆以上的前5家企业，整个市场份额只占了全部轻型载货车的62.88%，相对于重型载货车和中型载货车前5家企业占据80%以上的市场份额来说，似乎低了一些。

在各车型中，轻型货车销售前5名的企业是北汽福田汽车股份有限公司，全年销售了26.95万辆，同比增长1.03%；安徽江淮汽车集团股份有限公司，全年销售了18.49万辆，同比增长11.01%；江铃控股有限公司，全年销售了16.61万辆，同比下降1.80%；长城汽车股份有限公司，全年销售了10.56万辆，同比增长6.19%；东风汽车公司，全年销售了9.32万辆，同比增长了9.64%。在轻型货车非完整车辆，销售过万辆的企业包括东风汽车公司，全年销售了3.43万辆，同比下降10.88%；庆铃汽车（集团）有限公司，全年销售了2.11万辆，同比下降17.89%；中国第一汽车集团公司，全年销售了1.65万辆，同比增长28.84%。

（二）轻型载货车新技术和新产品发展

2016年，轻型载货车新产品主要是围绕国五的升级产品。

2016年，北汽福田推出的轻型载货车新产品有：奥铃CTS超级轻卡、欧马可超级卡车、奥铃CTX系列新品、奥铃TX价值版等高端轻卡。其中，奥铃CTS超级轻卡秉承德系卡车设计理念，采用欧洲底盘设计和研发制造标准，整车质量和可靠性大大提高。该车领先的模块化结构设计不仅使车辆的承载能力得到大幅提升，还使轻量化效果提升20%，整车性能提升1.5倍。该车还采用了轿车化内饰设计，标配遥控中控锁、电动门窗、定速巡航、冷暖式一体空调、前+后稳定杆等诸多智能化配备可大大提高使用的便利性；方向盘可四向调节，发动机悬置采用大直径软垫，隔震能力强，平顺性好，不仅可以降低驾驶员劳动强度，还能有效提升驾驶舒适性。

2016年，江淮全面升级全系国五产品及全部ABS产品，推出康铃国五、江淮骏铃V系列（全新V6轻卡和V7轻卡）、K5等轻卡新品。

7月15日，东风轻型商用车在武汉发布了国五新品。东风汽车股份推出了东风凯普特N、C、E系列国五车型，东风多利卡D5至D9系列国五车型。

值得一提的是，轻型载货车又增加了一个新的进入者。东风柳汽推出了新一代L3轻卡平台产品——L3大轻卡产品，该车为缩小版乘龙H7，有单排和排半两种驾驶室，厢长为4.2~6.2米，同时满足蓝牌、黄牌两种公告。

（三）轻型载货车市场发展趋势

未来一段时间，轻型载货车会呈现以下一些趋势。

1. 首先，受政策与法规的影响较大

新版GB1589-2016规定“二轴货车车货总重不能超过行驶证的限定总质量”，将使轻型载货车回归本位。我国载货车行业长期存在一个怪现象，即都不规矩，总想钻国家政策与法规的空子，轻卡不轻，微卡不微，轻微的想大，中重想更大。轻卡做成中卡，微卡做成轻卡。随着今后执法力度加大，这一现象将逐渐得到治理。

2. 2017年1月1日起，国家取消低速货车产品公告，这将会促使增加一部分轻型载货车的市场容量

低速货车还有一定的保有量，这部分车今后都会转向轻型载货车和部分微型载货车。当然，部分生产低速货车的企业转而进入轻卡市场，会加速行业竞争。

3. 2016年，国内4省份对皮卡进城进行试点解禁

2017年将继续加大试点范围。皮卡进城将对轻卡造成严重的冲击。

4. 2017年，纯电动轻卡专用化步伐将放慢

首先，新能源补贴标准将退坡20%。财政部、科技部、工信部、发改委四部委联合发布《关于调整新能源汽车推广应用财政补贴政策的通知》

提出调整新能源汽车补贴标准。除燃料电池汽车外，各类车型 2019 ~ 2020 年中央及地方补贴标准和上限，将在现行标准基础上退坡 20%。其次，2017 年纯电动汽车推广步伐还将进一步放慢。2016 年新能源汽车骗补事件致使该年《新能源汽车推广应用推荐车型目录》放慢。

5. 轻型载货车高端化趋势进一步加强

随着环保法规的升级，城市高效物流的要求，车辆的智能化，用户结构的改变，年轻的 80 后、90 后，甚至 00 后的用户成为用车主体，轻型载货车走向高端化已是必然。当然，中国市场辽阔，地域广袤，需求层次多样，高中低都有庞大的市场数量需求，但用历史的眼光看，未来成长的市场肯定是中高端轻型载货车，能收获丰厚利润的也将是中高端轻型载货车。

四　2016年微型载货车发展

（一）微型载货车市场分析

2016 年，微型载货车全年销售 60.61 万辆，同比增长 10.96%（见图 26）。从图 26 中我们可看出，自 2010 年以后，微型载货车大体上一直在 50 万辆左右，而 2016 年增长幅度较大，其销量已相当接近 2010 年所创下的历史纪录，2017 年是否会突破，让我们拭目以待。

（二）部分重点企业

上汽通用五菱汽车股份有限公司继续一枝独大，占据了近一半的市场份额，2016 年全年销售 25.20 万辆，同比增长 3.95%，市场份额有所减少，市场份额 41.58%，减少了 2.80 个百分点（见表 8）。重庆长安汽车股份有限公司全年销售 8.50 万辆，同比下降 0.85%，市场份额 14.03%，同比减少了 1.67 个百分点。北汽福田汽车股份有限公司全年销售 8.18 万辆，同比下降 7.17%，市场份额 13.49%，同比减少 2.64 个百分点。东风汽车公司全年销售了 7.11 万辆，同比增长 31.40%，市场份额 11.73%，同比增加了

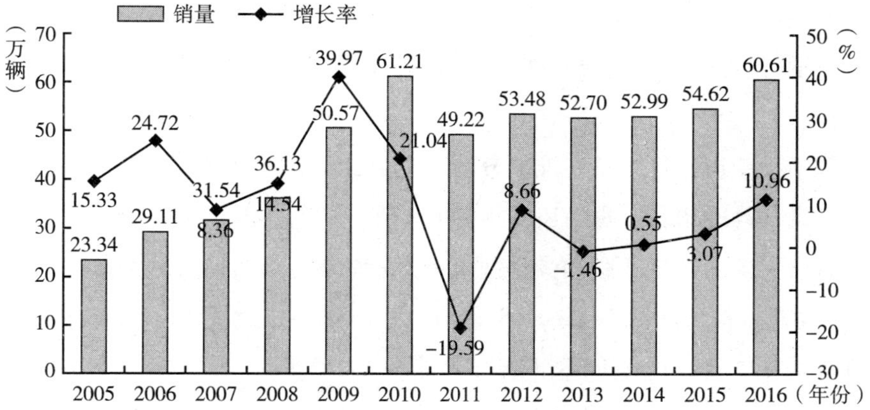

图 26　微型载货车历年销量增长情况

资料来源：中国汽车工业协会。

1.83 个百分点。重庆力帆汽车有限公司全年销售 2.69 万辆，市场份额为 4.45%，是新加入微型载货车的一个企业。

表 8　微型载货车主要企业销量和市场占有率情况

排名	企业名称	2016 年累计销量（辆）	2015 年累计销量（辆）	同比增长（%）	2016 年份额（%）	2015 年份额（%）	份额增减（个百分点）
1	上汽通用五菱汽车股份有限公司	251981	242399	3.95	41.58	44.38	-2.80
2	重庆长安汽车股份有限公司	85003	85736	-0.85	14.03	15.70	-1.67
3	北汽福田汽车股份有限公司	81782	88102	-7.17	13.49	16.13	-2.64
4	东风汽车公司	71073	54088	31.40	11.73	9.90	1.82
5	重庆力帆汽车有限公司	26947	0	0.00	4.45	0.00	4.45

资料来源：中国汽车工业协会。

（三）新产品及新技术发展情况

2016 年，微型载货车的新产品主要集中在新能源方面。

微型载货车 2016 年上市的新产品有福田时代康瑞 K 系新能源微卡、黑豹汽车油/气混合动力微卡、江淮新款微卡产品康铃 X5、北汽昌河福瑞达 K 系微卡。

其中，值得一提的是江淮新款微卡产品康铃 X5，作为首批推出的车型，定位于微卡高端市场，全新康铃 X5 在颜值、易驾、舒适、安全、价值五个方面有所突破，其舒适版和豪华版康铃 X5 均采用柴油动力的，搭载了全柴 480 发动机，最大功率 50kW，68 马力，达到国四排放标准。拥有电控高压共轨、增压中冷、水冷 EGR（废气再循环）、双 DOC 后处理系统等先进技术，配备 1. 5T 小速比后桥（4. 875），不仅节能、环保、高效，而且扭矩大、提速快，更加适合城市道路。康铃 X5 希望抢占高端微卡市场。

B.4

2016年客车工业发展报告*

摘　要：本报告描述了2016年我国客车行业整体发展情况、新能源客车市场、客车行业新技术及部分重点企业发展情况，分析了2016年我国客车行业出现的新趋势新特点，并就进一步推动客车工业发展提出了建议。

关键词：公交客车　公路客车　校车　新能源客车

一　2016年客车行业发展综述

就客车行业总体发展情况，与2015年行业整体相比，从7米以上客车和校车市场来看，受公交市场行业量大幅增长拉动和国家新能源汽车补贴政策调整的影响，2016年全年行业整体呈现增长趋势，在公交方面增长尤其明显，纯电动中型公交车成为增长的主力，在公路车方面，同样受纯电动车增长影响，虽然传统燃料车销量有所下降，但公路车整体基本和2015年持平，略微增长（见表1、图1）。

表1　行业整体销量情况及同比增幅

单位：辆，%

细分市场	2015年销量	2016年销量	同比增量	同比增速
公路	67749	69262	1513	2
公交	76870	105960	29090	38
校车	26433	24627	-1806	-7
总体	171052	199849	28797	17

* 本文资料来源于中国客车信息网统计的行业50家整车生产企业的数据口径（含新能源客车）。

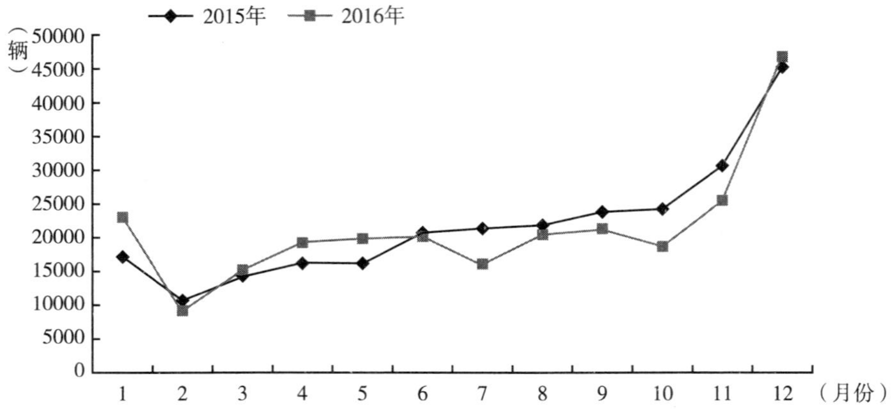

图 1　2015 年与 2016 年各月客车销量对比

（一）公交客车发展

以 2016 年新能源公交客车的推广情况来分析，2016 年公交市场行业量大幅增长，从月度销量来看，整体行业销量呈年初低、后期高的趋势，全年均受新能源政策预期调整的影响，拉动了各月行业量的提前更新，如图 2 所示。

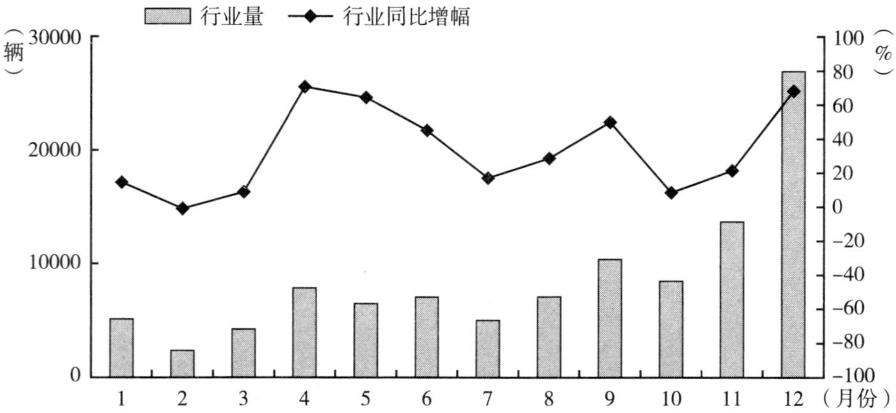

图 2　2016 年公交行业销售月度分布及增幅情况

在行业集中度方面，前五品牌集中度逐年提升，从2015年的51%提升至2016年的60%（见表2），重点也是新能源公交。集中度的提升，也符合国家在新能源补贴方面要扶优扶强的目的，同时有利于行业的健康。近3年行业前5名生产厂家公交市场占比如表3所示。

表2 2016年累计销量前15位的客车企业

单位：辆，%

	单位名称	本年销量	上年	增量	增长
	总计	251612	262584	-10972	-4.18
1	郑州宇通集团有限公司	70947	67018	3929	5.86
2	金龙联合汽车工业(苏州)有限公司	19559	29056	-9497	-32.69
3	中通客车控股股份有限公司	18466	17505	961	5.49
4	比亚迪汽车工业有限公司	13278	5400	7878	145.89
5	厦门金龙旅行车有限公司	12990	14141	-1151	-8.14
6	厦门金龙联合汽车工业有限公司	12388	15578	-3190	-20.48
7	安徽安凯汽车股份有限公司	10166	10017	149	1.49
8	北汽福田汽车股份有限公司欧V客车分厂	9681	8148	1533	18.81
9	东风襄阳旅行车有限公司	7697	10993	-3296	-29.98
10	河南少林客车股份有限公司	7454	8576	-1122	-13.08
11	东风超龙(十堰)客车有限公司	7216	7809	-593	-7.59
12	扬州亚星客车股份有限公司	6042	4492	1550	34.51
13	桂林客车工业集团有限公司	5518	6229	-711	-11.41
14	珠海广通汽车有限公司	5285	—	5285	—
15	南京金龙客车制造有限公司	5094	9359	-4265	-45.57

表3 近3年行业前5名生产厂家公交市场占比

单位：辆，%

排名	品牌	2014年	份额	品牌	2015年	份额	品牌	2016年	份额
1	宇 通	16763	24	宇 通	18607	22	宇 通	26536	27
2	金 龙	5958	8	苏 金	6780	8	比亚迪	11487	12
3	苏 金	4819	7	比亚迪	6444	8	中 通	11095	11
4	福 田	4728	7	金 旅	5710	7	福 田	4672	5
5	中 通	4349	6	福 田	5659	7	金 旅	4444	5
	合 计	36617	52	合 计	43200	51	合 计	58234	60

（二）公路客车发展

公路车受新能源同比增长影响，主要受北京、深圳等区域重点推广，新能源占公路车整体的比重超过30%，分月来看，12月销量比重也出现较高的现象。具体分布情况如图3所示。

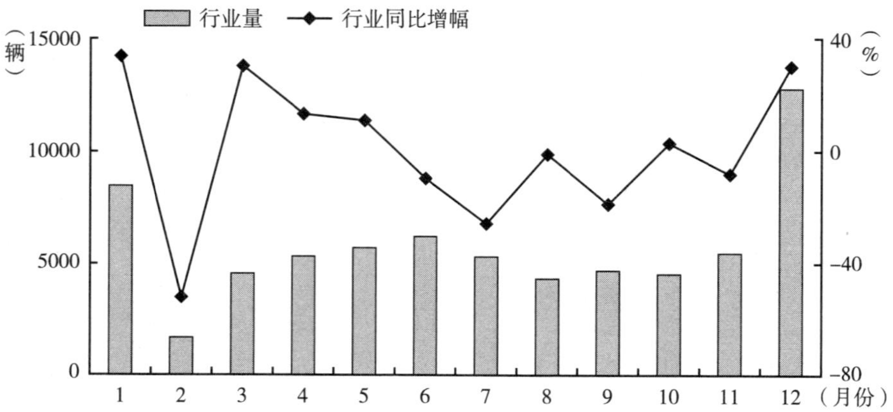

图3　2016年公路行业销售月度分布及增幅情况

表4　公路车方面，行业的销售及销量占比情况

单位：辆，%

能源类型	车型	类型	行业		
			销量	增幅	结构占比
传统	非公交	大型车汇总	20503	-15	29
		中型车汇总	28698	3	41
	公交		628	-13	1
传统汇总			49829	-5	70
新能源汇总			20916	45	30
总计			70745	6	100

公路车行业集中度方面，传统市场方面，宇通持续保持领先地位，且占有率较2015年提升1.7个百分点。新能源市场方面，宇通占有率较

2015 年下滑 17.7 个百分点，福田、安凯、广通、舒驰等提升明显（见图 4、表 5）。

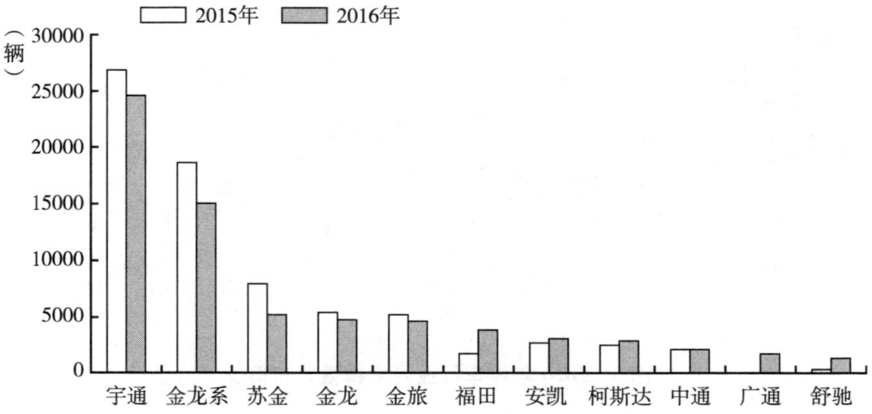

图 4　行业前十竞争情况

表 5　行业前十竞争情况

单位：%，个百分点

品牌	宇通	苏金	金龙	金旅	福田	安凯	柯斯达	中通	广通	舒驰
传统占有率	45	9	10	7	2	4	6	3	0	0
占有率变化	2	-1	0	-1	0	0	1	0	0	0
新能源占有率	11	3	1	6	14	6	—	4	8	6
占有率变化	-18	-16	-1	-2	8	1	—	-1	7	5

（三）校车发展

2016 年校车行业量同比下滑 7%，市场仍旧呈现明显的季节性趋势：1～3 月、7～9 月为寒暑假需求高峰，行业量占全年的 69%（见图 5）。

2016 年，在校车行业中，河南、安徽、湖北等重点省份市场仍然占据较大的比重（见图 6）。

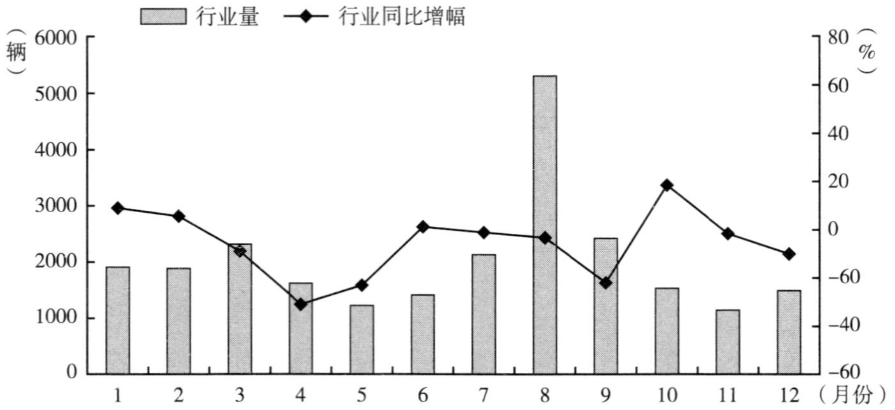

图5　2016年校车行业月度销量分布情况

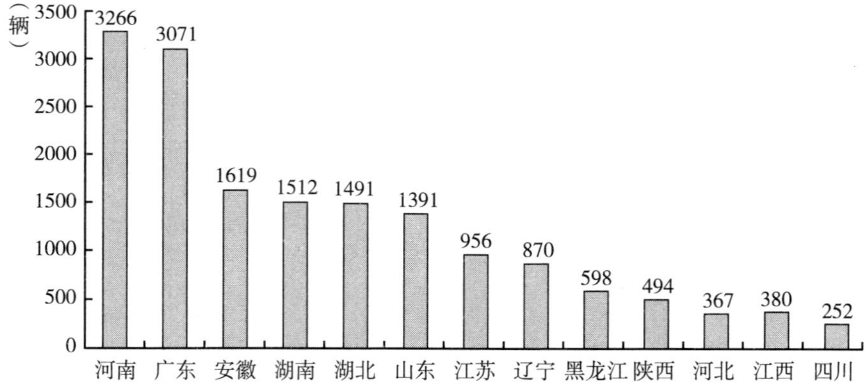

图6　2016年各省份校车市场分布

（四）新能源客车发展

1.新能源客车市场分析

2016年，50家企业共有30家涉及新能源客车领域，5米以上新能源客车销量达到117851辆，同比增长24.11%，其中，座位客车销量17403辆，同比下降38.11%，公交客车销量99011辆，同比增长52.23%。1～12月，

5 米以上新能源客车销量的比重已达到46.84%，与上年同期的36.16%相比，增长了10.68个百分点（见表6）。

表6 2016年新能源客车销量同比情况

单位：辆，%

类型		总计	12<L	11<L≤12	10<L≤11	9<L≤10	8<L≤9	7<L≤8	6<L≤7	5<L≤6	3.5<L≤5
上年同期	合计	94956	72	17472	23005	1455	10594	3831	26210	12317	
	座位	28121		3755	4064	564	340	2187	6687	10524	
	校车										
	公交	65042	72	13717	18941	891	10254	1644	19523		
	其他	1793								1793	
本年累计销量	合计	117851	726	16198	40034	1236	42898	5141	8510	3108	
	座位	17403		3750	6577	227	2813	511	1889	1636	
	校车	1							1		
	公交	99011	726	12448	33457	1009	40085	4630	6617	39	
	其他	1436							3	1433	
差	合计	22865	654	-1274	17029	-219	32304	1310	-17700	-9209	
	座位	-10718		-5	2513	-337	2473	-1676	-4798	-8888	
	校车	1							1		
	公交	33969	654	-1269	14516	118	29831	2986	-12906	39	
	其他	-357							3	-360	
增长	合计	24.11	908.33	-7.29	74.02	-15.05	304.9	34.19	-67.53	-74.77	
	座位	-38.11		-0.13	61.84	-59.75	727.4	-76.6	-71.75	-84.45	
	校车										
	公交	52.23	908.33	-9.25	76.64	13.24	290.9	181.6	-66.11		
	其他	-19.91								-20.08	

注：12<L表示长度大于12米，余同。

2. 新能源公交客车市场情况

新能源公交客车是支撑2016年客车销量未大幅下滑的主要因素，5米以上新能源公交在公交客车总销量中的比重已高达81.98%，虽然，国家新能源补贴政策扑朔迷离，但并未影响新能源公交客车需求的增长。最近10多年来，公交客车的发展轨迹十分清晰，从大型化、燃气化正在迅速向新能源化过渡，至2017年底，公交客车的保有量约50万辆，其中，新能源公交将为20万辆左右，按此速度，至2020年，在补贴政策截止之后，公交客车将基本实现“新能源化”，也就是说，所有传统的公交客车都将被新能源公交客车所替代。

分析新能源公交客车销量数据，8～9米和10～11米两个区间的表现最好，这两个区间销量最大，增量最多。

8～9米共计销售40085辆，占新能源公交总销量的40.49%，同比增量高达29831辆，增长290.9%，有7家企业的同比增量超过1000辆，宇通增量12624辆，增长327%；中通增量8339辆，增长1064%；上饶客车增量1771辆；比亚迪增量1722辆，增长1171%；东风旅行车增量1445辆；厦门金旅增量1572辆，增长778.2%；南京金龙增量1197辆，增长243.3%。

10～11米共计销售33457辆，其同比增幅不是最高的，只有76.64%，但增量却达到了14516辆，共有6家企业的同比增量超过1000辆，比亚迪增量7189辆，增长340.7%；珠海银隆增量3235辆；湖南中车增量2094辆，增长262.7%；扬州亚星增量1797，增长369%；宇通增量1328辆，增长33.1%，重汽豪沃增量1006辆。

3. 企业集中度变化情况

从企业的表现来看，有三点值得关注。

（1）30%的企业占据80%的市场份额

新能源客车销量位列前10的企业销量合计为92527辆，集中度达到78.51%。从行业总销量来看，前10位企业的市场集中度仅为72.58%（见表7）。

（2）公交优先

2016年，新能源公交客车销量99011辆，占新能源客车总销量的84.01%，销量位列前10的企业销量合计为80589辆，集中度达到81.39%，现阶段新能源公交决定着新能源客车的行业秩序（见表8）。

（3）需重视公路客车短板

2016年，新能源座位客车销量为17403辆，同比下降38.11%，仅占14.77%。新能源公路客车市场启动的前提条件有三点。

表 7　新能源客车前十名企业

单位：辆，%

	单位名称	本年销量	上年	增量	增长
	总计	117851	94956	22895	24. 11
1	郑州宇通集团有限公司	26862	20445	6417	31. 39
2	中通客车控股股份有限公司	14105	10498	3607	34. 36
3	比亚迪汽车工业有限公司	13278	4603	8675	188. 46
4	金龙联合汽车工业（苏州）有限公司	6796	11939	-5143	-43. 08
5	北汽福田汽车股份有限公司欧 V 客车分厂	6754	3432	3322	96. 79
6	厦门金龙旅行车有限公司	5327	5135	192	3. 74
7	珠海银隆新能源有限公司	5285		5285	
8	安徽安凯汽车股份有限公司	4950	1036	1619	48. 6
9	南京金龙客车制造有限公司	4893	3331	-4062	-45. 36
10	湖南中车时代电动汽车股份有限公司	4277	8955	723	20. 34

表 8　新能源公交客车前十名企业

单位：辆，%

	单位名称	本年销量	上年	增量	增长
	总计	99011	65042	33969	52. 23
1	郑州宇通集团有限公司	24691	16489	8208	49. 78
2	中通客车控股股份有限公司	14105	10498	3607	34. 36
3	比亚迪汽车工业有限公司	13278	4603	8675	188. 46
4	珠海银隆新能源有限公司	5285		5285	
5	湖南中车时代电动汽车股份有限公司	4177	2072	2105	101. 59
6	金龙联合汽车工业（苏州）有限公司	4169	5553	-1384	-24. 92
7	厦门金龙旅行车有限公司	3889	3396	493	14. 52
8	安徽安凯汽车股份有限公司	3883	2042	1841	90. 16
9	北汽福田汽车股份有限公司欧 V 客车分厂	3777	2723	1054	38. 71
10	南京金龙客车制造有限公司	3335	2352	983	41. 79

一是产品性能满足要求。续驶里程延长，快速充电技术成熟，动力电池产能过剩，有利于新能源客车成本控制。

二是充电设施便利。《电动汽车充电基础设施发展指南（2015～2020年）》，截至2014年底，全国共建成充换电站780座，交直流充电桩3.1万个，为超过12万辆电动汽车提供充换电服务。到2020年，新增集中式充换电站超过1.2万座，分散式充电桩超过480万个，以满足全国500万辆电动汽车充电需求。

三是打造样板运营线路很重要。2016年，5米以上公路客车销量10.12万辆，其中新能源公路客车销量1.74万辆，在公路客车总销量中的比重仅为17.19%。在公路客车保有量中，新能源所占比重为5%左右，替换空间巨大。

二　客车行业新技术发展

1. 安全技术

2016年4月，宇通率先编制并颁布《宇通新能源客车3S安全技术要求》；同时工信部组织多家企事业单位组成标准工作组，研究提出《电动客车安全技术条件》标准草案并广泛征求行业意见。2016年11月，工信部发布〔2016〕377号文件《工业和信息化部关于进一步做好新能源汽车推广应用安全监管工作的通知》，正式颁布实施《电动客车安全技术条件》——行业新能源客车安全标准。

2. 智能网联技术

物联网把新一代IT技术充分运用在各行各业中，新的应用已深入人们生活的方方面面。移动互联网、智能化技术的发展，推动社会进入数位化时代，社交革命、超级互联，“自我经济”，人们对产品智能化、网联化的需求日益提升。2016年8月30日，工业和信息化部组织提出了智能网联汽车技术路线图，计划2020年实现有条件自动驾驶，2025年后实现全自动驾驶。

3. 燃料电池技术

燃料电池汽车采用氢气作为能源，燃料电池作为能量转换装置，将氢气与空气中的氧气结合转换为电能，通过电机驱动车辆。燃料电池由氢气与氧气发生反应产生电能，反应产物只有水，是极具潜力的零排放汽车能量源；

燃料电池发动机与传统发动机结构类似，技术正在快速发展。目前我国的燃料电池汽车技术仍然较国际领先水平存在一定的差距，主要是燃料电池的寿命、功率等。燃料电池发展的趋势是小型化、模块化、功能高度集成；储氢方式也将从高压储氢发展为液氢、新型储氢材料（金属储氢）。

4. 动力电池技术

动力电池（锂电池）是一种通过电化学反应实现化学能和电能相互转换的装置，由可循环充放电的正极材料、负极材料和合适的电解液体系组成。动力电池是电动汽车的核心，包括两大功能，提供驱动能量和制动能量回收，动力电池直接影响电动车整车性能，目前纯电动客车电池成本可达整车成本的40%。动力电池关键技术的突破，对电动汽车的推广具有决定意义。为保证电池安全使用，对电池严格进行国标 GB/T 31485、GB/T 31467.3，《电动客车安全技术条件》要求的所有安全验证，包括针刺、挤压、火烧、冲击、振动、低气压、短路、过温、过充、IP 防护等级等。为保证电池可靠应用，对电池进行除国标要求的所有性能、安全验证外，还需要考察电池的一致性、动态电压特性、温度分布、全生命周期寿命等各种特性，以更全面地评价电池，制定相应的集成与管理策略。未来动力电池技术将迅速发展，国际上日本、韩国、美国、德国等国家制定了动力电池能量密度提升及成本下降的目标：2020 年单体电池能量密度达到 250 ~ 300Wh/kg，价格下降至 1 元/Wh 左右。

三　2017年客车行业发展预测及建议

预计 2017 年 5 米以上客车销量为 23. 5 万辆左右，同比下降 6. 5%。具体指标判断如下。

（1）座位客车总销量为 10. 5 万辆，同比略有增长。

（2）公交客车总销量为 10 万辆左右，同比下降 15%。

（3）校车销量为 2. 4 万辆左右，同比基本持平。

（4）其他客车销量为 0. 6 万辆，同比基本持平。

（5）预计 2017 年 5 米以上客车总销量为 23.5 万辆，同比下降 6.5%。

其中，新能源客车同比下降 15%，总销量预计 10 万辆（其中公交客车 8.5 万辆，座位客车 1.5 万辆）。

预计客车出口增长 15%，出口量 4 万辆左右。

2016 年是新能源客车持续快速发展的一年，针对行业新能源推广情况，虽然关于电动客车充电国家层面的推广指导意见已经出台，但地方政府仍然没有相应的推广实施细则，尤其是纯电动车充电基础设施建设滞后，建议地方政府加大纯电动车基础设施建设支持力度，推动充电设施建设工作的开展；针对纯电动车运营，建议各地政府监督执行国家要求的纯电动车享受优惠电价政策，更好地发挥纯电动车优势，实现节能环保，为我国环境保护贡献行业力量。

B.5

2016年专用车工业发展报告*

摘　要：　本报告综合描述了2016年度专用类汽车的发展环境、产业布局、产品结构及产销情况，按厢式、自卸、仓栅、半挂、罐式、特种、起重举升等细分市场进行了详细分析，介绍了专用车行业的相关政策、标准情况，预测分析了2017年专用车产销发展趋势，提出了专用车工业发展的相关建议。

关键词：　专用车工业　半挂车　自卸车　罐式车　特种车

一　2016年专用车行业发展综述

（一）发展环境

1. 基本环境情况

专用汽车服务于国民经济的各行各业，受国家宏观经济政策影响明显。2016年是我国全面建成小康社会决胜阶段的开局之年，也是推进供给侧结构性改革的攻坚之年，专用车供需受经济环境与行业政策的双重叠加影响在经历2015年需求低谷后触底反弹，行业发展受政策引导表现明显。

企业投资项目核准和备案管理、行业准入政策调整、新版GB1589的发布、排放升级等一系列政策出台对推动行业供给侧改革、调整产品结构、激

* 本报告涉及专用车产品产量数据通过企业上传合格证进行采集，销量数据通过公安部上牌数据进行采集。数据出处为中国汽车技术研究中心，特此说明。

发行业活力具有积极影响。但同时市场环境的不景气导致国有大企业并购势头减缓，行业大中小型企业投资热情下降，专用车企业在市场的倒逼下进行原发性创新尝试，积极拥抱新思维和新技术，应用互联网工具提升生产效率，降低生产成本以面对更大的市场挑战。

2016 年专用车八大类产品（厢式、罐式、专用自卸、仓栅、举升、特种、普通自卸、半挂车）累计生产 197.11 万辆，同比增长 48.38%（见图 1）。物流厢式类、半挂类车型增长迅速，市场需求主要集中在公路运输类市场；新型物流车辆推动新型、规模化企业的诞生。城市服务类专用车产品虽然市场需求基数不大，但此类产品普遍附加值较高，在国家城市化及新农村发展政策引导下，发展后劲十足。应急类（军警）、商务旅居类、传媒类、新能源类车型增长潜力大，适合中小企业关注。

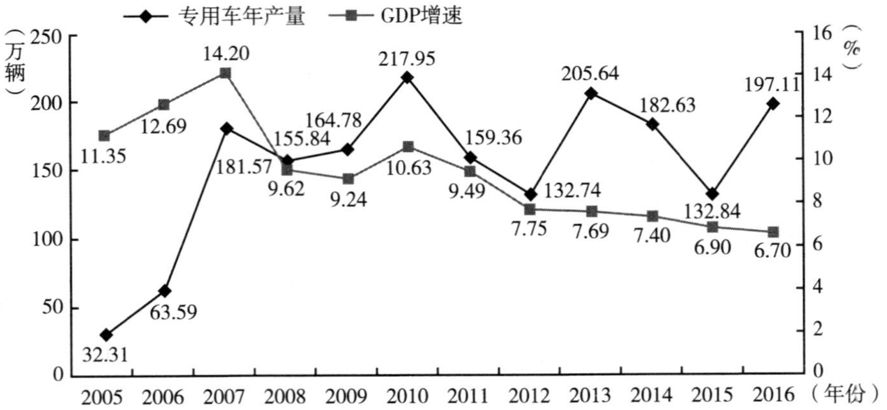

图 1　2005～2016 年专用汽车年度产量与 GDP 统计

2. 政策环境导向

专用汽车行业的政策导向性十分明显，对全行业的分析以及对未来发展趋势预测等都不能绕开政府部门颁布的各项政策法规。据统计，2016 年国家共出台多项与专用汽车行业发展密切相关的政策；有围绕国家节能减排的节能环保政策；有众多企业密切关注的关于节能与新能源汽车发展的政策；此外，还有宏观经济、税收、金融等政策。这些政策的颁布实施，对 2016 年专用汽车的产销量影响很大。

3. 行业发展隐忧

2016 年，专用车市场在多重政策刺激下迎来小阳春，但也需要警惕部分顽疾所带来的行业隐忧。一是行业去产能任务不明显，行业退出机制失效，“僵尸企业”僵而不死对行业去产能、产业升级创新产生负面影响。二是经济活力不足，经济发展是刺激专用车市场持久发展稳定剂，政策影响短期效应明显，不能根本解决市场刚性需求，市场存在断崖式下降风险。三是民间投资放缓，企业普遍面对资金短缺的困扰，多数企业在推动企业的升级改造方面投入不足，面对激烈的市场竞争，很可能通过不合理的低价手段获得市场份额，进而步入恶性循环。

（二）产业布局

截至 2016 年 12 月（《车辆生产企业及产品公告》291 批次），我国专用汽车公告内企业 1134 家，全年新增专用车企业 65 家，与上年同期相比下降 20.73%，其中，山东省新增企业 19 家、湖北省新增 10 家、河北省新增 9 家、湖南省新增 7 家、安徽省新增 5 家。2016 年在产企业 971 家，同比增长 10.84%。其中，山东省、湖北省、江苏省、河北省、河南省是我国专用车在产企业数最多的 5 个省份；山东省、湖北省、北京市、安徽省、河北省是我国产量前五的区域（见图 2）。

从产业布局上看，我国专用车企业主要集中在中东部地区。其中，山东省在产业规模及每年新增企业数量上远超其他各省份（见表 1）。随着市场竞争的加剧以及准入政策的调整，各地方政府在引入专用汽车投资项目上自主权更加独立，势必会给整个行业带来深层次的影响。在国家“一带一路”战略深度开展下，工程类专用车产品需求有西移和外延的趋势，这也为专用汽车产业投资带来新的方向。

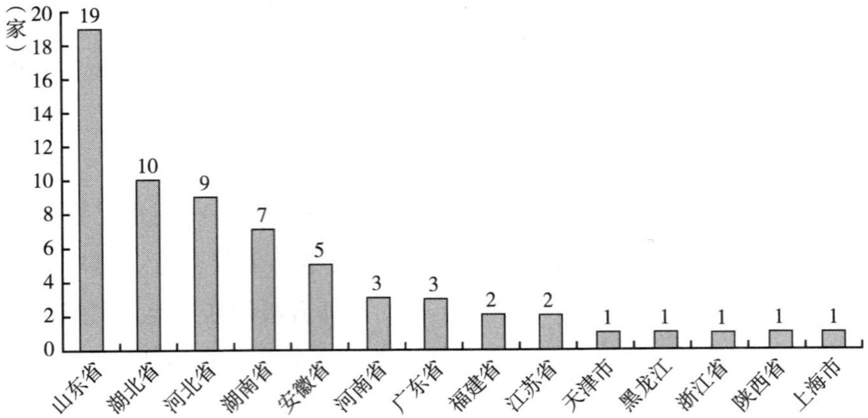

图 2　2016 年各省新增专用车生产企业数统计

表 1　2016 年我国分区域在产企业情况统计

序号	生产区域	累计产量(辆)	产量同比(%)	在产企业数(家)	新增企业数(家)
1	山东省	471421	139.73	201	19
2	湖北省	221937	35.76	91	10
3	北京市	212479	36.76	34	
4	安徽省	157167	31.50	43	5
5	河北省	111905	25.13	69	9
6	江苏省	89433	24.60	81	2
7	江西省	82073	-8.86	21	
8	河南省	81053	135.91	57	3
9	四川省	74113	61.14	29	
10	重庆市	67862	-8.61	23	
11	吉林省	60509	33.13	20	
12	辽宁省	56124	50.24	42	
13	广西壮族自治区	50524	25.36	10	
14	上海市	36301	20.33	20	1
15	福建省	33338	47.28	27	2
16	湖南省	28965	20.61	31	7
17	陕西省	27727	30.38	27	1
18	云南省	26559	50.19	4	
19	浙江省	23041	55.82	30	1

续表

序号	生产区域	累计产量(辆)	产量同比(%)	在产企业数(家)	新增企业数(家)
20	广东省	22329	66.45	35	3
21	山西省	18385	230.78	16	
22	内蒙古自治区	8383	104.46	9	
23	天津市	4880	-23.39	15	1
24	甘肃省	1513	192.65	9	
25	黑龙江省	1213	-21.08	9	1
26	贵州省	979	37.89	6	
27	宁夏回族自治区	794	-36.53	2	
28	新疆维吾尔自治区	59	-62.18	8	
29	青海省	50	-78.17	2	
合计		1971116	48.38	971	65

（三）产品结构

1. 专用汽车比例

专用汽车占载货车的比例是反映货车专用化率的重要参考指标，近20年来，我国专用车占载货车比例显著增加。2000年专用汽车总产量为18.01万辆，占当年全部载货汽车产量的比例为26.93%；2010年专用汽车总产量为217.95万辆，占当年全部载货汽车产量的比例为54.29%，2016年专用汽车总产量为197.1万辆，占当年全部载货汽车产量的比例为65.59%，已逐步接近欧、美、日等发达国家和地区水平。

2. 吨位构成比①

专用车辆吨位构成比是随着国民经济的发展、社会货物介质的变化、国

① 报告内涉及产品吨位分类标准
专用车总质量分类标准：重型车：14T < Ga；中型车：6T < Ga ≤ 14T；轻型车：1.8T < Ga ≤ 6T；微型车 Ga ≤ 1.8T。
半挂车总质量分类标准：超重型车：34T < Ga；重型车：19.5T < Ga ≤ 34T；中型车：7.1T < Ga ≤ 19.5T；轻型车 Ga ≤ 7.1T。

内交通设施的改善等因素而变化的。“十二五”初期，在国家拉动内需、保持经济高速增长的宏观经济导向引导下，我国投入大量资金用于固定资产投资、基础投资建设等，对大宗产品（钢铁、水泥、煤炭等）的需求激增。用于工程建设、能源物流运输等的专用车辆需求旺盛，专用车产品需求以大吨位重型车辆为主。“十二五”后期受经济增长放缓、固投资金减少影响，专用车产品需求逐步转向以服务城市生活的物流类、作业类车辆，产品吨位逐步向轻（微）型专用车辆转移。2016 年受 GB1589《汽车、挂车及汽车列车外廓尺寸、轴荷及质量限值》标准调整的影响，对半挂车、轿运车、冷藏车等的外廓尺寸、轴荷及质量限值进行变更，对此类车型替代性需求造成 2016 年吨位构成比发生明显变化，重型车比例由 2015 年的 3.8 上升到 4.8（见表 2）。

表 2　专用汽车产品吨位构成比

年份	吨位构成比（重型：中型：轻型）	年份	吨位构成比（重型：中型：轻型）
2010	5.5:0.5:4	2014	4.8:0.8:4.4
2011	4.3:0.9:4.8	2015	3.8:0.8:5.4
2012	3.6:0.9:5.5	2016	4.8:0.6:4.6
2013	4.6:0.9:4.5		

（四）行业集中度

2016 年，我国专用汽车行业产量排名前四企业集中率（CR4）为 19.81%，同比下降了 20.12%，市场整体呈现原子型结构（见表 3）。八大类子行业中，除仓栅式汽车、起重举升汽车、罐式汽车行业的集中率有所上升外，其余五类子行业的集中率均呈现不同程度的下降，市场结构集中在原子型和中下集中寡占型两种。在这一阶段，市场集中度不高，行业的市场竞争十分激烈，企业数量众多，虽已出现了个别具备规模实力、资本实力和品牌优势的企业，但行业内总体呈现“多品种、小批量、专、精、特”的特点。

表3 2016 年专用汽车产品市场结构

类　别	企业数(家)	CR4(%)	同比增长(%)	市场结构
专用汽车	971	19.81	-20.12	原子型
厢式汽车	427	38.33	-1.47	中下集中寡占型
仓栅式汽车	92	40.12	3.40	中下集中寡占型
罐式汽车	294	23.84	13.58	原子型
起重举升汽车	132	43.12	6.21	中下集中寡占型
特种结构汽车	359	36.03	-2.09	中下集中寡占型
专用自卸汽车	245	25.31	-17.02	原子型
普通自卸汽车	111	28.13	-6.54	原子型
半挂车	468	11.69	-17.68	原子型

注：美国经济学家贝恩根据前四家最大企业的集中度（CR4）将集中类型分为6个等级，即极高寡占型，CR4 > 75%；高度集中寡占型，65% < CR4 < 75%；中上集中寡占型，50% < CR4 < 65%；中下集中寡占型，35% < CR4 < 50%；低集中寡占型，30% < CR4 < 35%；原子型 CR4 < 30%。

此外，将专用汽车行业生产企业按2016年年产量由低到高排队，然后考虑产量最低的任意百分比企业所得到的产量百分比。将这样的企业数百分比累计和产量百分比累计的对应关系描绘在图形上，即得到2016年专用汽车行业洛伦兹曲线。从图4我们可以清晰地看到，洛伦兹曲线严重偏离绝对平均线，说明我国虽然专用汽车生产企业众多，但绝大部分企业生产规模小、实力弱，市场上绝大部分产品的供给仍由少数企业掌控。

（五）行业产量

1. 专用车整车生产

2016年我国专用车企业八大类年产量197.11万辆，同比增长48.38%。从年度产量数据来看专用汽车行业在经历了2015年行业低谷后触底反弹，政策调整带动市场更替性需求，市场总体处于恢复调整期（见图4、表4）。

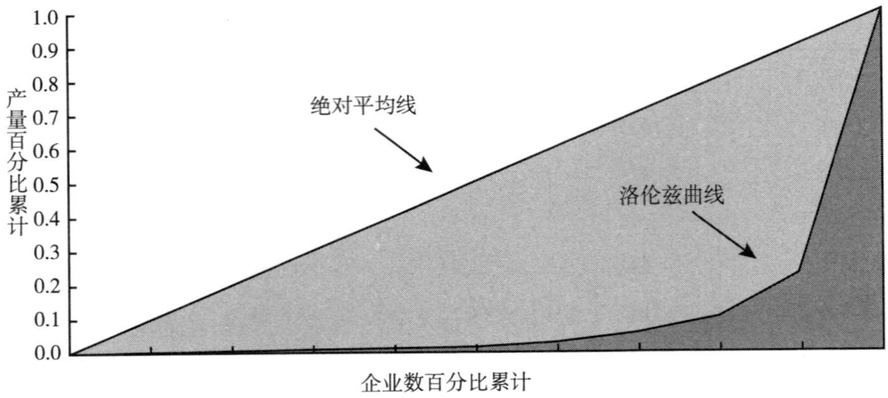

图 3　2016 年专用汽车行业洛伦兹曲线

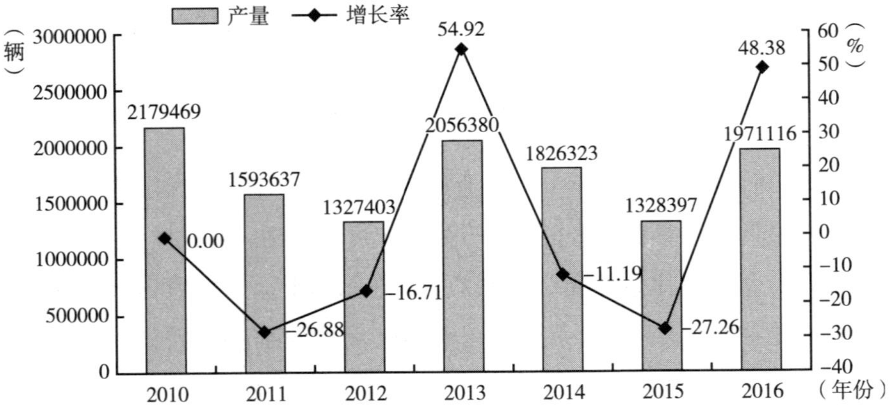

图 4　2010～2016 年专用汽车行业产量及增长率

表 4　2010～2016 年专用汽车八大类产品产量统计

单位：辆，%

年　份	2010	2011	2012	2013	2014	2015	2016
普通自卸车	650379	489770	375085	658662	464210	120921	204998
占总产量比	29.8	30.7	28.3	32	25.4	9.1	10.40
半挂车	489411	229179	113114	153806	234023	239484	611792
占总产量比	22.5	14.4	8.5	7.5	12.8	18.03	31.04

续表

年　份	2010	2011	2012	2013	2014	2015	2016
厢式车	576184	462962	480929	658557	638530	641741	717251
占总产量比	26.4	29.1	36.2	32	35	48.31	36.39
罐式车	124529	107994	76932	148555	123740	71595	70691
占总产量比	5.7	6.8	5.8	7.2	6.8	5.39	3.59
起重举升类	43801	44683	31758	43032	32900	17281	23695
占总产量比	2	2.8	2.4	2.1	1.8	1.3	1.20
特种结构车	26815	35103	32681	45351	35086	30046	39502
占总产量比	1.2	2.2	2.5	2.2	1.9	2.26	2.00
专用自卸车	13352	17305	19993	41943	42014	34296	51158
占总产量比	0.6	1.1	1.5	2	2.3	2.58	2.60
仓栅车	254998	206641	196911	306474	255820	173033	252029
占总产量比	11.7	13	14.8	14.9	14	13.03	12.79
总产量	2179469	1593637	1327403	2056380	1826323	1328397	1971116

从月度数据情况来看，2016 年专用车需求呈现“先抑后扬”发展态势，月度产量均高于上年同期（见图 5）。一方面反映出市场逐步回暖的发展趋势，另一方面政策调整对专用车市场更替性需求的刺激快速释放，从而实现全年累计增长 48.38% 的优异成绩。

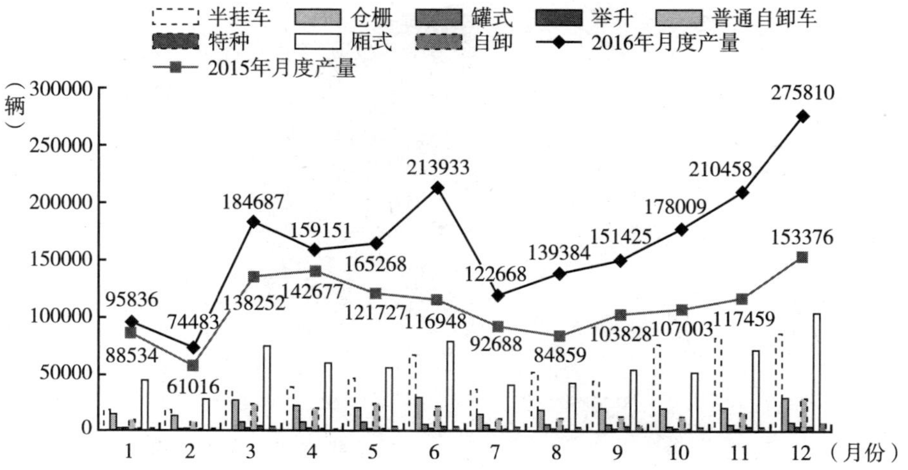

图 5　2016 年专用汽车分月度产量

从企业产量来看，2016 年我国专用汽车企业年产量超过 10 万辆的有 2 家。年产量在 1 万～10 万辆的企业有 40 家，同比增长 29.03%。年产量在 1000～10000 辆的企业有 200 家，同比增长 35.14%。产量低于 1000 辆的企业 729 家，同比增长 4.74%。行业内 83.11% 的企业年产量低于均值（企业平均年产量＝行业年产量÷在产企业数），与上年同期相比下降 1.82%（见图 6、图 7）。

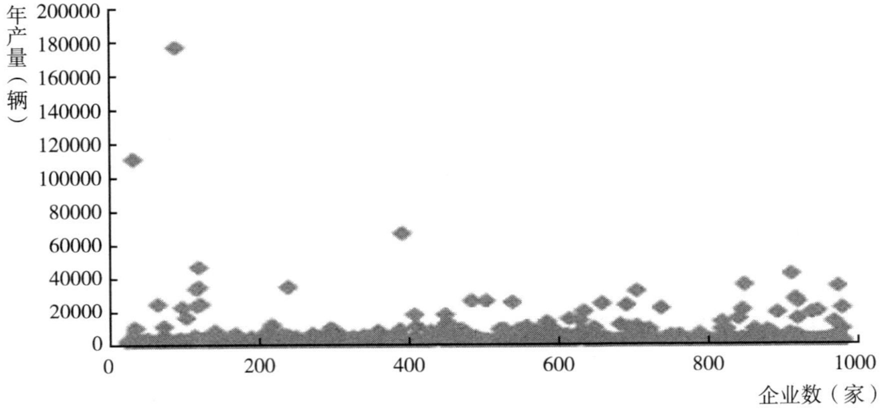

图 6　2016 年我国专用汽车生产企业产量分布

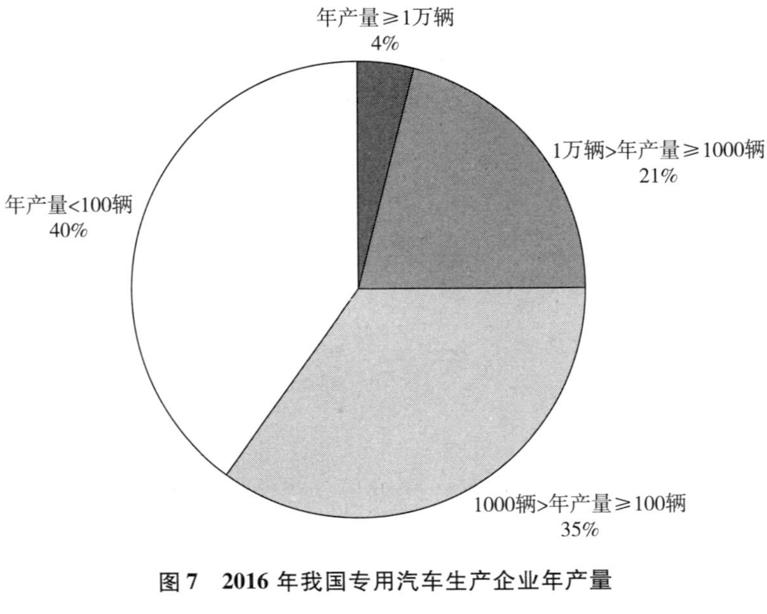

图 7　2016 年我国专用汽车生产企业年产量

表 5　2016 年专用车行业产量 TOP50 生产企业情况统计

单位：辆，%

序号	企业名称	半挂车	仓栅	罐式	举升	普通自卸车	特种	厢式	自卸	2015 年产量	同比增长
1	北汽福田汽车股份有限公司	6	27964	2031	1974	22542	593	115834	2354	173298	33.28
2	安徽江淮汽车股份有限公司		31647	213	76	3477	736	71713	168	108030	27.20
3	江西江铃专用车辆厂		2406		30	1733	196	59895		64260	-8.20
4	东风商用车有限公司		15770	47	589	6086	108	21770	512	44882	1.62
5	中国第一汽车集团公司	27	22637	148	113	5376	173	11743	217	40434	40.01
6	一汽解放青岛汽车有限公司		18859	6		1087		13800	73	33825	78.07
7	东风汽车股份有限公司		10553	282	405	1389	523	19292	128	32572	18.48
8	河北长安汽车有限公司		8930	46			80	23265	191	32512	6.69
9	重庆长安汽车股份有限公司		11195					21128		32323	-9.83
10	东风汽车公司	14	1389	2087	1278	9354	1044	15063	1503	31732	87.50
11	沈阳华晨金杯汽车有限公司		2339					27496		29835	41.84
12	中国重汽集团成都王牌商用车有限公司		6972	843	819	12336	1078	3053	597	25698	71.67
13	南京汽车集团有限公司		1521	380		3066	21	19894	82	24964	10.04
14	柳州五菱汽车工业有限公司		28	4				24465	64	24561	28.16
15	青岛五菱专用汽车有限公司		15849					8097		23946	24.47
16	中国重汽集团济南商用车有限公司		9961	162	22	1557	14	11281	514	23511	61.93
17	东风小康汽车有限公司		6918					16089		23007	46.49

续表

序号	企业名称	半挂车	仓栅	罐式	举升	普通自卸车	特种	厢式	自卸	2015 年产量	同比增长
18	陕西汽车集团有限责任公司		5835	1377	69	11746	186	2264	1079	22556	55.33
19	北京福田戴姆勒汽车有限公司		7731	1935	29	8149	1	3240	1194	22279	64.63
20	东风柳州汽车有限公司		6796	81	495	5634		8328	795	22129	19.89
21	上汽通用五菱汽车股份有限公司							21887		21887	32.45
22	成都大运汽车集团有限公司	1865	5555	1028	68	9109	30	3192	15	20862	69.25
23	四川现代汽车有限公司		5307	583		11039		3233		20162	37.99
24	驻马店中集华骏车辆有限公司	19488		55			1		75	19619	95.95
25	一汽红塔云南汽车制造有限公司		8344			3479		6823		18646	61.84
26	山东郓城龙亿达挂车制造有限公司	18183		1						18184	574.48
27	中联重科股份有限公司			3970	1619		7321	34	4988	17932	16.45
28	中集车辆(集团)有限公司	17463		52			29	43		17587	90.50
29	浙江飞碟汽车制造有限公司		2644	102	1	10300	12	2639	1458	17156	79.74
30	梁山儒源机械制造有限公司	16364								16364	
31	巨野华劲车业有限公司	16329								16329	148.01
32	程力专用汽车股份有限公司	304	8	6074	479	66	2234	2305	2962	14432	37.96
33	中国重汽集团济南卡车股份有限公司		638	936	24	10585	29	1233	82	13527	43.08
34	山东唐骏欧铃汽车制造有限公司		2524	154	1387	2074	6	7370	10	13525	28.72

续表

序号	企业名称	半挂车	仓栅	罐式	举升	普通自卸车	特种	厢式	自卸	2015 年产量	同比增长
35	扬州中集通华专用车有限公司	13133		364						13497	121.41
36	山东郓城宏东专用车制造有限公司	12730								12730	
37	新乡市华烁车辆有限公司	11976								11976	4087.41
38	重庆庆铃专用汽车有限公司		723			24		11089		11836	41.12
39	山东凯马汽车制造有限公司		2726	46	29	2360	9	6011	178	11359	35.44
40	梁山天鸿车辆有限公司	10981								10981	
41	梁山盛源专用车制造有限公司	10537								10537	135.15
42	河北宏泰专用汽车有限公司	10296		9						10305	31.16
43	上海汽车商用车有限公司							9916		9916	-13.77
44	梁山路通专用车制造有限公司	9429								9429	97.01
45	鄄城红旗威斯特专用车有限公司	9388								9388	225.07
46	北京汽车股份有限公司							8986		8986	25.89
47	厦门金龙联合汽车工业有限公司						1	8872		8873	120.01
48	沈阳金杯车辆制造有限公司		541			1338	1	6801	45	8726	10.46
49	山西大运汽车制造有限公司	2839	18	2		45		5679	1	8584	605.92
50	安徽江淮汽车集团有限公司					8581				8581	210.23
行业总计		611792	252029	70691	23695	204998	39502	717251	51158	1971116	48.38

2. 专用车底盘生产

2016 年各主机厂累计销售专用汽车改装底盘累计 135.93 万台（套），同比增长 24.83%。销量排名前十的主机厂有 8 家与上年同期相比实现增长，其中，一汽解放、沈阳金杯、重汽豪沃同比增幅跃居行业前三。东风、福田、江淮是专用车行业改装量最大的品牌底盘（见表6、表7、表8、表9）。

表 6　2016 年专用车底盘分品牌统计

单位：台（套），%

序号	底盘品牌	轻型	微型	中型	重型	总计	同比增长
行业合计		884049	20069	113524	341682	1359324	24.83
1	东风牌	84829	1097	42027	88241	216194	30.50
2	福田牌	144318	1416	18881	11085	175700	34.50
3	江淮牌	83914	3	10343	30433	124693	33.78
4	解放牌	34250	545	4978	61944	101717	44.39
5	长安牌	71403	4086			75489	1.33
6	江铃牌	71482		3640	34	75156	-4.52
7	五菱牌	66042	4311			70353	27.24
8	豪沃牌	19528		2087	24981	46596	35.65
9	金杯牌	38391	283	130	3	38807	38.24
10	五十铃牌	18150		11100	1003	30253	-8.23

表 7　2016 年专用车底盘分产品统计

单位：台（套）

序号	底盘品牌	仓栅	罐式	举升	普通自卸车	特种	厢式	自卸	总计
行业合计		252029	70691	23695	204998	39502	717251	51158	1359324
1	东风牌	35435	33526	6077	31177	15057	79627	15295	216194
2	福田牌	27415	2493	2077	22771	2412	113284	5248	175700
3	江淮牌	31648	1843	237	12583	2382	74034	1966	124693
4	解放牌	50257	2248	682	10474	1976	35518	562	101717
5	长安牌	20125	139			2032	45175	8018	75489
6	江铃牌	2421	397	1244	1879	2481	65366	1368	75156
7	五菱牌	15877	4				54377	95	70353
8	豪沃牌	10336	7560	437	11608	2054	12441	2160	46596
9	金杯牌	2880	3		1338	1	34397	188	38807
10	五十铃牌	731	1051	1280	48	4832	20725	1586	30253

表8　2016年专用车底盘分企业统计

单位：台（套），%

序号	底盘生产企业	轻型	微型	中型	重型	总计	同比增长
行业合计		884049	20069	113524	341682	1359324	24.83
1	北汽福田汽车股份有限公司	149949	1416	18894	12724	182983	32.94
2	安徽江淮汽车股份有限公司	76800	3	9139	29510	115452	27.69
3	东风商用车有限公司	8514		10275	74954	93743	21.66
4	江铃汽车股份有限公司	87666		3640		91306	-6.68
5	中国第一汽车集团公司	14295		4960	61935	81190	48.00
6	上汽通用五菱汽车股份有限公司	66008	4311			70319	27.26
7	东风汽车股份有限公司	32596	119	21258	2274	56247	25.69
8	河北长安汽车有限公司	39290	1903			41193	11.73
9	东风汽车公司	18108	1	10193	11901	40203	55.89
10	重庆长安汽车股份有限公司	32113	2183			34296	-8.86

表9　2016年各企业专用车底盘改装产品统计

单位：台（套）

序号	底盘生产企业	仓栅	罐式	举升	普通自卸车	特种	厢式	自卸	总计
行业合计		252029	70691	23695	204998	39502	717251	51158	1359324
1	北汽福田汽车股份有限公司	28049	3390	2100	23369	2444	118360	5271	182983
2	安徽江淮汽车股份有限公司	31648	1843	237	3499	2230	74029	1966	115452
3	东风商用车有限公司	16643	13904	2739	18078	8880	23703	9796	93743
4	江铃汽车股份有限公司	2421	397	1244	1855	2475	81546	1368	91306
5	中国第一汽车集团公司	41880	2246	682	6995	1975	26858	554	81190
6	上汽通用五菱汽车股份有限公司	15877	4				54343	95	70319

续表

序号	底盘生产企业	仓栅	罐式	举升	普通自卸车	特种	厢式	自卸	总计
7	东风汽车股份有限公司	10563	13511	940	1462	4467	20995	4309	56247
8	河北长安汽车有限公司	8930	124			1633	24044	6462	41193
9	东风汽车公司	1390	6278	2968	9956	1630	15233	2748	40203
10	重庆长安汽车股份有限公司	11195	15			399	21131	1556	34296

3. 新能源专用车

新能源专用车作为行业黑马在政策引导及市场需求双重刺激下异军突起，全年累计生产6.06万辆，同比增长23.44%（见图8）。市场需求主要以纯电动厢式物流运输车及环卫车辆为主。从动力构成上来看，纯电动专用车虽然只占行业总量的4%，但上升势头明显（见图9）。结合未来我国节能减排以及环境治理的大的政策走势，新能源专用车辆特别是纯电动专用车具有较好的市场前景。

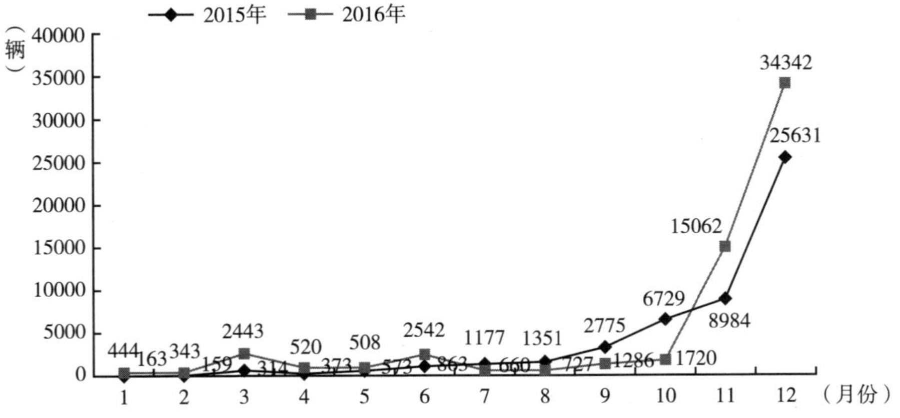

图8 2015～2016年新能源专用车产量趋势

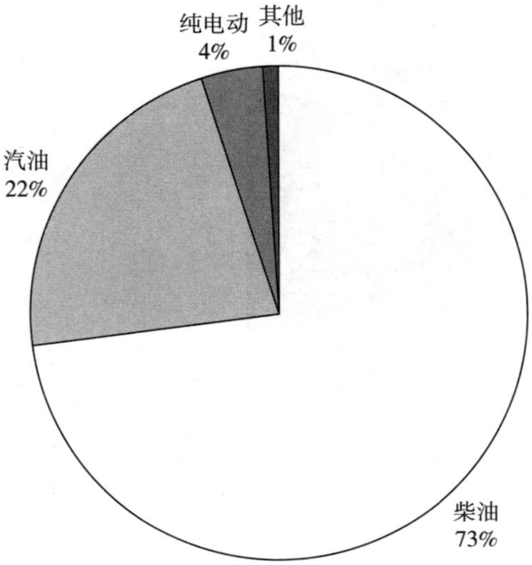

图 9　2016 年专用车行业动力构成分布

二　专用车行业市场发展分析

从行业需求主体结构看，半挂类专用车产品在八大类产品中的占比上升最多（见图 10、图 11），一是物流行业总体需求旺盛，二是 GB1589 的重新修订，新标准将强制报废不符合标准的轿运车辆，促进轿运半挂车政策性增长。此外，用于长距离运输、码头货物转运、特种货物运输的细分物流类半挂车产品实现周期性增长，并且轻量化全铝制半挂车产品市场需求明显增长。同时在国家配合大力整治道路运输环境的大趋势下，超限违规车辆将禁止上路，由此许多企业加紧生产符合标准的车型，以迎接市场高峰的到来。

从产品属性类别上看，物流车占行业总量的 78%；工程车占 13%；作业车占 9%（见图 12、图 13）。专用汽车需求主体由工程类向城市服务类转移，物流运输车封闭式货厢逐步替代敞开式货厢。工程类搅拌车需求持续萎靡仅占行业总量的 1%。作业车已占行业总量的 9%，主要以市政环卫类产品为主，在未来一段时间内作业车比例还将持续上升。

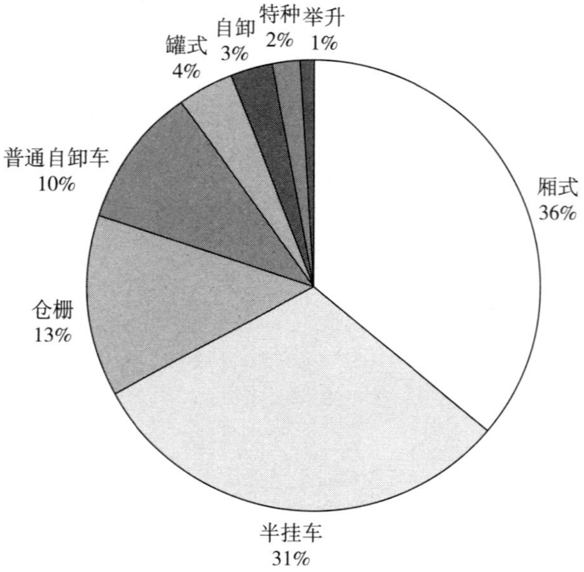

图 10　2016 年专用汽车分产品构成

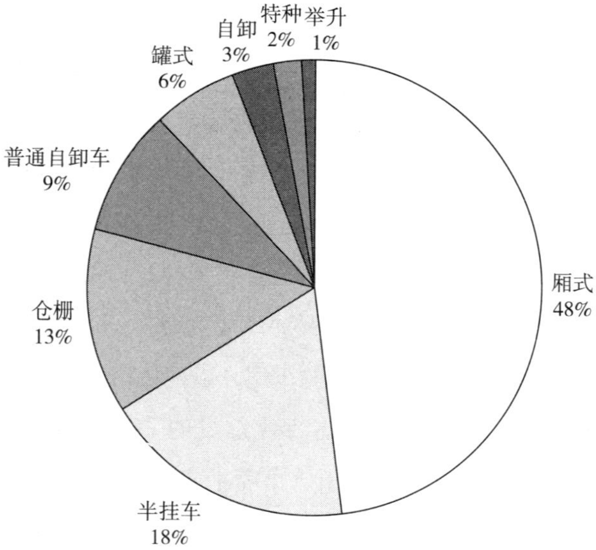

图 11　2015 年专用汽车分产品构成

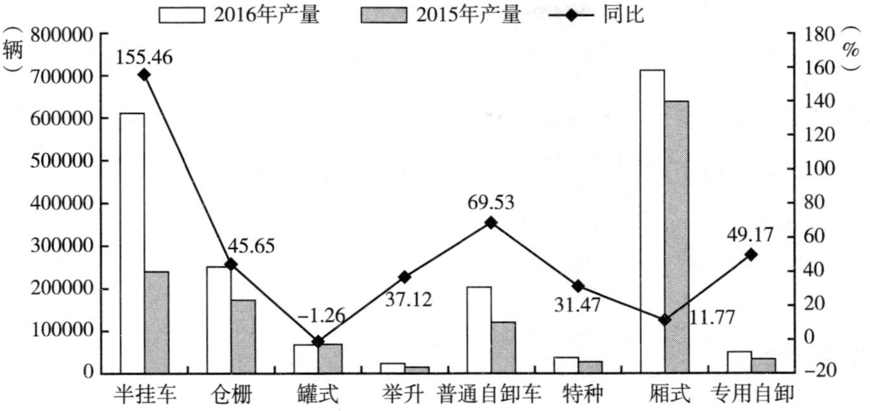

图 12　2016 年专用车行业八大类产品产量对比

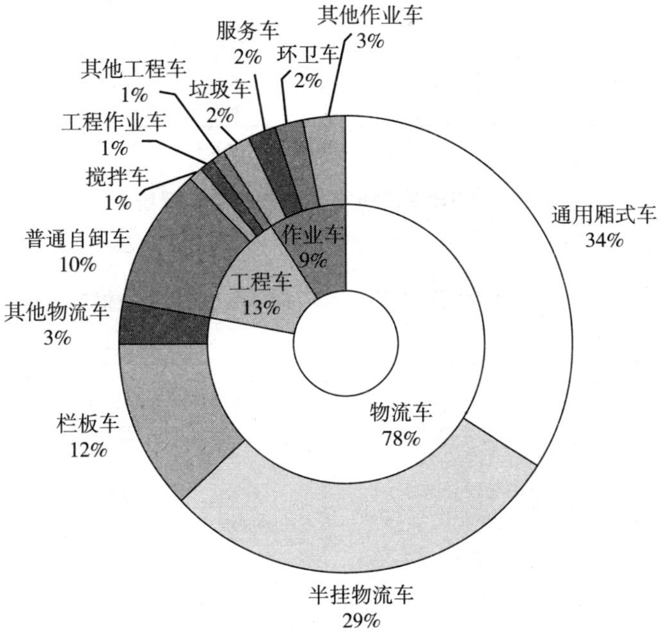

图 13　2016 年专用汽车行业产品类别统计

（一）厢式汽车

2016 年厢式车在产企业 427 家，累计产量 71.73 万辆，同比增长 11.77%（见图 12），北汽福田、安徽江淮、江西江铃是厢式类专用车产品产量排名前三的企业，行业内产量排名前十的企业累计生产 40.73 万辆，占行业总量的 56.79%（见表 10）。厢式类专用车产品以厢式运输车、冷藏车、工程车为主，其中厢式运输车累计生产 58.49 万辆，占厢式类专用车的 81.54%（见表 11）。

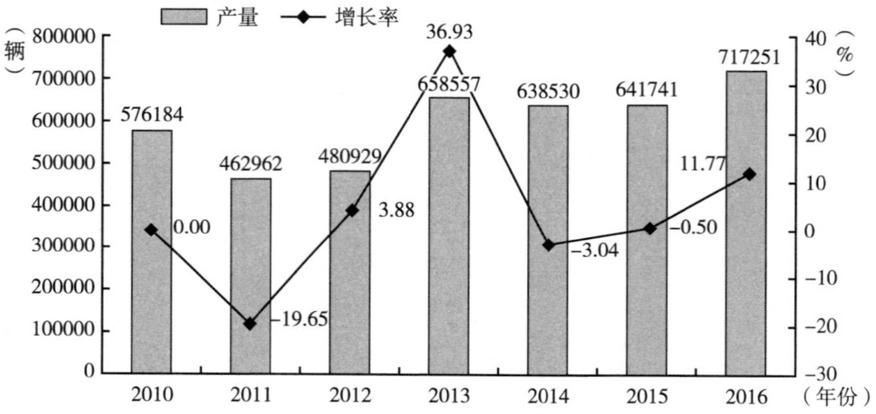

图 14　2010 ~ 2016 年厢式车产量情况统计

表 10　2016 年厢式汽车行业年产量排名前 10 企业情况统计

单位：辆，%

序号	企业名称	产量	同比增长	占行业年产量百分比
1	北汽福田汽车股份有限公司	115834	22.08	16.15
2	安徽江淮汽车股份有限公司	71713	15.58	10.00
3	江西江铃专用车辆厂	59895	-8.25	8.35
4	沈阳华晨金杯汽车有限公司	27496	40.22	3.83
5	柳州五菱汽车工业有限公司	24465	27.95	3.41
6	河北长安汽车有限公司	23265	8.16	3.24
7	上汽通用五菱汽车股份有限公司	21887	32.45	3.05
8	东风商用车有限公司	21770	11.98	3.04
9	重庆长安汽车股份有限公司	21128	-23.33	2.95
10	南京汽车集团有限公司	19894	3.28	2.77

表 11　2016 年厢式专用车主要车型产量情况统计

单位：辆，%

序号	车型名称	轻型	微型	中型	重型	2016 年产量	2015 年产量	同比增长
	厢式	597976	18211	35087	65977	717251	641741	11.77
1	厢式运输车	493088	14396	24908	52459	584851	518058	12.89
2	冷藏车	17569	1	2240	6303	26113	19836	31.64
3	工程车	12242		257	9	12508	17390	-28.07
4	商务车	11764		4	13	11781	3975	196.38
5	邮政车	4907	1669	1700	578	8854	7750	14.25
6	服务车	8787	7	7		8801	14135	-37.74
7	救护车	7973	8	12		7993	8110	-1.44
8	教练车	2506	2037	2407		6950	11408	-39.08
9	翼开启厢式车	1497		284	4961	6742	4302	56.72
10	售货车	5744	1	4		5749	3135	83.38

（二）普通自卸汽车

2016 年普通自卸车在产企业 111 家，累计产量 20.5 万辆，同比增长 69.53%（见图 15），北汽福田、成都王牌、陕汽集团是普通自卸车类专用车产品产量排名前三的企业，行业内产量排名前十的企业累计生产 11.37 万辆，占行业总量的 55.48%（见表 12）。

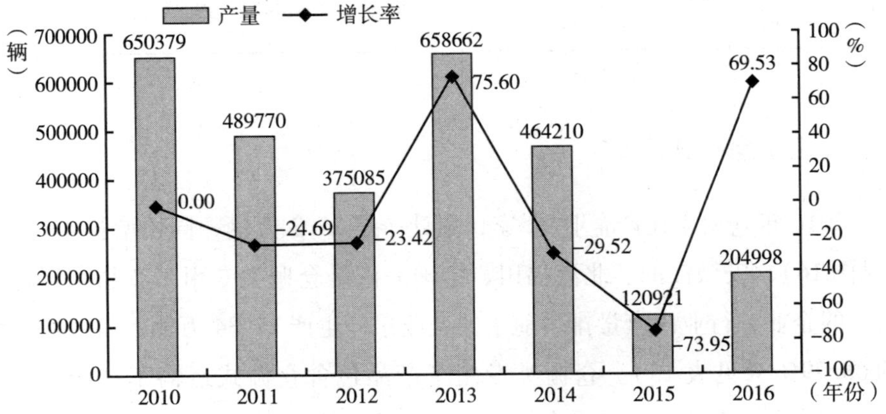

图 15　2010 ~ 2016 年普通自卸车产量情况统计

表 12　2016 年普通自卸汽车行业年产量排名前 10 企业情况统计

单位：辆，%

序号	企业名称	轻型	中型	重型	产量	同比增长	占行业年产量百分比
行业合计		108424	16037	80537	204998	69.53	100.00
1	北汽福田汽车股份有限公司	16162	2814	3566	22542	79.89	11.00
2	中国重汽集团成都王牌商用车有限公司	9686	1766	884	12336	66.95	6.02
3	陕西汽车集团有限责任公司	53	107	11586	11746	48.89	5.73
4	四川现代汽车有限公司	9136	1685	218	11039	28.82	5.38
5	中国重汽集团济南卡车股份有限公司			10585	10585	46.36	5.16
6	浙江飞碟汽车制造有限公司	9026	1167	107	10300	94.67	5.02
7	东风汽车公司	6635	653	2066	9354	142.02	4.56
8	成都大运汽车集团有限公司	7713	721	675	9109	85.29	4.44
9	安徽江淮汽车集团有限公司	6550	1146	885	8581	210.23	4.19
10	北京福田戴姆勒汽车有限公司			8149	8149	98.03	3.98

（三）仓栅式汽车

2016 年仓栅车在产企业 92 家，累计产量 25.2 万辆，同比增长 45.65%（见图 16），安徽江淮、北汽福田、中国一汽是仓栅类专用车产品产量排名前三的企业，行业内产量排名前十的企业累计生产 17.34 万辆，占行业总量的 68.79%（见表 13）。仓栅类专用车产品包含仓栅式运输车、畜禽运输车、养蜂车、布障车，其中仓栅式运输车累计生产 24.9 万辆，占仓栅类专用车的 98.81%（见表 14）。

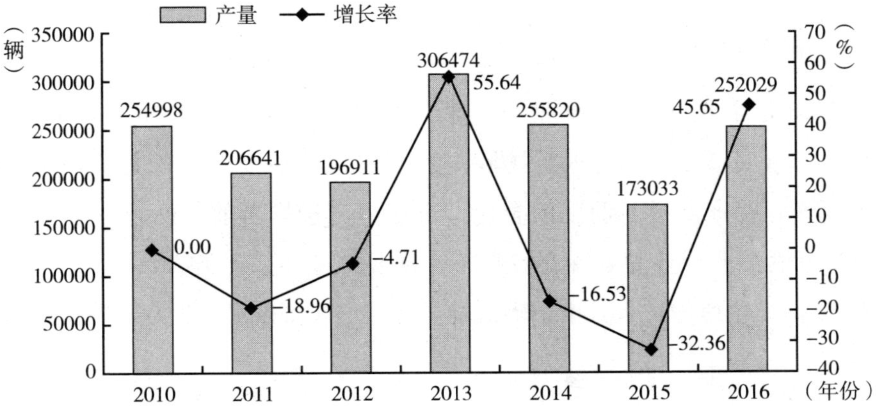

图 16　2010～2016 年仓棚车产量情况统计

表 13　2016 年仓棚式汽车行业年产量排名前 10 企业情况统计

单位：辆，%

序号	企业名称	产量	同比增长	占行业年产量百分比
1	安徽江淮汽车股份有限公司	31647	60.07	12.56
2	北汽福田汽车股份有限公司	27964	56.53	11.10
3	中国第一汽车集团公司	22637	47.22	8.98
4	一汽解放青岛汽车有限公司	18859	81.44	7.48
5	青岛五菱专用汽车有限公司	15849	26.40	6.29
6	东风商用车有限公司	15770	11.40	6.26
7	重庆长安汽车股份有限公司	11195	35.03	4.44
8	东风汽车公司	10553	28.57	4.19
9	中国重汽集团济南商用车有限公司	9961	71.92	3.95
10	河北长安汽车有限公司	8930	1.39	3.54

表 14　2016 年仓棚式汽车主要车型产量情况统计

单位：辆，%

序号	车型名称	轻型	微型	中型	重型	2016 年产量	2015 年产量	同比
仓棚		144923	1854	9391	95861	252029	173033	45.65
1	仓棚式运输车	144905	1854	9371	92905	249035	171388	45.30
2	畜禽运输车			14	2931	2945	1573	87.22
3	养蜂车	18			23	41	50	-18.00
4	布障车			6	2	8	20	-60.00

（四）半挂车

2016年半挂车在产企业468家，累计产量61.18万辆，同比增长155.46%（见图17），驻马店中集华骏、山东郓城龙亿达、中集车辆是半挂类专用车产品产量排名前三的企业，行业内产量排名前十的企业累计生产14.72万辆，占行业总产量的24.06%（见表15）。半挂类专用车产品在2016年均呈快速增长，其中车辆运输半挂车增长幅度最为明显（见表16）。

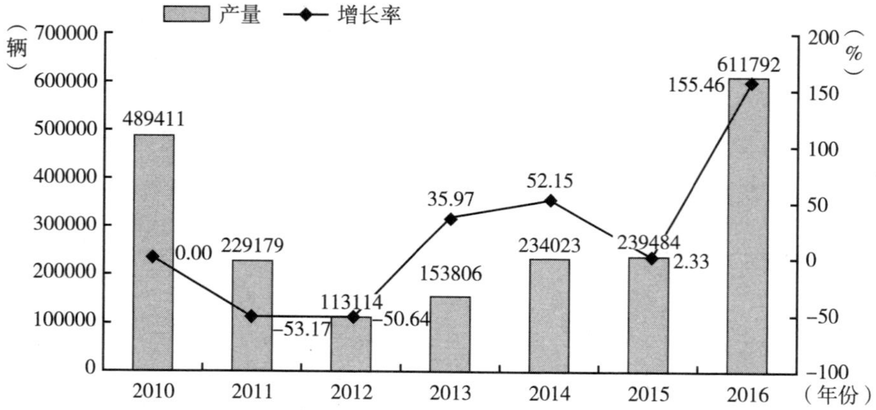

图17 2010～2016年半挂车产量情况统计

表15 2016年半挂车行业年产量前10企业情况统计

单位：辆，%

序号	企业名称	产量	同比增长	占行业年产量百分比
1	驻马店中集华骏车辆有限公司	19488	98.03	8.14
2	山东郓城龙亿达挂车制造有限公司	18183	574.44	7.59
3	中集车辆(集团)有限公司	17463	91.54	7.29
4	梁山儒源机械制造有限公司	16364		6.83
5	巨野华劲车业有限公司	16329	148.01	6.82
6	扬州中集通华专用车有限公司	13133	132.15	5.48
7	山东郓城宏东专用车制造有限公司	12730		5.32
8	新乡市华烁车辆有限公司	11976	4087.41	5.00
9	梁山天鸿车辆有限公司	10981		4.59
10	梁山盛源专用车制造有限公司	10537	135.15	4.40

表 16　2016 年半挂车主要车型产量情况统计

单位：辆，%

序号	车型名称	超重型	轻型	中型	重型	2016 年产量	2015 年产量	同比增长
半挂车		596108	358	2694	12632	611792	239484	155.46
1	仓栅	190168		2	25	190195	94911	100.39
2	集装箱	156776		139	14	156929	34113	360.03
3	低平板	94837		72	289	95198	21503	342.72
4	普通	56317		1198	205	57720	25955	122.38
5	液罐	39728		1	53	39782	25646	55.12
6	厢式	20833	355	67	808	22063	8566	157.56
7	粉罐	17629			6	17635	15217	15.89
8	自卸	15402	2		1	15405	5456	182.35
9	车辆运输			1122	9976	11098	585	1797.09
10	其他	4418	1	93	1255	5767	7532	-23.43

（五）罐式汽车

2016 年罐式车在产企业 294 家，累计产量 7.07 万辆，同比下滑 1.26%（见表 18），程力专汽、中联重科、厦工楚胜是罐式类专用车产品产量排名前三的企业，行业内产量排名前十的企业累计生产 2.9 万辆，占行业总量的 41.07%（见表 17）。罐式车近年来行业需求持续下滑，一是固定资产投资

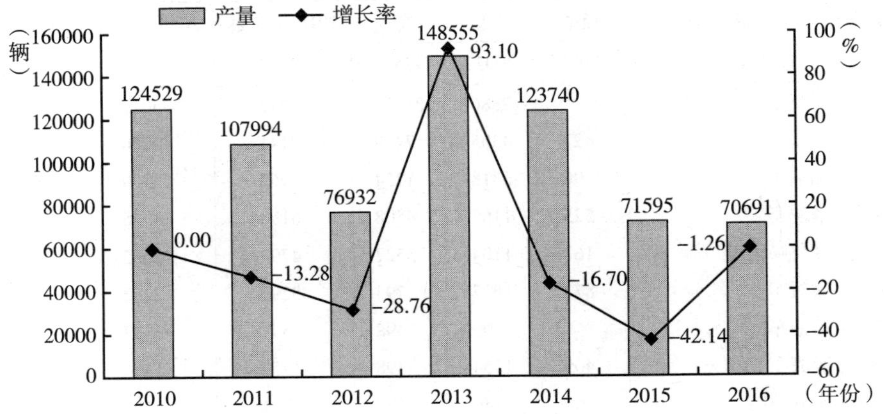

图 18　2010～2016 年罐式车产量情况统计

增速放缓对工程类专用车需求的减少，加之2010年4万亿元投资加速透支行业需求，导致2010年后罐式类混凝土搅拌运输车的行业需求持续减少。二是对罐式类危化品运输车的从严管理导致生产企业及终端用户在生产、使用环节热情降低需求减少。

表17　2016年罐式汽车行业年产量前10企业情况统计

单位：辆，%

序号	企业名称	产量	同比增长	占行业年产量百分比
1	程力专用汽车股份有限公司	6074	24.34	8.59
2	中联重科股份有限公司	3970	-9.11	5.62
3	厦工楚胜(湖北)专用汽车制造有限公司	3952	22.43	5.59
4	华菱星马汽车(集团)股份有限公司	2856	-68.23	4.04
5	三一重工股份有限公司	2176	-21.36	3.08
6	东风汽车公司	2087	187.07	2.95
7	湖北合力专用汽车制造有限公司	2084	31.65	2.95
8	北汽福田汽车股份有限公司	2031	-21.85	2.87
9	北京福田戴姆勒汽车有限公司	1935	62.47	2.74
10	湖北大力专用汽车制造有限公司	1868	102.38	2.64

表18　2016年罐式车主要车型产量情况统计

单位：辆，%

序号	车型名称	轻型	中型	重型	2016年产量	2015年产量	同比增长
罐式车		3163	20022	47506	70691	71595	-1.26
1	混凝土搅拌运输车		2886	21556	24442	35072	-30.31
2	洒水车	427	4305	7409	12141	10266	18.26
3	加油车	396	6318	1254	7968	5209	52.97
4	清洗车	525	1165	4508	6198	4345	42.65
5	绿化喷洒车	162	1104	3527	4793	2562	87.08
6	吸污车	872	1627	793	3292	2255	45.99
7	运油车		99	2498	2597	3187	-18.51
8	吸粪车	405	1154	198	1757	1884	-6.74
9	水罐消防车	65	786	580	1431	1167	22.62
10	抑尘车		14	1176	1190	494	140.89

（六）专用自卸车

2016 年专用自卸车在产企业 245 家，累计产量 5. 12 万辆，同比上升 49. 17%（见图 19），中联重科、程力专汽、福建龙马是专用自卸类专用车产品产量排名前三的企业，行业内产量排名前十的企业累计生产 2. 2 万辆，占行业总产量的 42. 96%（见表 19）。专用自卸类专用车产品主要包含用于城市垃圾转运处理的垃圾车系列品种，近年来，环卫类产品需求持续走高，加之地方保护主义抬头专用自卸类专用车生产企业快速增加，行业竞争愈发激烈。车厢可卸式垃圾车、压缩式垃圾车、自卸式垃圾车是专用自卸类主要细分产品（见表 20）。

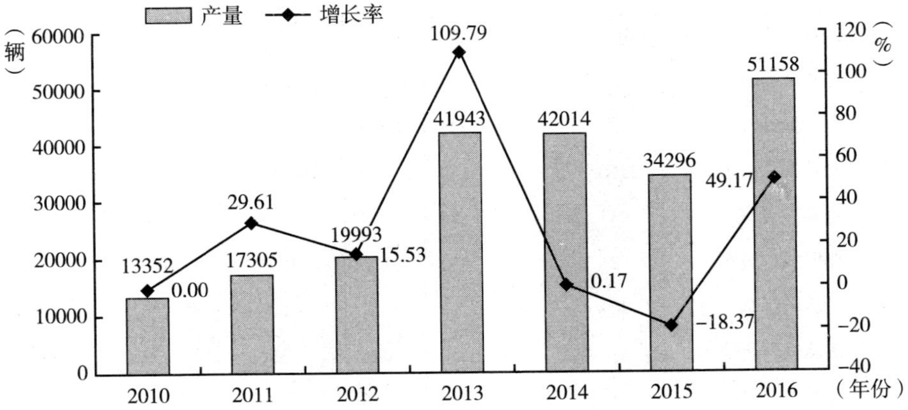

图 19　2010 ~ 2016 年专用自卸车产量情况统计

表 19　2016 年专用自卸车行业年产量前 10 企业情况统计

单位：辆，%

序号	企业名称	产量	同比增长	占行业年产量百分比
1	中联重科股份有限公司	4988	22. 28	9. 75
2	程力专用汽车股份有限公司	2962	47. 95	5. 79
3	福建龙马环卫装备股份有限公司	2643	41. 79	5. 17
4	北汽福田汽车股份有限公司	2354	106. 31	4. 60
5	上汽依维柯红岩商用车有限公司	1884	407. 82	3. 68

续表

序号	企业名称	产量	同比增长	占行业年产量百分比
6	随州市东正专用汽车有限公司	1556	70.99	3.04
7	东风汽车公司	1503	282.44	2.94
8	浙江飞碟汽车制造有限公司	1458	-4.02	2.85
9	航天晨光股份有限公司	1433	37.00	2.80
10	北京福田戴姆勒汽车有限公司	1194	4.65	2.33

表 20　2016 年专用自卸车主要车型产量情况统计

单位：辆，%

序号	车型名称	轻型	微型	中型	重型	2016 年产量	2015 年产量	同比增长
	专用自卸车	18722	4	11450	20982	51158	34296	49.17
1	车厢可卸式垃圾车	12950	3	1459	3315	17727	10744	64.99
2	压缩式垃圾车	848		6095	6074	13017	8651	50.47
3	自卸式垃圾车	1483		495	10269	12247	5711	114.45
4	自装卸式垃圾车	2250		2130	116	4496	3922	14.64
5	桶装垃圾车	937		176	2	1115	604	84.60
6	摆臂式垃圾车	21		851	173	1045	1077	-2.97
7	垃圾转运车	204		42	354	600	2622	-77.12
8	散装饲料运输车			52	344	396	286	38.46
9	压缩式对接垃圾车			98	36	134	142	-5.63
10	物料回收车				125	125	2	6150.00

（七）特种结构汽车

2016 年特种结构车在产企业 359 家，累计产量 3.95 万辆，同比增长 31.47%（见图 20），中联重科、福建龙马、程力专汽是特种结构类专用车产品产量排名前三的企业，行业内产量排名前十的企业累计生产 2.13 万辆，占行业总产量的 53.91%（见表 21）。特种结构类专用车产品以清障车、洗扫车、扫路车、混凝土泵车为主（见表 22）。

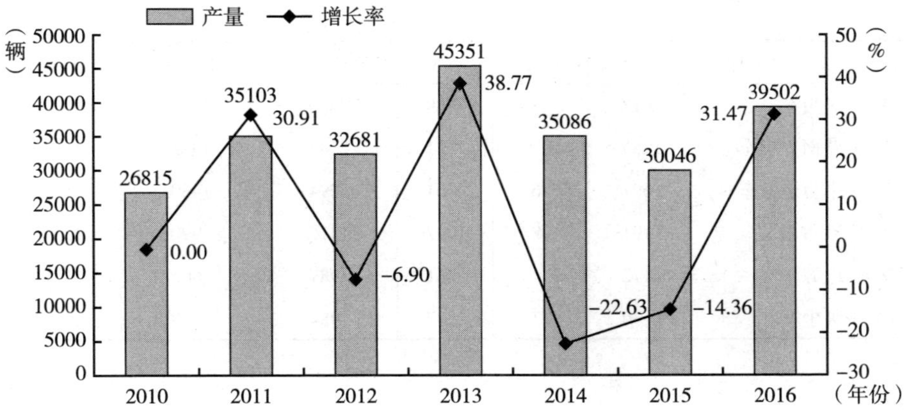

图 20　2010～2016 年特种结构车产量情况统计

表 21　2016 年特种结构汽车行业年产量排名前 10 企业情况统计

单位：辆，%

序号	企业名称	产量	同比增长	占行业年产量百分比
1	中联重科股份有限公司	7321	32.12	18.53
2	福建龙马环卫装备股份有限公司	2504	39.19	6.34
3	程力专用汽车股份有限公司	2234	78.72	5.66
4	广东粤海汽车有限公司	2172	26.43	5.50
5	湖北五环专用汽车有限公司	2094	24.13	5.30
6	厦工楚胜（湖北）专用汽车制造有限公司	1175	99.83	2.97
7	中国重汽集团成都王牌商用车有限公司	1078	182.94	2.73
8	东风汽车公司	1044	26.24	2.64
9	湖北新楚风汽车股份有限公司	851	28.55	2.15
10	江苏中汽高科股份有限公司	822	59.92	2.08

表 22　2016 年特种结构车主要车型产量情况统计

单位：辆，%

序号	车型名称	轻型	中型	重型	2016 年产量	2015 年产量	同比增长
	特种结构车	7510	15463	16529	39502	30046	31.47
1	清障车	2351	6472	918	9741	6797	43.31
2	洗扫车	10	1667	4828	6505	3880	67.65
3	扫路车	527	2339	1713	4579	3945	16.07
4	混凝土泵车		1272	1536	2808	2114	32.83

续表

序号	车型名称	轻型	中型	重型	2016 年产量	2015 年产量	同比增长
5	平板车	918	62	1789	2769	1499	84. 72
6	路面养护车	1985	107	91	2183	1523	43. 34
7	平板运输车	697	636	761	2094	1480	41. 49
8	除雪车	191	28	1097	1316	990	32. 93
9	电源车	172	554	261	987	605	63. 14
10	吸尘车	30	617	337	984	689	42. 82

（八）起重举升汽车

2016 年起重举升车在产企业 132 家，累计产量 2. 37 万辆，同比增长 37. 12%，徐工集团、北汽福田、中联重科是起重举升类专用车产品产量排名前三的企业，行业内产量排名前十的企业累计生产 1. 62 万辆，占行业总产量的 68. 49%。起重举升类专用车产品以汽车起重机车、随车起重运输车、高空作业车为主。

（九）热点车型

2016 年我国专用车市场产量最大的 50 种细分产品有 40 种同比实现增长，10 种同比下滑（见表 23）。产量排名前十的专用车产品中物流运输类有 8 种，工程类产品有 2 种（见表 24）。增幅较大的专用车单品以半挂类专用车为代表，这与新版 GB1589 标准发布有直接的影响。

表 23　2016 年产量 TOP50 专用车单品产量统计

单位：辆，%

序号	车型名称	类别	2016 年产量	2015 年产量	同比增长
1	厢式运输车	厢式	584851	518058	12. 89
2	仓栅式运输车	仓栅	249035	171388	45. 30
3	普通自卸车	普通自卸车	204998	120921	69. 53
4	仓栅	半挂车	190195	94911	100. 39

续表

序号	车型名称	类别	2016 年产量	2015 年产量	同比增长
5	集装箱	半挂车	156929	34113	360. 03
6	低平板	半挂车	95198	21503	342. 72
7	普通	半挂车	57720	25955	122. 38
8	液罐	半挂车	39782	25646	55. 12
9	冷藏车	厢式	26113	19836	31. 64
10	混凝土搅拌运输车	罐式	24442	35072	-30. 31
11	厢式	半挂车	22063	8566	157. 56
12	车厢可卸式垃圾车	自卸	17727	10744	64. 99
13	粉罐	半挂车	17635	15217	15. 89
14	自卸	半挂车	15405	5456	182. 35
15	压缩式垃圾车	自卸	13017	8651	50. 47
16	工程车	厢式	12508	17390	-28. 07
17	自卸式垃圾车	自卸	12247	5711	114. 45
18	洒水车	罐式	12141	10266	18. 26
19	商务车	厢式	11781	3975	196. 38
20	车辆运输	半挂车	11098	585	1797. 09
21	汽车起重机车	举升	10828	8139	33. 04
22	清障车	特种	9741	6797	43. 31
23	随车起重运输车	举升	8988	6324	42. 13
24	邮政车	厢式	8854	7750	14. 25
25	服务车	厢式	8801	14135	-37. 74
26	救护车	厢式	7993	8110	-1. 44
27	加油车	罐式	7968	5209	52. 97
28	教练车	厢式	6950	11408	-39. 08
29	翼开启厢式车	厢式	6742	4302	56. 72
30	洗扫车	特种	6505	3880	67. 65
31	清洗车	罐式	6198	4345	42. 65
		特种	29		
32	售货车	厢式	5749	3135	83. 38
33	运钞车	厢式	5386	5711	-5. 69
34	宣传车	厢式	4984	5447	-8. 50
35	绿化喷洒车	罐式	4793	2562	87. 08
36	旅居车	厢式	4749	3368	41. 00
37	扫路车	特种	4579	3945	16. 07
38	自装卸式垃圾车	自卸	4496	3922	14. 64

续表

序号	车型名称	类别	2016 年产量	2015 年产量	同比增长
39	检测车	特种	27	13	107.69
		厢式	3601	1331	170.55
40	高空作业车	举升	3430	2422	41.62
41	吸污车	罐式	3292	2255	45.99
42	畜禽运输车	仓栅	2945	1573	87.22
43	混凝土泵车	特种	2808	2114	32.83
44	平板车	特种	2769	1499	84.72
45	运油车	罐式	2597	3187	-18.51
46	爆破器材运输车	厢式	2311	2557	-9.62
47	路面养护车	特种	2183	1523	43.34
48	平板运输车	特种	2094	1480	41.49
49	吸粪车	罐式	1757	1885	-6.79
50	气瓶运输车	厢式	1640	858	91.14

表 24　2016 年专用车产品产量同比增长 TOP10

单位：辆，%

序号	车型名称	类别	2016 年产量	2015 年产量	同比增长
1	车辆运输	半挂车	11098	585	1797.09
2	集装箱	半挂车	156929	34113	360.03
3	低平板	半挂车	95198	21503	342.72
4	商务车	厢式	11781	3975	196.38
5	自卸	半挂车	15405	5456	182.35
6	检测车	厢式	3601	1331	170.55
7	厢式	半挂车	22063	8566	157.56
8	普通	半挂车	57720	25955	122.38
9	自卸式垃圾车	自卸	12247	5711	114.45
10	检测车	特种	27	13	107.69

表 25　2016 年专用车产品产量同比下降 TOP10

单位：辆，%

序号	车型名称	类别	2016 年产量	2015 年产量	同比增长
1	教练车	厢式	6950	11408	-39.08
2	服务车	厢式	8801	14135	-37.74
3	混凝土搅拌运输车	罐式	24442	35072	-30.31
4	工程车	厢式	12508	17390	-28.07

续表

序号	车型名称	类别	2016 年产量	2015 年产量	同比增长
5	运油车	罐式	2597	3187	-18.51
6	爆破器材运输车	厢式	2311	2557	-9.62
7	宣传车	厢式	4984	5447	-8.50
8	吸粪车	罐式	1757	1885	-6.79
9	运钞车	厢式	5386	5711	-5.69
10	救护车	厢式	7993	8110	-1.44

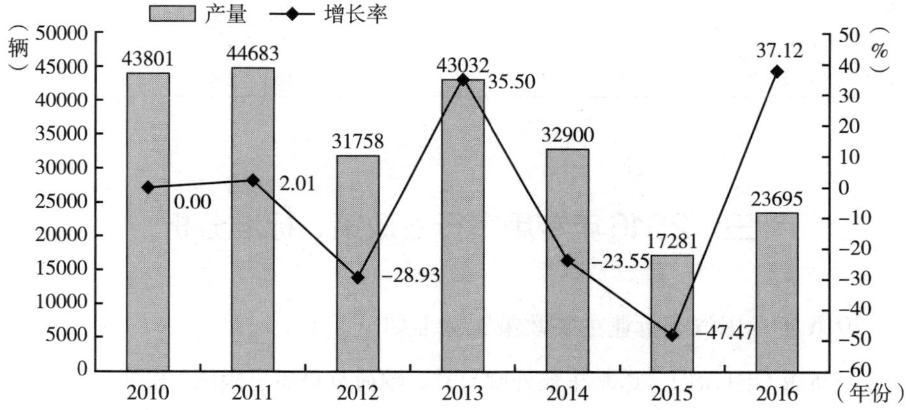

图 21　2010～2016 年起重举升车产量情况统计

表 26　2016 年起重举升汽车行业年产量前 10 企业情况统计

单位：辆，%

序号	企业名称	产量	同比增长	占行业年产量百分比
1	徐州工程机械集团有限公司	5238	53.61	22.11
2	北汽福田汽车股份有限公司	1974	196.40	8.33
3	中联重科股份有限公司	1619	19.84	6.83
4	山东唐骏欧铃汽车制造有限公司	1387	6.94	5.85
5	东风汽车公司	1278	59.35	5.39
6	三一汽车制造有限公司	1266	45.35	5.34
7	徐州海伦哲专用车辆股份有限公司	1257	93.98	5.30
8	中国重汽集团成都王牌商用车有限公司	819	264.00	3.46
9	东风征梦（十堰）专用车有限公司	802	81.86	3.38
10	东风商用车有限公司	589	-18.87	2.49

表 27　2016 年起重举升车主要车型产量情况统计

单位：辆，%

序号	车型名称	轻型	中型	重型	2016 年产量	2015 年产量	同比增长
起重举升车		3331	6074	14290	23695	17281	37.12
1	汽车起重机车	31	3281	7516	10828	8139	33.04
2	随车起重运输车	1629	1081	6278	8988	6324	42.13
3	高空作业车	1671	1711	48	3430	2422	41.62
4	举高喷射消防车			175	175	170	2.94
5	桥梁检测车			138	138	105	31.43
6	登高平台消防车		1	81	82	62	32.26
7	计量车			38	38	43	-11.63
8	云梯消防车			16	16	5	220.00

三　2016年专用车行业政策、标准分析

2016 年专用汽车行业主要政策、标准如下。

1. 新版 GB1589《道路车辆外廓尺寸、轴荷及总质量限值》发布

主要内容如下。

（1）半挂车长度限值由 2004 版的 13 米变为目前的 13.75 米，运送 45 英尺集装箱的半挂车长度最大限值为 13.95 米；封闭式厢式半挂车从 14.6 米减少到目前的 13.75 米，取消整体封闭式厢式半挂车、低平板半挂车、集装箱半挂车的长度限值特例；半挂车前回转半径不应大于 2040 毫米。

（2）为了治理规范国内轿运车市场，标准中新增中置轴车辆运输车挂车，规定长度限值为 12 米，中置轴车辆运输列车的长度限值为 22 米，能够装载 8（大中型）~10（中小型）乘用车，在法规标准允许范围内相比原有的半挂车辆运输车运输效率高。

（3）中置轴、牵引杆挂车长度为 12 米，车厢长度限值为 8 米（不包含中置轴车辆运输挂车），规定由牵引杆挂车组成的列车属于货车列车，货车列车长度限值为 20 米。

（4）新修订的 GB1589 对汽车列车标准进行较大的修改，铰接列车长度限值为 17. 1 米，比 16. 5 米的标准增加了 0. 6 米（封闭式厢式半挂车组成的铰接列车长度限值由 18. 1 米减少到 17. 1 米）；此外规定长头铰接列车（长头牵引车 + 半挂车）长度限值为 18. 1 米，这对国内长头市场发展有一定的促进作用。

（5）在车辆的宽度方面，标准中宽度限值也由 2004 版的 2. 5 米放宽到 2. 55 米，这样修改主要是为了满足车辆装载两排托盘的宽度需求；考虑到冷藏车增加了保温层厚度，所以，冷藏车宽度限值 2. 6 米。

对轿运车的影响：双排轿运车将逐渐被单排轿运车所取代，同时重点推广中置轴车辆运输车。

对冷藏车的影响：厢体尺寸将增加，满足车辆多式联运、托盘运输等高效运输需求，对车辆厢体外观尺寸重新进行规定。在提升物流效率的同时，结合我国道路和桥梁的设计规范，对国内道路宽度提出了合理修改。

2. 加强道路运输管理，确保道路运输安全

（1）交通运输部发布《道路运输车辆技术管理规定》，旨在加强道路运输车辆技术管理，保持车辆技术状况良好，保障运输安全，发挥车辆效能，促进节能减排，该规定自 2016 年 3 月 1 日起施行。

（2）交通运输部、公安部、国家安全监管总局联合印发 2016 年“道路运输平安年”活动方案，明确提出要进一步加强道路危险货物运输安全监管，具体为：①强化危险货物运输安全源头监管；②推进危险货物运输电子运单试点，强化运输过程监管；③完善市场准入和异地备案制度，从源头上遏制非法营运和监管盲区。

（3）交通运输部、国家发展和改革委员会、工业和信息化部、公安部、国家质量监督检验检疫总局联合发布《车辆运输车治理工作方案》，提出要通过做好标准贯彻实施、严格新增车辆市场准入、综合施策消化存量、强化源头管控、加强路面执法检查、发展多式联运提高综合运能六项措施，确保治理工作健康、有序推进，促进经济社会发展，保障人民生命财产安全，基本消除车辆运输车违规运营现象。

（4）交通运输部出台《超限运输车辆行驶公路管理规定》，明确了交通运输部负责全国超限运输车辆行驶公路的管理工作。县级以上地方人民政府交通运输主管部门负责本行政区域内超限运输车辆行驶公路的管理工作。公路管理机构具体承担超限运输车辆行驶公路的监督管理。该规定自2016年9月21日起施行。

（5）交通运输部、工业和信息化部、公安部、工商总局、质检总局联合印发《关于进一步做好货车非法改装和超限超载治理工作的意见》，旨在通过深入持续的综合治理，杜绝货车非法改装现象，基本消除高速公路和国省干线公路超限超载。农村公路超限超载得到有效遏制，公路网整体安全保障水平进一步提升，法规完备、权责清晰、运行顺畅、执行有力、科学长效的治超工作体系初步建立。

（6）交通运输部、公安部自2016年10月14日起，在全国范围内联合组织开展整治货车违法超限超载行为专项行动。

四　专用车行业发展趋势

随着我国经济新一轮的深度改革，经济总体增长形势会发生较大变化。由过去区域试点经济发展，向全国经济整体协同发展转变。此轮经济调整给内需市场的需求结构带来较大影响，城市服务功能专用汽车、新能源专用汽车、物流专用汽车、适应公共基础设施建设的工程类专用车辆将是未来内需市场的发展方向。

在“一带一路”政策导向下，大量工程类专用汽车在市场需求空间上会西移和外延，同时带动国内大物流的西移和外延。

受互联网、大物流和大工程影响，国内大量工程类和物流类客户将向集团类客户转变。

在国家加大新农村建设的宏观政策导向下，适合农村需求的短途物流车、环卫车、消防车等新型农村专用车辆会呈现较强的增长态势。

在节能、环保政策影响下，各种形式的新能源专用车将以较快的速度增长；铝合金等轻量化专用汽车将在“十三五”期间得到较大发展，且针对以铝合金专用车辆为主的企业，在市场需求环境发生转变的情况下，其运营模式将会有开创型发展。

专用车项目投资区域性特点将表现得更加明显。随着工信部《企业投资项目核准和备案管理条例》的公布实施，各省在管理专用汽车投资项目上的自主权更大，专用车产业各聚集地投资热情依然高涨，加之地方政府推动原有未取得资质但有实力的企业进行规范化生产。因此像山东、湖北、河南、福建等省份专用车生产企业还将持续增加。而像广东、上海、北京、江苏等省份因其制造业基础较好的地方政府对专用车投资项目并不热情，专用车投资项目在上述几个省份很难取得生产核准。

此外，新产品、新技术、新材料、新的生产方式、新的管理方式、新市场、新的组织方式、新的运营方式、新的行业组织结构、企业间合资合作等方面在“十三五”期间都将取得创新及发展。

新能源汽车篇

New Energy Vehicles

B.6 2016年新能源汽车产业发展报告

摘　要：本报告描述了2016年我国新能源汽车的综合发展情况，介绍了相关产业政策、产品及产品配套等方面事项，分析了我国新能源汽车新产品和新技术发展、行业发展新趋势，剖析了新能源汽车发展中存在的问题，并就进一步推动新能源汽车产业健康发展提出了建议。

关键词：新能源汽车　动力电池　驱动电机　产业发展

一　2016年新能源汽车产业发展综述

（一）产销总体情况

受国家对新能源汽车产业政策的影响，继2015年爆发式增长之后，

2016 年我国新能源汽车市场回归理性增长。数据显示，2016 年我国新能源汽车总产量和总销量分别达到 519211 辆和 507000 辆，同比增长 37.0% 和 53.0%。其中纯电动车分别完成产销量 424776 辆和 410670 辆，同比增长 46.1% 和 65.9%。插电式混合动力汽车分别完成产销量 93806 辆和 96330 辆，同比增长 6.3% 和 15.2%。受补贴政策影响，新能源乘用车的推广以纯电动汽车为主，纯电动汽车占新能源汽车总销售量的 81.0%，其次是插电式混合动力汽车，占总销售量的 19.0%（见表 1）。目前，我国新能源汽车的推广仍处于政策驱动阶段，未来随着国家对新能源汽车的补贴不断退坡，新能源汽车的推广将面临考验。

表 1　2016 年中国新能源汽车产销量

单位：辆，%

车型产量	2016 年	2015 年	同比增长	占比
总计	519211	379000	37.0	/
纯电动	424776	290700	46.1	81.8
插电式混动	93806	88200	6.3	18.1
燃料电池	629	—	—	0.1
车型销量	2016 年	2015 年	同比增长	占比
总计	507000	331100	53.0	/
纯电动	410670	247500	65.9	81.0
插电式混动	96330	83600	15.2	19.0
燃料电池	0	0	—	0

资料来源：节能与新能源汽车网，中国汽车工程研究院整理；销量数据来自中国汽车工业协会。

（二）产销细分情况

新能源乘用车方面，2016 年，我国新能源乘用车产销量分别为 34.5 万辆和 33.6 万辆，占新能源汽车总产销量的比例为 66.7% 和 66.5%。其中纯电动乘用车产销分别完成 26.3 万辆和 25.7 万辆，比上年同期分别增长 46.1% 和 65.9%；插电式混合动力乘用车产销分别完成 9.4 万辆和 9.6 万辆，比上年同期分别增长 29.9% 和 30.9%。

新能源商用车方面，2016 年新能源商用车产销量分别为 17.2 万辆和 17.1 万辆，占新能源汽车总产销量的 33.3% 和 33.7%，其中纯电动商用车产销分别完成 15.4 万辆和 15.2 万辆，同比增长 50.2% 和 50.7%；插电式混合动力商用车产销分别完成 1.8 万辆和 1.9 万辆，比上年同期分别下降 22.5% 和 19.3%。

受补贴政策以及电池技术等因素的影响，未来新能源乘用车将会是纯电动乘用车和插电式混合动力乘用车并存发展。纯电动乘用车则主要向小型化的 A00 级车型发展，而插电式混合动力乘用车则主要走高端化道路。新能源客车方面，插电式混合动力客车产销量将不断减少，未来新能源客车将以纯电动客车为主。

各地区新能源汽车推广量方面，据中国汽车工业协会统计数据，2016 年前 10 个月新能源乘用车上牌量排名前十的省市分别是北京、上海、广东、山东、浙江、山西、天津、安徽、江西、湖南。其中纯电动汽车上牌量超过 1 万辆的省市有北京、广东、山东、浙江、江西。插电式混合动力汽车推广方面，由于上海市对插电式混合动力汽车的大力补贴，上海市插电式混合动力汽车推广量居全国首位，2016 年前 10 个月达到 3 万辆；广东省以 20424 辆的推广量位列第二（见图 1）。

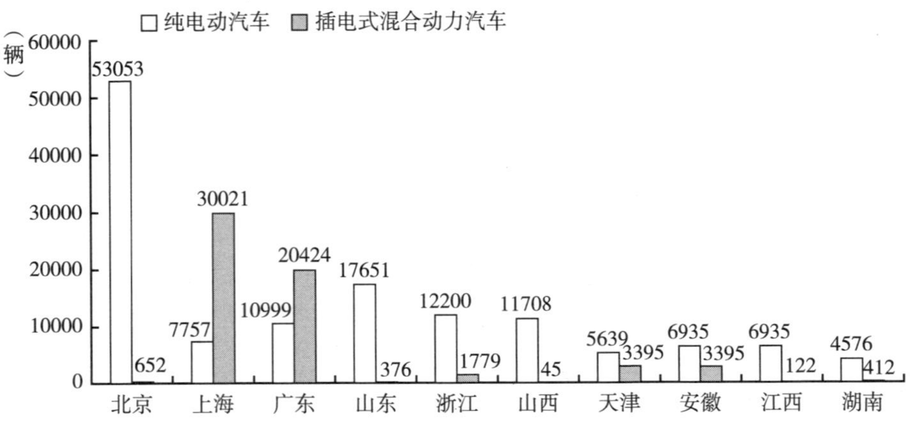

图 1 2016 年前 10 个月各省市新能源汽车推广量

资料来源：中国汽车工业协会。

纯电动乘用车企业方面，我国目前已经形成以吉利和比亚迪为领先者的市场格局。据中国汽车工业协会统计数据，2016 年吉利和比亚迪分别以 48808 辆和 48407 辆的销量成为新能源汽车领域的领先者，其市场份额均高达 20%。北汽、众泰分别以 42252 辆、37166 辆的销量紧随其后，分别占据纯电动乘用车市场份额的 18% 和 16%（见图 2）。

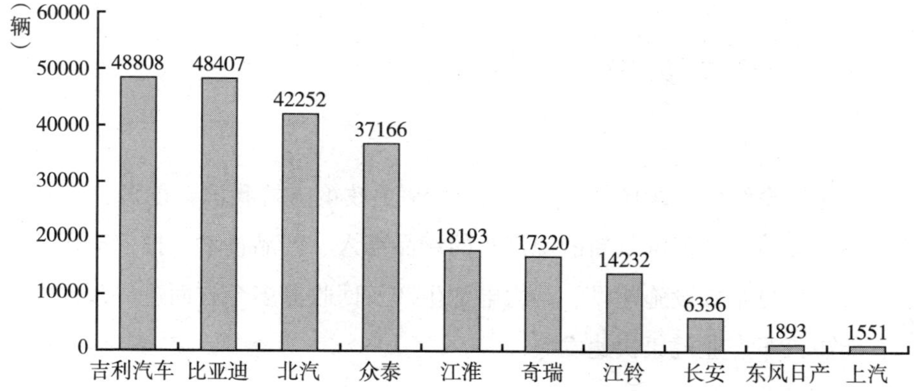

图 2　2016 年纯电动汽车销量分布

资料来源：中国汽车工业协会。

插电式混合动力汽车方面，比亚迪以 533273 辆的销量高居榜首（见图 3），其市场占有率高达 66%，在插电式混合动力汽车领域占据垄断地位。上汽、

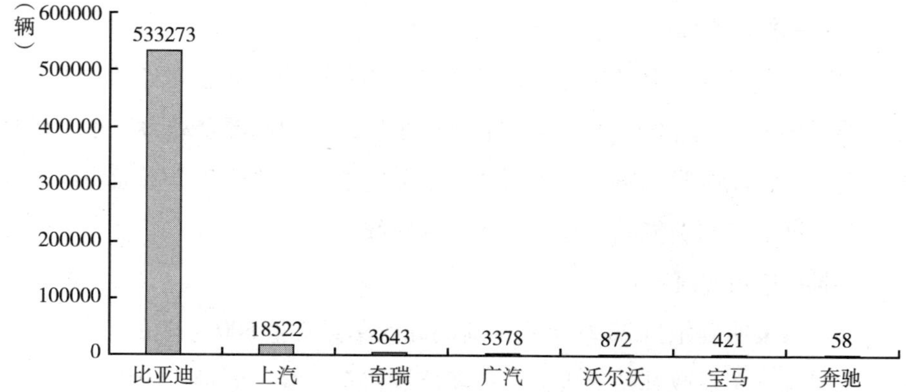

图 3　2016 年插电式混合动力汽车销量分布

资料来源：中国汽车工业协会。

奇瑞位列第二和第三。此外，2016 年插电式混合动力市场中首次出现沃尔沃、宝马、奔驰等国外高端合资品牌，未来国外合资品牌车企将有可能以插电式混合动力汽车作为切入点迅速占据中国高端新能源汽车市场。

二　新能源汽车政策现状及产业发展趋势分析

（一）政策环境概述

1. 政策方面

据不完全统计，2016 年国家共出台 59 项政策支持我国新能源汽车产业的发展，政策涉及范围从新能源汽车的产品准入、产品技术、推广应用、财政补贴、充电基础设施建设、动力电池生产及回收等多个方面进一步促进我国新能源汽车产业健康快速发展。

2. 产品准入方面

我国新能源汽车产品准入门槛不断提高，不仅要求企业具备生产新能源汽车产品所必需的从设计开发能力到售后保障能力，还要求新能源车企应掌握整车控制系统、车载能源系统等车辆开发与制造方面的技术，同时具备整车、整车控制系统等其他自制部件的试验验证能力。

3. 产品技术方面

中国汽车工程学会于 9 月发布了《节能与新能源汽车技术路线图》（下称《路线图》）。《路线图》分别从节能汽车、纯电动和混合动力汽车、燃料电池汽车、智能网联汽车、汽车制造、动力电池、轻量化 7 个方面明确了今后我国发展节能与新能源汽车产品的技术路线。

4. 推广应用方面

国家政策明确维持 2020 年我国新能源汽车保有量 500 万辆的目标不变，给予新能源汽车财政补贴等大力支持新能源汽车在我国的推广应用。

5. 财政补贴方面

我国对新能源汽车的财政补贴政策将逐步退坡，2016 年底颁布的新能源汽车财政补贴政策中，国家对新能源汽车的中央财政补贴分别设置中央和地方补贴上限，改进补贴资金拨付方式，适当提高推荐目录车型要求，建立动态调整机制，充分发挥补贴政策扶优扶强的导向作用。同时，发改委和工信部在2016年8月和9月先后颁布了《新能源汽车碳配额管理办法》和《新能源汽车碳积分政策》，预示着今后我国新能源汽车财政补贴政策将逐步由财政补贴转向奖惩。

6. 动力电池生产及回收方面

国家颁布了《汽车动力电池行业规范条件（征求意见稿）》，将汽车动力电池企业准入标准由原来的2GWh提高到了80GWh。此外，相关部门出台了一系列政策鼓励新建和改扩建废旧动力电池的回收企业，在重点区域选择若干城市试点开展新能源动力电池回收利用示范工作。

7. 充电基础设施方面

2016年四部委联合国家能源局和住建部出台了一系列有关充电基础设施建设政策（见表2）。明确了2016～2020年奖补对象、奖补条件、奖补方式和标准、奖补资金使用范围等，为“十三五”期间新能源汽车推广提供了重要保障。同时明确了未来我国充电桩的建设规划。

表2　2016年我国新能源汽车主要政策汇总

时间	发布机构	政策名称
2016年1月	四部委	《关于开展新能源汽车推广应用核查工作通知》
2016年1月	四部委及国家能源局	《关于“十三五”新能源汽车充电基础设施奖励政策及加强新能源汽车推广应用的通知》
2016年2月	工信部	《新能源汽车废旧动力蓄电池综合利用行业规范条件》
2016年2月	工信部	《新能源汽车废旧动力蓄电池综合利用行业规范公告管理暂行办法》
2016年3月	工信部	《关于进一步加强汽车生产企业及产品准入管理有关事项的通知》
2016年4月	国家发改委	《关于汽车业的反垄断指南》（征求意见稿）
2016年4月	四部委	《关于2016～2020年新能源汽车推广应用财政支持政策的通知》

续表

时间	发布机构	政策名称
2016 年 4 月	国家能源局	《电动汽车充电基础设施建设规划》
2016 年 5 月	国家能源局	《氢能与燃料电池技术战略方向规划目标》
2016 年 8 月	国家发改委	《新能源汽车碳配额管理办法》
2016 年 9 月	工信部	《企业平均燃料消耗量与新能源汽车积分并行管理暂行办法(征求意见稿)》
2016 年 10 月	中国汽车工程学会	《节能与新能源汽车技术路线图》
2016 年 11 月	工信部	《电动客车安全技术条件》
2016 年 11 月	工信部	《关于进一步做好新能源汽车推广应用安全监管工作的通知》
2016 年 12 月	质检总局、国家标准委联合国家能源局、工信部、科技部	《电动汽车充电接口及通信协议 5 项国家标准》
2016 年 12 月	四部委	《关于调整新能源汽车推广应用财政补贴政策的通知》

注：四部委指科技部、国家发改委、财政部和工信部。

（二）新技术和新产品

2016 年，我国新能源汽车自主化技术水平不断提升，并已形成三横三纵九个模块的矩阵式研发体系。续驶里程、百公里能耗等整车性能不断提升，动力电池能量密度、驱动电机效率等关键技术发展迅速，燃料电池汽车研发取得重大进展，其中燃料电池专用车已开始规模化量产。

1. 纯电动乘用车

2016 年，我国纯电动乘用车的整车控制、动力系统匹配与集成设计等关键技术进一步提升。

技术方面，我国纯电动乘用车技术进步明显，车辆整体技术水平接近国外公司产品水平，部分产品性能指标已与国外公司产品不相上下，续驶里程、可靠性、安全性、动力性水平不断提高，经济性和综合效益水平持续优化，部分自主品牌整车产品续驶里程已突破 400 公里大关，并向更高续驶里程、更低百公里耗电量持续迈进。

产品方面，纯电动乘用车小型化趋势明显。各整车企业 2016 年推出多款 A00 级纯电动汽车，通过小型化降低生产成本，如江铃 E200、众泰 E200、长安新奔奔等均为 A00 级纯电动车。此外，上汽、北汽新能源、吉利、华泰等汽车企业在之前的基础上都相继推出了新一代纯电动乘用车产品（见表 3）。

表 3 2016 年我国纯电动乘用车代表车型及相关性能参数

车型	小型		中型		
	众泰 E200	江铃 E200	比亚迪 E5	吉利帝豪 EV	华泰 iEV230
轴距(mm)	1810	2345	2660	2650	2678
整备质量(kg)	1050	980	1295	1570	1678
电机最大功率(kW)	60	30	160	95	80
电机最大扭矩(Nm)	165	130	310	240	220
百公里加速时间(s)	—	—	—	9.9	—
最高车速(km/h)	120	105	150	140	130
百公里耗电(kWh)	—	—	—	—	—
最大续驶里程(km)	220	150	305	253	230

2. 插电式混合动力乘用车

技术方面，国内企业持续加大插电式混合动力汽车关键技术研发和产品开发力度，整车主要技术指标与国际先进水平基本相当并已批量上市，在百公里加速、综合油耗表现等方面，与国外同类车型相比相差不大，具备一定的竞争力。

产品方面，2016 年插电式混合动力乘用车 SUV 车型得到快速发展，产品车型进一步丰富，新出现了插电式混合动力轿车荣威 E950、插电式 SUV 荣威 eRX5 等车型。比亚迪新推出的插电式 SUV 宋、元车型，凭借领先的 542 技术，与唐车型组成了“三叉戟”矩阵，使比亚迪新能源 SUV 家族形成了从中大型、中型到中小型 SUV 的全面覆盖（见表 4）。未来插电式混合动力乘用车将向高端化方向发展。

表 4　2016 年插电式混合动力（含增程式）乘用车代表车型及相关性能参数

车型		轿车		SUV
		上汽荣威 E950	奇瑞艾瑞泽 7e	上汽荣威 eRX5
长、宽、高(mm)		4995×1857×1500	4652×1825×1483	4545×1855×1719
轴距(mm)		2837	2700	2700
整备质量(kg)		1835	1590	1730
最高车速(km/h)		185	180	200
百公里加速时间(s)		8.5	—	7.8
纯电续航里程(km)		60	50	60
能耗	电耗(kWh/100km)	—	17	—
	油耗(L/100km)	1.7	1.9	1.6

3. **纯电动客车**

我国纯电动客车在自动驾驶技术、轻量化技术、安全技术等电动客车关键或前沿技术方面取得进展，产品应用保持世界领先地位，已开发出覆盖 6～12 米的多种纯电动公交车型，续驶里程、电池快充、快速换电等多种能源供给技术得到快速发展（见表 5）。2016 年，比亚迪全球首款纯电动双层巴士继比利时之后投放伦敦；宇通全球第一辆无人驾驶大客车在开放道路交通条件下，全程无人工干预首次成功运行。

表 5　2016 年我国纯电动客车代表车型及相关性能参数

类别	参数	宇通 ZK6701BEVQ3	东风 EQ6640CLBEV1	海格 KLQ6125ZAEV1	福田 BJ6127EVCA－3
整车	车长(mm)	7045	6350	12000	11980
	整备质量(kg)	4250,4440	3300	13860	13500
	最高车速(km/h)	100	100	80	83
	续驶里程(km)	200	300	200	171
电机	类型	永磁同步电机	永磁同步电机	交流异步电机	永磁同步电机
	额定功率(kW)	50	45	100	100
	额定转矩(Nm)	478	200	1005	955
电池	类型	磷酸铁锂	三元材料	磷酸铁锂	多元复合锂
	电池电压(V)	512	316.8	512	575
	电池容量(kwh)	61.4	80.7	184	124

4. 插电式混合动力客车

国内企业相继掌握了插电式混合动力汽车多能源动力系统整车控制、增程式辅助功率发电单元、混合动力自动变速器、高功率电机系统等关键技术，混合动力状态节油率最高可达40%，插电式混合动力公交车综合节油率超过50%（见表6）。但由于客车具有较大的空间可以搭载充足的动力电池且我国对纯电动客车的补贴力度较大，目前我国新能源客车主要以纯电动客车为主。

表6　2016 年我国插电式混合动力客车代表车型及相关性能参数

参数	宇通 ZK6120CHEVPG2	苏州金龙 KLQ6129GQHEV2	安凯 HFF6127G03PHEV	南车时代 TEG6106EHEV03
长、宽、高(mm)	11650×2550×3075	12000×2550×3250	12000×2550×2960	10490×2490×3420
整备质量(kg)	11200	12930	13450	11300
纯电续驶里程(km)	65	35	65	35
燃料消耗量	19.6L	20	23	17.9
最高车速(km/h)	69	69	69	69
功率(kW)	177	95	162	137

5. 燃料电池汽车

受制于技术、成本以及应用环境的不完善等因素，国内燃料电池汽车的推广尚处于示范应用阶段。目前，国内用于示范的氢燃料电池汽车已达200余辆，累计运行里程十余万公里，性能已经与国际水平接近。2016 年，我国燃料电池轿车的动力性、续驶里程、冷启动等基本性能指标不断优化，但成本、耐久性等方面亟待改善，在功率特性、可靠性等指标方面与世界标杆产品比还有一定差距。

乘用车方面，上汽开发的第四代荣威950 Fuel Cell 插电式燃料电池车进入《免征车辆购置税的新能源汽车车型目录》，这是国内首款进入该目录的燃料电池乘用车。其搭载有动力蓄电池和氢燃料电池双动力源系统，续驶里程达到400 公里，最高时速可到160 公里，最大功率达到150 马力。

客车方面，继宇通首款燃料电池客车之后，福田欧辉8.5 米氢燃料电池客车一举斩获了北京公交集团100 辆的订单。欧辉氢燃料电池客车一次加氢后可续驶里程300公里，加氢时间在10分钟左右。其燃料电池系统采用世界领先干膜技术，低温存储、低温启动，气体不需要加湿器，全天候零下15℃冷启动，零下45℃冷储存及停机自动保护。

专用车方面，浙江青年曼牌燃料电池物流车通过工信部第286批产品公示并于2016年实现量产。2016年青年曼牌燃料电池物流车共生产533辆。青年集团的首批45辆氢燃料运输车已于2016年11月18日与陕西广成汽车运输服务有限公司成功签约，并择时予以交付使用。该车最大时速可达80公里,最大续航里程为280公里（见表7）。

表7　2016年我国燃料电池汽车代表车型及相关性能参数

参数	上汽集团上海牌	福田欧辉	青年曼牌
整车整备质量(kg)	1833	17950	3930
0～100km/h加速性能(s)	15	/	/
最大时速(km)	150	69	80
一次加氢续驶里程(km)	300	300	280
燃料电池功率(kW)	55	230	/
储氢压力(MPa)	35	35	/
冷启动(℃)	-10	-15	/
电机功率/转矩(kW/Nm)	90/210	/	/
氢消耗量(kg/100km)	/	/	/

（三）商业模式

2016年，分时租赁模式得到进一步发展，新能源汽车分时租赁在政府、经销商、租赁公司等各类主体中的应用范围进一步扩大，南京、青岛、深圳、芜湖、唐山等10多个城市相继开始进行新能源汽车分时租赁推广或扩大范围。分时租赁作为汽车共享的一种形式，与新能源汽车的结合，成为新能源汽车推广的一大途径，有效地刺激了新能源汽车销量的增长和社会接受度的提升。

政府方面，部分部委机关已经引入新能源汽车自助分时租赁项目，实行个人付费的市场化租赁服务方式，落实中央国家机关公车改革。3 月，国家发改委正式启动新能源汽车分时租赁项目。12 月，科技部引进“GREEENGO 绿狗公务车”电动汽车分时租赁，作为公务车改革的配套解决方案。“GREEENGO 绿狗公务车”是国内首个用电动汽车分时租赁解决公务用车需求的案例。此外，2016 年合肥市政府出台的新能源汽车补贴政策中将电动汽车分时租赁列为公共交通的一部分，给予每车每月 500 元的运营补贴。

企业方面，北汽新能源携手上海北斗交大，双方达成“分时租赁”的模式，通过开放共享平台展开全国性的战略合作。根据协议内容，北汽新能源的在售纯电动汽车车型，将按分时租赁需求定制后交付北斗交大新能源的分时租赁运营平台，打造遍布上海乃至全国的分时租赁服务平台。双方计划到 2018 年运营超过 1 万辆。北汽新能源目标是在全国市场达到运营 10 万辆纯电动汽车和超过 1000 万会员。

2016 年，物流车租赁运营模式的应用继续在多个城市发酵升温，纯电动物流车成为新能源汽车推广的一大亮点。目前，深圳市发布了新能源纯电动物流车通行优惠政策，给予电动物流车更多的路权，并计划在 2015 年的基础上再完成电动物流车推广 4000 辆。

三　动力电池发展

（一）市场发展

2016 年，我国动力电池产量销量迅猛增长，达到 28.08GWh，较 2015 年增长 81.75%；排名前十的厂家产量达 22.57GWh，动力电池行业的 CR10 高达 80.3%（见表 8）。得益于纵向一体化的产业布局以及旗下多款纯电动乘用车和插电式混动乘用车的热销，比亚迪的动力电池配套继续占据榜首。宁德时代新能源动力电池产销量迅猛增加，继续保持第二，其市场份额由 2015 年的 10.47% 迅猛增长至 22.12%。

表 8　市场份额 TOP10 电池企业动力电池产销情况

企业	配套车台数(台)	储电量(kWh)	市场份额(%)
比亚迪股份有限公司	102019	7419874. 77	26. 43
宁德新能源科技有限公司	76796	6210213. 726	22. 12
深圳市沃特玛电池有限公司	29378	2269503. 97	8. 08
合肥国轩高科动力能源有限公司	26877	1905563. 72	6. 79
天津力神电池股份有限公司	29129	1630938. 388	5. 81
中航锂电(洛阳)有限公司	7154	828769. 3908	2. 95
深圳市比克动力电池有限公司	29328	723514. 509	2. 58
万向电动汽车有限公司	24586	646217. 215	2. 30
哈尔滨光宇电源股份有限公司	18900	481877. 104	1. 72
中信国安盟固利动力科技有限公司	13452	451621. 106	1. 61
总　　计	357619	22568093. 9	80. 38

资料来源：节能与新能源汽车网，中国汽车工程研究院整理分析。

（二）分类配套

2016 年我国新能源汽车累计配套车用储能系统共 519211 套，同比增长 49. 51%，其中，动力电池 517835 套，超级电容器 1631 套。在车用动力电池配套方面，目前我国的动力电池仍然以三元材料和磷酸铁锂为主，其配套数量占比高达 82%，此外，燃料电池汽车在 2016 年开始崭露头角，2016 年共配套 629 套。由于插电式混合动力汽车具备两套动力系统，对动力电池能量密度要求不高，磷酸铁锂由于具有安全性能优异、循环寿命好等优点，成为插电式混合动力汽车中动力电池首选。而三元材料电池具有较高的比能量密度，具备逐步取代磷酸铁锂的趋势，成为纯电动车中主流的动力电池电极材料；此外，随着燃料电池汽车技术的不断进步，燃料电池已经开始批量应用于燃料电池汽车中，但由于燃料电池汽车技术成熟度差，燃料电池的配套新能源汽车数量仍然较少，仅占 0. 10% （见图 4）。

动力电池配套车型方面，纯电动乘用车配套动力电池配套种类呈现多样

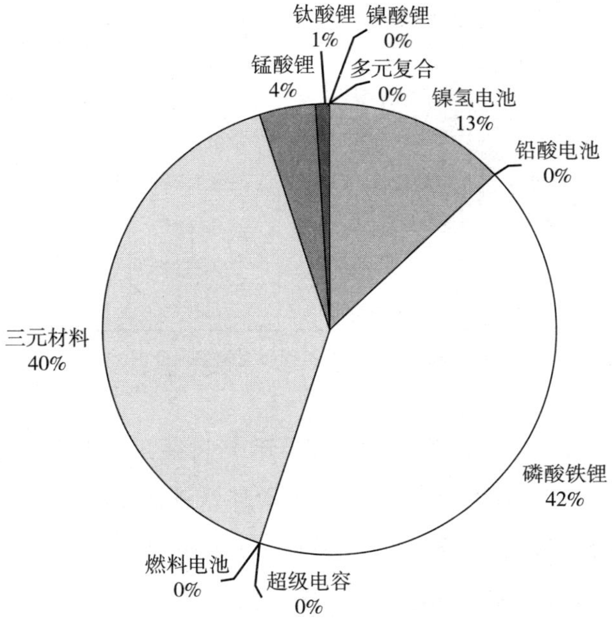

图 4　2016 年车用电池配套分布

资料来源：节能与新能源汽车网，中国汽车工程研究院整理分析。

化趋势。2016 年配套纯电动乘用车的动力电池为 248450 套，其中磷酸铁锂电池 69439 套，占 27.95%；三元电池 175249 套，占 70.54%；铅酸电池和锰酸锂电池配套相对较少，分别为 1150 套和 2166 套，分别占 0.46% 和 0.87%。技术路线方面，比亚迪和国轩高科仍然以生产磷酸铁锂技术路线为主，而 CATL、比克动力、哈尔滨光宇以生产三元电池为主。随着三元电池技术不断成熟和安全性能的不断提高，比亚迪、国轩高科也着手研发三元动力电池（见表 9）。

插电式混合动力汽车的动力电池配套则以磷酸铁锂和三元材料电池为主。2016 年，插电式混合动力乘用车共生产 74229 辆，其中动力电池配套以安全性较高的磷酸铁锂为主，配套量为 50791 套，占比达到 68.42%；但随着三元电池材料技术不断成熟以及安全性能的不断提高，插电式混合动

表 9　典型动力电池企业纯电动乘用车配套情况

生产企业	配套数量（套）	典型单体型号	电池种类	典型配套车型	总成带电量（kWh）
比亚迪	42151	FADM07325	磷酸铁锂	比亚迪牌	47.5
宁德新能源	36078	148/27/91－42Ah	三元材料	北京牌	37.8
比克动力	27489	H18650CC 2.15Ah	三元材料	众泰牌	22
万向	19374	2101AAT	三元材料	奇瑞牌	22.3
哈尔滨光宇	14113	NCMP1690200A	三元材料	知豆牌	17.76

资料来源：节能与新能源汽车网，中国汽车工程研究院整理分析。

力乘用车中三元电池的配套量在 2016 年突飞猛进，其占比由 2015 年的 4.61%提升到 2016 年的 31.58%。采用磷酸铁锂配套为主的插电式混合动力汽车企业有比亚迪和美国 A123；采用以三元电池配套为主的插电式混合动力汽车企业有万向和 LG 化学等（见表 10）。

表 10　典型动力电池企业插电式混合动力乘用车配套情况

生产企业	配套数量（套）	典型单体型号	电池种类	典型配套车型	总成带电量（kWh）
比亚迪	47847	FADM07319	磷酸铁锂	比亚迪秦	13
A123	11240	APP72161227	磷酸铁锂	荣威牌	11.8
LG 化学	1330	P1.5	三元材料	沃尔沃牌	8
万向	3353	WX14I3720	三元材料	传祺牌	13

资料来源：节能与新能源汽车网，中国汽车工程研究院整理分析。

纯电动客车领域，总配套量为 115664 套，磷酸铁锂配套量达 109100 套，占 94.32%，名列第一；三元电池配套大幅度减少，仅为 368 套，占 0.32%，配套量较 2015 年降幅明显；锰酸锂、钛酸锂、多元复合、超级电容以及镍氢电池等配套数量较 2015 年略有增加，占 5.36%；产品与整车企业配套数量较高的企业有宁德新能源、比亚迪、国轩高科和沃特玛等（见表 11）。

表 11　典型动力电池企业纯电动客车配套情况

生产企业	配套数量（套）	典型单体型号	电池种类	典型配套车型	总成带电量（kWh）
比亚迪	14903	FADM07315B	磷酸铁锂	比亚迪牌	291
沃特玛	12597	32650－5AH	磷酸铁锂	大马牌	61.44
国轩高科	12654	LFP 3.2V22.5Ah	磷酸铁锂	大通牌	75
宁德新能源	39417	48/173/170	磷酸铁锂	中通牌	98.3
天津力神	10186	LP2770134	磷酸铁锂	金旅牌	92.16

资料来源：节能与新能源汽车网，中国汽车工程研究院整理分析。

2016 年，我国插电式混合动力客车共生产 19576 辆。其电池配套以锰酸锂电池为主，配套数量为 12396 套，占比达 63.32%；相较 2015 年，插电式混合动力客车中，磷酸铁锂和超级电容配套量大幅度减少，磷酸铁锂配套量为 2761 套，占比由 2015 年的 41.59% 降至 14.10%；超级电容共配套 1270 套，占比由 38.94% 降至 6.49%；其他电极材料如锰酸锂、镍氢电池、三元、多元复合等配套量均较少，总占比仅为 16.09%；插电式混合动力客车中提供动力电池配套数量较多的企业主要有中信国安盟固利、微宏动力和美国麦克斯威（见表 12）。

表 12　典型动力电池企业插电式混合动力客车配套情况

生产企业	配套数量（套）	典型单体型号	电池种类	典型配套车型	总成带电量（kWh）
中信国安盟固利	12121	SPIM14245190	锰酸锂	宇通牌	24.864
美国麦克斯威	1510	BCAP3000 K2	磷酸铁锂	安凯牌	26.88
微宏动力	2603	MV06203127NPE	多元复合	金龙牌	25.3
江苏春兰	1382	LFL1－35	磷酸铁锂	亚星牌	24.2

资料来源：节能与新能源汽车网，中国汽车工程研究院整理分析。

纯电动专用车动力电池配套方面，2016 年，我国共生产纯电动专用车 60662 辆，其中三元配套数最多，有 30881 套，占 50.93%，但较 2015 年略有下降；其次是磷酸铁锂，配套 23008 套，占 37.93%；锰酸锂配套 4826

套，占7.96%；磷酸铁锂和锰酸锂电池配套量较2015年均有提高；铅酸电池配套1189套，占1.96%；多元复合电池配套最少，仅为43套。国轩高科和沃特玛主要配套磷酸铁锂，而光宇动力和力神主要产品则是三元材料（见表13）。

表13　典型动力电池企业纯电动专用车配套情况

生产企业	配套数量（套）	典型单体型号	电池种类	典型配套车型	总成带电量（kWh）
国轩高科	3728	IFP20100140A	磷酸铁锂	大通牌	75
光宇动力	4569	NCMP1690200A	三元材料	北京牌	37.8
力神	8133	18650（2.6Ah）	三元材料	成功牌	42.1
沃特玛	16781	32650－5AH	磷酸铁锂	东风牌	75

资料来源：节能与新能源汽车网，中国汽车工程研究院整理分析。

总之，三元材料由于具有较高的比能量密度，未来随着技术成熟度以及安全性能的不断提高将逐步取代磷酸铁锂正极，成为电动汽车动力锂离子电池的主流正极材料。

表14　重点电池生产企业发展概况

企业	目标及定位	技术路线	主要客户	动态
比亚迪	全球领先动力电池生产商	磷酸铁锂 三元电池 磷酸铁锰锂	比亚迪	比亚迪开始布局三元材料，比亚迪预计电池产能10GWh，2017年新增三元电池5～6 GWh
CATL	技术领先，全产业链布局	磷酸铁锂、三元电池	北汽、华晨宝马、吉利、一汽、南车时代、厦门金龙、郑州宇通、中通客车	CATL每年的研发投入是销售额的5%～6%，规划到2020年投入超过300亿元形成50GWh的有效产能
万向	向整车产业链延伸	磷酸铁锂	上汽集团、奇瑞汽车、广汽集团、南京金龙、宇通客车	与上汽合资成立新能源客车企业，规划目标年产新能源客车5000辆 旗下菲斯科始建设美国第一家工厂，开始复产电动超跑Karma

续表

企业	目标及定位	技术路线	主要客户	动态
波士顿电池	深耕中国市场，专注三元电池	混合三元体系材料	北汽新能源、北汽福田、台湾裕隆、东风汽车、苏州金龙、安凯集团、杭州电网、深圳五洲龙	拟在江苏省溧阳市中关村产业园区内，再建设一家"超级电芯工厂"。该工厂总产能将达到10GWh，用以满足国内不断增长的动力电池需求
微宏动力	专注快充技术	钛酸锂	北汽福田、南车时代、陆地方舟、南京金龙、厦门金龙、中通客车、重庆恒通	微宏在2016年推出第三代电池产品，能量密度可达到170Wh/kg。意味着，快充电池在提升车辆单次快充续航里程的同时，还将有效降低电池成本，为用户缓解补贴退坡后所面临的成本压力

（三）产品发展存在的问题和建议

1. 存在的问题

（1）关键组件依赖进口

负极、电解液技术水平较高，但正极、隔膜技术水平相对较低，仍大量需要进口。电解液与负极的部分企业进入国际主流厂商供应链。但中国正极材料生产企业技术含量低，产品同质化严重，隔膜产品出品率和一致性较低，难以满足动力电池高端市场需求。

（2）产能过剩与高端产品产能不足的问题并存

我国动力电池及电池材料生产企业众多，但多数企业产量小、技术落后、产品质量管控能力差，难以满足车用电池一致性、安全性等要求。仅有几大龙头企业产品能满足车用要求，导致动力电池整体产能不足。同时，2016年，国家制定了动力电池的准入标准，大大提高了动力电池企业的产能要求。各大企业将进一步扩大产能以达到要求，未来产能过剩的问题将更为突出。

（3）面临国际企业竞争，生存压力巨大

许多外资电池企业如松下等表示看好中国市场。国务院允许外资在我国独资制造新能源汽车及动力电池等产品。在新能源汽车重要零部件动力电池领域，国外一线大厂终于摆脱了合资电池厂的固定模式，三星 SDI、松下、LG 化学等电池大头将获益。各大巨头纷纷开始布局中国动力电池市场，国内企业将面临巨大的生存压力。

（4）电池回收体系不完善

近两年来，我国新能源汽车销量增长迅速。同时，随着第一批推广应用的新能源汽车接近报废，预计 2～3 年后，我国动力电池的报废问题将凸显，而目前国内尚未建立完善的动力电池回收制度与体系。同时由于动力电池尤其是磷酸铁锂电池的回收价值较低，电池回收企业的积极性不高。此外，部分回收公司存在不注重环保、操作不规范等问题，对环境造成严重污染。

2. 发展建议

（1）加大政策扶持力度

发挥政府投资对社会资本的引导作用，鼓励利用社会资本设立动力电池产业发展基金，加大对动力电池产业化技术的支持力度。通过国家科技计划（专项、基金）等统筹支持核心技术研发，进一步提高动力电池能量密度及系统集成能力和水平，加强动力电池及模块安全技术的研究和电池及模块在整车上的可靠性的试验研究和评价。

（2）完善产业发展环境

进一步完善动力电池产品、企业标准，加大动力电池企业考核力度，淘汰落后产能。预防和制止垄断行为和不正当竞争行为。加强舆论监督和引导，营造产业发展的良好舆论环境。

（3）完善动力电池回收体系

适时发布实施动力电池回收利用管理办法，强化企业在动力电池生产、使用、回收、再利用等环节的主体责任，逐步建立完善的动力电池回收利用管理体系，完善动力电池回收渠道，加强动力电池回收企业环境污染监控。组织全行业力量，加大动力电池回收设备研发力度，促进动力电池回收产业发展。

四　驱动电机发展

（一）市场发展

2016 年，我国电机共配套新能源汽车 519211 辆，较 2015 年增长了 37%。新能源汽车产销量的不断增长是带动车用驱动电机产业不断发展的重要因素。

驱动电机配套车型方面，2016 年电机共配套新能源汽车 519211 辆，其中纯电动乘用车 248450 辆，占 41.85%；纯电动客车 115664 辆，占比 22.27%；纯电动专用车 60662 辆，占 11.68%。2016 年共配套插电式混合动力汽车 93806 辆；其中插电式混合动力乘用车 74229 辆，占 14.29%；插电式混合动力客车 19576 辆，占 3.77%；插电式混合动力专用车仅 1 辆。由于我国燃料电池汽车尚处于起步阶段，受应用环境不完善、成本高昂等因素影响，燃料电池汽车的推广应用尚处于示范运营阶段。据统计，2016 年我国电机一共配套燃料电池汽车 629 辆；其中燃料电池乘用车 64 辆，占 0.01%；燃料电池客车 33 辆，占 0.006%；燃料电池专用车 532 辆，占 0.10%。燃料电池汽车以燃料电池专用车为主，其占比高达 85%（见图 5）。

电机技术路线方面，永磁同步电机由于结构简单、体积小、重量轻、响应快速、调速范围宽、定位准确等特点得到了广泛应用，未来仍然是我国新能源汽车中的主流驱动电机。2016 年配套的 519211 台新能源汽车中，共有 424109 台配套永磁同步电机，比例高达 81.7%；2016 年共配套的交流异步电机有 92558 台，占 17.8%；其他类型的电机包括励磁电机、无刷直流电机、永磁直流电机、交流永磁电机和永磁磁阻电机等，其他电机一共占 0.5%。

电机成本构成方面，电机成本主要由磁性材料、硅钢片、钢材、制造费用构成。由于我国稀土磁性材料的储量丰富，电机原材料供应充足。因此，原材料成本不是电机成本的主要来源，磁性材料成本仅占电机成本的 8%。目前，新能源汽车电机成本主要来源于劳动力成本，该项成本占比高达

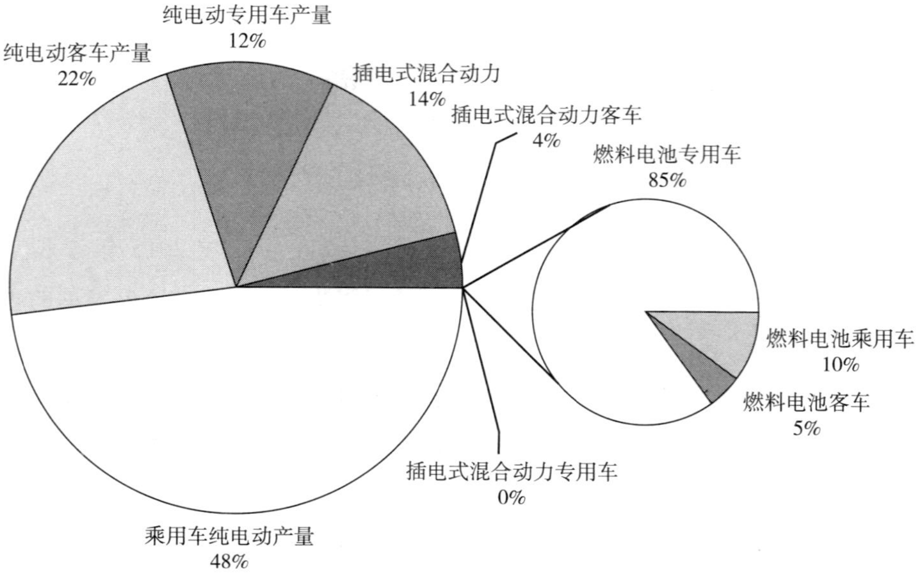

图5　2016 年车用驱动电机配套分布

资料来源：节能与新能源汽车网，中国汽车工程研究院整理分析。

40%。随着未来电机产销量的不断增加，达到规模经济，未来电机劳动力成本还具有一定的下降空间。

（二）产品配套

1. 纯电动乘用车

2016 年共配套纯电动乘用车 248450 套，乘用车中配套电机种类最多，包括永磁同步电机、无刷直流电机、励磁同步电机、交流永磁电机、交流异步电机混励磁电机等都有涉及。纯电动乘用车电机企业方面，由于电机成本较低，且技术较为成熟，来自整车企业、专业生产电机企业和专门为电动汽车生产而成立的电机企业均涉及生产电动汽车电机。

市场集中度方面，电机产业的市场集中度较高，电机企业中位列前四的企业共配套 12. 4 万台纯电动乘用车，CR4 为 50. 2%，相比 2015 年新能源汽车电机的市场集中度有所降低，但仍然属于中度集中寡占型市场。这主要由于电机行业的技术成熟度较高，进入门槛相对较低。因而2016年生产电动汽车的整车厂也纷纷进入新能源汽车电机行业，向一体化生产发展，导致了电机行业集中度下降。

市场份额方面，北汽新能源以46653台的电机配套数量，超过比亚迪汽车工业有限公司跃居纯电动汽车电机配套数量首位。比亚迪汽车工业公司以41956台配套量位居其次，安徽巨一自动化装备有限公司和江西江铃集团分别以18371台和17362台的配套数量紧随其后，位居第三、第四（见表15）。

企业类型方面，市场份额排名前十的电机企业中整车企业占据4个席位，分别为北汽新能源、比亚迪汽车工业有限公司、江西江铃集团有限公司和长沙众泰汽车工业有限公司，由于整车企业具有纵向一体化的优势，市场份额排前2位的企业均为整车企业（见表16）。

表15　配套数量排名前十的电机企业及类型

单位：台

序号	生产企业	配套数量	企业类型
1	北汽新能源汽车股份有限公司	46653	整车企业
2	比亚迪汽车工业有限公司	41956	整车企业
3	安徽巨一自动化装备有限公司	18371	汽车零部件企业
4	江西江铃集团新能源汽车有限公司	17362	整车企业
5	精进电动科技（北京）有限公司	17057	专业电机企业
6	长沙众泰汽车工业有限公司	15314	整车企业
7	山东德洋电子科技有限公司	13967	专业电机企业
8	上海电驱动股份有限公司	13478	专业电机企业
9	永康市斯科若电器有限公司	10883	专业电机企业
10	杭州杰能动力有限公司	10839	新能源汽车零部件

资料来源：节能与新能源汽车网，中国汽车工程研究院整理。

电机配套企业方面，以整车企业为主体的电机企业采用内部化方式为自身整车厂供应电机，而其他类型的电机企业和新能源汽车整车厂建立良好的供应关系，其销量受到整车厂当年新能源汽车销量的影响。

表 16　市场份额前十的电机企业产品配套情况

序号	电机企业	配套企业	份额(%)
1	比亚迪汽车工业有限公司	比亚迪汽车工业公司	18.8
2	北汽新能源汽车股份有限公司	北京汽车股份有限公司	16.9
3	安徽巨一自动化装备有限公司	安徽江淮汽车股份有限公司	7.4
4	江西江铃集团新能源汽车有限公司	江铃控股有限公司	6.9
5	精进电动科技(北京)有限公司	浙江吉利汽车有限公司	6.8
6	长沙众泰汽车工业有限公司	众泰汽车控股有限公司	6.2
7	山东德洋电子科技有限公司	浙江吉利汽车有限公司	5.6
8	上海电驱动股份有限公司	荣成华泰汽车有限公司	5.4
9	永康市斯科若电器有限公司	浙江吉利汽车有限公司	4.4
10	杭州杰能动力有限公司	湖南江南汽车制造有限公司	4.4

资料来源：节能与新能源汽车网，中国汽车工程研究院整理。

2. 纯电动客车

2016 年我国纯电动客车配套电机总量为 115664 台，较 2015 年配套数量增长 21.7%。

产品技术方面，纯电动客车驱动电机以永磁同步电机为主，2016 年共配套104903 台永磁同步电机，占配套电机总数的比重高达 90.4%，与 2015 年持平。其次是交流异步电机，2016 年共配套交流异步电机 9381 台，占 8%。

配套数量方面，纯电动客车电机配套数量排名前四的企业分别是郑州宇通客车股份有限公司、比亚迪汽车工业有限公司、中通客车控股股份有限公司和珠海银隆电器有限公司。2016 年市场份额排名前四的电机企业共配套电机 52451 套，其市场集中度 CR4 为 45.3%，与 2015 年持平。与动力电池产业相比，电机产业的市场集中度较低，电机企业较为分散。

企业类型方面，纯电动客车电机配套企业中，市场份额排名前十的电机生产企业中整车企业占据六席，且市场份额排名前三的均为整车企业。由于新能源汽车电机技术成熟度较高、原材料成本低，越来越多的整车企业将电机生产内部化，通过自产自销节约成本（见表 17、表 18）。

表 17　TOP10 纯电动客车电机生产企业配套数量情况

单位：台

序号	电机生产企业	配套数量	企业类型
1	郑州宇通客车股份有限公司	21429	整车企业
2	比亚迪汽车工业有限公司	14903	整车企业
3	中通客车控股股份有限公司	10491	整车企业
4	珠海银隆电器有限公司	5628	新能源汽车零部件企业
5	北汽福田汽车股份有限公司	4969	整车企业
6	湖南南车时代电动汽车股份有限公司	4225	整车企业
7	南京金龙客车制造有限公司	3851	整车企业
8	深圳市大地和电气股份有限公司	3665	专业电机企业
9	潍柴动力股份有限公司	2987	汽车零部件企业
10	上海大郡动力控制技术有限公司	2951	专业电机企业

资料来源：节能与新能源汽车网，中国汽车工程研究院整理。

表 18　TOP10 纯电动客车电机生产企业配套情况

单位：%

序号	生产企业	配套企业	份额
1	郑州宇通客车股份有限公司	郑州宇通客车股份有限公司	18. 5
2	比亚迪汽车工业有限公司	比亚迪汽车工业有限公司	12. 9
3	中通客车控股股份有限公司	中通客车控股股份有限公司	9. 0
4	珠海银隆电器有限公司	珠海广通汽车公司 石家庄中博汽车公司	4. 8
5	北汽福田汽车股份有限公司	北汽福田汽车股份有限公司	4. 2
6	湖南南车时代电动汽车股份有限公司	湖南南车时代电动汽车股份有限公司	3. 6
7	南京金龙客车制造有限公司	南京京龙客车制造有限公司	3. 3
8	深圳市大地和电气股份有限公司	奇瑞万达贵州客车股份有限公司	3. 2
9	潍柴动力股份有限公司	扬州亚星客车股份有限公司	2. 6
10	上海大郡动力控制技术有限公司	厦门金龙旅行车有限公司	2. 5

资料来源：节能与新能源汽车网，中国汽车工程研究院整理。

3. 纯电动专用车

2016 年，我国纯电动专用车总共配套电机 60662 台，其中 65% 的为永磁同步电机，34% 的为交流异步电机，与 2015 年相比，永磁同步电机占比明显增加，直流电机占比明显减少，交流异步电机与 2015 年相比市场份额有所下降。市场占有率前四的电机生产企业分别是南京越博动力系统股份有限公司、北汽新能源汽车股份有限公司、深圳市民富沃能新能源汽车有限公司、苏州和鑫电气股份有限公司，CR4 为 37%，与 2015 年相比市场集中度进一步下降（见图 6）。

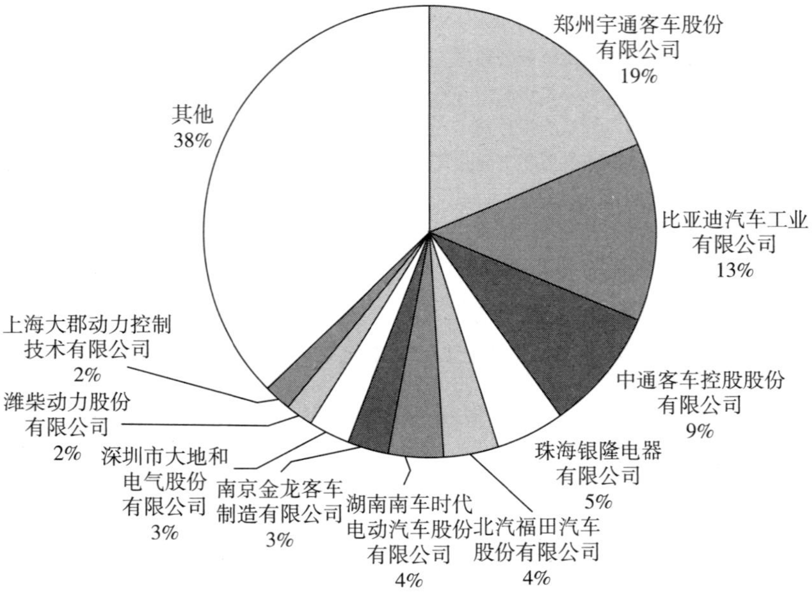

图 6　TOP10 纯电动客车电机生产企业市场份额

资料来源：节能与新能源汽车网，中国汽车工程研究院整理。

表 19　TOP10 纯电动专用车电机生产企业配套情况

单位：台

电机生产企业	配套数量	企业类型
南京越博动力系统股份有限公司	10302	专业电机
北汽新能源汽车股份有限公司	5178	整车企业
深圳市民富沃能新能源汽车有限公司	4405	新能源汽车零部件企业
苏州和鑫电气股份有限公司	3082	新能源汽车零部件企业
POSCO TMC Co. ,LTD	2937	新能源汽车零部件企业
北京锋锐新源电驱动科技有限公司	2615	专业电机企业
广东合普动力科技有限公司	2510	专业电机企业

续表

电机生产企业	配套数量	企业类型
山东休普动力科技股份有限公司	2458	专业电机企业
广东陆地方舟新能源汽车电驱动系统有限公司	2366	新能源汽车零部件企业
湘电莱特电气有限公司	2069	专业电机企业

资料来源：节能与新能源汽车网，中国汽车工程研究院整理。

企业配套方面，由于纯电动专用车产销量较小，纯电动专用车电机生产企业大多与多家专用车生产企业配套（见表20）。

表20　TOP10纯电动专用车电机生产企业配套情况

单位：%

序号	电机生产企业	配套企业	份额(%)
1	南京越博动力系统股份有限公司	东风汽车 南京特种汽车 陕汽集团	16.9
2	北汽新能源汽车股份有限公司	北汽银翔汽车 北汽(广州)	85.0
3	深圳市民富沃能新能源汽车有限公司	一汽解放青岛 成都大运汽车集团	7.2
4	苏州和鑫电气股份有限公司	北汽银翔汽车 郑州日产汽车有限公司 成功汽车有限公司	5.0
5	POSCO TMC Co.,LTD	上汽商用车	4.8
6	北京锋锐新源电驱动科技有限公司	河北长安汽车有限公司中联重科股份有限公司重庆长安汽车有限公司	4.3
7	广东合普动力科技有限公司	国宏汽车有限公司 盛时达汽车有限公司 北汽银翔汽车有限公司 重庆长帆汽车有限公司	4.1
8	山东休普动力科技股份有限公司	奇瑞万达贵州客车股份有限公司	4.0
9	广东陆地方舟新能源汽车电驱动系统有限公司	江苏陆地方舟新能源汽车有限公司	3.9
10	湘电莱特电气有限公司	重庆瑞驰汽车实业有限公司	3.4

资料来源：节能与新能源汽车网，中国汽车工程研究院整理。

4. 插电式混合动力乘用车

2016 年我国插电式混合动力乘用车总共配套电机 74229 台，较 2015 年下降 8.9%。

技术方面，插电式混合动力汽车中电机主要为永磁同步电机以及交流异步电机，插电式混合动力乘用车中共配套永磁同步电机 74040 台，占 99.1%；交流异步电机 729 台，仅占 0.9%。比亚迪以 44493 台的配套量夺得插电式混合动力电机配套量第一，联合电子、上海电驱动、上海大郡动力技术有限公司紧随其后。市场份额排名前四的企业共配套 71689 台插电式混合动力乘用车，其 CR4 高达 96.5%。市场集中度极高，属于极高寡占型市场结构。合资整车企业 BMW 和 GM 首次出现在市场份额排名前十的插电式混合动力汽车电机配套厂商中（见表 21、表 22）。

表 21　插电式混合动力乘用车电机配套情况

单位：台

电机生产企业	配套数量	企业类型
比亚迪汽车工业有限公司	44493	专业电机企业
联合汽车电子有限公司	20189	新能源汽车零部件企业
上海电驱动股份有限公司	3660	专业电机企业
上海大郡动力控制技术有限公司	3347	专业电机企业
麦格纳驱动系统集团	1120	汽车零部件企业
中国第一汽车集团公司新能源汽车分公司	547	整车企业
BMW	218	整车企业
GM	189	整车企业

资料来源：节能与新能源汽车网，中国汽车工程研究院整理。

表 22　插电式混合动力乘用车电机产品配套

单位：%

序号	电机生产企业	配套整车企业	市场份额
1	比亚迪汽车工业有限公司	比亚迪股份有限公司	59.9
2	联合汽车电子有限公司	上汽集团股份有限公司	27.1
3	上海电驱动股份有限公司	奇瑞汽车股份有限公司	4.9
4	上海大郡动力控制技术有限公司	广汽集团乘用车有限公司	4.5

续表

序号	电机生产企业	配套整车企业	市场份额
5	麦格纳驱动系统集团	豪情汽车制造有限公司	1.5
6	中国第一汽车集团公司新能源汽车公司	一汽大众	0.7
7	BMW	华晨宝马	0.3
8	GM	上汽通用汽车有限公司	0.2

资料来源：节能与新能源汽车网，中国汽车工程研究院整理。

5. 插电式混动客车

2016年我国插电式混动客车产量有所下降，累计配套电机19576台（套），同比下降19.2%。从技术路线看，永磁同步电机仍然是主流电机类型，其市场份额进一步提高，占比达80.77%，较2015年增加7.9%。交流异步电机占19.23%。市场占有率方面，郑州宇通客车继续以5420台的配套量位居榜首，厦门金龙联合汽车工业有限公司、湖南南车时代电动汽车股份有限公司、苏州海格新能源汽车电控系统科技有限公司紧随其后，市场份额排名前四的电机企业CR4为53.5%，市场集中度较2015年有所下降（见表23、表24）。

企业类别方面，市场份额排名前八的插电式混合动力客车，整车企业占据3席，其余分别为专业电机企业、新能源汽车零部件企业以及传统汽车零部件企业（见表25、表26）。

表23　插电式混合动力客车电机配套情况

单位：台

序号	电机企业	配套数量	企业类型
1	郑州宇通客车有限公司	5420	整车企业
2	厦门金龙联合汽车工业有限公司	2067	整车企业
3	湖南南车时代电动汽车股份有限公司	1557	汽车零部件企业
4	苏州海格新能源汽车电控系统科技有限公司	1440	新能源汽车零部件企业
5	北汽福田汽车股份有限公司	1224	整车企业
6	天津市松正电动汽车技术股份有限公司	1222	专业电机企业
7	上海电驱动股份有限公司	1181	专业电机企业
8	苏州绿控传动科技有限公司	1024	新能源汽车零部件企业

资料来源：节能与新能源汽车网，中国汽车工程研究院整理。

表 24　插电式混合动力客车电机产品配套

单位：%

序号	电机生产企业	配套整车企业	市场份额
1	郑州宇通客车股份有限公司	郑州宇通客车股份有限公司	27.7
2	厦门金龙联合汽车工业有限公司	厦门金龙联合汽车工业有限公司	10.5
3	湖南南车时代电动汽车股份有限公司	湖南南车时代电动汽车股份有限公司	7.9
4	苏州海格新能源汽车电控系统科技有限公司	金龙联合汽车工业(苏州)有限公司	7.4
5	北汽福田汽车股份有限公司	北汽福田汽车有限公司	6.2
6	天津市松正电动汽车技术股份有限公司	安徽安凯、重庆恒通、上海申龙等	6.2

资料来源：节能与新能源汽车网，中国汽车工程研究院整理。

表 25　乘用车重点电机企业发展概况

企业	发展目标	主要技术路线	主要应用车型	动态
大洋电机	致力于成为全球最优秀的驱动系统提供商	永磁同步电机	纯电动客车 纯电动乘用车	大洋与巴拉德、上海重塑签署《谅解备忘录》，进一步推进大洋电机与巴拉德在中国的战略合作
安徽巨一自动化有限公司	立足合肥，走向世界	永磁同步电机	纯电动乘用车	巨一公司年产 10 万套新能源汽车电驱动系统项目于 8 月正式建成
联合汽车电子	成为电驱动行业的领先者	永磁同步电机	电动汽车 燃油汽车	北京汽车与联合汽车电子签署战略合作框架协议书

表 26　商用车重点电控企业发展概况

企业	主要产品	主要应用车型	动态
南车时代	整车控制器、电池管理系统、电机控制器	插电式混动客车 纯电动客车	入选 2015 年智能制造专项项目 与成都王牌商用车公司展开战略合作
方正电机	驱动电机系统	纯电动乘用车 商用车 低速电动车	全资收购上海海能和德沃仕
天津松正	深混公交车动力系统	插电式混动客车 纯电动客车	发布第五代插电式深混动力系统 万向钱潮参与扩股 通过国际科技合作基地认定

（三）产品发展存在的问题和建议

1. 存在的问题

（1）产品一致性、可靠性与国际先进水平相比尚有差距

关键零部件上，车用功率模块等关键零部件取得突破，但精度、可靠性不足。上海赢双电机扣片技术进行旋变转子生产，一定程度上替代国外产品，但产品精度、可靠性不足；高端磁阻式旋转变压器、高压大功率应用的IGBT基本依赖进口，尚属于研发阶段。

（2）测试标准及设备落后

我国电机虽然具备了小批量供货的能力，但产品通过TS16949质量体系标准认证的极少。同时我国的电机试验标准落后于国外标准、试验设备缺少也导致我国电机产品质量与国外有一定差距。

（3）整体自动化水平不高

我国部分企业在拼块式铁心、绕线技术、螺旋式水道与直接铸造式水道和整体充磁等关键制造工艺技术上取得了显著进展，但多数企业在电机制造环节的投入依然不大，制造规模都较小，生产自动化水平较低，多数厂家仍采用手工绕线圈、手工装配等传统工艺，造成产品一致性较差。

2. 发展建议

（1）加大电机制造工艺及设备投入

从汽车应用的角度入手，联合整车厂和电机生产企业，针对电动车用电机性能指标需求，改良、升级现有电机制造工艺，同时引进国外先进电机制造技术，对我国车用电机制造工艺进行吸收再创新。

（2）完善车用电机标准，加大测试设备投入

构建车用电机产业联盟，推动车用电机标准完善，同时依托国家相关重大专项等，支持企业、科研院所、高校等电机专用测试设备投入。

（3）扶持车用电子零部件产业发展

支持电子零部件企业向车用级零部件配件转型升级，同时，重点支持有

基础电控企业做大做强，通过政策、资金扶持等方式，推动其向自动化、规模化发展。

五　新能源汽车产业发展的问题及建议

（一）存在的问题概述

1. 政策设计有待进一步优化，标准法规有待完善

新能源汽车国家标准不完善，很多车型在示范推广时需要用车单位与车辆生产企业对产品技术标准进行协商；缺乏充电接口、充换电模式等相关基础设施的建设验收标准，国标具体参数模糊，关键技术参数不统一。补贴政策逐步退坡，传统汽车的油耗、积分和新能源汽车的积分交易制度尚在建立中，新能源汽车产业发展政策推力仍有待进一步优化衔接。

2. 示范推广考核体系缺失，市场竞争环境有待优化

现有示范城市和区域，除推广目标外，缺乏以实际运营车辆和便利使用环境等面向市场的多维考核指标体系，同时缺少明确的对示范城市的奖励办法及标准，示范推广效果得不到有效保障。各地新能源汽车生产企业面对研发技术风险、产品市场销路、巨大建设投资等问题，仍处于观望状态，内在驱动力不够，对政策依赖性较强，“政府引导、企业为主体”的良性市场竞争环境还有待进一步优化。

3. 产品性能还待进一步提升

国内新能源汽车仍存在续航里程短、充电时间长、电池寿命短及回收处理难等技术短板，我国高功率电池性能、电池成组技术、能量管理与热管理等方面，明显落后于国际先进产品；国内电机控制器和 DC/DC 转换器的体积和质量相对偏大，对车用环境适应性考核不足，电机控制核心芯片及封装技术大多依赖进口；试验验证、整车匹配标定、可靠性、耐久性等性能不高，部分车型运行故障率高，质量得不到有效保障。

4. 适应于新能源汽车的售后服务体系缺失

新能源汽车零部件有别于传统内燃机汽车，现有传统内燃机汽车售后服务体系已经不再适应于新能源汽车。关于新能源汽车的售后维保、车辆回收、年检等都缺少相适应的行业管理体系，相关法律法规不完善，阻碍了新能源汽车售后服务体系建设，影响了消费市场信心。

（二）发展建议措施

1. 优化政策顶层设计，引导市场激发创新活力

尽快完善产品技术标准体系，引导行业健康有序发展。尽快完善新能源汽车国家标准，实现全国范围内电动汽车与基础设施的配套与标准化，同时配套出台相关基础设施的技术和验收标准；完善出台积分交易政策，做好财政补贴退坡与市场机制建设之间的衔接，实现由财政补贴向部分传统汽车生产企业承担部分新能源汽车发展成本的机制转换，激发国内新能源汽车市场新活力。

2. 加强中央政策解读，指导地方制定适应性推广政策

各示范城市或区域，应因地制宜，尽快结合各地区特点制定地方配套政策。建议分类推进车型和推广模式，市区代步建议以纯电动汽车为主；鼓励混合动力汽车规模化发展，逐渐提升节油水平；以插电式混合动力作为向纯电动的过渡车型；在城乡结合部和农村有序发展短途纯电动车。

3. 引导组建相关产业联盟，加大关键技术联合攻关力度

组建国家级新能源汽车核心技术产业联盟，建设新能源汽车重大创新基地，成立国家电池研究中心等。支持产业化制造、质量、管理水平提升。优化产品制造质量，提升产品安全性、可靠性、一致性，并降低成本，提升运营产品的综合品质和市场竞争力。提高电动化底盘技术、高能量密度动力电池及成组技术、高效驱动电机及控制系统等关键技术自主创新能力。加强新型锂离子电池及相关新材料的研究与应用，加强新体系电池基础技术研究。

4. 明确行业标准法规，构建技术创新倒逼机制

尽快讨论明确未来相关油耗及排放法规标准，推动企业依据市场（包括法规及其执行、油价的变化、消费者的需求等）综合判断，真正重视、加快新能源汽车研发及产业化；确保油耗法规执行到位，并加强各大企业在研新能源项目的考核，将新能源汽车发展纳入各项业绩考核。

5. 不断完善和细化废旧电池回收体系准则

一是严格市场准入标准，动力电池回收产业必须是更加集中化、规模化的产业形势。二是严厉打击非法回收企业，保证合法企业的正当权益。三是建立长效的补贴机制和优惠政策，提高企业建立动力电池回收体系的积极性。四是大力扶持新技术，随着动力电池种类和工艺的不断进步，回收技术也需要与时俱进。

零部件篇

Components and Parts

B.7
2016年汽车零部件工业发展报告

摘　要：　本报告阐述了2016年中国汽车零部件发展状况，分析了汽车零部件产业整体格局、产业链、产品技术、创新发展模式、后市场等情况，以及中国汽车零部件发展面临的挑战。结合《中国制造2025》战略指导，在顶层设计、产业结构、自主创新和产业环境等方面对我国汽车零部件产业提出了发展建议。

关键词：　汽车零部件　整体格局

一　2016年汽车零部件工业发展综述

2005～2016年，中国汽车零部件工业得到了快速发展，平均增长率超过同期汽车产业增速。伴随汽车工业的蓬勃发展，中国汽车零部件产业规模与生产研发能力持续提升，国际零部件巨头的“本土化”战略推进了中国汽车零部件的产品功能优化、产业链升级和先进生产制造体系建设。另外，中国品牌零部件通过自主创新和技术消化与吸收，关键零部件技术攻关能力大幅提升，全球综合竞争力不断提升。

（一）产业规模持续增长，进出口规模稳中有升

2005～2016 年，中国汽车零部件工业产值由 4116 亿元快速增长到 37202.8 亿元，年均增幅超过 25%。2016 年，中国汽车零部件制造业规模以上企业主营业务收入 37202.8 亿元，同比增长 14.23%；利润总额 2825.26 亿元，同比增长 17.12%；固定资产投资 8685.49 亿元，同比增长 5.88%，呈现出持续稳步增长的态势。

随着零部件全球化发展，国内零部件工业结束了面向单一汽车集团、面向单一配套市场或售后市场的局面，加大了零部件产品的出口。2016 年，我国零部件出口额累计 602.50 亿美元，同比下降 2.69%。其中，发动机出口 338.48 万台，同比下降 0.06%，出口额 18.22 亿美元，同比增长 2.22%；汽车车身及附件出口额 350.28 亿美元，同比下降 0.45%；汽车、摩托车轮胎出口额 117.70 亿美元，同比下降 7.05%；其他汽车零部件相关商品出口额 116.30 亿美元，同比下降 5.34%；主要出口亚洲、非洲等传统发展中国家和地区，拉丁美洲等新兴市场开拓效果逐步加强，欧美低端市场及售后配套市场也有所突破。

2016 年，我国零部件进口额累计 345.96 亿美元，同比增长 7.89%。其中，发动机进口 72.67 万台，同比增长 6.66%，进口额 20.20 亿美元，同比增长 8.52%；汽车车身及附件进口额 288.51 亿美元，同比增长 7.68%；汽车、摩托车轮胎进口额 5.68 亿美元，同比下降 3.28%；其他汽车零部件相关商品进口额 31.57 亿美元，同比增长 11.83%。

（二）部分关键核心技术实现突破，自主创新体系初步建成

近年来，中国汽车零部件产业在国家重大工程和技术专项（如“863”

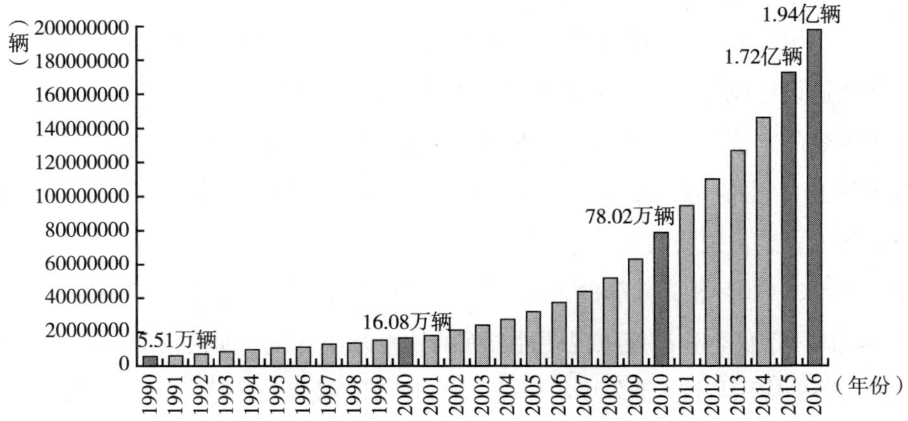

图1　历年全国汽车保有量

计划、强基工程）的支持下，通过企业自主研发、合资合作和技术引进，持续加强技术攻关与创新体系建设，企业系统管理能力和创新能力大幅提高，多项关键零部件技术实现突破，技术研发能力、产品质量管理能力不断提升。技术升级与产品创新、产品质量提升、成本控制，以及采购、风险管理等能力已成为部分企业的重要工作。

传统关键零部件产品核心技术实现突破。以动力总成为例，中国品牌汽车及主要发动机生产企业逐步掌握了缸内直喷汽油机、涡轮增压、乘用车柴油机、商用车柴油机高压共轨等产品的核心技术；变速器企业逐步实现了双离合自动变速器、大扭矩机械自动变速器、多挡位自动变速器（8AT）以及无级自动变速器产品的自主研发、生产，部分产品已成功投放市场。

新能源汽车零部件产品竞争力不断增强。在国家“电动汽车重大专项”“节能与新能源汽车重大项目”“电动汽车重大项目”“新能源汽车技术创新工程”等科技专项的支持和引导下，中国品牌动力电池、驱动电机等新能源汽车关键产品技术的研发应用取得重大进展。宁德新时代、精进电机、万向、上海大郡电驱动等企业的生产技术已接近国际先进水平，产品远销国外，有力地支撑了中国新能源汽车的高速发展。

中国品牌汽车零部件自主创新体系初步形成。一方面，汽车零部件企业加快研发平台建设，以企业工程（技术）中心为载体，构建了较为完善的流程开发、生产管理、采购流程、质量管理体系，逐步培育形成了以产品性能结构改进设计能力、制造工艺改进能力和成本领先的集约型研发组织能力为主要内容的工艺导向型研发能力，并在此基础上，提高了产品同步开发能力和创新能力。另一方面，企业不断加大研发投入，中国品牌规模以上零部件企业研发资金占销售收入的比例提升到1%～3%。近年来，研发投入占营收比例超过5%（国际领先零部件企业水平）的零部件企业数量达到17家。同时，中国品牌零部件企业高度重视硬件方面的技术改造升级，加快自动化、数字化生产装备的应用与技术研发中心建设，推动零部件技术与产品品质全面升级。

（三）产业链条趋于完善，产业集群格局稳定

从纵向供应链来看，中国品牌汽车零部件产业上游已经覆盖钢材、橡胶、石化等基础原材料，中游具备与整车协同设计开发、生产制造的能力，下游形成了零部件装配、物流、销售及售后服务一体化的整体能力。从横向产品结构来看，中国品牌汽车零部件企业已具备乘用车及商用车零部件系统、零部件及子系统的产业化能力，产品全面覆盖动力总成、底盘（传动系、行驶系、制动系、转向系、悬架系统等）、车身及附件、电子电器、模具及通用件产品。依托产业链资源整合和垂直分工合作加强，中国涌现了一汽富奥和富维、东风、上汽华域、广汽、北汽海纳川等大型零部件集团，已逐步具备进入全球汽车产业供应体系的能力。

经过多年发展，中国已形成东北、京津冀、中部、西南、珠三角及长三角六大汽车零部件产业集群。六大产业集群中，汽车零部件产业产值占全产业的80%左右。围绕整车企业，汽车零部件企业以“扩规模、调结构、提升附加值”为抓手，提高了产业链纵向延伸和横向合作的效率，产业链协同效应初步显现，结构竞争优势大幅提升，集群规模和集群效应更加凸显。

（四）中国品牌综合竞争力提升，呈多元化和专业化发展

随着市场规模的不断扩大，中国汽车零部件企业品牌竞争力逐年提升，

世界百强汽车零部件企业实现从无到有，企业数量呈扩大趋势，大多已具备较强的生产制造能力和市场竞争力。

中国品牌零部件企业通过多年发展，企业国际化水平迅速提高，海外并购增长迅猛，海外建厂、设立研发机构等工作稳步推进，流程体系越来越规范。对内，零部件企业持续强化系统管理，以先进的现代企业管理方式为基础，不断培养和提升企业产品质量控制、采购物流管理、风险控制等能力，构建高效率的生产组织方式，控制产品成本。对外，零部件企业的供货方式逐渐由单一零部件向总成，向系统和模块化供货的方向发展。

中国品牌主流零部件企业越来越注重技术转化与技术创新，具有创新活力的企业超过80%，年均专利申请数量达3万余件。企业着力搭建创新平台，以博士后工作站和企业技术中心建设为重点，引导高层次人才走进企业，开展科技转化和自主创新活动，增强了企业竞争力。

中国品牌商用、乘用零部件企业通过差异化的多层次发展，以及同心多元化推动，实现了规模迅速扩张，在各个细分行业之间形成了协同效应。商用车零部件配套体系以中国品牌零部件企业为主，基本上形成驾驶室、发动机、变速器、车桥、车架、悬架等一体化的内部供应体系。产品性能受认可的商用车零部件企业，逐步走出国门，参与国际市场竞争，并与跨国企业进行战略合作。部分商用车零部件企业推行多元化策略，积极拓展乘用车、工程机械、农用机械、船用设备配套市场，市场覆盖面逐步扩大，品牌影响力不断提升。

乘用车零部件配套体系呈现两极分化式发展局面。中高端乘用车零部件多由外资企业主导，尤其在电气化、高精密型零部件领域。为实现价值最大化，中高端乘用车配套零部件呈现模块化、通用化和本土化发展趋势，汽车零部件成本逐步趋于合理。中低端零部件企业则依附于中国品牌乘用车的规模化发展，产品性价比高，配套供应体系成熟，逐步实现了技术突破和升级，并在SUV、MPV领域取得了较大突破。

（五）创新产业协同发展模式，加速融入全球化格局

中国品牌汽车及零部件行业不断涌现“产学研合作”“整零合作”的优

秀案例，开放共享、合作共赢的理念得以很好实践。由中国汽车工业协会牵头，一汽、东风、上汽、长安、北汽、广汽、华晨七家整车生产企业，以及北京有色金属研究总院、天津力神共同设立了“国联汽车动力电池研究院”，联合开展动力电池共性技术研发，加速动力电池产业化进程；吉利与科力远成立合资公司，共同打造面向全行业的开放性新能源（含混合动力）动力系统平台，后续吸纳长安汽车、云内动力等整车和零部件企业加盟，促进了混合动力技术的突破和产业化进程。

中国庞大的汽车市场，促使跨国整车及零部件企业纷纷在华设立零部件生产、研发与采购中心。中国品牌零部件企业也快速成长，并走向世界，中国涌现出华域、潍柴、玉柴、锡柴动力、法士特、福耀玻璃、戴卡、万向、宁波华翔、航盛及均胜等一大批知名品牌零部件企业。

中国品牌汽车零部件企业采用兼并重组、海外并购、股权合资、合资合作等方式，加速拓展并融入世界零部件采购体系。近年来，华域汽车零部件、戴卡车轮迈入全球汽车零部件企业100强，并为全球主机厂配套；上海华域旗下的亚普已跻身世界塑料油箱行业前四强行列；均胜电子立足中、德两大基地，实现了资源全球化配置。

（六）汽车后市场方兴未艾，“互联网+”制造服务化融合发展

随着我国汽车产量的迅速增长，我国汽车保有量正呈高速增长态势，2016年达到1.94亿辆，为我国汽车后市场的发展带来了巨大商机，汽车及其零部件企业对该市场更加重视，通过借助互联网发展O2O平台等方式加速扩张后市场版图、提升服务品质，目前已成为零部件企业瞄准的重点。不同领域的零部件企业开始因地制宜地探索适合自身的服务模式，注重于提供解决方案，打通线上电商系统、线下供应链整合、物流配送与专业化汽车后市场服务的各个环节和产业链条，使汽车后市场服务在透明化、高效化的基础上呈现精细化和人性化，实现消费模式的重构。逐渐实现了“线上线下无缝对接，路上路下无处不在”等更加贴切的服务模式。

随着互联网、车联网、物联网的兴起，BAT和资本巨头的强势介入，

更多新的商业模式不断冲击着传统汽车后市场，更多新兴业态不断出现，涵盖多层次、多品牌、多车型的产业生态链在逐渐成形。

国内后市场配件经销商的整合正在加速，一批有区域或者全国服务能力的经销商、维修站等将逐渐接受加盟连锁理念，同时互联网和资本市场也正在加大该领域的投资；售后改装市场，有着极大销量的车轮企业表现格外积极，部分企业的互联网业务经过近几年的探索发展，已经在市场上建立起一定的品牌知名度。

二　汽车零部件产业发展面临的挑战

中国汽车零部件在产业规模、产业链协同等方面取得了显著成绩，为我国汽车工业发展提供了强大支持。但零部件行业的发展依然严重落后于整车，核心技术缺失、关键零部件市场被外资品牌占据，随着汽车工业的发展，零部件行业竞争将更加激烈，中国品牌汽车零部件发展面临严重考验。

（一）顶层设计与支持力度亟待增强

多年来，政府对汽车零部件产业的重视与扶持力度不够，缺乏明晰的顶层设计。

近年先后出台的《汽车行业调整振兴规划》《节能与新能源汽车产业发展规划（2012～2020年）》等汽车工业宏观战略规划，明确了整车行业未来转型升级的发展方向与目标，但对零部件产业的顶层设计却不够清晰；“节能产品惠民工程（节能环保汽车）”“节能与新能源汽车示范推广”“新能源汽车技术创新工程”“汽车下乡”等重大工程与鼓励政策的受益者多为整车企业，零部件企业在技术创新与市场应用方面获得的扶持力度有限。

顶层设计与支持力度的不足，导致中国政府和整车企业、零部件企业及科研院所等行业资源难以高效协同，以形成推进产业发展的有效合力。而发展基础远落后于汽车零部件的新能源汽车产业，则通过完善的顶层设计，以及多年来一系列战略规划、法规标准、财税优惠、重大工程、技术专项的扶持与指引，取得了技术研发创新突破与产业化应用推广的成功。

（二）中国品牌仍有较大提升空间

随着中国汽车工业的高速发展，中国品牌零部件企业取得了长足进步，但在技术创新、生产方式、质量品质等方面，与国外汽车零部件巨头相比，仍有一定差距。

汽车零部件研发周期长、投入大、产出及回收期不确定，部分中国品牌零部件企业缺乏研发信心与耐心，缺乏长远的战略规划和资金投入，不得不采取仿制国外先进产品技术的跟随战略，跟随战略虽短期内解决了企业的市场生存问题，但也造成了中国品牌在技术创新领域同外资企业的较大差距。据不完全统计，中国品牌零部件企业研发投入占营业收入的比例不足3%，远低于国际零部件巨头7%~10%的水平；中国掌握关键和核心技术的零部件企业中，拥有外资背景的占3/4以上，在汽车电子等高科技领域，外资比例更是高达90%以上；拥有全球汽车零部件发明专利数量前20名的企业中，没有一家来自中国。

生产方式的落后是中国品牌零部件企业产品性能和质量落后的重要原因。中国品牌零部件企业大多未经历从大批量生产到多品种、小批量的精益生产方式的变革，产品生产效率、质量、成本控制能力较低，还存在零部件生产与工艺结合度不高、产品生产过程的质量管控能力不足以及产品质量持续改善能力不强等问题，导致中国品牌零部件生产制造环节的核心竞争力较弱。

当前，精益生产方式已在全球汽车工业广泛应用，但中国品牌零部件企业的生产制造精益化、自动化和信息化程度远低于发达国家水平，且缺乏对生产全过程的有效管控和持续改进。中国品牌零部件企业关键工序中FMC/FMS覆盖率、计算机辅助制造覆盖率和自动化生产线覆盖率均未过半，实现全面车间作业计划和作业指令自动化的企业不足10%。

大部分中国品牌零部件企业依赖装备水平的提高来实现产品质量升级。

然而，国内企业对工装产品的工艺及其质量保证体系的运用水平有限，用一流的装备生产二流零部件产品的现象普遍存在，还带来了设备开工率不高、产品成本大幅增加等一系列新问题。

受制于历史原因，中国品牌零部件产业基础薄弱，产品品质偏低，在原材料、产品设计、生产工艺及制造、质量管理方面与国际先进企业相比存在一定差距，这也带来了零部件企业产品监管模式不完善、自主设计开发能力较低、工程经验积累不足、完善的一致性保障体系缺乏，以及试制产品与批量产品水平参差不齐等问题。

（三）整零协同合作关系待进一步完善

长期以来，国内各系整车企业配套自成体系，美系、日系、法系、德系、韩系均采用本国的配套体系及配套企业的零部件产品，各大自主整车集团也保持较为独立的零部件配套体系，各系整车及零部件企业之间互相配套较少，整车企业同体系外零部件企业的配套关系不稳定、规模较小且互信互惠不足。企业间缺乏稳定的战略合作关系，零部件供应企业处于较弱势的地位。

整车与零部件企业技术协同发展水平偏低。中国整车企业持续要求零部件产品技术、品质不断升级，但缺乏对零部件企业有效的技术引导和技术支持，导致中国整车与零部件企业在基础材料与理论研究、前瞻性技术研发、产品品质及工艺水平提升、先进技术产业化应用等方面缺乏有效协同和联合开发，行业也长期缺乏具备强大技术研发能力和资金保障的零部件巨头，间接延缓了汽车产业技术升级的步伐。

（四）外资企业影响力不断加剧

近年来，外资零部件企业在我国汽车市场加速布局、扩张。乘用车市场，外资企业已占据电喷系统、发动机管理系统、涡轮增压器、ABS 等高附加值产品大部分市场份额，并不断向中低端市场扩张，积极开发低成本的产品，中国品牌企业的价格优势将被逐渐弱化。商用车市场，油耗排放法规压力迫使整车厂持续加大发动机技术升级，商用车产品高端化趋势日益凸显，这为具备技术优势的外资企业提供了发展机遇，舍弗勒、威伯科、伊顿、辉门、霍尼韦尔、法雷奥、江森等多家企业已开始加速布局，中国品牌企业占据商用车大部分市场份额的格局将受到冲击。与此同时，外资企业还进一步深化本土经营战略，更多的全球研发中心及采购中心向中国转移，其未来产品及服务将更贴近我国市场需求。总体来看，外资企业在华发展势必将挤压中国品牌生存空间，并利用其垄断优势对中国品牌的核心技术突破造成一定制约。

三　汽车零部件工业发展建议

在《中国制造 2025》发展战略指引下，推进零部件产业顶层设计、优化产业结构、加强自主创新、营造良好的产业环境、强化零部件在汽车产业体系中的支柱地位，是中国汽车产业做强做大的必然选择。

（一）以专项规划为引领，匠心营造，加强产业规范化发展

将汽车零部件产业的发展上升到国家战略层面，全力推进零部件产业的转型升级和跨越式发展，构建零部件产业生态；树立培养全行业“工匠精神”的价值观念，以创新驱动转型，大力提倡和推进零部件先进制造；持续加强研发能力建设和技术攻关，不断提升产品品质，推动经济新常态下零部件产业持续稳步健康发展。

筹建国家汽车零部件专项推进协调机构，采取市场经济与政府引导相结合的发展模式，建立统一、规范、高效的管理机制和体制，尽快完善汽车零部件市场运营、产品研发、产业布局、公共服务等相关政策法规，促进零部件产业的可持续发展。

（二）加强技术攻关，提升品质，建立健全零部件技术创新体系

瞄准汽车零部件未来发展趋势，通过自主研发，技术引进、消化、

再吸收，技术集成创新等方式，逐步完成零部件“轻量化、电动化、智能化、网联化”技术的储备、工程化技术的突破、产业化推广及规模应用。

加快建立和完善适应当前经济发展和零部件转型升级要求的技术创新体系。建设技术创新机制，发挥市场对科技资源的配置作用，加大政府引导力度，完善技术创新体系建设中的投入机制、运行机制、激励机制。鼓励整零企业协同创新，加强全产业链技术攻关，实现零部件“应用技术”与“平台技术”开发。以企业技术中心为载体，积极打造零部件原材料、生产装备、模具等协同生产制造链，搭建零部件企业标准制定、技术开发、工程化应用、测试评价等协同平台，构建产学研用的联合创新服务平台。开展企业与高等院校、科研院所技术合作交流活动。针对零部件行业特点，提出关键技术和共性技术难题，组织联合攻关，鼓励汽车零部件研发技术联盟进行共享，加快实现科研成果的产业化转换。

（三）创新整零关系，开放合作，切实促进整零协同发展

积极发挥整车的引领与带动效应，深化整零合作，推进协同合作，实现效益最大化。构建整车及零部件企业的沟通交流平台，加强双方互信，提高供应链的协同效率与产品竞争优势。

转换思想观念，整车与零部件企业要形成利益共同体。整车企业要从零部件供应商管理，转变成供应商关系管理，从单项命令管理转变为双项协同关系。整车和零部件企业应摒弃“表里不一”的“合作”模式。零部件企业要深度参与整车新车型的全过程开发，积极融入整车研发、采购、生产、销售等各个环节，让零部件企业成为参与者甚至成为规则的共同制定者，实现共赢。零部件企业还应加强自身技术能力建设，秉承技术先行原则，保持对技术的系统性与前瞻性，以便能够在技术变革时适应新的市场发展，跟上整车企业的需求与节奏，给予整车企业技术支持，围绕整车企业建立集研发、制造、销售和资本四大平台于一体的汽车产业基地，利益共享。

（四）规范市场秩序，诚信构建，营造公平市场竞争环境

中国应积极引导汽车行业共同构建零部件制造及交易诚信体系，规范并维护零部件市场秩序。积极规范市场价格，规避“零利润”或“负利润”的恶性竞争，规避现有市场的垄断供货、关联交易、存兑或拖欠付款现象，构建更加公平竞争、互惠互利、透明规范的市场秩序。

构建长效监管机制，制定完善质量鉴定标准，强化汽车零配件市场主体监管，加大监督检查力度。全力以赴改变产品同质化、低质的负面形象，摒除或杜绝汽配销售生产经营活动中出现的生产、销售、使用假冒伪劣汽车配件行为，提高售后服务水平，完善投资及营商环境，使市场环境更具法治化和公平性。

（五）科学产业布局，产业联动，打造健康零部件产业生态

借鉴发达国家汽车产业布局发展经验，充分发挥产业集群优势，积极打造整车及核心零部件产业基地，加速全球零部件产业布局。

中国需因地制宜大力推进全国汽车零部件基地建设，促进汽车零部件产业的集群化、集聚化发展，加强企业间协同分工协作。依托产业园区，可以为零部件企业提供良好的发展平台。同时大力推进政府、行业协会、科研机构、高校及社会服务企业等搭建零部件公共服务平台。面向汽车产业集群区域，组建国家级关键汽车零部件和重要元器件产业联盟，整合全国乃至全球的知名整车及零部件集团优势资源，共建前沿产品技术研发平台和产业化平台，突破核心零部件基础技术及关键瓶颈技术。

以主动姿态融入全球发展格局，依托“一带一路”的政策、交通、区域、文化优势，积极助推中国品牌零部件企业拓展海外市场，加强区域交流和合作，促进国内外零部件资源整合与全球布局。

附　　录

Appendices

B.8

附录一　2016年主要汽车企业发展概况*

一　国内主要汽车企业

（一）中国第一汽车股份有限公司

2016 年集团总销量 310.6 万辆，同比增长 9.2%。中国品牌销量 50.2 万辆，占中国品牌总销量的 3.6%，在中国品牌销量排行第九。2016 年集团发布或发售各品牌车型 40 余款，其中，一汽天津和一汽吉林各 1 款，红旗、解放和一汽轿车各 2 款，一汽客车 3 款，一汽马自达 2 款，一汽丰田 6 款，一汽 - 大众 13 款（大众 8 款、奥迪 5 款）。

集团“十三五”规划的战略目标是：到 2020 年，市场份额达到 15% 以上，利润目标达到 8%，整体销量超过 400 万辆，中国品牌突破 200 万辆。

* 国外车企销量资料来源于 Marklines，其余国内车企销量来源于产销快讯。

计划投放50款产品，其中18款中国品牌产品。集团新能源汽车发展目标是：新能源车占到全国15%的市场份额，成为中国新能源汽车领跑者。计划投放新能源产品19款，其中乘用车5个平台11款，商用车5个平台8款。2016年初步形成电机电池系统的批量生产能力，重点完成车型的商品化开发；2018年实现新能源产品的规模化、市场化；到2020年，进入中国新能源汽车第一梯队。

集团针对“十三五”规划提出了“1593”振兴计划，分别是1个目标、5个理念、9大举措、3个保障。其“十三五”科技创新目标，主要围绕低碳化、信息化、智能化、高品质、高效益5个方面展开。

发展中国品牌仍是集团“十三五”规划中的重要任务，一汽轿车锁定两大产品平台，将布局8款奔腾品牌产品，覆盖A到B级的轿车、A0到A级的SUV及MPV细分市场。原一汽轿车旗下的红旗事业部升级为集团直属事业部，将布局SUV、B、C、D、E级，形成完整的产品线，2020年以前将推出5款车型，覆盖大部分高端市场。混合动力、插电混合动力、纯电动红旗产品已完成布局，未来3年内，每年至少投放一款红旗新产品，挑战10万辆的市场目标。“十三五”期间，一汽解放立下了中重型载货车市场份额达到20%、轻型载货车市场份额达到5%的目标。天津一汽将加快转型升级和产品结构调整，建设11个车型、2个动力总成和1个基础建设等项目。此外，还将所持天津一汽丰田30%股权的一半转让给集团。

根据一汽－大众制定的“2020战略”，2020年将力争实现年产销新车300万辆。加强在华本土化研发是其十分重要的发展方向，到2017年将新建噪声中心、新能源中心、功能性试验场并进一步扩展被动安全中心等，未来5年一汽－大众将拥有东北长春、西南成都、华南佛山、华东青岛和华北天津五大生产基地。同时，汽车行业数字化和车载互联系统也是其下一阶段发展的重点。此外，一汽－大众启动了换芯战略，有望在华推出1.0TSI和1.5TSI发动机，形成1.0TSI、1.2TSI、1.4TSI、1.5TSI和1.8TSI的小排量动力组合。

一汽丰田把2015～2017年的3年中期规划定位为内部构造改革期，将未来 5 年定位为“进攻期”、“飞跃期”，持续进行“大胆的变革”。从 2018 年开始，随着 TNGA 丰田全球商品架构在一汽丰田的全面导入，通过全新的平台发动机，确立新的商品体系，并全面进入“进攻型销售”。到 2020 年，计划导入 15 款以上的新车型，力争实现年销售 100 万辆的跨越。

2016 年集团多个项目启动或投产。一汽轿车斥资 11 亿元用于研发红旗 H7 技术升级项目，并利用现有厂房，通过改造相关的设备达到 1.3 万辆/年产能。8 月启动了红旗 HS7（SUV）车型技术改造项目，形成 HS7 技术改造车型 5000 辆/年的生产能力，计划在 2018 年量产。天津一汽丰田新一生产线奠基，新增投资 54 亿元，设计产能 20 万辆/年；一期产能 10 万辆/年，计划 2018 年 6 月竣工并生产丰田 TNGA 平台的一系列全新车型。一汽 - 大众台架试验中心正式落成，占地面积约 1.2 万平方米，总投资达 5.2 亿元。一汽 - 大众位于天津经济开发区的乘用车新厂（华北厂）破土动工，项目总投资超百亿元，年产能 30 万辆。大众汽车自动变速器（天津）有限公司的天津厂正式投产 7 速 S tronic DCT“DL382”，为奥迪 A4 和 MLB 新平台的国产车型配套。同年，一汽 - 大众长春 EA211 发动机厂全面建成投产，累计投资约 40.7 亿元，总产能达到 90 万台。目前，该厂已实现 EA211 1.6L、1.5L、1.4T 共线生产，计划 1.2T 发动机也将落户长春厂。

在合资合作方面，集团相继与中石油集团、中国农业银行、宁德时代新能源科技股份有限公司等签署战略合作框架协议。一汽解放与壳牌联手，共同打造高效物流新标准。一汽物流有限公司参股大连汽车码头有限公司，大连港将成为一汽商品车水运物流体系中的重要枢纽港。天津一汽夏利还分别与滴滴出行和京东签约，首次跨界合作。

一汽 - 大众携手奥迪，分别与阿里巴巴（中国）有限公司、北京百度网讯科技有限公司和深圳市腾讯计算机系统有限公司签署合作备忘录，合作各方将在大数据挖掘、电商生态系统、汽车互联网金融、车联网平台构建和城市智能交通方面展开对话和探讨，共同推动汽车行业与互联网行业深入融合。一汽 - 大众还携手国际商业机器（中国）有限公司（IBM）、华为技术有限公司、深圳清华大学研究院控股的力合科创集团有限公司签署《创新与数字化转型战略合作协议》，成为国内汽车行业首家同时与三家信息科技公司合作，携手开展技术创新和业务转型的汽车企业。一汽丰田与科力远签署旨在降低丰田混合动力电池成本的深度战略合作协议，有望让丰田混合动力电池的成本降低35%左右。一汽丰田还与中国邮政储蓄银行签署战略合作，将在汽车金融领域进行全面合作创新。

在出口及海外经营方面，一汽解放把海外市场放在了未来工作的重要位置，成立了海外事业部，将与集团进出口公司分工协作，弥补出口领域的短板，使产品结构和市场结构实现均衡。今年并向非洲坦桑尼亚 GSM 公司出口了 200 辆解放 J5 系列牵引车。

（二）东风汽车股份有限公司

2016 年集团总销量 427.7 万辆，同比增长 10.4%。中国品牌销量达到 137.7 万辆，占中国品牌总销量的 9.9%，在中国品牌销量排行第三。2016 年集团共发布或发售各品牌车型 30 余款，其中风光和裕隆各 1 款、风行 3 款、风神 4 款、东风雷诺 2 款、东风悦达起亚和东风本田各 3 款、东风日产 6 款和东风神龙 7 款（雪铁龙 3 款、标致 4 款）。

集团“十三五”战略规划的战略定位是：致力于成为为用户提供全方位优质汽车产品和服务的卓越企业。战略愿景是：永续发展的百年东风，面向世界的国际化东风，在开放中自主发展的东风。战略目标是：到 2020 年产销规模高质量跨越 560 万辆；中国品牌实力显著提高，经营效益进一步提升；产品海外销量在中国品牌海外销量中居领先水平；新能源销量目标 30 万辆以上，市场占有率达到 15% ~18%；核心技术和资源掌控能力显著提升；力争在新能源汽车、汽车金融、自主研发能力、营销能力、国际化能力、智能互联 6 个方面实现重点突破。

集团“十三五”科技规划发展纲要提出：到 2020 年，自主研发能力国内领先，整车、动力总成技术平台全面升级，新能源汽车、智能网联汽车技术取得重大突破；到 2025 年，达到国际先进水平，东风品牌世界知名，新能源汽车、智能网联汽车居于前列，部分技术领域引领发展。汽车轻量化

“十三五”规划目标是，通过掌握和应用 16 项关键技术，实现汽车降低重量 200 公斤。

东风风神计划未来 5 年推出 11 款传统汽车以及 6 款新能源汽车，到 2020 年形成 12 +7 的产品布局和 35 万辆的销售目标。东风神龙“5A + 计划”的目标是，为产品及服务的质量水平在 2018 年进入行业前三，2020 年追求第一，销售收入在 2020 年超过 1000 亿元，生产效率提升 30%。未来 5 年将投放 34 款新车型，其中 5 款新能源产品。每个品牌每年至少投放 1 ~2 款全新车型，进一步巩固完善三厢车 + SUV 产品系列，加速进入 MPV 细分市场，扩展产品布局，并研究进入 LCV（轻型商用车）等新的潜力市场。神龙旗下东风标致的 Blue Upper 全新 5 年计划由“产品向上”、“技术向上”、“体验向上”三个核心模块组成。未来 5 年将陆续推出 18 款新车型，在扩充产品序列的同时，对现有车型实现全面升级换代。计划推进下一代设计造型的采用和先进驾驶辅助系统（ADAS）的搭载。计划中的“技术向上”将实现 E 动战略全面升级，包括发动机全面升级导入 8AT、双离合全新变速箱、PHEV 插电混合动力及纯电动新能源技术应用于量产车。神龙旗下的东风雪铁龙开启全新中期事业规划，并确立 33 万辆的销量目标。未来东风雪铁龙还会推出大型 SUV、MPV 车型以及电动车。东风日产启辰发布“V 战略”，在产品方面，坚持汽油车和新能源车双线并举的路线，投入 20 亿元用于产品研发，未来 5 年将推出 8 款新车，保持每年不少于 1 款新车投入市场，同时可能会推出更多新能源产品。在东风海外事业和东风进出口公司发展上，提出了“十三五”期间海外销量突破 15 万辆的目标。

2016 年集团主要的建设项目有，湖北襄阳的汽车试验场扩建项目启动，投资总额 16.5 亿元。风洞试验室于 12 月动工，计划 2019 年 11 月建成。与德国格特拉克公司合资组建的东风格特拉克汽车变速箱有限公司在武汉投产双离合自动变速箱，年产能 3 万台。东风乘用车斥资 7 亿元进行“C 系列发动机技术改造项目”建设，设计产能 24 万台，建设期 4 年，一次规划、分期实施。1 期项目有望于 2017 年投产，形成 12 万台生产能力；2 期在其基础上达到 24 万台生产能力。东风神龙成都 4 厂投产，最终形成 36 万辆的产能。东风雷诺武汉整车厂投产，总投资110亿元，年产能为30万辆（台）乘用车及发动机。除整车厂外，还开设动力总成厂和研发中心，国产率达80%。东风悦达起亚投资29亿元，将江苏盐城3厂的年产能由30万辆扩张至45万辆。

在产品技术开发方面，集团与PSA、神龙汽车联合开发EV用平台eCMP项目，总投资5.5亿元，计划2019年开始投放各品牌基于eCMP的车型。2016年，东风标致新推的部分车型开始搭载ADAS。东风标致还在智能、安全技术的应用方面不断加大投入力度，如“Blue-i”车载互联系统、ESP 9.0、盲区探测等。集团“快召货的”新型互联网信息化管理系统7月正式上线。

在合资合作方面，集团与中国电子科技集团公司将在新能源汽车、智能工厂及智能互联车、IT化及企业的信息安全等领域展开战略合作。与天津力神开展电动车与电池模组开发与生产，并探讨在资本层面的深层次合作。集团还与PSA集团中国及东南亚区运营总部就无人驾驶汽车以及汽车共享型经济等领域进行深化合作。东风雷诺与雷诺以及武汉蔡甸生态发展集团有限公司开展合作，在中法武汉生态示范城建立自动驾驶示范区。

根据集团2016~2020年海外出口中期事业计划，未来5年公司将在海外70多个国家和地区投放40多款产品，到2020年，公司海外出口销量目标将达15万辆。为此，集团国际事业部将着力构建3+3+N（3个深度KD项目，3家海外销售公司，多个板块主导项目）海外事业布局；深度挖掘伊朗市场，建立首个10万辆规模的海外基地；以伊朗或智利海外公司为基础，试点建立东风风神与其他品系的资源协同，实现战略市场一体化管理运营；紧跟国家“一带一路”战略，持续推进东风品牌和东风产品在沿线市场的巡展；以汽车贸易为支点，以金融资源为加速器，发展央企间战略合作，实现海外多元贸易。

（三）上海汽车集团股份有限公司

2016年集团总销量647.2万辆，同比增长10.4%，连续12年蝉联国内汽车集团销量冠军。中国品牌销售 255.2 万辆，占中国品牌汽车销售总量的 18.3%，在中国品牌销量排行第一。2016 年集团发布或发售各个品牌车 40 余款，其中上汽大通 2 款、上汽 MG（名爵）2 款、上汽荣威 4 款、上汽大众 17 款和上汽通用 19 款。上汽通用别克凯越于 8 月停产。

集团“十三五”战略规划主要体现在“中国品牌和自主创新能力建设、信息和数据平台、合资整车经营体系”3 个重点和“国际业务布局和支持体系、以用户体验为中心的客户服务业务、创新发展产业主导的金融业务”3 个突破上。其中长期战略目标是：成为全球布局、跨国经营，具有国际竞争力和品牌影响力的世界著名汽车公司。

2016 年 4 月，集团总额 150 亿元的定增计划获证监会批准，主要投资新能源汽车、智能化大规模定制、前瞻技术与车联网、汽车服务与汽车金融等领域内多个项目。未来 5 年，集团在新能源领域的专项投资超过 200 亿元，将投放 30 余款全新新能源车型，总销量达到 60 万辆，其中中国品牌 20 万辆。同时，以新思维、新生态、新标准和新产品在互联网汽车、智能制造领域取得突破。在用户服务方面，依托车享网、车享家，通过线上线下 O2O 协同，为用户提供全生命周期一站式服务，计划到 2020 年形成 1000 家网点规模。按集团规划，2020 年中国品牌的销量目标为 100 万辆，中国品牌及本土化研发产品销量占比超过 60%，出口产品的数量将占总销量的 20% ~30%。

在技术研发方面，集团计划未来 5 年投资亿元研发第二代电驱技术和新一代强混技术，并逐步投放 6 款新产品。集团还与同济大学共建了首个智能网联汽车测评基地。上汽乘用车推出了自主研发的“安卓版 CarPlay”智能车载互联模式 SDL。上汽商用车推出“我行@ MAXUS”平台。按上汽通用“绿动未来”规划，在动力总成及新能源技术方面将投资 265 亿元，推出 13 款发动机和 9 款变速箱。

2016 年集团多个项目启动或投产。集团南京浦口厂二期工程正式投产。上汽商用车无锡厂启动二期整车项目建设，总投资 35 亿元，建成后整车产能将增至 20 万辆；商用车首个房车生产基地正式落户江苏溧阳，该项目总投资17亿元，建成后年产能1.6万辆。上汽大众计划将安亭二厂的年产能由20万辆提升至36万辆，并计划国产EA211系列的1.0TSI发动机，年产能由145万台增至160万台。上汽通用浦东金桥厂竣工投产，将新增1.8T、2.0T发动机共计30万台/年产能；上汽通用还投资17.2亿元在浦东金桥建设锂离子电池组装厂。此外，上汽通用五菱柳州宝骏基地生产线一期工程、发动机五期工程相继竣工投产。

2016年集团在合资合作方面动作频频。年初，集团战略投资美国麻省固体能源公司（SolidEnergy），加码锂电池开发。集团与上海嘉定区成立新能源汽车租赁服务公司，计划5年内推广新能源汽车30万辆；同时携手一嗨租车，在多领域展开多元化、多样化的深度合作。集团车享网旗下的“e享天开”分时租赁公司与优步（Uber）共建全新“互联网+汽车共享”模式；“e享天开”同年与上海国际汽车城旗下的电动车租赁公司EVCARD整合，合资成立环球车享汽车租赁有限公司，注册资金2亿元，形成近500家网点、2000多辆车的规模。上汽商用车与上汽安悦充电密切合作，在全国实现建设66万充电桩及销售60万辆新能源汽车的目标。

集团与大众及斯柯达签署谅解备忘录，未来5年上汽大众将投资150亿元，扩充斯柯达品牌在中国的产品阵容。集团还与大众签署了在华制造和销售奥迪品牌产品的谅解备忘录，不过此项目已暂时搁浅。上汽通用与上海交通大学未来5年将在汽车智能制造关键技术的研发等多个领域展开全面深入的战略合作。

在海外业务方面，集团与中国出口信用保险公司上海分公司签署战略合作协议，推进集团“走出去”战略。集团可能接手收购通用汽车在印度古吉拉特邦的Halol厂，并实现当地化生产；集团与泰国CP合资的上汽正大公司二厂奠基。上汽大通4月在英国伯明翰上市，实现了中国汽车品牌在英国市场上“零的突破”。上汽MG除上市GS欧洲款SUV外，还宣布将扩大英国伯明翰设计中心。上汽通用五菱在印尼的汽车零部件厂下半年破土动工，1年后投产，该项目投资1.7亿元，年产能为15万套后悬架、前车桥。

（四）重庆长安汽车股份有限公司

2016 年集团总销量为 306.3 万辆，同比增长 10.3%。中国品牌销量 171.8 万辆，占中国品牌总销量的 12.3%，在中国品牌销量排行第二。年产量首次突破 300 万辆，其中中国品牌占比接近 60%。全年集团发布或发售各品牌车型近 40 款，其中长安汽车 20 款、长安铃木 7 款、长安 PSA 2 款和长安福特 10 款。

依据集团的“十三五”发展规划，2020 年实现销量 450 万辆，其中中国品牌 247 万辆，全球排名达到第 12 位。规划的具体战略举措：一是以用户为中心，打造客户“愉悦体验”；二是以新能源产业、智能化为突破口，打造经典产品；三是积极拓展新业务，完善汽车产业链，助推业务转型升级；四是积极响应国家“一带一路”战略，实现国内外并重的市场转型；五是以移动互联和大数据为新手段，推动包括品牌、制造、管理在内的体系转型。以“互联网”和“制造 2025”为机遇，启动全面战略转型，从传统制造型企业转型为制造服务型和创新型企业。

根据新能源战略规划，2020 年新能源汽车累计销量达到 40 万辆，2025 年累计销量突破 200 万辆。到 2025 年，分三阶段累计推出 34 款全新产品。2025 年实现新能源“518”性能目标。规划明确了 2020 年纯电动产品续航里程达到 350 公里和插电式混合动力产品纯电里程 80 公里，2025 年其续航里程分别达到 400 公里和 100 公里的目标值。未来 10 年，集团还将投入 180 亿元打造新能源汽车研发体系，从研发、技术、供应、运营 4 个层面给予强力保障。

按照集团中国品牌规划，将在商用车业务上大力拓展包括 7 座 MPV、SUV 等在内的多功能车市场，乘用车方面将推出 CS15 等两款 SUV 产品，完善 SUV 谱系。此前集团还曾计划推出高端品牌，虽最终无限期延后，但从产品上仍在不断地突破。

2016 年集团发布多个投资项目，先后出资 5000 万元设立深圳长安新能源汽车服务有限公司，向全资子公司长安车联增资 4000 万元，投资 4.9 亿元用于C2系列产品生产线建设以及向海外研发中心增资5400万元等。同年集团多个项目投产或启动。长安轻型车研发中心在河北定州揭碑。长安汽车合肥研究院建立。集团自建的电商平台“长安商城”正式上线运营，并推出C2M在线定制模式。集团还斥资33.7亿元用于长安汽车城乘用车建设项目，该厂位于重庆市两江新区鱼复工业园，建设周期24个月，计划年产能24万辆，最大生产能力36万辆。长安福特启动B500项目，该项目针对长安福特一工厂生产线进行技术改造，总投资2亿元，预计2017年底竣工，形成18.9万辆乘用车年生产能力。

在产品研发方面，集团坚持每年将销售收入的5%投入研发领域中。根据集团规划，将按照“模块化、平台化、家族化、通用化”的产品研发策略，逐步形成P1、P2、P3、P4四个乘用车产品平台，实现零件互通化，基于每个平台将推出多款车型，包括轿车、SUV和MPV。在新能源汽车技术路线的选择上，将以纯电驱动为主线，同步发展插电式混合动力及纯电动两大技术平台，覆盖乘用车和商用车。在智能化方面，集团制定了“654”智能化战略。2016年，集团还成功完成重庆－北京2000km无人驾驶测试，并已为旗下睿骋、逸动、CS75、CS35等车型配备全景辅助系统、并线辅助、车道偏离预警、全速自适应巡航系统、自动紧急制动系统、前防撞预警系统、自动泊车辅助系统等一系列自动驾驶辅助系统。

按照动力325战略，集团除已推出的1.5T和1.8T BlueCore系列涡轮增压发动机外，由重庆长安动力研究院与英国研发中心联合设计开发出了代号D20TGDI的2.0T发动机。集团还将研发更小排量的1.0T发动机，形成4款自主开发的涡轮增压发动机，覆盖由小型到大型的所有级别车型。

在合资合作领域，集团与美国硅谷最大规模科技孵化器PlugandPlay（PNP）签约，正式入驻硅谷，加速全球化布局。集团英国研发中心与Magnomatics、Romax科技有限公司、CMCL创新公司、谢菲尔德大学联合达成战略合作协议，共同投资3800万英镑，为其未来的汽车产品研发及评测MAGSPLIT混合动力变速器。集团还联合吉利控股、科力远股份和云内动力共同投资科力远混合动力技术有限公司（CHS），增资6.6亿元搭建国家级混合动力总成系统技术平台。在新能源方面，集团联手特来电新能源，在重庆成立了合资公司。在智能化方面，集团与百度正式签署智慧汽车战略合作协议。集团将规模化植入 MyCar 车辆私有云、百度 CarLife 手机 - 车机互联解决方案。同时双方将共同开发车辆语音控制技术，并利用百度高精地图信息展开无人车高速公路测试。集团与云南大理下关沱茶（集团）股份有限公司的跨界营销合作，是继着眼于长安企业本身的蹲地营销、关注用户利益的粉丝营销之外的又一次新的尝试。

海外经营方面，集团已在俄罗斯建立销售子公司，经销商体系遍布全球 60 个国家，根据公司“2020 愿景”的规划，海外战略正逐步推进，到 2020 年集团的国际业务将达到 40 万辆左右的销售规模。

（五）北京汽车集团有限公司

2016 年集团总销量为 284.7 万辆，同比增长 14.4%。中国品牌销量 115.1 万辆，占中国品牌总销量的 8.2%，居中国品牌销量排行第四位。2016 年集团发布或发售新车 20 余款，其中北汽 9 款，北汽福田 5 款，北汽昌河 4 款，北汽新能源 4 款，北京现代 2 款和北京奔驰 1 款。北汽福田推出了乘用车新品牌北京福田伽途，还首发了第一辆无人驾驶载货车。

集团“十三五”规划目标：到 2020 年实现年产销汽车 450 万辆，营业收入 6200 亿元、利润总额 400 亿元。战略目标：规模和实力居中国汽车行业第一梯队，跻身全球汽车行业前 12 位、世界 500 强前 100 位，职工人均收入比 2015 年翻一番。发展战略：由传统制造型企业向制造服务型和创新型企业转型。

2016 年，集团收购福汽集团所持福建奔驰 35% 股权，成为福建奔驰最大的中方股东。北汽银翔与北京航天试验技术研究所合作成立“北京航天银翔汽车材料研究院”。北汽福田先后建立乘用车整车厂北京宝沃汽车有限公司和北京超级卡车创新中心。北汽新能源以战略投资人对公司增资，共募集资金 30 亿元，用于国内公司运营和海外研发基地的建设；还相继成立了底特律研发中心和西班牙巴塞罗那研发中心；并投资控股建设了 B2B 和

B2C 纯电动汽车分时租赁服务商，推出了出租车换电池运营模式并将集中组建一个充电汽车换电运营的股份制公司和电池运营公司。

2016 年集团多个项目相继启动或投产。集团与常州常高新实业投资有限公司合资的北汽（常州）汽车有限公司正式揭牌，年产能 4000 辆客车，其中包括 2000 辆新能源客车。集团的“北汽新能源汽车动力电池”、“北汽集团常州产业基地”两项目也落地常州，总投资 80 亿元。11 月，集团零部件轻量化基地投产，并启动北汽江森自控合资公司的电池项目。12 月，北汽云南产业基地瑞丽项目竣工，该项目总占地近 2000 亩，规划总产能 15 万辆，总投资 36 亿元。子公司北汽银翔及比速汽车扩能项目启动，北汽银翔将从年产能 30 万辆扩大到 55 万辆，比速汽车将从年产能 15 万辆扩大至 25 万辆，预计 2017 年底建成投产；此外，北汽银翔“三电”项目正式开工，预计年产 10 万套锂电池、驱动电机和整车电控系统。公司北汽昌河九江厂“三车两发”项目厂房主体工程于 5 月顺利竣工；同月，北汽昌河汽车研发中心奠基开工，总投资 9.9 亿元，建筑面积 10 万平方米。

2016 年，子公司北汽福田先后验收了汽车工程研究院二期建设、客车分公司完善产品品种建设、新能源汽车动力总成模块产业化基地建设、怀柔重型机械工厂建设、山东轻型载货车基地诸城奥铃厂改造等竣工项目。未来，北汽福田将把山东潍坊打造成集产品工程研发、制造、销售、物流、金融等综合性的地区集团。到 2025 年，项目总投资将超过 70 亿元，将实现年销售收入 2800 亿元、利税超过 100 亿元。

集团与戴姆勒联手对北京奔驰投资 40 亿元，扩建北京奔驰发动机厂的产能；年末，北京奔驰发动机厂二厂区在北京经济技术开发区奠基。此外，北京现代河北沧州第 4 厂正式投产，占地面积 192 万平方米，初始年产能 20 万辆，到 2018 年扩产至 30 万辆/年。

产品技术研发方面，北汽福田计划在北京建立第Ⅵ阶段超低排放实验室，项目总投资约 1.2 亿元。北汽福田携手戴姆勒、康明斯、采埃孚、大陆电子、百度等企业，在欧洲成立了全球重型载货车行业的“超级卡车全球创新联盟”。欧曼 EST 超级卡车集成了“发动机智能管理、智能制动系统、智能车道辅助系统、智能电控空气悬架、智能换挡系统、智能稳定控制系统、超级车队管理系统”七项前瞻性智能技术应用的 i-Telligent 智能管理系统，实现由智能辅助主动驾驶逐步向自动驾驶升级。此外，北汽福田还将在与百度合作的基础上，建立智能网联商用汽车生态云架构——“云 + 网 + 端 + 内容”，形成基于大数据的业务应用、汽车价值链的业务拓展和车生活增值服务的车联网生态圈。北汽新能源与德累斯顿工业大学成立“中德汽车轻量化技术联合研发中心”。北京现代推出全新 Blue Melody 品牌战略。

2016 年集团相继与昆明市政府、盘锦市大洼区政府、首开集团、国家体育总局航管中心等签署合作合资协议。北汽新能源先后与国际自然保护组织大自然保护协会、上海交大、协鑫集团、奥动新能源汽车科技有限公司、上海电巴新能源科技有限公司签署战略合作协议。北汽福田先后与国网电动汽车服务有限公司、中国平安财产保险股份有限公司、中华思源工程扶贫基金会、重庆瀚穹科技有限公司、洁蓝德新能源科技有限公司、传化物流集团有限公司和浪潮集团等达成战略合作。

海外经营方面，2016 年，北汽福田与中非发展基金合作成立福田非洲业务投资平台，负责福田汽车对非洲投资项目的投资和运营。8 月，集团第一座海外整车制造工厂——北汽南非工厂在伊丽莎白港奠基，该厂总投资 8 亿美元，规划产能为 10 万辆/年。工厂投产后，拟生产制造北汽旗下乘用车、越野车、轻型运载车以及其他适合市场的汽车产品，同时生产左舵和右舵汽车产品，有望成为覆盖南非及其他非洲主要市场的汽车生产制造基地。10 月，北汽宝沃在德国不莱梅（Bremen）建设年产能 1 万辆的 SKD 厂，2018 年投产，首款车型 EV BX7 SUV 计划在欧洲销售，还计划生产 BX5 系列的 EV 和 PHV。另外，北汽幻速已在北非、南美、中东以及东南亚等地区开通相应客户，在伊朗、俄罗斯等国家开始销售产品。

（六）广州汽车集团股份有限公司

2016 年集团销量为 164. 9 万辆，同比增长 26. 6%。2016 年集团全球发布或发售近 30 款车型，其中广汽传祺 11 款、广汽丰田 5 款、广汽本田 12

款、广汽三菱 1 款和广汽菲克 1 款。

集团围绕“一个中心、两个不动摇、三个转变”的主线，积极实施“十三五”规划。集团提出“十三五”规划——“1513”发展战略，即在秉承“内部协同创新、外部开放合作”的发展原则基础上，完成 1 个目标、夯实 5 大板块、突出 1 个重点、实现 3 大突破。集团在新能源板块规划布局方面，2016 年的总体目标是确保 5000 辆的销量，挑战 8000 辆目标，计划在 2020 年超过 20 万辆。中国品牌发展规划是到 2020 年产销 100 万辆。集团将持续加强品牌建设，提升品牌力和企业软实力，到“十三五”期末，力争成为中国汽车行业的知名品牌，具有全球化影响力并具备高度社会责任感的国际汽车集团品牌形象。

2016 年，集团财务公司获中国银监会批准筹建。集团向特定投资者非公开发行 7 亿 A 股股票，募集资金总额约 150 亿元，支持新能源汽车和中国品牌汽车的发展。集团合资成立大圣科技股份有限公司，实现汽车互联网生态平台正式上线。广汽乘用车收购合资公司广汽吉奥汽车剩余的 49% 股份，使其成为全资子公司，更名为广汽集团乘用车（杭州）有限公司。广汽丰田、广汽三菱正式启用全新企业标识。广汽丰田启动“全体系构造改革”，在产销、研发、管理等领域进行战略变革，以品质提升为核心，破解发展过程中的深层次课题，着力建设一家具有全球顶尖运营效率，备受顾客青睐，并为员工缔造幸福感、承载梦想的企业。广汽本田全资的汽车销售有限公司在广州成立，负责 Honda、理念品牌产品的销售及售后各项事业；即将设立的北京销售分公司，将负责国产 Acura 品牌产品的销售及售后各项事业，并接管尚由本田技研工业（中国）投资有限公司负责的 Acura 产品的进口销售业务。广汽三菱全资收购了进口三菱的股权，进口车业务全部由广汽三菱承接。5 月，集团董事会宣布解散广汽日野（沈阳）汽车。

2016 年集团多个项目启动或投产。广汽研究院 - 武钢研究院汽车用钢联合实验室揭牌成立，重点开展低成本热成形钢、“以热代冷”技术降本等重大创新课题的开发与应用研究。广汽乘用车对广汽吉奥现有工厂的改造工程开工，项目总投资 37.5 亿元，最终扩大为 20 万辆产能，预定 2017 年 10

月投产。广汽乘用车广州厂第2生产线竣工，产能到2017年将扩大至35万辆（最大65万辆）。广汽乘用车新疆乌鲁木齐分厂奠基，该项目占地面积约33.3公顷，投资总额预计达16亿元，最大产能提高至20万辆，前期投产车型为中高级SUV和新能源车型。

广汽本田增城厂产能扩大（新增24万辆/年）建设项目（首期）通过环保验收。广汽丰田第三生产线在广州南沙奠基，占地面积约96万平方米。新生产线将以年产10万辆为开端，未来根据需要可快速扩充至年产22万辆，届时，广汽丰田总产能可达到每年60万辆。投产后，第三生产线将主要用于生产中小型车产品。广汽菲克广州厂落成投产，该厂由广汽集团与菲亚特克莱斯勒汽车集团以50∶50共同投资建设，规划年产能16万辆。至此，广汽菲克已拥有长沙及广州两个生产基地，能同时满足菲亚特品牌和Jeep品牌的车型生产。广汽三菱自8月底开始国产SUV欧蓝德，强化在中国汽车市场增长明显的SUV的销售竞争力。

在技术研发方面，广汽传祺发布2.0时代全新动力总成Ti POWER“智擎力量”。广汽传祺以掌握核心技术为产业发展依托，实施“153”新能源发展战略，初步掌握整车控制、电机系统集成、电池管理、电池系统集成技术及燃料电池五大核心技术，已形成电机、电池、控制器三大产品制造能力，未来5年将推出7款以上新能源车型，涵盖混合动力、增程、纯电3大产品系列。规划到2020年形成传祺新能源产品技术系列及网络推广体系，产销突破10万~20万辆目标。

在合资合作方面，广汽乘用车与苏州博世便签订战略合作协议，将在产品开发、质量管控、生产供应、市场拓展等方面展开更加全面、深入的合作。广汽乘用车与汽车之家网站合作，在京启动“高品质国民家轿普及计划”，创新“互联网+”时代汽车营销模式。广汽乘用车与世界自然基金会、三江源国家公园管理局共同启动“诞生在三江源-国家公园创行”，签署了战略合作框架协议，首开企业参与中国国家公园建设之先河。

为加速推进“有谋有动，整体布局，稳步发展，重点突破”的全球化战略，集团在海外市场加速布局，并以中东为重点突破，争取2017~2018

年进入北美市场。2016 年，广汽传祺 GS4 先后投放尼日利亚和巴林市场。广汽传祺尼日利亚汽车组装厂试产成功以及尼日利亚二店开业，标志着广汽传祺 SKD 项目成功登陆非洲。广汽传祺计划 2017 年在中东市场陆续导入 GS8、GA8 等高端产品，进一步开拓和深耕中东市场，并与经销商共同努力，在品牌建设、产品投放、市场定位、服务配件等方面加大力度，加速传祺进入国际市场。

（七）华晨汽车集团控股有限公司

2016 年集团总销量 77.4 万辆，同比下滑 9.6%，在中国生产企业排行中居第九位。而在中国品牌销量排行中名落前十之后。2016 年集团发布或发售了 10 余款车型，其中中华 2 款、华颂 1 款、金杯 2 款、华晨鑫源斯威 1 款和华晨宝马 5 款。

随着“十三五”规划的展开，华晨集团将围绕品牌、技术、规模效益的规划方向开拓出全新目标。品牌目标：强力推进品牌创新，实现从产品经营向品牌经营的转变。将“华颂”品牌打造成国际高端品牌，并以此带动，将“金杯”品牌打造成具有一定影响力的国际知名品牌，将“中华”品牌打造成国内轿车最优品牌，将“BSV”打造成世界级专用车品牌。技术目标：以宝马集团为榜样，以低碳化、信息化、智能化引导企业技术升级。重点以平台化、通用化、标准化为导向，掌握整车安全、节能和智能互联三大核心技术，开发出互联网时代的颠覆式极致产品。通过技术目标的实现，将华晨建设成为省属国有企业实行“中国制造 2025”的标杆企业和领头羊。规模效益目标：到“十三五”末，确保实现年整车产销 150 万辆（其中中国品牌 100 万辆，包括：客车 40 万辆，轿车 40 万辆，金杯载货车 20 万辆），发动机年产销 160 万台，年销售收入超过 3000 亿元，年利税总额超过 500 亿元。到“十三五”末，在“非洲、西亚、中南美洲 + 东欧”等建立海外生产基地，初步完成海外布局，集团出口实现占整车销售 20% 以上的目标（其中海外基地生产占出口整车的 40%）。

在产品技术方面，集团本着平台化、模块化、系列化的产品开发策略，整合平台资源，包括将乘用车现有的 4 个平台，整合成 2 个模块化平台（FX/M8X），商用车实现轻客、轻型载货车平台化共用。包括中华车在内的新旧平台车型均将搭载从宝马引进的 4 款发动机技术。近期研发的最新 M8X 平台也将搭载宝马的发动机。接下来集团或将在智能制造领域需求宝马的进一步支持。

在新能源产品研发方面，目前集团已建立了纯电动技术平台和增程式插电混合动力技术平台，并全面掌握了核心技术，其中电动车低温寒冷地区应用处于国内领先、国际同期水平。集团依托自身专用车的资源，在新能源物流车及专用作业车方面，开发了包括纯电动微面、纯电动微卡、纯电动轻型载货车及各类纯电动专用作业车在内的多款新能源工具车。未来，集团将打造 Bri-E 新能源技术平台，并规划了多款新能源汽车产品。中华品牌方面，中华 V3 将推出纯电动版本，同时高端平台 M8X 将推出插电混合动力产品；金杯品牌方面，一款全新七座 MPV 新车型也将推出纯电动物流车的版本。

在智能网联方面，集团与惠普联合打造的 Bri Air 车联网平台主要由多媒体系统、车载智能终端、手机 APP、数据中心、语音识别系统组成。未来 Bri Air 车联网平台将实现车辆远程控制、车辆监控、定位、故障提醒、防盗报警、语音控制、娱乐资讯、车载 WiFi、实时交通等一系列功能。在平台后续车型开发过程中，集团将基于已有车联网云平台，通过 DSRC 技术、LTE-V 技术研究和开发，建立完整的车联网生态系统，并融入智慧城市、智能交通，实现车与车、车与人、车与交通、车与智能家居、车与城市的无缝互联。目前 Bri Air 车联网平台的相关系统开发工作已经完成，后续主要集中于整车台架及实车的测试验证工作，功能和性能的优化，将在 2017 年及 2018 年的量产车型进行应用。此外，集团电商 APP 上线。集团作为与数创信息互联网 + 汽车运营战略合作的汽车主机厂商，加入了互联网汽车运营平台。

2016 年集团多个建设项目启动或投产。华晨宝马之诺 Concept Next 设计实验室正式在中央美术学院挂牌成立。华晨宝马新发动机厂在沈阳正式投产，新厂占地面积为 90 万平方米，年产能 30 万台发动机。主要生产最新一代 BMW 3 缸和 4 缸涡轮增压发动机。同时，厂内一座全新高压电池中心亦开工建设，将为华晨宝马插电式混合动力车型提供动力电池。此外，宝马沈阳零件配送中心开业。

在合资合作方面，集团先后与北京理工大学、中国民生银行签订长期合作协议，与申通快递成立新能源汽车租赁公司，向滴客（中国）公司提供中华、金杯牌车作为网约车和货运车。华晨专用车与港中旅华贸物流战略合作，共同发力房车露营产业链；专用车还与意大利福卡西集团正式签署合作协议，成为福卡西在中国地区的独家代理商，推进实现福卡西福祉类产品在中国进行 SKD 及 CKD 生产。集团所属陆金申华融资租赁（上海）有限公司携手新鸿基金融及 58 集团，成为业内领先的线上线下“齐头并进”的金融服务公司，同时打开了三方在新车、二手车等汽车产业链上的深入合作空间。陆金申华还与万国数据服务有限公司签署战略合作协议。

在海外运营方面，集团与伊朗塞帕集团共同签署了《战略合作备忘录》，2017～2019 年将在伊朗生产并销售 12 万辆中华轿车系列产品，2019 年达到年产 12 万辆中华轿车和 1 万辆金杯大海狮的产能规模。据巴西巴拉那州政府宣布，华晨汽车考虑在巴拉那州建厂。另外，集团计划在俄罗斯发售由切尔克斯 Derways 厂组装的 SUV Brilliance V5 和三厢车 Brilliance H530 的微改车型。

（八）奇瑞汽车股份有限公司

2016 年集团销量 69.9 万辆，同比增长 27.1%，在生产企业排名中跻身于第十位。占中国品牌总销量的 4.6%，居中国品牌总销量排行第八名。2016 年集团发布或发售各品牌车型 10 余款，其中瑞虎 4 款、艾瑞泽 4 款、凯翼 2 款、观致 2 款、捷豹路虎 1 款、开瑞 1 款。

集团发布了“十三五”战略规划：形成全新三大产品平台，开发 10 款全新传统燃油车和 5 款全新新能源汽车，力争新能源汽车到 2020 年产销规模达到 20 万辆。此外，集团还将涵盖自主研发智能无人车技术平台，实现城市工况自主跟车及主动避撞功能等。

2016 年，集团在安徽省芜湖市高新技术开发区的纯电动车厂奠基，规划占地约23 万平方米，总投资15.6 亿元。一期计划初步达到年产1 万辆产能，2016 年9 月建成投产，二期于2017 年底产能扩大至年产6 万辆。新厂生产采用铝合金制车身框架的EV 规格乘用车，首款车型预计是小型SUV。

2016 年在合资合作方面，集团与奥地利Austro Engine 公司、中电科芜湖钻石航空发动机有限公司签署协议，为Austro Engine 公司和芜湖钻石发动机公司开发并生产AEC2.0L 高压共轨航空基础发动机，以取代Austro Engine 公司原有的AE300 航空发动机。集团与中国大型电信运营商中国联通签署全面战略合作协议，将在汽车新品上市活动、互联网 + 汽车产业链、汽车共享、新能源汽车等方面开展合作。集团还与日本安川电机签约合资成立奇瑞安川电驱动系统有限公司，合力开发和生产新能源汽车电机及控制系统。此项目与芜湖纯电动车厂项目一起，将成为奇瑞到2020 年实现20 万辆新能源汽车年产销目标的重要战略步骤。

产品技术开发方面，集团推出了四大动力总成，包括第二代CVT 变速箱、第二代涡轮增压缸内直喷技术1.2TGDI 发动机、372F 发动机及PHEV 混合动力系统。4 月，集团宣布旗下艾瑞泽5、瑞虎3、瑞虎5 三款车型在车辆超过原厂3 年/8 万公里整车质保期后对其发动机核心部件保修服务延长至10 年/100 万公里。

在海外运营方面，奇瑞伊朗汽车工业园扩建项目正式签约，将以现有6 万产能的工厂为基础，建立新增10 万整车及主要零部件配套的汽车产业园。该工业园致力于打造以整车为龙头，将吸引中国汽车零部件企业，以及装备、服务等相关企业进入，从而形成区域化制造产业集群。集团还联手埃及两大本土汽车集团GB Auto 和AF Auto 强势回归埃及市场，并携旗下Tiggo 和Envy 两款车型在开罗市GB academy 举办了奇瑞品牌上市发布仪式。奇瑞汽车巴西公司开始销售在巴西生产的次紧凑车新款QQ，而在突尼斯开始销售符合欧IV 和V 的新款QQ、风云2、艾瑞泽3、瑞虎3、瑞虎5 等车型。奇瑞艾瑞泽5 首次在三国十八城同步上市，标志着奇瑞国际化发展逐步由

“走进去”转变为“走上去”，走出了由产品输出到品牌输出的道路，在产品研发、采购、生产和营销等全产业链上实现了全球化。

（九）安徽江淮汽车股份有限公司

2016 年集团销量 64.3 万辆，同比增长 9.4%。中国品牌销售 63.83 万辆，占中国品牌总销量的 4.6%，居中国品牌总销量排行第七名。2016 年集团全球发布及发售各品牌车型近 20 款，其中瑞风 7 款、骏铃 5 款、帅铃 3 款、星锐 1 款以及电动 SUV、电动轻卡及 SUV 概念车各 1 款。

“十三五”期间，集团规划将由“商乘并举的综合型汽车企业”，向“先进传统汽车与新能源汽车并举的综合型汽车企业”发展。集团的品牌战略是，乘用车以 SUV 家族成为国民车稳固销量之后，继续推出精品车战略，真正实现 MPV 家族型谱最全化，全面布棋每个品类；商用车率先实现国Ⅴ动力全面量产化，领先行业；新能源汽车乘商并举，继续领跑行业，2025 年总产销量占集团汽车总产销量的 30% 以上，形成节能汽车、新能源汽车、智能网联汽车共同发展的新格局。

2016 年，集团非公开发行股票共募集资金净额约 45 亿元，用于新能源汽车项目建设。4 月，集团乘用车发布全新品牌 LOGO，从“五星标”改为“盾牌 JAC”LOGO，标志着商用车与乘用车正式“回归一个 JAC”。

2016 年，集团多个项目启动或投产。集团新能源车武汉生产基地奠基，一期工程投资额为 10 亿元，预计 2017 年正式投产后分别生产 1 万辆新能源车和新型环卫车；合肥新能源汽车项目破土动工，计划 2017 年底竣工投产，年产能 10 万辆，首款产品为纯电动 SUV。

在产品技术方面，集团基于 NAM 流程，已形成整车技术、核心动力总成和自动变速箱及软件系统等完整的正向研发体系。动力总成研发领域：乘用车方面，集涡轮增压、缸内直喷、湿式双离合、DVVT 等技术于一身的 1.5TGDI + 6DCT“白金传动系”，以 1.5L 排量实现了高于合资品牌主流 2.4L 传统发动机的功率和扭矩，打破了跨国车企对中国汽车自动变速箱技术的垄断；商用车方面，4 月上市的锐捷特 2.0L 和 2.7L 柴油发动机，加上迈斯福 3.2L 和 4.8L 动力，形成了江淮轻型商用车强有力的核心动力支撑，实现了全系产品的国 V 储备。新能源汽车领域：系统掌握了电动汽车的关键核心技术——电池模组、电机、电控三大核心技术及电转向、电制动、能量回收关键技术，特别是电池热管理技术，本质安全管理技术实现突破。智能技术领域：精心打造以信息娱乐、车联网、智能控制、主动安全四大板块为支撑、涵盖十大技术方向的智能化 1.0 技术平台，致力于为客户提供最佳智能汽车体验。此外，智能化 2.0 平台还将在更深入拓宽的车联网、更全面的主动安全、无人驾驶方面，为用户提供更好的交互体验、更高的安全性、更便捷的互联化、更智能的车生活。

集团推出了车联网品牌“J-ConNet”，并在第三代瑞风 S3 中率先应用。江淮 J-ConNet 车联网实现了车载屏的上线，成为移动的“手机”；将车辆 CAN 总线数据与手机共享，实现人机互动；手机端 APP 与服务和车友会等相融合，形成人车生活一体的有机生态圈。

集团轻型商用车发布了基于客户价值的全生命周期解决方案（life cycle solutions based on customers' value，LCV），这是基于对物流企业运营车辆数据的专项研究，并结合中国物流行业现状所提出，通过产品定制、运营增值、价值服务三大模块，实现横向涵盖物流运营的各个环节，纵向覆盖车辆全生命周期的高价值回报综合解决方案，从而达到全产品生命过程的价值最大化。

合资合作方面，集团与大众汽车签订备忘录，双方各自出资 50% 成立 EV 合资公司，双方结成联合团队开发纯电动车，3 个月内完成可行性研究，5 个月以内达成正式协议。集团还与合资公司上海蔚来汽车就战略合作框架协议达成一致，合作范围包括新能源车和智能网联汽车的共同研发、制造、销售以及供应链体系资源的优化整合。集团携手阿里汽车事业部、龙蟠润滑油进一步挖掘汽车后市场需求，打造一个全新的汽车后市场跨界生态圈。集团还与“国家北斗精准服务网”达成战略合作，将为广大车主带来更为便利舒适的智能车生活。集团轻卡联合博世、纳威司达、克诺尔等全球一流零部件供应商成立国际品质联盟，为江淮轻卡的品质提供世界级的保障。此外，集团还与香港租车易、申通快递、畅的租车、传化易货嘀、中脉科技、驹马物流等多家租赁、物流公司建立战略合作关系，先后投放各类车辆近2500辆。

2016年集团在海外动作频频，集团乘用车先后在巴西、智利、巴拉圭等上市瑞风S3和S2。向委内瑞拉出口420台格尔发重卡。集团还放弃了计划搁浅的巴西满负荷生产，从中国进口KD套件进行组装生产。其巴西Camacari厂预计2017年第一季度投产，年产能2万辆，首款组装车型为SUV T5。从4月起，集团正式在智利导入满足欧V的N系大宽体车型。巴拉圭首家江淮乘用车组装厂投产，新厂生产江淮J2型5门两厢车，在巴拉圭国内市场销售，计划出口南方共同市场成员国。阿尔及利亚江淮轻卡KD厂签字，成为集团在非洲大陆的第一家轻卡KD厂，建成后的首期产能预计1万辆/年，将组装满足阿尔及利亚新法规的全新一代节能轻卡和小卡产品。伊朗地产化江淮发动机KD厂正式投产，以满足当地市场的高品质动力需求。哈萨克斯坦江淮汽车科斯塔奈项目投产，首款车型瑞风S5下线。该项目将达到8万~10万辆的生产销售规模，将生产轿车、SUV及轻卡等车型并逐步出口到俄罗斯等周边国家和地区。截至目前，江淮轻卡已在包括越南、巴基斯坦、土耳其、哈萨克斯坦、俄罗斯、伊朗、墨西哥等国家，实现了本地制造，初步完成了覆盖东南亚、欧亚、中东、非洲、中南美和北美的全球生产布局。

（十）浙江吉利汽车股份有限公司

2016年集团销量79.9万辆，同比增长42.2%，在生产企业排名中跻身于第八位。占中国品牌总销量的5.7%，居中国品牌总销量排行第六位。2016年集团共发布或发售各品牌车型10余款，其中吉利6款，知豆1款、沃尔沃4款。

集团2020战略规划是实现年产销200万辆目标，进入全球汽车企业前十强，同时成为最具竞争力和受人尊敬的中国汽车品牌。根据规划，未来4年将推出超过30款全新产品，覆盖从A0到B级的各细分市场。秉承安全、健康、新能源、互联网和自动驾驶的战略方向，致力成为引领技术潮流、满足市场需求的新型汽车公司。基于规划，对旗下的吉利品牌和新发布的LYNK & CO品牌进行了明确定位。集团新能源汽车发展战略——“蓝色吉利行动”：承诺提前全面实现2020年国四油耗标准，即车企平均达到5.0L/100km的燃油消耗限值；实现新能源汽车销量占集团国内汽车总销量的90%以上；在氢燃料及金属燃料电池汽车研发方面取得实质性成果；在智能化和轻量化技术方面达到行业领先地位。

沃尔沃全资子公司发布“Omtanke”（关爱）2025可持续发展战略，在企业、产品和社会三个层面做出了四项承诺：到2020年，将没有人因驾乘新的沃尔沃汽车而出现严重伤亡；到2020年，高层管理人员国际化比例达到35%，女性领导比例达到35%；到2025年，交付100万辆新能源汽车；到2025年，达到气候零负荷运营。在新能源方面，除交付100万辆新能源汽车外，还将每年推出一款车引入中国市场或由中国研发。此外，沃尔沃可持续发展目标还包括：成为车内空气质量领域的领跑者、发展更多的企业合作伙伴、分享知识以提升交通安全、建立合德的领导机构以保证负责任的商业行为等，继续深化沃尔沃汽车品牌的可持续发展。

沃尔沃还公布了最新全球生产战略：扩大中国的产能，面向美国、欧洲、亚太地区将中国打造为全球生产·出口枢纽。大庆、成都、台州三大整车制造基地分别生产全新一代SPA 90系、SPA 60系和CMA 40系产品等8款车型。其中期目标是，到2020年实现全球80万销量，其中中国销量20万辆。

2016年集团多个项目投产或启动。吉利控股宣布计划出售宁海知豆电动汽车有限公司的股权。集团通过全资子公司LTC GB Limited成功发行离岸绿色债券，总额4亿美元，年利率为2.75%，为期5年。发行所得的资金将用于伦敦出租车公司设计、开发及生产具有零排放能力车辆所需的融资或再融资。集团科力远混合动力技术有限公司（CHS）年产100万台（套）节能与新能源汽车混合动力总成产业化项目首期工程在长沙正式开工，总投资36.85亿元，预计2017年正式投产，设计年产能为30万台（套）。集团与浙江台州市政府签订了发动机厂建设项目，主要生产1.5升直喷涡轮发动机，投资总额51.2亿元，年产能40万台，预计2020年竣工。集团宝鸡基地竣工，该整车项目是响应国家“一带一路”，“西部大开发”政策而建设的世界级工厂。集团英伦新能源整车项目在浙江义乌经济开发区举行开工仪式，该厂总用地715.8亩，计划于2018年建成投产，年产能10万辆，总投资72亿元。沃尔沃中国研发中心（上海）正式启用，一期工程建筑面积3.5万平方米，投资约4.2亿元；二期项目总投资额4.7亿元，将新建总部研发大楼、设计造型中心并扩建一期部分实验室。沃尔沃的张家口发动机厂已全线投产，年产能可达到32.5万台。

2016年在合资合作方面，集团与爱立信就车联网领域全面开启合作。集团新能源汽车销售公司与国家电网将在新能源汽车及充电基础设施的推广及运营方面展开全面合作。沃尔沃与LG将在电动车和自动驾驶领域展开合作，其将于2019年获得更先进的电池技术，使其续航里程或将超过500km。

集团从技术研发、造型设计、生产制造、营销服务等环节，不断深化“精品车发展战略”，持续提升体系竞争力，完善产品谱系、创造品牌价值。在技术研发方面，将深化平台化和通用化战略，以KC、NL、FE三大核心平台和CMA中级车基础架构为支柱，以杭州、宁波、哥德堡和考文垂四个研发中心为基础，坚持正向开发，提升技术原创和集成能力；在造型设计上，在上海、哥德堡、巴塞罗那和加利福尼亚设立了四个造型中心，打造世界一流的造型设计能力和国际化团队，使融合国际审美潮流和中国文化元素的独特设计语言，成为吉利精品车3.0时代产品标签；在生产制造环节，引进国际一流的生产设备和制造工艺，采用全球领先的生产标准和质量控制体系，确保吉利精品车型的品质；在营销和销售体系，将不断优化服务网络、提升渠道体系能力，加强消费者与产品和企业间的互动，为消费者提供优质的服务。作为“蓝色吉利行动”的重要组成部分，集团投入大量资本用于研发甲醇燃料汽车和关键技术，经过两年多的推广和示范运营以及在冰岛路面上测试试验，吉利甲醇汽车在安全性、经济性、动力性、环保型和可靠性方面均超过了传统汽油车，各项指标达到或优于国家标准。

沃尔沃启动了“2020 战略”——到 2020 年时，基于全新平台的新产品从定义到投产只需要 20 个月。沃尔沃宣布将成为首家为量产车提供虚拟钥匙技术的车企，计划通过智能手机 app 替代所有物理按键，包括完成打开/关闭车门、后备厢乃至远程点火发动汽车，2017 年开始商业化，配备部分车型。沃尔沃卡车北美公司对其 2017 款车型搭载的动力系统进行了优化，主要的升级包括：沃尔沃 D13 发动机增加了涡轮增压技术、I-Shift 手自一体变速箱融入了爬行挡齿轮、应用了 I-See 可预测巡航控制系统和一体式尾气再处理系统。沃尔沃在汽车电池轻量化方面取得一项重大技术成果，可让当前的电动汽车减轻 15%。智能驾驶方面，沃尔沃公布了自动驾驶目标，计划到 2021 年推出量产版自动驾驶车型。沃尔沃与共享出行公司优步（Uber）达成战略合作协议，将基于沃尔沃 SPA 平台共同开发下一代自动驾驶汽车与技术。沃尔沃还与福特汽车、Uber 和 Lyft 两大租车公司以及 IT 谷歌，在美国建立“提升交通安全的自动驾驶联盟”。沃尔沃的 Drive Me 自动驾驶研究项目将会在 2017 年初进入英国，开展相关的测试工作。此外，还计划将 Drive Me 自动驾驶测试项目从瑞典扩展到中国，并在中国设立自动驾驶测试基地。沃尔沃正在研发一套新的自主安全系统，该系统可实现车与车之间的交流和联通，并且将在 2016 年末被应用于全部 90 系列车型。

2016 年在海外运营方面，集团投资 3 亿英镑，在英国安斯蒂地区新建研发中心和工厂，零排放的新一代 TX5 将于 2017 年在英国上市，并于 2018 年登陆全球市场。集团还与伦敦出租车公司签署 10 年发展计划，将投资 4400 万英镑在澳大利亚和新西兰投放 1000 多辆英伦出租车。4 月，伦敦出租车位于曼彻斯特的经销商在特拉福德公园开业。年初，吉利博瑞在沙特及海湾地区正式上市，成为集团拓展中东及海外市场的第一计重拳。年末，集团向古巴出口吉利汽车 675 辆，其中包括吉利金刚自动挡以及 128 辆吉利博瑞，首次登陆美洲市场。

（十一）长城汽车股份有限公司

2016 年集团销量 107.5 万辆，同比增长 26%。中国品牌销售 107.5 万辆，占中国品牌总销量的7.7%，居中国品牌总销量排行第五。2016年，集团全球密集发布或发售了哈弗H1\H2\H5\H6\H6 Coupe\H7\H8\H9\等20余款车型。发布豪华SUV新品牌——WEY，主销产品以15万~20万元价格为重点，旗下车型已进入量产前最终调试阶段，第一款上市车型计划于2017年4月发布。

集团将2016年视为发展新能源汽车的元年。新能源投资规划方面，计划“十三五”期间投资170亿元，用于新能源汽车、智能汽车以及关键零部件的研发、试验以及生产制造。新能源整车研发方面，确定纯电动、PHEV、HEV三大技术平台，主要围绕新能源十大技术领域开展研发，其中在整车系统集成、电控开发、电池系统、电机系统四大核心技术领域具备了自主设计能力。新能源发展基本方向是，轿车方面发展纯电动汽车及48V-BSG（即轻混）；SUV方面应用插电式混合动力技术。其中纯电动轿车将开发两个版本，分别面向出租车和个人市场销售。新车将定位小型车市场，主要目的是满足城市出行。集团哈弗品牌将继续采用红蓝标双线产品战略，红标哈弗体现豪华、经典，覆盖主流家用市场，蓝标哈弗体现炫酷、时尚，针对年轻群体。未来，哈弗的销售渠道也将分为红标网络和蓝标网络。

2016年在产品技术开发方面，集团推出一款自行设计、自主研发，拥有自主知识产权的“绿静2.0T”高性能乘用车柴油机，额定功率为100kW/4000rpm，最大扭矩320Nm/1350rpm，相当于3.0L汽油机，排放达到了国Ⅳ标准。集团产品路线是传统燃料+新能源轿车。2016年推出续驶里程200km的纯电动车和续驶里程260km的纯电动版本；首款插电式混合动力智能电四驱SUV预计于2017年推出，采取后轴电驱动，配合前轴发动机实现智能四驱。

在海外经营上，集团一直将具备售后服务实体作为合作伙伴选择的要求之一，并将海外售后服务建设作为长城汽车发展战略重点。此外，在零配件中心库、海外培训中心、技术人员输出等方面，成为长城汽车满足客户服务需求的基本保证。与出口规模相比，集团更看重出口质量，注重产品品质和企业在海外的经营质量，追求在海外品牌竞争力的逐步提升和可持续的国际化发展；从品牌整体国际化战略与全球汽车市场角度出发，以不同市场具体发展情况为依据，因地制宜地制定海外市场的品牌与市场发展策略规划。

2016 年，集团在日本设立的长城日本技研株式会社正式开业，这是集团投入运营的第一个海外技术中心，将在汽车可靠性、燃油经济性等领域进行深入研究，通过引进日本在新材料、新能源等方面的先进技术，研发更加安全、智能、环保的汽车产品。集团在俄罗斯投建的 Tula 厂将于 2018 年投产，总投资额为 5 亿美元，年产规模 15 万辆，生产车型为哈弗 H2、H6、H8、H9，本地采购率目标为 70% ~75%。

2016 年哈弗品牌的海外拓展如火如荼，其在澳大利亚昆士兰州布里斯班、阿联酋迪拜和伊拉克巴格达等的 4S 专卖店相继开业。布里斯班专卖店是其在澳大利亚继悉尼、墨尔本、基隆和珀斯四地外成立的第 5 家专卖店。迪拜专卖店开业时首批上市车型包括哈弗 H2、H6、H8 和 H9。巴格达专卖店为哈弗在伊拉克的首家专卖店，标志着哈弗在伊拉克市场品牌运营进入了新阶段。3 月，哈弗携旗下 H9、H8、H6 及 H2 车型亮相阿曼首都马斯科特，正式迈进阿曼汽车市场；5、6 月，哈弗 H2 先后在马来西亚和乌拉圭正式上市；9 月，哈弗 H6 Coupe（澳洲版哈弗 H6）继哈弗 H2、H8、H9 之后登陆澳大利亚。

（十二）中国重型汽车集团公司

2016 年集团销售商用车超过 20 万辆，同比增长 28.4%，销售收入超过 700 亿元，同比增长 13.6%；利税总额 35 亿元，同比增长 33%；全年实现整车出口 2.5 万辆，占全国重型载货车行业出口总量的 40.2%，连续 12 年居国内重型载货车企业出口首位。2016 年，集团先后发布或发售了近 20 款整车，其中载货车 5 款、专用车 12 款、新能源纯电动客车 1 款和智能载货车 1 款。

集团“十三五”战略目标是：到“十三五”末，在效益水平始终保持行业前列的前提下，把中国重汽打造成具有国际化水平的、有自主研发能力和可持续发展能力的、营业收入过千亿元的商用车企业集团。其战略规划：

一是实现产业结构进一步优化提升，到“十三五”末，形成商用车、金融、房地产三大板块协调发展的局面。二是实现产品结构进一步提升，在逐步实现工程用车、公路用车、城市专用车各占三分之一的大格局下，进一步进行产品结构升级，形成公路用车第一、城市专用车第二和工程自卸车第三为顺序的产品结构新特点；重型载货车产品达到国际先进水平，中重型载货车产品逐步达到重型载货车水平，轻型载货车产品进入国内先进行列，客车面向长途、中短途客运、货运转变，新能源产品在城市专用车、中轻型载货车、客车快速上量。三是实现国际化水平进一步提升，出口逐步达到集团总销量的一半，特别是研发、管理、营销、服务系统要面向国际，围绕国际市场，打造产品，提升质量，优化管理，做好服务；要使所有的商用车产品真正面向国内国际两个市场，要让代表中国最先进水平的、质量最稳定的商用车产品从中国重汽的大门中开出，走遍中国、走向世界。四是实现经营管理水平和人才队伍素质进一步提升，要对标国际化企业，坚持创新发展，实现经营管理水平和员工整体素质水平的提高。

2016 年，集团在济南高新区全资设立子公司中国重汽集团济南地球村电子商务有限公司，注册资本 2000 万元。一期可为用户提供配件在线购买、配件防伪、一键报修、服务预约、用车宝典、智能通等服务。随后，“智慧重汽电子商务平台”在中国重汽（香港）有限公司上线。集团 iOS 版智能通 1.0 版在苹果商店正式上架。而由集团发起设立的山东汇泽股权投资基金管理有限公司、山东汇博股权投资基金合伙企业（有限合伙）揭牌就业。年底，集团在上海证券交易所首次公开发行 2016 年度公司债券 15.6 亿元，固定利率为 3.5%，期限 5 年，注册发行额度 30 亿元。

2016 年多个生产项目启动或投产。集团成都王牌南充汽车关键零部件项目破土动工，全面投产后将形成年产 10 万套液压系统、高压泵体等关键汽车零部件的生产能力。集团还计划在青岛西海岸新区投资 15 亿元建设新能源商用车项目，主要生产纯电动、混合动力、氢燃料和传统燃料客车，全部达产后年产商用车 2000 辆，产值 18 亿元，其中一期项目预计 2017 年底建成投产。

在技术开发方面，集团重视载货车智能化、网联化核心技术的研发，并制定了智能载货车发展总体规划：在集团品牌战略统领下，立足自主，开放合作，突破车辆智能化、网联化核心技术，通过创新驱动，构建智能载货车全新平台，全力开发满足用户个性化需求的系列智能载货车产品，开展智能化营销和售后服务；积极参与应用推广，创新运营模式，有效推进智能载货车产品的规模化、产业化、商品化发展。建立以客户为中心的生态系统，利用大数据驱动企业管理的智能化升级，实现大规模的客户个性定制。通过智能化和网联化技术的应用大幅提高载货车的行驶安全性和经济性，进而大幅降低载货车交通事故的发生和能量消耗，实现载货车运行过程中的人、车、货的综合智能管理，大幅提升载货车的物流运输效率。其发展目标是：打造一款拥有完全自主知识产权，在安全性、经济性和舒适性上与国际先进水平同步，走在国内行业最前列的智能载货车。在安全性上，实现主动安全“零伤亡、零翻车”；在经济性上，实现节能降耗15%以上；在舒适性上，实现智能化和自动化控制，彻底解放繁重的人为操作。

目前集团在智能载货车领域累计科研立项30余项，研发投入数亿元，系统地解决了智能载货车整车平台、驾驶辅助系统、车联网、无人驾驶系统、车辆智能化个性化定制系统、综合信息管理系统平台等关键系统开发中的一大批技术难题。其车辆驾驶智能化技术主要由汽车驾驶辅助系统组成，包括前撞预警系统（CWS）、自动紧急制动系统（AEB）、自适应巡航控制系统（ACC）、车道偏离预警系统（LDW）、车身稳定性控制系统（ESC）、坡道辅助系统（HSA）、智能远光灯系统（IHS）、智能雨刷系统（IWS）、盲点监控（BSD）、线控转向系统（Servowin）等。目前集团已成功开发电子化线控发动机启停系统、电子化线控油门系统、电子化智能选换挡控制系统、电子化线控行车制动系统、电子化线控驻车制动系统（通过行车制动方式实现）、电子化线控转向系统。基于汕德载货车型已完成1级（辅助驾驶）的AEB&ACC功能样车的试制和功能试验，已具备量产条件。完成了2级（部分自动化驾驶）的智能化线控底盘样车的试制和功能试验，正在开展上装感知系统和控制策略、整车集成技术环节研究。

2016年，集团还相继研发成功了豪瀚4×2轻载版港口牵引车、SITRAK四开门消防车、绵阳专用车的出口型加油车、青岛重工的中置轴汽车列车和高位无撒漏多功能餐厨垃圾收集车、华威的T5G系列翼展式易燃液体厢式运输车以及联合中联重科研发的采用T5G－6×4和T5G－8×4底盘的汽车起重机等。集团豪沃客车10.5米混合动力客车和6.6米纯电动客车还参与了四川省在西南地区攀枝花举行的电动汽车路试测评。集团济南复强动力公司申报的WD615.47、WD615.69A等18种再制造发动机产品成功入选《再制造产品目录（第六批）》。

在合资合作方面，集团先后与济南市高新区、嘉实多公司、中国快递协会、青岛港集团、徐工集团、大陆汽车、交通银行山东省分行、中东欧金融公司、新疆某大型运输公司、山西某能源集团等分别签订战略合作协议。此外，集团销售部、济南专用车公司还与阿里巴巴一达通携手合作，借助一达通平台，基于企业交易数据留存建立完善的信用体系，实现数据反哺效应，享受大数据红利，开启重型载货车出口新模式。

在海外经营方面，集团首批装配MT13燃气发动机的HOHAN系列搅拌车成功抵达出口目的国，首款“沙漠之狐”重型车辆出口中东，第一批次KD出口订单顺利交付爱尔兰，集团产品首次登陆欧洲发达国家；中国重汽（香港）公司非洲部70辆SITRAK T7H牵引车交付Total尼日利亚公司；华威子公司48辆半挂骨架车出口越南。

（十三）郑州宇通集团有限公司

总体来看，2016年，面对全球政治经济形势复杂多变、国内经济增长放缓的不利环境，全体宇通人秉持“崇德、协同、鼎新”的核心价值观和“两个中心”经营管理理念，敢想、敢为，化挑战为机遇，再次刷新了集团经营业绩的新高度。全年，集团销售大中型客车、工程机械合计73703台。宇通品牌形象进一步提升。在自身高质量发展的同时，宇通也为郑州市经济和社会进步做出了应有的贡献。宇通位列中国企业500强第342位，排名较去年大幅上升52位。

宇通客车 2016 年大事记：

（1）宇通开展系列公益活动累计捐赠超 1.6 亿元。

郑州宇通客车股份有限公司通过致敬抗战老兵、冬日暖阳、社会开放日等系列公益活动，为全省 1000 余名抗战老兵、3000 余户贫困家庭以及平民英雄、品学兼优寒门学子和贫困山区的孩子等送去了温暖和问候。截至目前，宇通已累计向社会捐赠超过 1.6 亿元，救助 6.2 万余人次。

（2）宇通在国家“十三五”重点项目申报中取得重大突破。

科技部组织了“十三五”国家重点研发计划首批重点专项评审，宇通参与申报的新能源汽车项目全都顺利通过答辩，已进入立项阶段，项目分别为“插电/增程式混合动力系统构型与动态控制方法研究”“燃料电池材料新体系及过程研究”“电动汽车基础设施运行安全与互联互通技术”“电动汽车智能辅助驾驶技术”。

（3）宇通牵头制定国家电动客车安全技术标准。

5 月 20 日至 21 日，《电动客车安全技术条件（草案）》讨论会在北京中国科技会堂举行。来自行业、高校、科研院所的专家及企业管理人员参加此次会议。为引导和规范我国电动客车产业发展，提高电动客车安全技术水平，国家决定建设符合电动客车特点的整车和电池、电机、高压线束等系统的安全条件及测评标准体系。鉴于宇通在电动客车行业的领先优势，以及在电动客车安全技术研究方面的丰厚积累，并具备校车等国家标准的主持制定经验，2016 年 4 月，工业和信息化部决定由宇通牵头《电动客车安全技术条件》国家标准的制定。

（4）宇通承担的轻量化联盟课题通过验收。

宇通主持的汽车轻量化技术创新战略联盟（简称“汽车轻量化联盟”）首期开放课题“新能源客车轻量化技术路径研究”，经过答辩及专家质询，获得了与会验收专家的高度认可，顺利通过验收。

（5）“双驱”并进新能源公交开启运营新模式。

10 月 28 日，由中国交通报社、山东省交通运输厅道路运输局、国家电动客车电控与安全工程技术研究中心共同主办，宇通客车协办的“绿色先锋”山东新能源应用效果交流会在青岛举办，来自山东各地市行业管理部门、公交公司、运输企业负责人齐聚一堂。

（6）宇通在古巴首推新能源客车

古巴当地时间10月31日，在第34届哈瓦那国际博览会上，宇通首次面向古巴推出了一款纯电动公交车，成为全场关注的焦点。本次参展是宇通助力中国装备制造“走出去”战略，打开中古在新能源汽车领域合作、助力古巴绿色出行迈出的重要一步。

（7）宇通乌鲁木齐服务中心站开业。

10月27日上午，宇通乌鲁木齐服务中心站正式开业。这是继长沙中心站升级后，宇通公司又一高规格服务中心站落成并投入使用。未来，该站将为全新疆乃至中亚地区的客户提供更加快捷、优质的服务。截至目前，全国共有9家宇通中心站在营。根据建设规划，后续宇通公司还将在全国布局4家中心站。这13家中心站将承担所在省份乃至周边地区的技术、配件、维修、培训等多方面的服务职能，为区域服务市场树立标杆，提高宇通的品牌竞争力和客户满意度。

二　主要跨国汽车企业

（一）大众汽车公司

2016年集团全球总销量为1031.2万辆，同比增长3.8%，尽管深陷“排放门”事件，但凭借中国市场的强势表现，大众仍然超过了丰田，夺得全球销量第一的桂冠。其中在华销量398.2万辆，同比增长12.2%。2016年在产品投放方面，集团全球发布或发售各品牌车型近30款，其中大众12款、奥迪6款、斯柯达4款、保时捷5款和西雅特1款。此外，大众辉腾于3月停产。集团发布了旗下第13个新品牌Moia，全新品牌将在移动出行服务领域竞争且将拥有自己的电动乘用车，概念车将有望在2017年展出。

2016年6月，集团发布了未来发展战略，即“携手共进—2025战略”。

新战略框架中，重点是核心汽车业务的调整。集团将进一步明确旗下各品牌的定位，对汽车和动力传动系统的产品组合进行优化，重点关注最具吸引力且发展最为迅速的细分市场。此外，还将重点关注电动汽车的研发，在未来10年将推出超过30款纯电动车型。2025年，集团预期纯电动车的销量为200万~300万辆，占总销量的20%~25%。集团将电池技术作为另一项新的竞争力，将投资100亿欧元在德国萨尔茨吉特（Salzgitter）建造新电池厂，为实现2025年销售上百万辆电动车奠定基础。无人驾驶也将成为新的核心竞争力，集团将为研发提供独立的资源，旨在10年内完成极具竞争力的自动驾驶系统的自主研发并取得许可，并将于20年代初在每个细分市场都推出全自动驾驶汽车。

集团还将对零部件业务进行调整，主要措施包括对旗下各品牌进行系统性整合及战略性重组，以达到降低成本，提高效率的目的。此外还将加深旗下各商用车品牌之间的合作，令旗下斯堪尼亚、卡曼和大众商用车品牌占据全球商用车领先地位，还计划将其子公司大众载货车及客车有限公司发展为盈利最厚的公司。集团的中期目标是由单一的商用车制造商转变成为智能化交通解决方案提供者。随着集团的战略调整，金融服务领域将成为集团重要的盈利来源，助力各品牌的成功。

除核心业务的调整外，建立跨品牌的移动出行解决方案业务是“携手共进—2025战略”中又一重要内容。这一全新的业务部门将通过自主研发和并购的方式，为客户提供定制服务。从约车服务入手，以约车服务为核心，开展无人驾驶出租车、汽车共享和按需运输等服务。集团为新设立的移动出行解决方案业务设立的目标是至2025年创收达到数十亿欧元。

与此同时，集团面向所有区域和品牌推进数字化进程，进一步加深合作伙伴关系、加快企业收购、加大对风险资本投资。未来集团将对投资决策予以集中管理，以便为集团及其旗下品牌带来最大化的附加价值。

集团对具有前瞻性项目的预计投资将高达数百亿欧元，所有部门和职能板块将大幅提升运营管理水平，更高效地利用资源，以确保资金到位。到2025年，集团预期将汽车业务的资本支出与销售收入达到6%的比例。与此同时，集团还将大幅提升研发费用的利用率，研发成本与销售收入比以期降至6%。集团还将把销售、日常和行政开支在销售收入中的占比降至12%以下。此外，集团将通过优化现有品牌组合及股本投资，为未来的投资项目引入更多资金。截至2025年，集团将努力实现7%~8%销售利润率目标，汽车业务计划实现资本回报率达到15%以上。此外，股东分红比例将维持在净利润的30%左右。

在产品技术开发方面，大众成立了“小型车”、“紧凑型车”、“中型和全尺寸车型”以及“电动车”4个全新的产品线研发团队，可将技术、质量、成本、用时及盈利责任直接分配至各产品线组中，还能明确涉及各连接点和责任到人的管理结构。此举相比此前较为零散的车型部门而言，能实现更为清晰透明的研发结构。2017款车型起，集团直喷汽油机“TSI”和“TFSI”配套车型将装用PM过滤器GPF（Gasoline Particulate Filter），可将PM排放量最多削减90%，到2022年GPF配置车型的年销量将达700万辆。集团在柏林开设了数字实验室，大众IT专家和美国软件公司Pivotal合作进行数字生态系统的开发，通过大学、研究机构、技术合作伙伴的密切合作，推进Industry 4.0、大数据、高度分析、机器学习、AI、车联网、IoT等全新IT解决方案的开发。

奥迪在内华达州拉斯维加斯使用车辆－基础设施互联系统（vehicle to infrastructure，V2I），该系统通过4G通讯与交通灯信息互联，将交通灯状态、红/绿灯时间等信息显示在车内仪表盘或抬头显示系统上。未来这套系统还将与车辆的发动机启停功能以及导航系统相连，可进一步优化导航的最佳路线选择。奥迪在Q6 e-tron quattro概念车中展示了最新的虚拟仪表盘技术，这款全新形式仪表盘的应用为奥迪进一步实现全数字化座舱奠定基础，该项技术或将率先应用于全新奥迪A8车型。奥迪在日本推出的SUV Q7较上代车型车身减轻了300kg。该车按照适材、适所、适量的原则，区分使用铝合金及高张力钢板等多种材料进行设计，车身采用的铝合金部件占总重量的41%，前翼子板、发动机罩及后舱门等也采用了铝合金，实现了大幅减重，使燃效改善了三成以上。奥迪公开了能将道路起伏引起的车身上下运动转换成电力的 eROT 新型减振系统，该系统使用电气式减振器取代原油压式减振器，在衰减振动的同时回收能量，且通过软件设定还可实现原来难以实现的拉伸侧和收缩侧各自独立的行程控制，有望在改善燃效的同时确保乘坐舒适性。奥迪还发布了一些新项目，包含自动驾驶汽车测试以及相关技术在内。其中一项旨在为自动驾驶汽车开创更方便、安全行驶的道路，让道路及其他物体更清晰可见。奥迪目前在寻找可更好地反射回应激光雷达信号的材料，道路护栏、路标使用这些材料可与自动驾驶汽车更加“和谐”相处，旨在让自动驾驶汽车的传感器在恶劣天气下能远距离迅速辨别物体。此外奥迪也将测试新的车辆对车辆、车辆对设施的技术，这些技术可以告知车辆车速限制、实时交通情况，提醒车辆注意流冰区等。奥迪新开发具备先进控制系统的高效 AWD 系统，新一代 quattro 系统将最先搭载于 2016 年投放的新款 A4，其后计划依次搭载于纵向前置发动机配套车型。奥迪与保时捷联手，计划扩充电动汽车的基础设施，建立自己的快速充电站，发力快速充电技术。奥迪未来 10 年将加大投入数码技术和电动汽车研发生产，跟随其母公司大众汽车进行了战略调整。到 2025 年止，奥迪计划将三分之一的研发预算投入数字化服务、电动汽车和自动驾驶技术当中。奥迪正在研发全新 Traffic Jam Assist 自动驾驶技术，新一代 A8、A7、A6 和 Q8 将率先应用。

西雅特（SEAT）与韩国三星电子及德国软件巨头 SAP 就车联网的开发项目达成合作关系，3 家公司共同发布了使用智能手机进行停车场预约和支付结算系统的概念。另外，西雅特与三星电子发布了 Digital Key Sharing 概念，可通过智能手机将数字钥匙传送给其他驾驶员，在无车钥匙的情况下可共享车辆。保时捷在柏林开设保时捷数字实验室，用于识别创新信息技术解决方案及测试。保时捷与基地位于路德维希堡的 MHP 子公司合作，该数字实验室是构建与技术型企业、新兴企业及科学界的合作关系的平台。另外，数字实验室还与在路德维希堡最新设立的 Porsche Digital 公司一起合作。斯堪尼亚宣布载货车将首次搭载侧翻侧帘式安全气囊。大众载货车和客车公司宣布，2020 年之前将投资了 5 亿欧元专门为重型载货车开发自动化连接技术，目标是改进车载传感器的通信能力，优化自动制动系统及其他系统。未来的载货车将是完全互联的，互联可提高载货车的安全性和行驶效率。

在合资合作方面，集团正与德国太阳能技术设备生产商 SMA 磋商合作事宜。大众载货车和客车公司与美国大型载货车整车厂 Navistar 战略合作，大众载货车和客车公司将出资约 2.56 亿美元作为增资部分收购 Navistar 16.6% 的股份。合作的焦点集中在动力总成的通用化方面，但将来会在商用车开发的诸多领域协同合作，并将成立全球采购合资公司。曼和斯堪尼亚双方决定并通过共同开发的方针，共同开发团队由双方的工程师构成，将开发发动机、变速箱、车桥、排气系统的共享平台。基于共享平台，为维持各自的品牌标志将加入改良，发动机和变速箱等各项目的实际运行采用领导工程方式。集团已与按需出行服务商 Gett 建立了战略合作伙伴关系，在此领域迈出了第一步。集团还与韩国 LG 电子达成共识，将共同研发车联网平台，并整合入大众车型中，实现汽车与外部设备通过互联网进行连接，打造出一款全新的汽车服务平台。奥迪、宝马、戴姆勒与爱立信、华为技术、英特尔、诺基亚、高通等通讯公司为研发 5G 通信网络成立企业联盟 5GAA（5G Automotive Association）。大众、奥迪、保时捷、宝马、戴姆勒、福特等公司在欧洲合作设置快速充电网络。该项目利用最大 350kW 容量的充电设备进行超高速充电。2017 年开始在欧洲设置快速充电站，初期目标是建站 400 个，到 2023 年增加至数千个。充电网络以 CCS（Combined Charging System）技术为基础，无关品牌，几乎可向所有现在及将来的 EV 车型供应。

在华投资和生产方面，随着中国近两年更趋成熟的汽车市场环境，集团调整了在华发展战略。其 SUV 发展计划是 2～3 年推出 10 款国产 SUV，其中 7 款为大众品牌，将分别在一汽－大众和上汽大众投产。大众在华的经济行车项目包括电动车和燃油车两方面，燃油车将继续与一汽－大众合作，目前的计划是推出两款 SUV 和一款轿车。而与江淮的合作确定是打造经济型电动轿车。奥迪与上汽大众成立新的合资公司也是为了进一步促进销量增长，调整集团在华的战略发展。奥迪与上汽大众合作的事情未来大众集团也将占据一定股份，同时进口车也包含在合作的框架当中。而一汽作为大众汽车另外一家重要的合资企业，未来 10 年的发展中也已做好详细和更深入的战略规划。关于奥迪在一汽－大众的股份占比调整的情况，此前计划增持9%的股比，由于大众欧洲的财务遇到很大的挑战，目前在财务上很保守，估计2～3年内不会增加。集团在移动出行的解决方式上推出了三种方案，第一类是看需出行，包含网约车、分时租赁和拼车服务等；第二类是车联网系统，通过汽车电子系统的互联互通让汽车变成一款智能化的产品；第三类是人工智能，也就是发展自动驾驶汽车。今年大众汽车品牌国内最大旗舰中心，骏宝捷大众汽车颐堤港中心正式开业，在这里一汽－大众、上汽大众和大众进口汽车在中国市场推出的所有车型共（39款）都能见到。

在大众集团制定的“2025”战略中，新能源车的计划是未来新车发展的重点，包括奥迪品牌，到2020年计划推出15款国产新能源车。未来奥迪的新能源将朝着插电混合动力和纯电动两个方向并行发展。其中，首款国产插电式混合动力车型奥迪 A6L e-tron 已在今年上市。2020年之前，一汽－大众将在中国生产续航里程超过500km的5款EV（包括奥迪 e-tron 系列）。奥迪公司希望在2025年之前，电动车的销量可占到公司全年销量的1/4以上。

集团与首汽、滴滴、优信三大国内领先的创新移动出行服务商达成战略合作意向。与首汽集团合作，发力快速增长的汽车共享领域；与滴滴出行合作，为客户提供高质量的智能网络约车服务。合作的战略方向希望是成立一个合资公司，能大面积使用新能源车。另外，与优信的携手合作将共同打造虚拟平台，在整个汽车产品的生命周期中全方位服务消费者。大众的第三个合作项目，就是进一步发展中国的二手车市场。根据合作意向书，大众汽车集团（中国）、一汽－大众、上汽大众三方拟成立一家全新合资企业，并联手优信集团共同打造一个全新的二手车电商虚拟平台，布局中国的二手车和融资租赁市场，加速中国二手车市场的全方位发展。

另外，大众汽车自动变速器（天津）有限公司的二期项目正式投产，目前已经投产了 DQ380 和 DQ500 系列双离合自动变速箱（提供于横置发动机车型），以及主要用于奥迪车型的 DL382 双离合自动变速箱（用于纵置发动机车型）。二期项目主要是对 DL382 双离合自动变速器进行产能扩充，扩能后的产能由目前的 9 万台/年提升到 24 万台/年。全新的 DQ400e 发动机将在大众汽车自动变速器（天津）厂投产，这款发动机未来将主要应用在插电式混合动力车型上。此外，大众斯堪尼亚与金龙汽车在苏州开设了最新式新客车/豪华客车厂，新厂将生产斯堪尼亚 Touring（统领）、斯堪尼亚与金龙联合品牌销售的客车，年产能 1000 辆，潜在年产能可增至 2000 辆。

（二）丰田汽车株式会社

2016 年集团全球销量为 1017.5 万辆，同比微增 0.2%，连续第三年全球销量突破 1000 万辆大关，但此前的“四连冠”被大众终结，位居全球汽车销量亚军。集团在华新车销量 121.4 万辆，突破历史纪录，同比增长 8.2%。2016 年，集团全球发布和发售各品牌新车型近 30 款，其中在华投放了 10 余款。

集团发布了 2017 年全球产销量计划，整体（包括大发、日野）的销量比 2016 年实际预期增长 1% 设为 1020.2 万辆，产量增长 1% 设为 1036.6 万辆；日本国内销量为 223.4 万辆，海外销量为 797.9 万辆；丰田单独目标销量为 926 万辆，产量为 898 万辆。

2016 年初，集团通过股份交换将大发全资子公司化，小型车领域以大发为主，进行丰田、大发两品牌的商品开发，并根据一致的全球战略，推进两品牌差异化，形成满足多样化用户需求的商品阵容。关于技术战略，丰田推进环境、安全、安心舒适技术方面的技术开发，大发除了包装水平、低成本技术、低燃耗技术，还推进先进技术的低成本化、小型化。集团从 4 月开始向全新组织体制转型，由以往的“机能”轴变革为依靠“产品”轴来推进工作的体制。具体内容包括，每一产品群设置“公司”，由各公司负责中短期的商品计划及产品策划。将设置 7 个公司：先进技术开发公司、Toyota Compact Car Company、Mid-size Vehicle Company、CV Company、Lexus International Co.、动力总成公司和车联网公司等。责任、权限将集中至各公司的总裁，进行从策划到生产的一条龙式作业。大发亦宣布从 4 月 1 日起实施组织改革。丰田与大发还宣布，2017 年 1 月起将设置负责新兴国市场小型车业务的公司，大发统筹管理开发、采购、生产准备，丰田从经验、资源方面提供支持。另外，商品企划、业务企划由双方共同制定，生产方面将相互有效利用双方的工厂。

2016 年集团在产品技术开发方面动作频频，正式公布了全新开发的发动机、变速箱以及混合动力系统。包括一款全新的直列四缸 2.5L 直喷发动机、全新 10 速自动变速箱（Direct Shift - 10AT）和基于全新 2.5L 四缸自然吸气发动机打造的前置后驱高性能多级混合动力系统——THS Ⅱ。计划自 2017 年起，将快速扩充搭载新型动力总成的车型。除此次公布的动力总成之外，到 2021 年的 5 年内，投放包含本次开发的 2.5L 自然吸气发动机在内的 9 大类 17 款发动机，多挡位自动变速箱（AT）、新型无级变速箱（CVT）等 4 大类 10 款变速箱，以及 6 大类 10 款混合动力系统。预计 2021 年所销售车辆的 CO_2排放相比 2016 年将减少约 15%。而在新车方面，丰田将基于 TNGA 进行模块化开发，短时间内推出多款机型，搭载车型自 2017 年发售的新车起逐步增加，计划到 2021 年覆盖丰田全球年销量的 60%。

为完成以上的开发目标，丰田调整了内部动力总成公司的开发体制，从“公司内部研发制造”的基本方针，调整为集团内部各公司能完成的技术开发在集团内部进行技术共享，从而有效提升集团总体水平、开发速度以及推广规模。同时集团也提到将强化电动化核心技术——混合动力技术的开发体制。从 2017 年开始推进体制改革，到 2021 年计划将混合动力技术开发人员的数量增加约 30%。

截至 2017 年底，丰田和雷克萨斯品牌车型将全部标配包含紧急自动制动器的安全包 Lexus Safety System + 和 Toyota Safety Sense。丰田合成公司开发出一套面向载货车司机的车载系统，附带摄像头的转向盘在感知司机打瞌睡或注意力不集中时会提醒司机危险。具体为当司机闭眼等动作持续一定时间后，与该系统连动的智能手机会发出鸣响。

集团讨论在 2020 年之前构筑纯电动汽车的量产体制，正式进军纯电动汽车市场。继一直以来作为环保车战略核心的混合动力车和燃料电池车之后，把纯电动车也作为主要产品加入了产品线。集团成立电动车业务部门

“EV Business Planning Department”，由总裁直接领导，计划在2020年推出首款续航里程超过300km的纯电动车。集团将于12月启动开发纯电动车的创投公司，作为丰田、丰田自动织机、爱信精机和电装各出一名人员共计4人参与的直接管辖组织，以提高业务速度，尽早投放纯电动车。丰田北美研究所还研发出一种全新的高能量密度镁电池，不仅能提高电动车续航里程，也能极大地提升整车的加速性能。不过这种镁电池要产业化至少还需20年时间。集团计划将中型的燃料电池技术应用于重型商用车，准备在加利福尼亚测试半挂载货车中的大型氢动力系统的可行性。

集团公布了人工智能研究所 Toyota Research Institute，Inc.（TRI）的体制及进展情况。TRI 主要研发人工智能技术，5年内投资约10亿美元。1月分别在美国加利福尼亚州以及马萨诸塞州建立基地，8月向 TRI 与密歇根大学的合作研究项目投资2200万美元，该项研究将历时4年，主要研究自动驾驶、安全技术、机器人技术、室内移动、人工智能领域。9月，自动驾驶汽车的研发和推广工作根据今年设立的两个项目来进行，项目领导机构是集团刚刚成立的位于美国的丰田研究所。首个项目的代号为保卫者（Guardian），它将开发新一代驾驶辅助安全系统，由丰田研究所位于马萨诸塞州坎布里奇的实验室领导进行。第二个项目代号为私人司机（Chauffeur），旨在开发真正的无人驾驶汽车，由研究所位于密歇根州安阿伯市的办公室领导进行。两个项目的目标是所谓的四级自动驾驶汽车——能够在任何地方、任何时候、任何气候状况下实现自动驾驶的汽车，在这个过程中人无须任何操作。四级自动驾驶丰田汽车将在5~10年内实现。11月，集团宣布今后将采用以无线通信方式更新电子控制单元（ECU）软件的“OTA（over the air）”，由此可尽早修正 ECU 的漏洞。丰田还将探讨在车辆上市后，通过 OTA 追加新功能。该公司通过软件更新，积极导入新功能。估计今后全球的汽车厂商都会陆续导入 OTA，自动驾驶车极有可能将 OTA 作为必要条件。

集团还公开了未来的数字化战略，为确保客户的安全，有能力自建平台的车企，都不会让谷歌或苹果“染指”自己的数据资源。新公司命名为“互联汽车公司”（Connected Car Company），集团欲建设的平台称为“移动服务平台”（Mobility Service Platform，MSPF），丰田掌握新平台建设的全部控制权。

合资合作方面，集团与铃木宣布业务合作，目前在具体合作内容上尚未做出任何决定，打算主要在信息技术及自动驾驶等的技术开发方面展开合作。与马自达将正式开展关于纯电动车以及车联网领域的各项合作。双方合作的具体内容将包括共同研发先进的车内安全系统和动力系统等。与此同时，马自达将获得丰田汽车先进的燃料电池技术和混合动力技术；而丰田将获得马自达汽车高效的创驰蓝天汽油机以及柴油机技术。此外，丰田与马自达将在墨西哥共建工厂。早在 2011 年集团就与宝马展开合作，2012 年双方在氢燃料电池、运动跑车、轻量化技术和锂离子电池四个领域构建长期战略合作伙伴关系，宝马从 2014 年开始为丰田提供 1.6L 和 2.0L 的涡轮增压柴油机，而今年宝马为将于 2018 年上市的卡罗拉提供 1.5 L3 缸和 2.0 L4 缸柴油机，但只限于最高配版本，且只会面向欧洲市场。氢燃料电池层面，双方明确正在联合开发之中。集团曾向特斯拉公司投资 5000 万美元，持有特斯拉约 2.4% 股份，目前已出售所持特斯拉的部分股份，将缩减在电动车开发方面的合作，但计划继续与特斯拉在插电式混合动力车等领域合作。集团与福特及其子公司 Livio 就 SmartDeviceLink（SDL）的配置构建共同开发、运营的框架达成一致。SDL 是 Livio 公司开发的智能手机应用与车辆连接用的开源平台。导入 SDL，通过车载语音识别功能和操作面板可在车内操作手机应用。丰田今后将推进采用 SDL 的车载系统的商品化。集团与日本东北电力、东京电力、中部电力、关西电力和四国电力 5 家公司合作，共同推出插电式混合动力车的新型动力服务。集团宣布进一步增强与微软的伙伴关系，宣布成立 Toyota Connected 新数据导向公司。此外在美国密歇根州安阿伯市建立了旗下第三所研究基地，计划将安阿伯市建设成为全球最大的联网汽车测试实验基地。集团的大型零部件制造商电装（DENSO）以及 NTT 都科摩公司（NTT DoCoMo）将携手展开高端驾驶辅助和自动驾驶相关技术的研发工作。

在华投资和生产方面，根据集团最新战略，到 2020 年，混合动力车型的全球年销量将达到150万辆，累计销量达到1500万辆，其中在华销量的比例达到30%。2018年将在华投放Corolla和Levin的PHV车型。基于未来全新TNGA平台的引入，集团导入中国市场的混合动力车型还将不断增多。

2016年，清华大学-丰田研究中心合作签约，双方已连续10年开展联合研究，今后5年还将携手推进研究工作。丰田汽车研发中心（中国）有限公司（TMEC）扩建工程启动，除加强现有的实验楼和测试场地，还新建新实验楼和电池评估试验楼，将在2018年底完工。另外，除在中国准备燃料电池车的实证试验，还计划再引进纯电动车。天津一汽丰田对泰达厂（第二、第三厂）进行车型产能调整：第二厂5万辆现款卡罗拉改款为新款卡罗拉，三厂现款卡罗拉的产能调整为1.354万辆，威驰Vios产能调整为18.996万辆。计划年产新款卡罗拉16.852万辆，威驰3.498万辆，二厂和三厂总产能保持不变。广汽丰田在建中的第三生产线将于2017年底投产，首期新增10万辆产能，未来可快速扩充至年产22万辆，广汽丰田的年总产能将提高至60万辆。此外，2017年底，丰田TNGA新全球架构战略也将开始全面导入广汽丰田三大生产线。

集团在中国市场推出1.2L涡轮增压发动机8NR-FTS和丰田最新安全感应主动安全套件（Toyota Safety Sense Active Safety Package）。8NR-FTS发动机应用D4-T缸内燃油直喷、VVT-iW智能可变气门正时系统技术，并采用内置气缸盖排气歧管，将排气歧管移至发动机缸盖内部，以冷却液进行冷却，缩短废气抵达增压器的距离，从而提升效率。丰田安全感应主动安全套件包括了“预碰撞安全系统”（PCS）、“车道偏离警示系统”（LDA）、“远光灯自动控制系统”（AHB）和自适应巡航系统（ACC）四个实用性安全技术。

（三）通用汽车公司

2016年集团全球销量为996.5万辆，同比增长1.2%。其中在华销量创下387.1万辆新高，同比增长7.1%，中国再度成为通用全球最大市场。2016年，集团全球发布或发售四大品牌车型近30款。

通用发布未来5年在华发展战略，截至2020年计划在华投放60多款新车型及改款车型。其中SUV和MPV占约40%，还将投放10款凯迪拉克新车型及改款车型，也将扩充新能源车的产品阵容，雪佛兰、别克、凯迪拉克以及上汽通用五菱的宝骏品牌将投放10多款新能源车。同时，通用将强化拓展核心业务，并打造全新的未来个人出行方式。欧宝2017年将投放7款新车型。通用雪佛兰将于2020年底前在中国市场推出20余款全新及改款车型，其中SUV车型约占30%，首次在中国市场推出的全新车型约占50%。

在产品技术开发方面，集团将减少细分平台的研发，只做几个基本的模块化平台，此举将节省大量的研发经费。与此同时，对于保留下来的平台，其寿命将延长到此前的两倍。随后集团宣布将推出10款核心架构平台，未来许多汽车都将基于这些平台生产。集团将在2017年首推柴油驱动的新一代Equinox紧凑交叉车型，未来一年雪佛兰将在Cruze 5门掀背车上采用柴油机，同时也会继续在Cruze四门轿车上运用柴油机，还考虑将柴油机运用于雪佛兰及通用大型载货车及大中型皮卡。集团计划2018年前将10AT应用于至少8款新车。集团开发了最新安全系统—Proactive_ Alerts，通过对发动机3个重要部件监测，能第一时间反馈车辆性能表现，该系统率先普及凯迪拉克旗舰SUV凯雷德，未来通用旗下全线产品均将搭载。集团正在新款凯迪拉克CT6上研发一种新型的焊接工艺，此项技术旨在将钢和铝焊接在一起，从而打造出全新“钢铝制”车身。澳大利亚Carbon Revolution公司向福特GT以及福特野马提供碳纤维轮胎，使车辆减重35磅（15.8千克）并显著增加驾驶活力。集团投资5亿美元，用于Lyft公司的合作开发项目，并表示与互联网约车服务平台合作，着手建立基于客户针对无人车需求的网络。通用与IBM合作，安吉星将会与IBM的人工智能平台Watson一起提供一项新的升级版车载系统Onstar Go。通用旗下所有配备4G－LTE联网功能的车辆都将在2017年底之前获得个性化服务。集团高调收购无人驾驶汽车创业公司Cruise Automation，已开始使用通用电动车Bolt测试无人驾驶技术。集团在密歇根州启动自动驾驶车辆路测，并于2017年初正式投产下一代自动驾驶测试车辆。集团计划 2017 年在美国市场推出具备自动驾驶功能的新车型——搭载“超级巡航”（Super Cruise）的凯迪拉克 CT6，“超级巡航”可在高速公路上和“走走停停”的拥挤道路上解放驾驶者的双手，该系统不久有望引入中国市场。此外，集团承诺到 2050 年前将利用再生能源在全球生产，计划在全球 59 个国家 350 个设施利用风能、太阳能、废弃物生成的气体等构成的可再生能源进行发电并供应。

2016 年，集团在华多个项目启动或投产。集团斥资 36 亿元在武汉和东岳厂建设 1.0T 发动机项目：上汽通用斥资 19.06 亿元在武汉厂开展“下一代 C 系列发动机项目”，建设一座动力总成车间，同步建设相应的配套辅助设施。该项目已于 2015 年动工建设，计划在 2017 年建成投产，可年产 C 系列 1.0T 小型发动机 30 万台；上汽通用东岳动力总成也将投产全新 C－NGC 发动机，项目总投资 17 亿元，规划年产 30 万台的产能。两大项目建成投产后，国产的 1.0T 发动机将完成东西部布局。此外，上汽通用五菱发动机五期工程建设项目提前竣工投产。

集团战略投资分时租赁的中国易微行（北京）科技有限公司，将利用易微行的技术资源，洞察中国的分时租赁市场，深度理解中国消费者的个人出行需求。此次投资也是集团重新定义未来个人出行的全球策略的一环。集团还首次在中国演示了包括交叉路口碰撞预警、紧急制动预警等多项功能在内的最新 V2X 技术。场所为上海市嘉定区国家试验区，WiFi、LET-V、DSRC 等通信方式全网络覆盖，为自动驾驶车和车联网的试验提供各种行驶环境。集团的技术团队正在中国开发面向全球市场的车载空气净化系统。新系统利用高性能的 HEPA 过滤器去除大部分悬浮颗粒，用离子发生器净化车内的空气，实时显示车内外 PM2.5 浓度。根据实测值，新系统在 5 分钟内可去除 80% 的有害颗粒，仅用 10 分钟就可使车内空气比车外净化 10 倍。此外，在中国汽车工程学会和中国智能交通产业联盟的领导下，集团正携手清华大学和长安汽车一起牵头拟定中国网联汽车技术（V2X）应用层标准。基于正在制定中的国家标准，集团与长安汽车已完成了对各自开发的 V2X 应用的首次互联互通测试。

（四）雷诺 - 日产联盟

2016 年雷诺 - 日产联盟全球汽车销量 996.1 万辆[①]，同比增长 3.7%。其中在华新车销量为 147.3 万辆，同比增长 16.3%。联盟全球发布和发售各品牌车型 50 余款。

2016 年初，日产汽车宣布将耗资 4000 亿日元回购公司约 6.7% 的股份，计划回购雷诺所持股份让这个联盟内部关系更显微妙。10 月，日产汽车投资 2370 亿日元成功收购三菱汽车 34% 的股份，成为最大的股东，三菱汽车成为雷诺 - 日产联盟的一员，获得日产在战略、业务和经营上的支持，希望重振因油耗作假问题而下跌的信赖和运营。

在产品技术开发方面，雷诺对相关车辆的防污染系统进行了两大改进，一是扩大了车辆废气循环系统运行范围，这对于减少 NO_x 排放量是关键的一点；二是在废气循环系统的基础上加强 NO_x 吸附转化器性能，每隔一定时间便进行 NO_x 的存储与转化。强化后的系统使车辆 NO_x 净化频率及效率得到提升，能够更好地应对不同的驾驶环境。两项改进方案可根据汽车不同的驾驶环境及驱动方式，将废气循环系统中 NO_x 排放量减半。雷诺并从 2016 年 7 月开始，将此两项技术作为新款欧 6B 柴油车车型的标配。

在新能源汽车领域，联盟计划使用同一个平台来打造下一代 Zoe 和 Leaf 系列电动车。两家公司表示将会继续采用不同的电池组，Leaf 或将使用自主的密度相对较低的 LMO 锂电池，而雷诺或许会选择从 LG 公司购买电池。雷诺计划在中国推出全新的纯电动车。日产 EV Leaf 的远程信息处理系统采用微软云平台 Azure，通过从车外接入空调电源等实现对车辆的远程连接。雷诺还与电池制造商波洛莱（Bollore）建立了合作关系，共同开发电动车技术。

在自动驾驶技术领域，联盟计划在 2020 年前推出 10 款采用自动驾驶

① 此次公布的联盟销量数据中包括三菱汽车全球销售的 93.4 万辆。日产汽车已于今年秋天收购三菱汽车 34% 股份，后者随之加入联盟。

技术的车型。日产致力于在2018年前推出可以变化车道的无人驾驶技术，在2020年推出可以满足城市驾驶需求的无人驾驶汽车。日产宣布，2016年将在欧洲进行自动驾驶的公路展示，2017年投放搭载自动驾驶技术的Qashqai。到2020年将在面向欧洲、美国、日本、中国的数款车型上配套自动驾驶技术。2016年日产推出了一款新技术ProPILOT，可在高速公路上实现自动驾驶，2017年该技术将用于在欧洲上市的逍客车型，其后用于在华出售的车型上。依靠前置摄像头及雷达等硬件设施，基于以色列Mobileye公司EyeQ3芯片技术的日产ProPILOT自动驾驶技术现阶段已实现自动转向、加速和制动等功能，而依据日产提供的时间表，ProPILOT系统在2020年能实现成熟的自动驾驶功能。Mobileye公司将在2018年发布最新的第四代产品EyeQ4，而在日产的时间表中也将在2018年实现对ProPILOT系统的升级，完成车辆在多车道条件下自动驾驶的功能。雷诺宣布与开发用人眼动作触发图像传感器和计算机视觉的法国投资公司Chronocam合作，将其创新技术用于先进驾驶辅助系统（ADAS）和自动驾驶的图像处理。

在智能互联领域，日产与雷诺正组建一个300人的内部技术部门，主要针对软件研发、云工程和大数据分析。这支创业队伍将着手研发智能互联汽车及新型移动服务的核心科技。日产组建团队，旨在巩固软件和联网汽车平台的基础。联盟9月份就宣布在这些前沿技术领域进行两项投资，首先收购了法国软件公司Sylpheo，目的是加速扩展联网汽车业务，同时还为联盟增加了40位工程师。另外，联盟与美国微软公司就下一代互联服务、使用微软的云服务Microsoft Azure签订多年合作关系。微软的服务有先进导航、最佳路线建议、预估通信功能、高速公路及停车场的自动支付、车辆诊断、车辆远程监控、自动驾驶软件的无线升级等。日产计划于2016年在车载远程信息处理系统方面导入可远程控制的应用软件，2017年导入可提供全新多媒体、地图、导航的“Alliance Multimedia System”，2018年导入“Alliance Connectivity & Internet of Things”，面向个人或企业用户提供全新“Virtual Personal Assistant”功能。日产将旗下的e-NV200改造成了世界上首个全电动移动办公室 e - NV200WORKSPACe，续航里程为 170km。在移动办公越来越受欢迎的今天，e - NV200WORKSPACe 展示了未来办公场所的一种可能性，移动办公设计概念也让人们看到厢式轿车在特别定制方面的潜力。日产还将从 2017 年起向日本与印度的车主提供维修保养提醒功能等车联网服务，到 2020 年把这一服务推广到其他国家和地区。雷诺已开发出一款能监测驾车者行为和健康并给予奖励积分的手机应用，该款名为“我的驾驶伙伴”的应用是雷诺位于硅谷的创新中心与微软专家合作开发的成果，能识别驾车者的常规驾驶路线，之后给予最安全和最经济的驾驶方式一定的积分奖励，此外还能通过一个生物测量手环监测驾车者的健康数据，如心率和体温等。目前与该款应用有关的商业想法仍处于测试阶段。Business Car 获得了利用这项技术在加利福尼亚州公路上驾驶的体验机会，并且证实这项技术确实能提高驾驶水平。

在华投资和生产方面，根据东风雷诺的发展战略，未来 5 年有望推出 10 款新车，其中有望包括 2 款 SUV、3 款轿车、2 款 MPV 以及 1 款电动车型。新产品的推出，将进一步提升东风雷诺在华市场的竞争力。日产及其在华子公司日产（中国）投资有限公司与中国汽车技术研究中心（CATARC）签署“中国 ADAS 先进驾驶辅助系统（Advanced Driver Assistance Systems）基准及智能交通技术普及共同研究项目”，通过与 CATARC 的共同研究项目，日产将积极推动促进 ADAS 先进驾驶辅助系统在华的研发和推广。雷诺、东风雷诺与武汉蔡甸生态发展集团展开合作，在湖北武汉共同建立开放式自动驾驶示范区，带有自动驾驶功能的雷诺电动车在长达 2 公里的沿湖公路上行驶，参观者可在现场亲自体验雷诺的自动驾驶汽车和技术。2018 年雷诺将引进一种可让汽车在不停变道的复杂环境下进行自动驾驶的技术，而到 2020 年，雷诺计划引进一种在各种情况下，包括在复杂的城市驾驶环境中都无须驾车者干预的自动驾驶技术。此外，日产还和清华大学成立了“智能出行”联合研究中心，不仅推进中国市场专用的 EV 和自动驾驶技术的研发，还提出培养本地优秀人才、推动中国汽车行业发展的方针。

（五）现代－起亚汽车集团

2016年集团全球销量762.2万辆，同比增长3.8%。其中在华销量179.2万辆，同比增长6.7%。2016年，集团全球发布和发售各品牌车型近30款，其中现代18款，起亚11款。

集团将在2020年之前推出26款新能源汽车，抢占新能源汽车市场的领先地位，到2017年将新能源汽车在整体销量中的份额从2%提高至10%，争取在2020年成为全球第二大新能源汽车制造商。26款新车型包括12款混合动力车型、6款插电式混合动力车型、2款纯电动车型以及2款氢燃料电池车型等。其中，起亚将推出包括Niro混合动力版、凯尊混合动力版、Soul EV在内的11款新车，而现代则会推出插电式混合动力版、纯电动版IONIQ。到2020年集团新能源汽车年销量有望达到30万辆。2020年前，集团在华将推出15款新能源车型，覆盖纯电动、插电式混合动力、混合动力3个领域，其中有13款车由北京现代和东风悦达起亚进行国产，还有2款车会以进口的形式引入国内。

在产品技术开发方面，集团正式发布全新8速自动变速箱。该款变速箱专为前驱车研发，相比6速自动变速箱燃油经济性提高了7.3%，未来北京现代和现代汽车（中国）旗下瑞奕、第九代索纳塔、飞思－T等10款前驱车都有望搭载这款新产品。集团计划在2017年加大电动公共汽车的研发力度，力争早日将其大规模地推向韩国本土市场以及邻近的中国市场。集团和美国能源部（DOE）宣布，延长2013～2015年合作实施的FCV确认项目，将作为第2阶段在2016～2017年实施。第1阶段的确认项目在早期设置了氢气站的南加州实施。第2阶段将扩大至北卡罗来纳州、华盛顿、密歇根州、丹佛地区实施。北京现代计划投产1.0T和1.2T两款发动机，届时，将与现有的1.4T、1.6T和2.0T三款发动机形成互补。在新能源汽车领域，集团计划2018年推出一款全新Ioniq紧凑级纯电动轿车，满电状态下续航里程有望达到322公里，到2020年推出最大续航里程达到402km的车型。集团的高端品牌Genesis还将研发插电式混合动力系统。

在智能互联技术领域，集团发布了车联网的开发蓝图：以“超级连接和智能汽车”（Hyper-connected and Intelligent Car）为概念，与全球性 IT 及网络企业共同致力于为顾客的生活带来全新价值观和效率，推进促使汽车进入行驶高性能计算机水准的研发，计划截至 2025 年全部车型搭载升级化的车联网系统。10 月底，集团宣布正在开发互联汽车的基本软件“Connected Car Operating System（ccOS）”，到 2020 年左右，将发售配套 ccOS 的新车。此外，集团发布了“未来移动战略”（Future Mobility），决心主导未来移动市场的革新，即不再局限于单纯的研究实验，而将通过具体的产品和服务，让更多人能体验到全新的未来移动工具，以及由此带来的创新生活方式。集团与思科合作开发车联网技术，这是集团开发“车轮上高性能计算机”计划的一部分。集团与亚马逊达成合作关系，未来旗下豪华车品牌捷恩斯（Genesis）将率先采用亚马逊 Alexa 声控设备远程发动汽车、控制车内空调、灯光和门锁等多种功能。集团还将对已售车型进行娱乐播放系统的升级，安装车载互联系统，从而可支持 Apple CarPlay 和 Android Auto 系统。Apple CarPlay 和 Android Auto 智能车载系统可使智能手机与汽车仪表盘系统实现无缝结合。

在自动驾驶技术领域，集团将斥资 2 万亿韩元（约合人民币 110 亿元）研发自动驾驶系统，2020 年前投放部分自动驾驶车，2030 年前投放完全自动驾驶车。并宣布成立全新子品牌 DRIVE WISE，涵盖搭载于起亚车型的先进驾驶辅助系统 Advanced Driver Assistance System（ADAS）。

在华投资方面，集团将在常州建厂，并推出一款低价紧凑级 SUV，2018 年还将在重庆厂投产一款小型 SUV，起亚品牌则将于 2018 年发布一款入门级小型 SUV。

（六）福特汽车公司

2016 年集团全球销量 627.6 万辆，同比增长 1.4%。其中在华销量 127 万辆，同比增长 12.7%。2016 年，集团全球发布和发售各品牌车型约 15 款，计划 4 年内在全球 SUV 阵营追加 4 款新款 SUV 车型，同时宣布年内退出日本和印尼市场。

2016 年，集团计划投资 130 亿卢比，在印度金奈（Chennai）开设新全球技术商业中心，计划 2019 年完工。金奈的 6 个现有设施的员工将调动至新中心，最终雇用 1.2 万名员工构成 12 个部门。集团宣布将与全球主要大城市合作，为解决现在和将来的拥堵问题、使每个人可以更简单地移动。最初合作的大城市为旧金山，集团收购以旧金山为基础使用云技术的众包班车服务的 Chariot，并与自行车共享公司 Motivate 合作，提供在中心城区的运输解决方案。福特还与宝马、戴姆勒、大众、奥迪、保时捷等整车厂签署在欧洲合作设置快速充电网络，该充电网络以名为“Combined Charging System（CCS）”的技术为基础，利用最大 350kW 容量的充电设备进行超高速充电，可向几乎所有现在及将来的 EV 车型供应。2017 年开始在欧洲设置快速充电站，初期目标 400 个，最终计划到 2022 年增加至数千个。

2016 年，集团在产品研发技术方面动作频频。在新能源汽车领域，将推出 2017 款电动版福克斯，可在 30 分钟内充电 80%，续航里程约为 160 公里，比 2016 款车型增加了 38km。由于成本控制合理，新电动版福克斯的售价将比特斯拉 Model 3 等续航里程更长的车型更具优势。新车还使用了 Brake Coach 制动指导系统，提示如何将车辆动能回收系统回收到的能源物尽其用。

在智能互联技术领域，集团携手大疆增强汽车与无人机间的联系，让汽车能与无人机对话。此外，还与亚马逊合作，其车载系统 Ford Sync 将与亚马逊的智能家居产品联网，用户可通过亚马逊 Echo 对车辆进行语音控制。

在自动驾驶技术领域，集团制定了雄心勃勃的自动驾驶汽车计划，其中包括 2021 年销售 10 万辆自动驾驶出租车，而后于 2025 年其自动驾驶汽车将上市。集团将 3 倍投资 ADAS 技术开发，加速投放半自动驾驶系统，并继续开发全自动驾驶车。今后 3 年内导入的 ADAS 技术，除已导入的附带检测行人功能的防撞系统及自动限速器等，还包含交通堵塞辅助系统（Traffic Jam Assist）和全泊车辅助系统（Fully Active Park Assis）。全自动驾驶车的开发方面，在德国亚琛、美国加利福尼亚州帕洛阿尔托、密歇根州迪尔伯恩设置专门团队，累积经验10年以上，目标是在没有驾驶员指示的前提下移动的SAE自动驾驶水平4。集团承诺在硅谷投入数十亿美元用于自动驾驶的研究和开发。集团及百度向美国硅谷一家激光雷达公司Velodyne投资1.5亿美元，加速自动驾驶车上路。此外，集团还收购了以色列的计算机视觉和机器学习公司SAIPS、向加州的3D地图公司Civil Map投资、更与机器视觉公司Nirenberg Neuroscience达成了独家合作、向Pivotal软件公司注资1.822亿美元加快云计算软件的开发、斥资10亿美元收购了自动驾驶车初创公司Cruise Automation以及投资5亿美元购入汽车共享服务商Lyft 9%的股权等。为加速其智能移动出行项目（Smart Mobility）前行，集团在帕洛阿尔托的硅谷研究设施新建2幢大楼，扩张15万平方英尺，计划现有的130名研究人员到2017年底将翻番。位于德国亚琛市的研究与创新中心正在开发一套新型辅助驾驶安全功能。新功能包括摄像头和激光在内的系统，可在紧急情况下控制转向盘，以避免高速碰撞的可能性，以及基于地图技术的限速警报。上述安全技术以及其他新安全产品，预计将在两年内加入公司现有的驾驶辅助功能。目前一系列福特车辆已配备自适应巡航控制，车道偏离警告和自动泊车辅助系统。集团已拥有多项专利，其中包括去年申报的一套新型座椅。这套座椅可实现前排向后旋转，使前排乘客与后排乘客面对面相坐。此外，这套座椅还可折叠，使乘客乘坐空间更为舒服。根据规划，这套座椅未来将应用于福特全新自动驾驶车型。自动驾驶技术的终极目标是以解放驾驶员的双手，为此福特工程师设计了“转向盘回收”功能，车辆在自动驾驶时可将转向盘收纳到仪表板下方，由此为前排乘客提供更大的内部空间。集团还首家发布了在积雪道路上的自动驾驶技术。还研究用无人机来给自动驾驶汽车导航，协助驾驶员在越野探险等情况下勘查出汽车感测器侦测不到的周遭环境。安全技术领域，在夜间行驶灯光技术方面，集团在激光大灯、LED大灯、自动转向灯等方面下了很大功夫，新近还研发了一种颇为奇特的“水坑灯”。位于车辆外后视镜处的水坑灯夜间会将灯光投射到地面上，照亮汽车周边的路面，从而防止驾驶员和乘客在下车时陷入水坑或发生其他潜在的危险。

除对于自动驾驶、安全等技术的研发外，福特在传统汽车核心部件的研发方面曾申请过一项 11 速变速箱的专利，新的 11 速变速箱将拥有不同配置，分别匹配不同的齿轮、离合器和制动系统。目前全球量产汽车当中使用的变速箱最高挡位为 9 速，大众曾宣布研发 10 速双离合变速箱。虽然福特 11 速变速箱更为领先，但尚处于概念当中，何时能推出并进行量产尚无规划。在集团众多专利储备中，还有一项可以监测驾驶员健康的成果。该系统在输入司机的基本信息后，凭借车载特殊软件和传感器，在 WiFi 网络连接状态下，可随时监测司机的状态、身体健康程度，并能在紧急情况下，及时通知相关医护人员实施救援。不过此项专利目前只能监测心率以及体重信息，功能比较有限。

2015 年集团在华发布“创新 2020 战略”，未来 5 年将投资 114 亿元提升在华产品研发能力，并陆续向中国市场引入 20 多款新车，包括换代、全新以及改款车型。到 2020 年将引入 13 款新能源产品，包括全新车型、基于现款车型打造的混合动力版或是纯电动版。除新能源车外，SUV 是其重要板块之一。目前福特已在华推出新福特探险者、全新福特锐界、全新福特撼路者、福特翼虎和福特翼搏在内的 5 款 SUV 产品，未来 4 年将推出 4 款全新 SUV 车型，覆盖现有 SUV 产品还未进入的全新细分市场。未来 5 年，福特还将在华引入多种智能科技，包括功能性更强、操作更为流畅的全新 SYNC 3 车载互联娱乐系统。相比第二代系统，SYNC 3 继承了免提通话、语音导航以及 AppLink 手机程序互联等系统，且操作更为流畅，并针对中国市场推出支持 15 种口音的普通话识别系统。此外，SYNC 3 新增“SYNC Connect”系统，通过手机 App 可以远程控制车门开闭、车辆启动、车辆定位以及检查油量等功能。此外，2017 年初，将在华推出首款搭载 10AT 变速箱的 F-150 高性能版车。

（七）本田技研工业股份有限公司

2016 年本田全球销量 492.4 万辆，同比增长 6.4%。其中在华销量 125.6 万辆，同比增长 24%。2016 年，本田全球发布和发售各类车型近 30

款，其中在华投放4款。

在产品技术开发方面，本田已覆盖多个领域。其在日本独家推出了靠左脚前后旋转运动来操作转向的脚踏式驾驶辅助装置Honda Franz System。在日本租售的新款燃料电池车车身约55%（重量比）使用了高张力钢板和铝合金等轻量材料，与尺寸相近的中型轿车“雅阁”相比，车身质量减轻约15%。其研发的11速三离合变速箱申请了专利，相比传统的双离合，能有效降低扭矩损失。本田与日本软硬件技术公司Kabuku合作，利用该公司的Rinkak 3D打印技术，打造了一款短程电动汽车Micro Commuter。尽管3D打印技术用于塑造原型有很好的效果，但是在主流领域的运用目前还有所限制。本田与Drivemode联合开发了一款通过手机彻底取代车载系统的概念汽车。不光是把一部Android手机放进了仪表盘，还实现了设备与汽车控制之间的全面集成。该概念创意提供了一种为汽车厂商开发应用、替代传统车载系统的方式。本田还与SoftBank公司共同研究“情感引擎”（emotion engine）在汽车等领域的应用。“情感引擎”是SoftBank旗下cocoro SB开发的AI技术，具备模拟生成机械自身感情的功能。共同研究中利用与驾驶员的对话声音及各种传感器、摄像头等的信息，汽车将推定驾驶员的感情，同时还将开发汽车自身带有情感进行对话的技术。

在新能源汽车领域，为应对日益严格的全球排放法规，公司计划在2030年前将新能源产品销量占比提升至2/3，而目前这一数字仅为5%。在未来15年内，公司将进一步加强电动化技术的研发，把业务重心由传统燃油车转向油电混合动力车、插电式混合动力车、燃料电池车以及纯电动汽车等新能源产品。而插电式混合动力技术将是本田未来电动化技术开发的核心。2018年，本田将在北美市场投放一款新型插电式混合动力车型，而后会在日本、中国等地发售。在此之后，本田将在其他主要车型中逐渐导入插电式混合动力版。在燃料电池车开发方面，本田将加强与美国通用汽车的合作，目前双方正在推进生产、采购等阶段准备，力争于2020年实现商品化。本田推出了续航里程更长、技术更先进的全新Clarity氢燃料电池车，经美国环保局评定，Clarity燃料电池车续航里程达366英里（约合589公里），这足以使该车型成为无内燃机电动车续航最长的车型。本田还将进一步对Clarity燃料电池车进行升级，新车未来将使用自动驾驶技术，在2020年前可实现在高速公路上自动驾驶。本田与日本大同特殊钢开发出了不使用重稀土镝（Dy）等的Nd-Fe-B（钕－铁－硼）类磁铁（钕磁铁），并打算在本田混合动力车（HEV）的马达上采用。这是全球首次将不使用镝的钕磁铁配备在HEV用马达上。本田正在研发新的插电式混合动力系统以及纯电动系统，相关技术将在2020年前正式推出市场，而在插电式混合动力系统将采用小排量汽油机与电动机组成。

在无人驾驶技术领域，本田在东京设立研发基地，以更好地招揽人才、与各个领域的企业进行合作，专注人工智能技术研发。本田研发机构将利用新的基地支持基础技术研发，增强本田在自动驾驶汽车及机器人学等领域的竞争性。其目标在于为该研发中心配备图像与语音辨识、通信、软件控制及深度学习领域的专业人才。本田汽车东京人工智能研发基地员工人数预计将超过100人。继通用和奔驰之后，本田也加速了无人驾驶技术的研发进程，并且计划于2020年正式推出量产版无人驾驶车型。本田已在美国洛杉矶的GoMentum Station进行了无人驾驶项目的实地测试，本田无人驾驶测试车基于讴歌RLX车型研发，在此次测试中，本田在车顶以及前保险杠等处配备有大量摄像头和传感器。测试车在遇到假人障碍物时，可自动绕行避让，并且在行经障碍物之后可重新驶回原车道。此外，此款测试车型还配备有自动加速、刹车和避让障碍物等多项功能。在此之前，本田已研发出包括正面碰撞预警系统、车道偏离预警系统及车道保持辅助系统等在内的半自动驾驶技术，并且已经应用于2016款的本田思域和讴歌旗下的多款车型之中。本田与软银公司共同开发使用人工智能（AI）的汽车驾驶辅助系统。该系统不仅能分析行驶数据，还能根据驾驶人的表情和声调分析用户的情绪和爱好，预测用户的行为模式，以对话形式迅速提供驾驶人想要的信息。新系统争取让汽车具备自我学习能力，像人类一样对话以及进行操作。该系统将安装在具有通信功能的“互联汽车”（Connected Car）上。此外，本田已与谷歌展开正式谈判，将Waymo的无人驾驶技术应用于本田汽车。

在华投资和生产方面，本田按计划投放了 Honda 品牌大型 SUV 和 Acura 新款小型 SUV 等主力车型，扩大生产与销售。本田在湖北武汉建设的乘用车新厂年内破土动工，规划用地 120 万平方米，计划于 2019 年上半年投产，初期确保 12 万辆的年产能，随后将根据需求动向陆续增至年产能 24 万辆。本田在华年产能（不包括出口专用厂在内）将由目前的 108 万辆提高到 130 万辆以上，增加 20%。投资金额约 30 亿元人民币。该厂还将成为应对预计今后在中国市场不断扩大的电动化的工厂。

（八）菲亚特－克莱斯勒公司

2016 年，集团全球销量约 462.7 万辆，同比增长 2.3%；全球发布或发售各类车型 20 余款。集团正在进行近 10 年来最大的欧洲扩张计划，未来发展重心仍将放在欧洲市场。

在产品开发技术方面，克莱斯勒推出新一代 EYERIS Generation3.0 摄像头系统，该系统基于已上市的原有平台开发，在继承了原有创新技术特性的前提下，改善了驾驶者视野并提高了摄像头分辨率。作为车辆整个 ADAS 系统的一部分，这款摄像头结合车前雷达，可实现车道保持、自动远光灯、自动紧急制动和自适应巡航控制等功能。菲亚特动力科技基于同级最优 Cursor 9 柴油机架构研发出一款新 Cursor 9 CNG 天然气发动机。菲亚特与马自达签署一项非约束性备忘录，宣布结成合作联盟。双方计划以马自达 MX－5/Roadster 两座跑车的后驱架构为蓝本，分别开发马自达和阿尔法罗密欧品牌下的新跑车。双方还将寻求多方面的合作机会，包括共同开发环保技术，如共享马自达高性能节油发动机以及车辆轻量化技术等。

在新能源汽车领域，玛莎拉蒂计划将 2014 年推出的 Alfieri 概念车为基开发全电动豪华跑车，不过该车在两年内应该不会量产。除了玛莎拉蒂，菲亚特还准备推出一款小型城市电动车。到 2025 年，菲亚特的绝大多数车型都将采用混合动力。目前菲亚特旗下的电动版 500e 只在美国加州和俄勒冈州销售。

在智能互联与自动驾驶技术领域，菲亚特－克莱斯勒与谷歌公布了一个全新的车载信息娱乐概念系统——Uconnect，该系统是一个基于 Android 的 8.4 英寸概念车载系统，鉴于 Uconnect 是基于 Android 7.0 研发的，它可与大多数流行的 Android 应用程序连接和兼容，如谷歌地图、Google Assistant、Pandora、Spotify 和 NPR One 等。菲亚特 - 克莱斯勒还与谷歌合作开发无人驾驶汽车。菲亚特 - 克莱斯勒与谷歌无人驾驶汽车研发团队成立的 Waymo 公司正在对 100 辆全新 2017 版“帕奇菲卡”商务车加装 Waymo 的全自动驾驶技术，包括计算机、传感器、车载信息系统和其他系统，这些车辆的电子、传动、底盘和结构系统均已经过优化改造。100 辆装备全自动驾驶技术的商务车将在 2017 年初驶上公共道路进行测试。

（九）戴姆勒公司

2016 年，集团全球销量约 300 万辆，同比增长 4.9%；其中在华销售 48.1 万辆，同比增长 28%。全球发布和发售近 30 款车型，其中在华发售 10 余款。集团发布新品牌梅赛德斯 - 奔驰 EQ，根据其注册申请，EQ 品牌还将包括 EQ A、EQ C、EQ E、EQ G、EQ S、EQ Iside、EQ Boost、Generation EQ 以及 Generation MEQ 共 9 款车型。其中 EQ Boost 有望成为混合动力车型的专属标识，Generation EQ 和 Generation MEQ 有望成为人工智能驾驶车型的代表。

集团计划到 2019 年投资 26 亿欧元开发下一代清洁柴油机，以满足不断严苛的排放标准。到 2019 年，集团计划在旗下奔驰紧凑前驱车型上使用选择性催化还原（SCR）系统，目前奔驰只在其较大车型上使用这一技术。集团在欧洲推出首款 OM 654 全铝四缸柴油机，可将油耗及 CO_2 排放量降低 13%，并进一步将输出功率由 125kW 提高至 143kW。新款柴油机将广泛搭载于奔驰轿车及厢式车。梅赛德斯 - 奔驰计划为其推出数个版本，采用横置或纵置的方式搭载在前驱、后驱或四轮驱动车型上。

在产品技术开发方面，集团发布了一款全新制动辅助系统 Sideboard Assist & Active Brake Assist 4，可搭载于奔驰载货车。这套辅助系统弥补了之前产品的不足，可适应城市内复杂的交通环境，加装的感应器可有效监测路面上的行人和自行车，及时预警制动，从而保障行人和非机动车驾驶者的安全。集团还利用3D 打印技术，为奔驰载货车生产塑料配件。采用该技术后，戴姆勒的零部件生产有望实现本地化，生产成本也将大幅降低。集团还开发了一种新型智能像素头灯系统，能够更精确地塑造它的光束。目前这项技术还处于初级阶段，但集团及其合作伙伴正努力让其进入批量生产。

梅赛德斯－奔驰已基于 MRA 架构研发出全新平台，并将新平台命名为 EVA，未来数年内将陆续推出 4 款全新电动车型。建立在 EVA 平台上的入门级车型将依靠一台电动马达，输出近 294kW 的最大功率，并将动力高效输送至后轮。此外，四轮驱动版车型则会采用双电动马达设计，以提升动力表现。与此同时，其旗下的后驱版与四驱版电动车均有望在底盘上配备重量为 399kg 的电池组。梅赛德斯－奔驰全新电动车将于 2018 年亮相，在 EVA 平台上所投产的第一款车型将定位 C 级和 E 级轿车之间，随后引入一款定位在 GLC 和 GLE 之间的跨界版车型。此外，以梅赛德斯－奔驰 S 级轿车和 GLS 车型为基础的电动版车型也会在 10 年后相继问世。戴姆勒载货车宣布新方针，不仅共享现有驱动零部件的平台，还将扩大采用智能平台，强化领先企业的地位。公司将统一的电气/电子架构（E/E：electrics/electronics architecture）和新开发的标准化连接硬件应用于所有的载货车。

在新能源汽车领域，集团战略是大力推动电动汽车，继续投资纯电动汽车和混合动力汽车，以混合动力车型作为缺乏电池充电基础设施时期的替代性过渡产品。将采用“C. A. S. E.”策略，以专门的团队负责“C. A. S. E”项目的发展，包含前端研发一直到后端营销与销售执行。集团将投资 100 亿欧元研发电动车。基于现在的架构，计划在 2025 年前研发 10 款电动车，覆盖从入门级到旗舰车型。根据规划，到 2017 年底插电式混合动力车将增至 10 款，同时还有 3 款纯电动车和 1 款燃料电池车。3 款电动车为两款 Smart 车以及一款 B 级车，新车最大续航里程为 200 公里。旗下首款氢燃料电池车——梅赛德斯 GLC F-CELL 将采用插电式燃料电池技术，最大续航里程可达 500 公里。计划 5 年内推出一款纯电动重型载货车 Urban eTruck，每次充电可行驶约 200 公里，最大装载质量为 26t，面向诸如超市送货等市内运输任务，计划于2020年初上市。计划在2025年前，其纯电动车子品牌“EQ”拥有超过10款纯电动车型。同时，Generation EQ纯电动概念车的量产车型预计在2020年左右推出。计划到2020年电动车年销量达10万辆。此外，为推进汽车生产本地化战略，奔驰未来可能会在华建立电池生产厂，并生产梅赛德斯－奔驰EQ电动汽车。

集团计划进一步投资10亿欧元开发自身电池生产技术，为梅赛德斯新电动汽车品牌EQ以及Smart电动汽车提供坚实后盾。通过子公司ACCUmotive生产电动汽车电池组。为扩大电动汽车业务，年初投资5亿欧元，在德国萨克森Kamenz建设新电池厂，生产搭载于梅赛德斯－奔驰和Smart纯电动和混合动力车的电池。同时集团还选定了韩国化学SK集团作为梅赛德斯电动汽车的电池供应商。

在智能互联技术领域，集团同美国远程信息处理供应商Zonar达成协议，通过收购部分股权入股Zonar公司，寻求更多数据分析领域的合作，以加强其车载互联技术的研发能力。公司希望通过使用网络和卫星互联服务来传输数据，让车辆在提升燃油经济性方面“更智能”，在降低车辆维修率方面“更高效”。集团将推出云端交互系统——Car2X，该系统将首先搭载到奔驰全新加长E级车上，未来将对全行业进行开放。Car2X云端交互系统平台是一个物联网概念，将以车为载体，链接人与车、车与车、车与行人、人与社会。为实现上述功能，奔驰将与中国的众多互联网企业展开合作，以完善该平台。集团还与微信互联达成合作，同步上线了一个与车载系统相关的新功能：用户只要扫描上图中的二维码，就能进入该功能的介绍H5互动页面。在该页面中，只需长按一个定位信息，然后选择车载系统打开的方式，就能实现从微信端一键发送目标地址到奔驰车载导航的功能。此外，戴姆勒携手奥迪、宝马等与爱立信、华为技术、英特尔、诺基亚、高通等通信公司为研发5G通信网络成立企业联盟“5G Automotive Association（5GAA）”。5GAA进行通信技术解决方案的开发、试验和市场投放，推进标准化、加速渗透全球市场。

自动驾驶技术领域，奔驰在德国获得了在公共道路上测试最新自动驾驶技术的许可，奔驰新的自动驾驶测试车搭载 DAVOS 自动驾驶系统。DAVOS 系统拥有更先进的雷达和传感器，目前测试车在理论上已完全实现自动驾驶，不过出于安全考虑，每辆测试车上配备有两名经过专门训练的司机。搭载 DAVOS 的测试车是一款奔驰 V 级车型，除安装新的雷达和传感器外，这款车还使用更强的图形处理器，并拥有更先进的学习能力。奔驰官方宣布将很快向市场推出旗下的自动驾驶技术，同时强调该技术可以在公共道路上使用并且满足各国的法律需求。此外，集团与乐视的合作战略已开启，双方的目标是电动无人驾驶车型。奔驰方面，智能驾驶技术一直是其强项；乐视方面，布局智能驾驶和无人驾驶技术也是重中之重。集团还在荷兰阿姆斯特丹进行了半自动驾驶客车的实证行驶。该客车搭载 CityPilot 系统，以奔驰载货车 Actros 开发的技术为基础。戴姆勒计划到 2020 年投资 2 亿欧元进行自动驾驶客车的技术开发，目标是为利用快速公交系统（BRT）的城市运输系统进行配套。

在华投资和生产方面，3 月，北汽收购福建奔驰 35% 的股份，收购完成后，戴姆勒依然持有福建奔驰 50% 股份。奔驰目前已推出了基于 C 级和 S 级轿车所打造的插电混合动力版本，并公布将引入 GLE 插电混合动力版。官方给出的混合动力版奔驰 GLE 500e 的百公里油耗仅为 3L，较之现款 GLE 400 4MATIC 的 9.7L/100km 综合油耗，下降了 69%。

奔驰在去年推出了全新中级车，并将名称由 GLK 更名为 GLC，而随着 SUV 市场更加细分化，奔驰 GLC 有望形成一个完善 SUV 家族，包括 GLC 插电混合动力版、纯电动版、敞篷版、轿跑版以及各版本的高性能车将陆续推出，这 7 款新车有望悉数引入中国，全面覆盖到国内中型 SUV 市场。集团计划 2020 年开始在华与北汽福田共同生产 Actros 重型载货车，目标产量逾万辆。两方计划投入数亿美元在华兴建 Actros 载货车生产线，戴姆勒也将足资在华多兴建 200 个经销商及服务站。

B.9
附录二　2016年中国汽车工业大事记

2016年汽车行业大事记

1月

1月1日　国家质检总局、国家标准委联合国家能源局、工信部、科技部等部门，在北京正式对外发布新修订的电动汽车充电接口及通信协议5项国家标准，并开始实施。

1月1日　《缺陷汽车产品召回管理条例实施办法》正式实施。《办法》进一步明确了汽车产品生产者作为召回主体的义务，并增加了对汽车零部件生产者的义务，这也是我国首次将零部件生产者纳入汽车召回体系。

1月3日　国家发改委就进一步完善成品油价格形成机制、推进成品油价格进一步市场化召开座谈会征求意见。预计此次大范围征求意见后，价格机制完善的重点和方向将基本明确，新机制出台步伐将加快。

1月7日　国家发改委第三次将汽车业内代表召集到北京开会，集中讨论《汽车业反垄断指南》征求意见稿。

1月8日　车讯互联与东南三菱签署战略合作协议。双方将基于未来汽车市场的发展趋势以及互联网经济的发展方向，本着优势互补、合作共赢的原则，在汽车销售、汽车售后等方面开展全方面、深度合作，联手打造汽车电商线上线下成交的O2O新模式。

1月8日　福田汽车发布乘用车品牌——“北京福田伽途”，这是福田汽车商乘并举战略实施的标志，福田汽车正式开始在乘用车市场发力。同时，该品牌两款全新车型ix5和ix7正式上市。

1 月 12 日 中国长城汽车公司在横滨市设立的日本法人“长城日本技研”举办了开业典礼。该机构被当作中国长城汽车公司在日研发基地。

1 月 14 日 工信部与环保部联合发布最新“国Ⅴ”排放标准，将于2016 年 4 月 1 日起，在部分省市先期实施；2017 年 1 月 1 日起，全国范围实施车用第五阶段柴油标准。

1 月 18 日 北汽新能源首次发布“十三五战略”，并启动“卫蓝行动”3.0——“卫蓝众创”计划，旨在与用户以及全社会共同创造绿色出行环境、打造更加完美的用户体验。

1 月 18 日 观致汽车对外发布未来 5 年的新能源产品战略。2017 年，观致第一代插电式混合动力和纯电动车将投产；2020 年，基于观致新能源GEV 平台的第二代插电式混合动力和纯电动汽车也会投放市场。

1 月 19 日 广汽三菱汽车有限公司正式对媒体宣布，收购三菱汽车销售（中国）有限公司 100% 的股权，共耗资 3.4 亿元。

1 月 21 日 工信部在官网上公布由五部委（财政部、科技部、工信部、发改委、国家能源局）制定的《关于“十三五”新能源汽车充电基础设施奖励政策及加强新能源汽车推广应用的通知》，正式确定了对新能源汽车及充电设施的财政补贴办法及标准。

1 月 21 日 凯迪拉克在华专属工厂正式竣工投产。凯迪拉克专属工厂及泛亚汽车技术中心（金桥）于 2013 年正式奠基动工，规划总面积约 75 万 m^2，总投资 80 亿元。

1 月 22 日 华晨宝马汽车有限公司新发动机工厂正式开业，同时下线新一代发动机产品——BMW 最新一代 B38/B48 系列 3 缸和 4 缸涡轮增压发动机。该厂占地面积 9000m^2，2013 年 8 月开工建设，规划年总产能 40 万台。

1 月 23 ~ 24 日 2016 中国电动汽车百人会论坛在北京召开。论坛围绕“构建竞争 · 创新 · 可持续的产业生态”的主题，通过中国电动汽车百人会这个平台，研究产业现状，收集市场信息，探讨产业发展趋势，为政府提供政策建议。

1 月 25 日 亚太股份发布公告，与奇瑞汽车股份有限公司签署了《智能驾驶技术合作协议》，双方期望通过此次技术合作，进一步提升汽车智能驾驶技术的水平和应用能力，实现未来的市场扩张策略。

1 月 28 日 一汽丰田在“2016 年度全国经销商大会”发布 2016 年目标，并宣布以“2020 年导入 15 款以上新车型，力争实现年销售 100 万台”为主要内容的中长期发展规划。

1 月 29 日 北汽新能源与协鑫集团的战略合作签约仪式在北京汽车产业研发基地举行。根据签订的 2016 年电动汽车采购协议，协鑫集团将采购 5 万辆北汽新能源纯电动汽车，用于未来绿色交通与智慧能源、绿色物流领域的车辆供给。

2月

2 月 1 日 东风雷诺汽车有限公司工厂在武汉举行建成竣工仪式。

2 月 1 日 国家发改委网站发布消息，国家发改委同意万向集团年产 5000 辆新能源客车项目。该项目总投资 206093 万元，其中新增投资 175534 万元，利用原有固定资产投资 30559 万元。

2 月 17 日 前途汽车（苏州）有限公司生产基地奠基仪式在苏州举行。该基地一期投资超过 20 亿元，初期占地面积 23 万 m^2，先期计划产能为 5 万辆。

2 月 17 日 国能电动汽车（NEVS）瑞典公司发布消息，NEVS 签署框架协议入股福建新龙马。新龙马的新股权结构为：NEVS 占比 50%，国研科技占比 15%，福汽集团占比 20%，龙马汽车等其他原始股东占比 15%。

2 月 17 日 乐视与阿斯顿·马丁在德国法兰克福就成立电动汽车合作合资公司签署谅解备忘录。根据备忘录，合资公司中双方占股比例为 50∶50，经营内容包括但不限于电动汽车的研发、生产、制造与销售。

2 月 19 日 长安汽车发布公告，计划联合吉利控股集团、科力远股份和云内动力共同投资科力远混合动力技术有限公司，共同签署《增资扩股框架协议》。通过共同投资 CHS，长安汽车和吉利汽车在混合动力汽车方面形成合作联盟之势。

2 月 19 日 上汽集团与嘉定区签署《战略合作备忘录》和《新能源汽车分时租赁项目合作框架协议》，共同成立新能源汽车租赁服务公司。根据规划，2016 年基本实现上海市新能源汽车分时租赁服务全覆盖，推广新能源汽车 5000 辆以上；2018 年业务覆盖国内约 100 个城市，并探索开拓国际城市，推广新能源汽车 5 万辆以上；2020 年业务覆盖国内主要城市和若干国外典型城市，推广新能源汽车 30 万辆，成为国际上较大的新能源汽车运营服务企业。

2 月 19 日 玉柴安特优动力有限公司揭牌暨产品揭幕仪式在玉林举行。该项目计划首期投资共 1.5 亿元，双方各占 50% 的股权。合资公司计划采用 MTU 完整的产品技术和生产制造技术，逐步对发动机零部件进行国产化，以具有竞争力的价格向市场推出符合中国 T3 排放法规、输出功率范围为 1400～3490kW 的发动机。合资公司计划于 2017 年正式投产。

2 月 19 日 中通客车新能源客车新厂区投入使用，计划年产能 2 万～3 万辆。

2 月 21 日 国家发改委官网发布《中央事业单位公务用车制度改革实施意见》和《中央企业公务用车制度改革实施意见》。

2 月 23 日 海马汽车宣布新海马 M3、海马 M6 1.6L 正式上市。

2 月 23 日 吉利汽车集团首批 6 辆甲醇汽车亮相冰岛首都雷克雅未克，计划在冰岛路面上进行测试。

2 月 24 日 奇瑞新能源举办年产 6 万辆铝合金骨架车身纯电动乘用车项目奠基仪式。该项目规划占地面积约 22.54 万 m^2，项目总投资 15.6 亿元，分两期建设。一期计划 2016 年建成投产，初步达到年产 1 万辆电动汽车生产能力，二期计划于 2017 年底建成，达到年产 6 万辆纯电动乘用车。

2 月 25 日 国家发改委、公安部、财政部、环境保护部等 11 个部门联合发布《关于进一步推进成品油质量升级及加强市场管理的通知》。通知要求，2017 年 1 月 1 日起，全国全面供应符合国Ⅴ排放标准的车用汽油（含 E10 乙醇汽油）、车用柴油（含 B5 生物柴油），同时停止国内销售低于国Ⅴ排放标准车用汽、柴油。

3月

3月2日 中国第一汽车股份有限公司董事会正式批准成立红旗事业部，与红旗品牌原来归属的一汽轿车股份有限公司成为平级单位。中国第一汽车股份有限公司还将下设红旗品牌指导运营小组，推动红旗事业部的具体工作。

3月3日 国务院发布《关于深化泛珠三角区域合作的指导意见》。

3月8日 江西博能实业集团有限公司和苏州绿控传动科技有限公司为共同投资合作的新能源汽车项目举行签字仪式。合作双方共同出资在上饶经济技术开发区分别成立绿控传动科技有限公司和新能源商用车控制控股有限公司，主要经营新能源汽车、专用校车、新能源控制系统、动力电池的制造、销售及新能源汽车产业的投资等。

3月10日 美的集团与上汽通用安吉星达成了国内首个智慧家居与车联网应用的战略合作，进一步实现“人－车－生活”的智能互联发展目标。

3月14日 国务院办公厅发布《促进二手车便利交易若干意见》。

3月14日 玉柴股份与无锡法尔胜悦能动力有限公司在无锡签订战略合作框架协议。根据合作框架协议，双方企业将在产品研发、项目推广、服务保障等方面开展深层次的交流与合作。

3月14日 北京汽车股份有限公司与福建省汽车工业集团有限公司在北京举行北京汽车意向受让福汽集团所持福建奔驰35%股权的《框架协议》签约仪式，双方共同持有福建奔驰50%的股权。

3月14日 北京汽车股份有限公司与福建奔驰汽车有限公司签署股权转让协议。根据协议，股权交易完成后，北汽股份及福汽集团分别持有福建奔驰35%及15%的股权，戴姆勒轻型汽车香港有限公司持有福建奔驰50%的股权。

3月16日 坤行汽车正式公布其品牌全新LOGO。坤行汽车属于陕西通家汽车股份有限公司增资扩股后新成立的品牌。

3月16日 韩国光州市与九龙汽车签署电动汽车工厂投资备忘录。九龙汽车在2016～2020年将投资2500亿韩元（约合人民币13.75亿元）建立年产10万辆规模的电动汽车生产工厂。光州市将支援电动汽车认证、工厂建立以及开设共同研究所等。

3月19日　博世集团与乐视超级汽车签署战略合作框架协议。根据框架协议，双方将视对方为长期战略合作伙伴，并希望重点在先进电动汽车、自动驾驶、车联网等前沿技术领域展开深入合作。

3月23日　国家发改委价格监督检查与反垄断局发布《关于汽车业的反垄断指南》（征求意见稿），向全社会征求意见后，将提交国务院反垄断委员会。

3月24日　法雷奥TFE武汉工厂正式投产。该工厂主要产品为汽车前端模块，集成了汽车前防撞梁、喇叭、雷达、发动机冷凝器、散热器、水箱、风扇、大灯支架等零部件，总投资1850万元。

3月25日　天津一汽丰田新第一生产线在天津开发区奠基。该项目总占地面积57万m^2，建筑面积23.6万m^2，新增投资约54亿元，设计年产能20万辆。一期年产能10万辆，计划将于2018年6月建设完成并投入使用。新第一生产线将采用TNGA平台（Toyota New Global Architecture），将技术、生产体制、生产模式与本土化、引入新技术，优化产业布局。

3月30日　上汽集团、大众汽车集团及斯柯达汽车在捷克布拉格签署谅解备忘录。根据谅解备忘录，上汽集团、大众汽车集团和斯柯达汽车将致力于通过加强新能源汽车和其他创新性产品领域内的合作，以进一步强化斯柯达在中国市场的竞争力。

3月31日　东风扬子江汽车（武汉）有限责任公司名称正式变更扬子江汽车集团有限公司。

4月

4月1日　上海市发布《上海市鼓励购买和使用新能源汽车暂行办法》，在新补贴政策中，补贴额度明显降低，补贴门槛被提高，首次提出“按量退坡”机制。4月6日，中国汽车工业协会在“中国汽车国际化联盟”第四次会议上公布《中国汽车产业国际化中长期（2016～2025）发展规划》。

4月8日　深圳市坪山新区管委会与南京金龙客车制造有限公司正式签署《南京金龙深圳新能源汽车产业基地投资合作协议》，南京金龙计划投资80亿元在坪山新区建设新能源汽车产业基地。

4月11日　安徽瑞能新能源汽车项目正式开工。该项目总投资21.5亿元，用地面积30余万m^2，建设具有柔性自动化生产技术的生产线，工艺及设备符合《中国制造2025》以及“工业4.0”相关要求。

4月11日　北京长城华冠汽车科技股份有限公司发布公告：以3800万元收购国内汽车工业设计企业青岛宙庆工业设计有限公司60%的股权。本次收购为长城华冠的首次行业并购，意味着长城华冠以设计服务为核心竞争力的新能源汽车产业链布局开始逐步启动。

4月12日　北汽新能源与德累斯顿工业大学在德国萨克森州州政府正式签订“中德汽车轻量化技术联合研发中心”战略合作协议。同时，有“欧洲轻量化之父”之称的德累斯顿工业大学胡芬巴赫院士受聘，成为北汽新能源轻量化技术首席科学家。仪式现场还就成立“中德汽车轻量化技术工程中心有限公司”签订了合作意向书。

4月12日　江淮汽车发布未来15年的新能源汽车中长期战略规划。到2020年，江淮汽车将推出第三代采用全固态锂金属电池的新能源车型，续航里程将达到400km。此外，江淮汽车还发布了乘用车全新Logo，从五星徽标转变为“JAC”盾形标志。

4月14日　浙江吉利控股集团金华动力电池总成项目在金华新能源汽车产业园举行开工仪式。

4月15日　奇瑞汽车与日本安川电机株式会社在安徽芜湖正式签署合作协议，将于当地建立安川·奇瑞新能源汽车电机、驱动系统的合资公司，新公司将会借助安川电机百年的技术积累与奇瑞广阔的国内市场，联合打造成国内的电机及配套系统生产企业。

4月17日　杭州长江汽车有限公司在杭州余杭举行投产下线仪式，并发布全新电动汽车品牌“长江EV”。

4月18日　中国保险行业协会与中国汽车维修行业协会在京首次发布汽车零整比100指数研究结果。该指数样本车型由国内保有量最大、上一年度销售数量居前、品牌代表性较高的100款常见车型构成。

4月20日　福建省发改委发布《福建省"十三五"电动汽车充电基础设施专项规划》。福建省规划在"十三五"期间新增集中式充换电站387～400座，充电桩9万～12万个，完善汽车充电基础设施建设，并鼓励多种商业模式创新，加快新能源汽车服务市场发展。

4月20日　杭州2016年以来引进的最大单体产业投资项目——计划投资80亿元的吉利新能源整车项目签约落户大江东。吉利新能源整车项目首期年产10万辆纯电动乘用车，预计2016年底前开工，建设期为两年。

4月20日　奇瑞汽车向外界发布全新年轻化、国际化的品牌愿景。奇瑞汽车的战略2.0阶段，将全面转化在1.0时代打造的企业优势，实现奇瑞汽车的领先。而在大奇瑞的布局计划中，上海研发中心（CTCS）将是其中核心。

4月22日　临沂市河东区政府同江苏卡威汽车工业集团有限公司举行临沂新能源汽车产业园项目签约仪式，临沂新能源汽车产业园落户河东区。

4月23日　福特汽车中国在北京车展上发布"2020战略"。在2020年底之前，福特将在中国引进更多包括内燃发动机、混合动力和插电式混合动力等技术先进的车型，同时不断提高EcoBoost发动机产品的比例，为中国消费者提供更加丰富的动力选择。同时，福特还将进一步发展在华本土化研发能力。

4月25日　广汽本田在北京车展正式发布全新企业品牌口号及品牌战略，并展出全新大型豪华SUV、新雅阁（Accord）混动版以及ACURA品牌的首款国产SUV三款重磅车型；广汽丰田携首发车型全新致炫亮相北京车展，并宣布将于年内导入搭载1.2L直喷涡轮增压发动机的车型、2018年导入雷凌插电式混合动力车，完善领先业界的"全擎动力"布局；同时展出了全新劲炫ASX、新帕杰罗·劲畅全系产品。

5月

5月3日 厦门金龙联合汽车工业有限公司（大金龙）发布公告，该公司董事会审议通过了金龙联合汽车工业（苏州）有限公司（苏州金龙）拟投资建设节能与新能源客车零部件项目，总投资为18.89亿元，其中固定资产投资16.24亿元，铺底流动资金2.65亿元。

5月7日 安凯客车表示，该公司的无线充电技术已通过验证，市场推出还需要与其他相关部门合作推广。

5月9日 汉腾汽车在北京正式发布汉腾X7（暂定名）和汉腾PHEV（暂定名），其中汉腾X7（暂定名）将作为汉腾汽车首款车型于年内面向市场推出，该车定位于紧凑型SUV车型。

5月10日 广汽集团对外发布公告，集团董事会审议通过《关于广汽日野（沈阳）解散清算的议案》，同意其全资子公司广汽日野（沈阳）汽车有限公司因连年亏损，按照相关法律法规进行解散清算。

5月10日 石家庄市人民政府、栾城区人民政府与湖南中车时代电动汽车股份有限公司签署共同推进新能源汽车推广应用和产业发展战略合作框架协议。本次合作目的是充分发挥中国中车在新能源汽车领域的整体优势，通过平移先进的核心技术和制造工艺，在石家庄市栾城区建设中车石家庄新能源汽车产业基地。

5月11日 神龙汽车发布面向2020年的中期事业“5A+计划”。确立未来5年“质量领先、千亿规模、卓越绩效”三大战略目标，即质量水平在2018年进入行业前三、2020年追求第一；销售收入在2020年超过1000亿元；更加注重效率提升，截至2020年累计提升30%，追求可持续的营利性发展。

5月12日 由机械科学研究总院和广西玉柴机器股份有限公司联合承担的2013年国家智能制造装备发展专项“60万台/年中重型发动机缸盖数字化铸造车间”项目通过专家组验收。

5月13日 乐视超级汽车与上海国际汽车城正式签约，将其上海研发中心落户上海国际汽车城。该研发中心主要负责“三电”技术的研发，分为整车控制、电池系统、电驱动系统和整车高压安全四个部门，并建立对应实验室。未来将展开一系列的智能网联方向产品的研发工作。

5月16日　国家发改委已批准杭州长江乘用车有限公司年产5万辆纯电动新能源乘用车项目申请报告。据《关于杭州长江乘用车有限公司年产5万辆纯电动新能源乘用车项目核准的批复》显示，杭州长江乘用车有限公司注册资本26700万元，项目投资总额为80090万元。

5月16日　“清华大学（汽车系）－日产智能出行联合研究中心”正式成立。该研究中心将针对中国市场在电动汽车和自动驾驶技术方面开展研发工作，主要包含电动汽车及电池相关技术，自动驾驶技术和未来中国道路系统三个方面。

5月16日　昌河汽车九江工厂“三车两发”项目厂房主体工程顺利竣工。而同期北汽昌河汽车研发中心的开工建设，将陆续导入六大平台、10款衍生车型的产品。

5月17日　杭州长江汽车有限公司收到国家发改委行政审批系统的通知，其年产5万辆的纯电动新能源乘用车项目，已正式通过国家发改委和工信部等相关部门联合审批。

5月18日　一汽－大众华北基地在天津正式开工。该基地占地108.1万 m^2，规划产能每天1200辆，年产30万辆基本型乘用车。

5月19日　江淮汽车发布公告，该公司与蔚来汽车制定了年产销5万辆新能源汽车的目标规划，江淮汽车作为生产方将负责汽车产品的资质问题，而蔚来汽车则提供必要的技术和零部件支持，同时授予江淮品牌与车型的生产权。

5月23日　湖南南车时代电动汽车股份有限公司在北京正式宣布更名为“湖南中车时代电动汽车股份有限公司”，公司标识由“中国南车”调整为“中国中车”。

5月24日　工信部发布《道路机动车辆生产企业及产品公告》（第285批）的车辆新产品公示信息，共有218款新能源汽车车型入选。

5月26日 比亚迪新能源汽车项目正式签约落户奉化。该项目计划总投资约35亿元，规划占地约20万m^2（300亩），预留面积约40万m^2（600亩）。

5月26日 北奔重汽、北方车辆公司和汉盛集团本着“差异合作、风险共担、共谋发展、互惠互利、实现共赢”的原则签署了战略合作协议，三方将充分考虑各方利益和优势，加强在海外车辆贸易和售后服务体系建设的联系和沟通，整合各方资源，实现产品、渠道、技术服务、商务互惠的差异化合作，提升BEIBEN TRUCK海外服务水平，促进BEIBEN TRUCK外贸出口。

5月27日 百度与上海国际汽车城正式签约，将其无人驾驶汽车路测项目组落户上海国际汽车城汽车·创新港。

5月30日 国机汽车发布公告，该公司与阿里汽车事业部签署战略合作协议。双方将在汽车销售与服务领域展开战略合作，共同探索、开创“互联网”时代汽车销售与服务的新模式。

6月

6月1日 吉利汽车发布公告称，将收购宝鸡吉利及山西吉利全部股权，收购金额分别为7.02亿元及7.2亿元。

6月2日 “插电式混合动力汽车绿色认证（PHEV-RATING）”正式启动仪式在天津中国汽车技术研究中心举行。

6月3日 上汽大众桑塔纳家族最新成员Cross Santana在2016年第五届中原国际汽车展览会首发亮相，与Cross Polo、Cross Lavida朗境共同组成Cross Family。

6月5日 广州汽车集团股份有限公司全资子公司广州汽车集团乘用车有限公司与乌鲁木齐经济技术开发区管委会签署《投资协议书》，年内将在乌鲁木齐开始建立全新生产基地，规划总产能达到20万辆/年。

6月5日 北汽新能源在北京中关村召开“卫蓝行动”3.0——开发者合作计划发布会。

6月6日 中国重汽变速器部第50万台变速器总成下线。

6月6日　东风柳汽在安徽省阜阳市举行乘龙H7正式上市仪式。

6月7日　长安汽车睿行S50在重庆车展举行全球首发仪式。

6月8日　广汽集团、乐视控股和众诚汽车保险股份有限公司宣布达成战略合作，这三家企业按照45%、40%和15%的股比共同投资的大圣科技股份有限公司在广州正式成立。

6月10日　大运新能源电动汽车通过EMC（电磁兼容）试验。

6月12日　金龙合丰宁夏新能源汽车制造出口产业基地项目签约仪式在银川举行。该项目规划占地66.7万m^2，概算总投资23亿元。未来将建成宁夏新能源汽车研发和制造产业集群，并将宁夏合丰新能源汽车制造有限公司培养成出口中东国家的“金龙汽车产业总部生产出口基地”。

6月12日　武汉盟盛汽车产业园暨江淮新能源汽车武汉生产基地开工仪式在蔡甸经济开发区举行。该项目建成后将形成约2.5万辆新能源汽车和1万辆新型环卫车的生产规模。

6月13日　戴姆勒股份公司和北京汽车股份有限公司正式签署协议，旨在进一步深化双方在合资企业北京奔驰汽车有限公司的合作。双方计划增加投资40亿元，将用于进一步扩建北京奔驰发动机工厂。

6月13日　德国宝沃汽车与SAP集团正式签署战略合作的中国落地协议。通过与SAP合作，宝沃汽车全面打通研发、制造、供应链、销售、服务、全球化营运等产业链各环节，搭建高效互联、一体化、全渠道信息化平台，向未来“智造”时代全速迈进。

6月13日　北京现代第九代索纳塔混动版上市。

6月13日　北京现代公布全新的新能源汽车战略——NEW，在2020年底前北京现代将推出9款新能源车，2020年新能源车销量将占北京现代总销量的10%。

6月14日　广汽传祺在2016中国（上海）国际城市新能源汽车展览会推出纯电概念车EV Coupe、纯电GS4 EV与插电GA5 PHEV，并首发“油电智驱新能源轿车”GA3SPHEV。

6月14日　华晨宝马举行全新宝马X1插电式混动车型下线仪式。

6月14日 中通客车举行“7系”公务专车“电动版”E07和“畅行版”C07上市发布会。

6月14日 上海市宣布为公车出行服务的17个新能源汽车分时租赁网点全面启用。

6月14日 吉利汽车研发的远景SUV在湖南省长沙市正式发布。

6月15日 “DTB新能源国车积分链生态联盟”在北京正式宣告成立。该联盟致力于通过为国产汽车发行“安全”、“环保”、“奖励”等多种形式的积分，充分调动消费者购买国产汽车尤其是新能源汽车的热情。

6月15日 郑州日产举行NV200 2016款全国上市仪式。

6月16日 工信部发布了第八批《免征车辆购置税的新能源汽车车型目录》，共有414款新能源车入选。其中，纯电动乘用车29款，纯电动客车186款，纯电动载货车3款，纯电动专用汽车103款，纯电动半挂牵引车1款，插电式混合动力乘用车10款，插电式混合动力客车82款。

6月16日 东风日产的启辰造型中心、先进工程技术中心和东风日产大学三大中心正式投入使用。

6月16日 上汽在安吉举行首款互联网汽车荣威RX5预售启动发布会。

6月16日 青岛比亚迪新能源商用车基地落成投产仪式在城阳区举行，首批比亚迪K9纯电动客车正式交付青岛交运集团使用。

6月16日 银隆新能源与湖南中车时代电动汽车股份有限公司举行战略合作协议签约仪式。双方本着优势互补、合作共赢、持续发展的原则，就未来在对接电动汽车和铁路储能系统的研发及应用方面开展全面战略合作。

6月18日 三环专汽公司在河北迁安举行三环·御龙S8上市发布仪式。

6月20日 凯翼汽车首款带有互联理念、采用“众包”方式制造的小型SUV凯翼X3在北京上市。

6月21日 中国（上海）自由贸易试验区落实《商务部等八部门关于促进汽车平行进口试点的若干意见》暨首张平行进口汽车中国强制性产品认证（简称CCC认证）证书颁发仪式在中国（上海）自由贸易试验区举行。

6月21日 东风风光580在海南博鳌正式上市。

6 月 21 日　大运集团有限公司与许继电气股份有限公司在山西运城举行了战略合作签约仪式，双方就大运电动汽车充电及配电设施保障与建设达成战略合作关系，由许继电气为大运提供全方位的充电配套设施，助力大运电动汽车的充电保障。

6 月 22 日　银隆新能源与兰州市人民政府举行合作框架协议签约仪式。此次签约标志着银隆集团将于今后与兰州市在新能源汽车、电力储能等领域开展战略合作，运用世界领先的“银隆钛”与新能源客车整车制造技术。

6 月 22 日　“中国互联网超级卡车全球创新联盟”在希腊雅典成立。该联盟将致力于全球领先的互联网超级载货车产品研发、生产和应用，助力全球智慧交通和智慧城市建设。

6 月 22 日　江淮汽车西南基地第 10000 辆轻型载货车整车正式下线。

6 月 26 日　东风悦达起亚首款新能源车 K5 混动版正式上市。

6 月 28 日　北汽银翔及比速汽车扩能暨北汽银翔新能源“三电”项目开工仪式在合川工业园区举行。

6 月 28 日　中国专用车基地产品 O2O 展示平台在位于铁岭县腰堡镇的辽宁专用车生产基地正式启动。未来每年将有 2 万多辆专门用于垃圾清运、道路清扫、除雪、洒水、清障、警务、救护等专用汽车整车和各种型号的汽车零部件通过这一平台走向世界。

6 月 29 日　中国国际海运集装箱（集团）股份有限公司在官网宣布，其旗下的中集车辆（集团）有限公司近日收购了英国半挂车生产公司 Retlan 集团，收购金额为 9170 万英镑（折合人民币 8 亿元）。

6 月 30 日　潍柴英致新款 G3 正式上市。

7月

7 月 1 日　中国电力企业联合会发布关于征求《电动汽车充换电服务信息交换》系列标准意见的函。

7 月 1 日　广汽集团发布第四届董事会第 26 次会议决议公告，审议并通过了《关于广汽本田讴歌品牌 AA 车型项目的议案》，同意实施广汽本田汽车有限公司讴歌品牌 AA 车型（SUV）项目。项目总投资 37970 万元，资金来源由企业自筹解决，用于对第二工厂进行升级改造，为国产讴歌系列车型做准备。

7 月 2 日 汉能控股集团与北汽福田在北京举行联合开发太阳能超级客车框架协议签署仪式。在签约仪式上，汉能向全球发布了 4 款以太阳能为核心动力的电动汽车。

7 月 6 日 五龙电动车（集团）有限公司贵安工厂奠基仪式在贵安新区举行。该工厂占地约 86.7 万 m^2，预计总投资约 50 亿元，将于 2017 年底前竣工，并同步实现首台车下线，预计 2018 年投产，计划年产能 15 万辆纯电动汽车（其中，纯电动物流车 2 万辆，纯电动乘用车 13 万辆）。

7 月 6 日 中通客车控股股份有限公司在山东省聊城市高新技术产业开发区举行中通客车零部件产业园投产仪式。

7 月 6 日 上汽集团与阿里巴巴合作造车的首款产品荣威 RX5 正式上市。

7 月 7 日 中国重型汽车集团有限公司与徐州工程机械集团有限公司签署战略合作协议，双方本着优势互补、互惠双赢和共同发展的原则展开全方位合作，建立面向未来的长期、稳定的战略合作伙伴关系，借助双方各自优势资源，全面提升产品竞争力。

7 月 8 日 标致雪铁龙集团（PSA）与武汉市政府举行合作签约仪式。根据协议，标致雪铁龙集团中国及东南亚区运营总部将迁移至武汉市，PSA 将由单一的汽车制造商向多种出行方式的提供者的方向转变，将在武汉政府及东风的支持下，发力无人驾驶和共享经济等新业务。

7 月 11 日 同济大学中德学院、上海大郡动力控制技术有限公司和英飞凌科技及维克多联合宣布，同济大学中德学院研发出基于英飞凌 Aurix 系列 TC275 单片机和维克多 AUTOSAR 4.0.3 规范（多核 OS）的电机控制器原型机，是国内首例 AURIX 系列单片机基于 Autosar 架构的电机系统。

7 月 11 日 石家庄市政府发布调整新能源汽车补贴政策的通知，在发布日之前购买并取得车辆牌照的公共服务领域新能源汽车用户，在享受中央补贴的同时，市财政按照中央财政补贴标准 1∶0.5 的比例给予补贴；对以后购买新能源汽车的用户，除继续享受中央有关补贴政策外，市财政（含省）只对主城区内购买新能源纯电动城市公交车给予适度补贴，其他车辆不再补贴。

7 月 12 日 南京南瑞集团公司主持编制的 IEC 国际标准《电动汽车电池更换系统第 1 部分通用与导则》（IEC TS 62840 - 1）正式发布。

7 月 12 日 神龙汽车有限公司推出的东风标致新款 3008 正式上市。

7 月 13 日 中国第一辆国产汽车——解放载货车迎来 60 岁生日。

7 月 13 日 北奔重型汽车集团有限公司、广西玉柴机器股份有限公司和香港新能源汽车有限公司共同签署合作开发甲醇重型载货车协议，标志着北奔重汽将成为首家生产 M100（纯甲醇）重型载货车的整车制造企业。

7 月 14 日 中国第一汽车集团公司与沃特玛新能源汽车产业创新联盟在长春签约，将共同生产 5000 辆电动物流车和 1000 辆电动客车。

7 月 16 日 奇瑞新能源汽车技术有限公司在“2016 硅谷高创会暨全球产业互联网大会”上，联合北京创客空间科技有限公司共同发布了全球第一款开放车型共享平台，可实现汽车设计制造的开放共享。

7 月 18 日 安徽江淮汽车股份有限公司在安徽省合肥市举行骏铃国Ⅴ排放标准轻型载货车新产品上市仪式。

7 月 18 日 交通运输部印发《城市公共交通“十三五”发展纲要》。提出要根据城市交通状况，适时研究推进城市交通拥堵收费政策；谨慎采取机动车限购、限行的“两限”政策，避免“两限”政策常态化，已经实行的城市，适时研究建立必需的配套政策或替代措施。

7 月 19 日 国务院发布《国务院关于在自由贸易试验区暂时调整有关行政法规、国务院文件和经国务院批准的部门规章规定的决定》，明确了允许外商以独资形式从事汽车电子总线网络技术、电动助力转向系统电子控制器的制造与研发；允许外商以独资形式从事能量型动力电池制造；允许外商以独资形式从事摩托车生产。

7 月 19 日 北汽集团 2017 款幻速 S6 CVT 车型正式上市。

7 月 20 日　巴斯夫股份公司在亚太创新园（上海）建立全新的世界级研发平台，将在亚太区汽车涂料领域开展更多研发活动。

7 月 20 日　上汽通用汽车有限公司全新雪佛兰科鲁兹正式上市。

7 月 21 日　美国固特异宣布大连工厂计划，在未来 5 年投入 2.84 亿美元（约 18.4 亿元）将增加 300 万条的轮胎产能。

7 月 22 日　中国汽车工业协会在北京召开汽车行业股比问题专题座谈会。

7 月 22 日　江铃汽车股份有限公司全新驭胜 S350 柴油版正式上市。

7 月 23 日　安徽江淮汽车股份有限公司举办瑞风 M3 宜家版上市发布会。

7 月 24 日　长丰集团有限责任公司在荆门高新区举行湖南猎豹汽车股份有限公司新能源汽车产业园破土动工仪式。该项目总投资 50 亿元，将形成年产 15 万辆汽车生产能力。

7 月 24 日　汉腾汽车有限公司举行首款 SUV 车型汉腾 X7 发布仪式。

7 月 25 日　北京汽车股份有限公司绅宝品牌与网上购车服务平台“我的车城”以及 O2O 汽修联盟“淘汽云修”分别签署合作协议。北汽绅宝全面开创“互联网”渠道战略合作，同时也开启以整合线下渠道为核心，旨在提升用户体验的北汽绅宝“燎原计划”。

7 月 26 日　工业和信息化部组织全国汽标委修订的强制性国家标准《汽车、挂车及汽车列车外廓尺寸、轴荷及质量限值》（GB 1589－2016）由质检总局、国家标准委正式批准发布。

7 月 26 日　奇瑞汽车股份有限公司中期改款车型新艾瑞泽 7 及艾瑞泽 7e 上市。

7 月 27 日　大运汽车制造有限公司与戴姆勒（奔驰）股份公司签订战略合作框架协议，将在产品配套、技术研发及销售服务上建立和保持合作关系。

7 月 27 日　上汽大通汽车有限公司与溧阳江苏中关村科技产业园管委会签订投资协议，上汽集团以及上汽大通旗下首个房车生产基地正式落户江苏溧阳。

7 月 27 日　一汽－大众汽车有限公司大众品牌全新一代旗舰车型——迈腾正式上市。

7 月 27 日　重庆长安汽车股份有限公司新逸动正式上市。

7 月 28 日　云南力帆时骏集团在大理风仪汽车制造基地举行出口型载货车正式下线仪式。

7 月 28 日　广州汽车集团乘用车有限公司第二生产线竣工，传祺品牌首款 7 座大型 SUV 车型 GS8 以及插电式混合动力轿车 GA3S PHEV 下线。

7 月 29 日　广汽本田汽车有限公司在上海举行 Acura（讴歌）首款豪华 SUV CDX 全球发布仪式。

7 月 29 日　湖北省襄阳市高新区举行 33 个项目集中签约、开工和投产仪式，其中新能源汽车及汽配产业的项目 11 个、投资达 106 亿元。

8月

8 月 1 日　质检总局、国家标准委、工信部联合印发《装备制造业标准化和质量提升规划》。

8 月 1 日　银隆新能源与华晨汽车投资（大连）有限公司举行战略合作协议签约仪式。双方将发挥各自在新能源技术研发、汽车研发制造的品牌、技术及资源优势，开展纯电动机场摆渡车、纯电动双层客车、公交车、团体客车、纯电动专用汽车的深化合作。

8 月 1 日　滴滴出行宣布，与 Uber 全球达成战略协议，滴滴出行将收购优步中国的品牌、业务、数据等全部资产在中国大陆运营。

8 月 1 日　吉利汽车在“蓝色商城”举行博瑞 G20 行政版正式限量首发仪式。

8 月 3 日　众泰汽车推出的大迈 X5 升级版在苏州正式上市。

8 月 3 日　北汽新能源正式发布全新品牌“ARCFOX”，将主打个性化和定制化。

8 月 4 日　北京四维图新科技股份有限公司正式发布公告称，分别与蔚来汽车及威马汽车签署了《战略合作框架协议》。将分别在导航引擎、车联网、自动驾驶、交通大数据在线服务系统、全球业务、自动驾驶等领域展开合作，扩大公司业务，并致力于提升与合作各方在国内及国际的市场份额。

8月4日 广汽乘用车推出的传祺 GA3S 插电式混合动力版正式上市。

8月4日 吉利汽车和康迪汽车联合研发的首款互联网智能纯电动汽车全球鹰 K17A 正式上市。

8月5日 2016 年第三届中国汽车安全暨 C-NCAP 十周年活动在中国汽车技术研究中心举行，同时进行了帝豪 GL 全球首次车对车 90°碰撞测试。

8月8日 四川野马汽车股份有限公司研发的野马 T70 升级版上市。

8月8日 北汽福田研发的奥铃 CTS 超级轻型载货车在全国上市。

8月9日 奇瑞汽车与中国联通在北京签署全面战略合作协议，双方将根据实际需求在企业信息化、资源共享、车联网以及新能源汽车四个方面展开全面深入的合作。

8月10日 全国性的新能源巴士联盟在深圳宣告成立。该联盟由嗒嗒巴士、南京金龙和中兴新能源等新能源汽车企业共同发起，是全国首个整合了新能源客车上下游企业，并联合终端运输公司的全产业链联盟。

8月10日 乐视汽车宣布，涵盖智能互联网电动汽车先进制造、生态展示、观光体验的乐视超级汽车生态体验园区正式落户浙江德清，投资 200 亿元。

8月10日 车和家在江苏常州武进进行了工厂奠基仪式。该基地总占地面积 50 万 m^2，设计产能 30 万辆/年，整体投资 50 亿元。

8月11日 国家发改委发布《新能源汽车碳配额管理办法》（征求意见稿），首次列出了今后对于新能源汽车实施碳配额管理的基本框架和方案。

8月11日 比亚迪股份有限公司与武汉市政府签署战略合作框架协议。比亚迪将成立武汉分公司及子公司，计划投资 30 亿元在黄陂区建设新能源客车生产及物流基地，生产纯电动中型及轻型客车和物流汽车等，并进行关键零部件的研发和制造。

8月12日 工信部向社会公开《新能源汽车生产企业及产品准入管理规定（修订）》征求意见。该《管理规定》对新能源汽车的企业准入和产品准入条件进行了修订，目标是提高新能源汽车生产门槛，未来新建立的新能源整车制造商数量控制在 10 个。

8 月 14 日　博能集团与上饶经开区举行《年产 2 万辆新能源商用车项目》签约仪式。该项目总投资 30 亿元，占地面积约 66.7 万 m^2，规划产能为年产 2 万辆新能源商用车。

8 月 16 日　科技部发布关于对国家重点研发计划高新领域重点专项 2017 年度项目申报指南建议征求意见的通知。

8 月 16 日　长城汽车研发的 2017 款哈弗 H2 上市。

8 月 16 日　南京金龙客车制造有限公司与灵武市政府在银川签订宁夏新能源汽车制造出口产业投资合作项目。该项目概算投资 30 亿元，计划 2016 年底开工建设，5 年内实现年产新能源汽车 8000 辆的目标。

8 月 16 日　国轩高科资子公司合肥国轩高科动力能源有限公司与浙江康盛股份有限公司及泸州市高新技术产业开发区管理委员会就在四川省泸州市投资建设动力电池基地项目签署《投资合作协议》。计划在泸州高新区投资 30 亿元建设总产能 10 亿 Ah 的动力电池项目，总占地面积约 19.54 万 m^2，分两期建设，其中一期投资 10 亿元，项目建成后将达到年产动力电池 3 亿 Ah。

8 月 17 日　大洋电机与武汉临空港经济技术开发区管委会签订了《武汉临空港新能源汽车产业园项目投资协议书》。该项目总投资 38 亿元，用于氢能源科技产业化项目、新能源汽车运营平台项目、新能源汽车动力总成系统制造项目、伺服电机研发及制造项目、武汉新能源汽车及动力总成系统应用研究院等项目建设。

8 月 17 日　舍弗勒集团与湖南省签署合作协议。根据协议，舍弗勒将在湖南省湘潭市分期投资建设一座新的生产基地，一期项目总面积约为 20 万 m^2，首座工厂计划于 2018 年底建成投产，用于生产汽车零部件和精密轴承。

8 月 18 日　北汽福田绿色智能制造示范工程张家口基地一期工程投产运营。该项目一期总投资 5 亿元，形成年产 1500 辆混凝土搅拌车和 1500 辆混凝土泵车、1200 台车载泵的生产能力。

8 月 20 日 格力银隆成都新能源产业园项目投资协议签约仪式在成都举行。该项目总规划面积约 200.1 万 m^2，总投资约 100 亿元，将重点规划建设钛酸锂电池、钛酸锂电池储能、纯电动客车、纯电动乘用车、纯电动专用汽车、充电装备和代替铅酸启停电池系统等项目。

8 月 21 日 “中国电动汽车百人会夏季论坛（2016）”在河南郑州召开。

8 月 22 日 国家发改委官网刊发《以“互联网”便捷交通为切入点推进智能交通发展》，指出基于“互联网”便捷交通与智能交通的相通性，市场主体正朝着智能交通领域不断推进。

8 月 22 日 北京奔驰推出的全新一代长轴距 E 级车正式上市。

8 月 23 日 大众汽车自动变速器（天津）有限公司奥迪变速器厂正式投产。该厂生产的变速器将首先用于国产全新奥迪 A4L，之后将覆盖本土生产的奥迪车型。

8 月 24 日 广汽乘用车举行新疆分公司奠基仪式。广汽集团共投资 16 亿元建设一座年产能为 10 万辆的工厂，未来将生产 SUV 和新能源车型。

8 月 25 日 知豆电动汽车在北京正式发布知豆 D2S 车型。

8 月 27 日 联合国开发计划署在中国首个“氢经济示范城市”项目在如皋市正式启动。“氢经济示范城市”项目是联合国开发计划署以“中国燃料电池公共汽车商业化示范项目”为基础的拓展项目，旨在推动包含燃料电池汽车在内的氢能产品的全方位示范应用。

8 月 28 日 吉利汽车研发的远景 SUV 在全国同步上市。

8 月 28 日 昌河汽车研发的第二款 SUV 产品 Q35 正式上市。

8 月 28 日 中植新能源汽车有限公司研发的 10m 轮边驱动纯电动客车下线。

8 月 28 日 陕汽控股与金龙集团共同投资的大中型客车生产基地——西安金龙客车生产基地在西安经济技术开发区开工建设。项目分两期建设，总占地面积 83 万多 m^2，总投资 15 亿元，项目一期建成后将形成 1 万辆客车的年生产能力，项目全部建成后，将具备3万辆客车的年生产能力。

8月28日　江苏省首个燃料电池汽车加氢站项目在江苏省如皋市奠基开工。该站设计氢气储存量为980kg，日加氢能力约为2000kg。该项目主要工程内容包括2个氢气长管拖车停车位及卸气装置、1套5.76m^3固定式储氢瓶组、4套500Nm^3/h氢气压缩机组、加氢站配套站房、配套的电气、仪表、站区给排水以及消防。项目工程总投资为2473.91万元，其中，工程费用1702.73万元。

8月31日　上汽大众生产的第1500万辆汽车下线，成为国内首家产量突破1500万辆的乘用车生产企业。

9月

9月2日　比亚迪戴姆勒推出的腾势400荣耀版在北京上市。

9月2日　海马汽车推出的2017款“全时互动运动轿车”海马M6在成都上市。

9月2日　东风裕隆推出的紧凑型基本型乘用车纳智捷锐3正式上市。

9月6日　江淮汽车与大众汽车（中国）投资有限公司在德国沃尔夫斯堡签署合资合作谅解备忘录。双方正在就新能源汽车领域成立一家新合资企业的前景和可行性进行评估，合资公司的投资规模和商业模型等细节尚未确定。

9月6日　汉腾汽车推出的首款产品汉腾X7正式上市。

9月6日　北奔重汽在山东青州举行V3ET半挂牵引车上市发布会。

9月7日　国产东风标致4008下线，同时在神龙汽车位于成都的全新工厂正式投产。

9月7日　中国一拖卡威（洛阳）车辆有限公司生产的国内首款宽体皮卡——卡威K1四驱柴油型皮卡下线。

9月8日　上汽通用五菱推出的全新基本型乘用车宝骏310在北京上市。

9月8日　东风日产推出的全新启辰T70和T70X正式上市。

9月8日 长安福特推出的新福特翼虎正式上市。

9月9日 深圳五洲龙新能源汽车有限公司改制更名为深圳市五洲龙汽车股份有限公司。

9月10日 一汽-大众全新奥迪 A4L 在上海上市。

9月10日 北汽研发的全新 SUV 车型 BJ20 正式上市。

9月11日 一汽-大众携手奥迪公司，分别与阿里巴巴、百度、腾讯在上海正式签署三方合作备忘录。未来，合作各方将在大数据挖掘、电商生态系统、汽车互联网金融、车联网平台构建和城市智能交通方面展开对话和探讨，共同推动汽车行业与互联网行业深入融合。

9月11日 金龙客车与桂通动力联合研发的首台氢混燃气（增程式电动客车）在第13届中国—东盟博览会亮相。

9月12日 浙江云格电器股份有限公司正式发布首台“冰爵王”品牌车载冰箱。

9月12日 沃尔沃汽车向中国市场推出2017款 XC90。

9月12日 金龙客车新一代平台化公交产品“城市之光”正式上市。

9月13日 东风柳汽与博世举行战略合作框架协议签署仪式，博世将在研发和商务等方面提供支持。

9月13日 广州小鹏汽车科技有限公司研发的首款互联网纯电动 SUV——小鹏汽车 BETA 版样车亮相。

9月15日 沃尔沃汽车集团向全球市场推出全新 V90 Cross Country。

9月17日 扬子江汽车集团有限公司研发出氢燃料电池纯电动城市客车。

9月19日 中国汽车维修行业协会下属的分支机构——汽车信息工作委员会在北京成立。该委员会将配合交通运输部，共同促进汽车维修技术信息公开制度的有效实施，引导汽车维修企业汽车电子健康档案系统的建立和实施，健全汽车维修数据档案等。

9月19日 华晨宝马推出的2017款3系在全国上市。

9月20日 2016 CIVC 中国智能汽车大赛新闻发布会在上海国际汽车城

汽车·创新港召开，同期还召开了中国智能汽车大赛第一届规则委员会会议。

9月20日　奇瑞汽车研发的全新旗舰SUV瑞虎7正式上市。

9月21日　一汽骏派品牌首款A级车——骏派A70在云端进行了新车上市发布。

9月21日　江铃汽车生产的新福特全顺在全国正式上市。

9月22日　福田戴姆勒在第66届德国汉诺威商用车博览会举行三款超级载货车全球上市仪式。三款超级载货车产品分别为超级重型载货车欧曼EST、全新平台欧马可超级中型载货车和超级轻型载货车。

9月22日　工信部发布《企业平均燃料消耗量与新能源汽车积分并行管理暂行办法》（征求意见稿），旨在对在中国境内销售乘用车的企业平均燃料消耗量和新能源乘用车生产情况进行管理，并强调两项目标要求分别考核。同时指出，燃料消耗量正积分允许结转和在关联企业间转让；新能源汽车正积分允许自由交易，不能结转。

9月24日　广汽三菱推出的欧蓝德在全国126个城市同步上市。

9月25日　神龙汽车推出的新一代东风标致308在西安正式上市。

9月26日　海马汽车推出的福美来轿车（新款福美来更名）和福美来7座版（原海马V70）正式上市。

9月26日　江铃汽车乘用车新品SUV——驭胜S330在北京上市。

9月26日　北汽推出的全新一代幻速S3L正式上市。

9月27日　奥迪、宝马和戴姆勒宣布，与移动电信网络设备公司爱立信、华为、英特尔、诺基亚和高通结盟，组成5G汽车联盟，旨在加快研发自动驾驶汽车所需的互联设备。

9月28日　广汽乘用车（杭州）有限公司改造项目在杭州大江东产业聚集区开工。该项目规划为建设年产能20万辆，其中一期实现年产能10万辆，新增投资37.5亿元，计划2017年10月建成投产，将导入广汽全新自主研发的基本型乘用车、SUV和MPV等战略车型。

9月28日　江铃汽车推出的宝典1.8T汽油皮卡在青海正式上市。

9月28日 广汽本田推出的首款混合动力车型雅阁“锐混动”在珠海举行上市发布会。

9月28日 LG电子新能源汽车部件项目在南京经济技术开发区举行竣工投产仪式。该项目初期总投资约3.5亿美元，主要从事汽车动力电池包、电机模组、车用导航系统、车载显示器和车灯等产品的制造与研发。

10月

10月8日 商务部发布《外商投资企业设立及变更备案管理暂行办法》，将此前外商投资“逐案审批”改为“三步备案”制，简化了一般外商来华投资的管理步骤，活跃了外商投资的政策氛围。同日，国务院常务会议决定“原则上不再核准新建传统燃油汽车生产企业”。

10月10日 北京长城华冠汽车科技股份有限公司年产5万辆新能源乘用车项目获得国家发改委批准。该项目的实施主体是长城华冠全资子公司前途汽车（苏州）有限公司，成立于2015年2月，专注于研发、生产、销售和运营“前途”品牌系列纯电动汽车，该项目总投资201815万元。

10月10日 百度与北汽福田正式签署战略合作协议，双方将借助各自的优势，在车联网、大数据以及L3自动驾驶三个方面展开合作，将百度智慧汽车生态拓展至商用车领域。

10月10日 北京汽车首款定位于A级高端MPV车型的威旺M50F在株洲工厂正式下线。

10月10日 长城汽车推出的新款蓝标哈弗H6运动版车型正式上市。

10月11日 中国陕汽集团与韩国双龙汽车签约，将在西安经开区成立合资公司，建设双龙汽车第一家海外生产基地。

10月12日 江淮汽车推出的全新MPV车型瑞风M4正式上市。

10月13日 一汽－大众旗下全新紧凑型跨界旅行车蔚领C-TREK正式发布。

10月13日 众泰汽车推出的新款SUN车型众泰SR9下线。

10月13日 比亚迪历时5年，投资50亿元研发的跨座式单轨——

“云轨”在深圳举行全球首发仪式，表明了比亚迪将正式步入第四大产业——轻轨（前三大产业分别为 IT、汽车以及新能源）。

10 月 13 日　四川现代推出的中型客车新产品——e-COUNTY 在济南上市。

10 月 15 日　小康股份和全资二级子公司 SFMotorsInc 与 MPI、AIL、香港亿马动力股份有限公司签署《股权转让意向书》，拟收购美国 ACPropulsionInc、香港亿马以及北京亿马先锋汽车科技有限公司三家公司 100% 股权。

10 月 16 日　华晨金杯推出的金杯大海狮 LL 在贵阳正式上市。

10 月 17 日　东风雪铁龙全新高级轿车 C6 在北京正式上市。

10 月 18 日　北京现代全新入门 A 级车悦纳上市。

10 月 18 日　东风本田推出的首款掀背车竞瑞正式上市。

10 月 18 日　北奔重汽推出的 V3MT 6 ×4 轻量化半挂牵引车上市。

10 月 20 日　吉利汽车在德国柏林发布全新品牌 Lynk & Co，及该品牌的首款车型：01 概念车。该车基于吉利与沃尔沃共同开发的 CMA 平台进行打造，将于 2018 年在欧洲和美国上市。

10 月 20 日　扬子江汽车集团有限公司正式与菲律宾国家投资信托有限公司及五矿国际（香港）有限公司在北京签订《菲律宾马尼拉 EDSA 巴士项目战略合作协议》。

10 月 21 日　上汽通用武汉基地二期项目建成投产。新建项目生产线年产能 36 万辆。该项目建成使武汉基地整体年产能达到 60 万辆。

10 月 24 日　中通客车推出的全球首款竹钢房车正式发布。该车是中通客车与营地开发企业联手打造的一款外形新颖、天然环保型的全新产品。

10 月 25 日　北汽无人驾驶汽车暨项目运营启动仪式在辽宁盘锦举行，这也意味着北汽无人驾驶技术在商业化上的率先落地。

10 月 26 日　第 23 届中国汽车工程学会年会暨展览会（2016SAECCE）在上海汽车会展中心开幕。会上举行了首届中国汽车工程学会会士授予仪式，并首次发布了《节能与新能源汽车技术路线图》。首次发布的路线图主要包括：总体技术路线图、节能汽车技术路线图、纯电动和插电式混合动力汽车技术路线图、氢燃料电池汽车技术路线图、智能网联汽车技术路线图、汽车制造技术路线图、汽车动力电池技术路线图、汽车轻量化技术路线图。

10月26日 吉利控股集团全新商用车品牌“远程”在成都正式发布，旗下首款纯电动轻型载货车远程E200和纯电动客车远程E12同时亮相。

10月26日 广汽乘用车的旗舰SUV车型传祺GS8正式上市。

10月26日 一汽红旗和英特尔、东软集团在上海共同发布“智能驾驶舱平台”，三方跨界合作致力于提供智能驾驶最佳体验。

10月27日 上汽大通在澳大利亚举行新品发布会，G10柴油版首度在澳洲上市。

10月27日 北汽福田奥铃CTX国Ⅴ排放标准新产品在南京上市。

10月27日 北汽福田戴姆勒举行全新欧马可S3超级载货车中国首发仪式。

10月28日 上汽红岩研发的红岩杰狮C500系列牵引车载2016中国商用车博览会亮相。

11月

11月1日 东南汽车推出的全新小型SUV车型DX3在北京上市。

11月1日 重庆力帆在重庆举行“移峰能源首座集中式能源站”启动仪式。该能源站采用分箱式换电技术，可对近16000块电池同时充电。一座能源站每天可以为2000辆新能源汽车换电，同时还可以为其他品牌新能源汽车提供快充服务。

11月2日 金杯汽车推出的第七代商用车——金杯新快运正式上市。

11月3日 一汽-大众推出的全新A级跨界旅行车蔚领正式上市。

11月3~6日 中植新能源汽车有限公司研发的全铝车身纯电动城市客车、纯电动机场摆渡车、纯电动城市景区观光车和纯电动中型客车在第16届中国西部国际博览会亮相。

11月4日 “福田汽车集团北京超级卡车创新中心”在北京正式成立。

11月4日　奇瑞汽车与中国联通签署合资合作备忘录，双方在建立服务多个车联网品牌的基础服务与运营能力方面达成共识，并制定了三个阶段的发展战略规划。

11月4日　“华菱星马——天津大学柴油甲醇双燃料国六项目”签约仪式在江苏昆山举行。双方将发挥各自优势，通过多种形式开展全面合作，共同构建产学研联盟的创新体系，建立产学研长期合作关系。

11月5日　吉利汽车集团正式发布“吉利汽车20200战略”，即到2020年吉利汽车集团实现年产销200万辆的目标。

11月7日　中国重汽与大陆集团举行战略合作协议续签仪式。2008年11月4日，中国重汽与大陆集团在济南正式签署了战略合作协议，大陆集团成为中国重汽组合仪表和中央控制器的重要供应商。

11月7~8日　第一届国际燃料电池汽车大会（Fuel Cell Vehicle Congress，简称FCVC）在北京举行。会议由中国汽车工程学会主办，主题为“凝聚共识、促进技术与产业协同发展”。

11月8日　重庆比速汽车有限公司召开品牌发布会，并推出首款SUV车型比速T3和首款MPV车型比速M3。

11月9日　苏州金龙在苏州工业园区举行斯堪尼亚·海格豪华客车新工厂竣工投产仪式。该工厂建筑面积2.2万m^2，设计年产能为1000辆，初期产品为豪华旅游客车和公路客车，未来还将投产公交客车。

11月9日　深圳市五洲龙汽车股份有限公司揭牌仪式在深圳总部举行。“深圳市五洲龙汽车有限公司”正式更名为“深圳市五洲龙汽车股份有限公司”。

11月9日　智车优行科技（北京）有限公司在奇点汽车品牌落地会上发布奇点汽车Logo和品牌英文名称——Singulato。

11月10日　北汽福田在北京举行乘用车事业本部成立仪式，并发布其乘用车品牌战略和全新品牌Logo。

11月11日　上汽大众与奥迪在德国正式签署合作协议，未来奥迪将作为上汽大众的第三品牌，并引入相关车型进行生产和销售。

11 月 11 日　长城汽车推出的红标哈弗 H7 和蓝标哈弗 H7L 两车型正式上市。

11 月 11 日　东风雷诺推出的第二款产品全新科雷傲在深圳正式上市。

11 月 12 日　上海国际汽车城与美国密歇根州经济发展署签订谅解备忘录，双方加强在汽车网联方面的合作。

11 月 12 日　中植新能源汽车有限公司推出燃料电池、无“桥”轮边驱动系统（第三代）和碳纤维复合材料车身等新能源汽车新产品。

11 月 14 日　一汽－大众 EA211 发动机长春工厂三期工程正式建成投产，可实现 90 万台的年产能。

11 月 14 日　北汽福田在 2016 中国上海智能网联汽车展览会上举行全系超级载货车全国上市仪式。

11 月 15 日　工信部发布《关于进一步做好新能源汽车推广应用安全监管工作的通知》。该《通知》明确了新能源汽车安全监管工作的责任主体。

11 月 15 日　奇瑞汽车在北京举行全新小型 SUV 瑞虎 3x 上市发布仪式。

11 月 16 日　长城汽车正式发布全新高端品牌“WEY”，中文名为“魏派”。

11 月 16 日　浙江合众新能源汽车有限公司研发的概念车在世界互联网大会亮相。该车型具备第一级辅助驾驶阶段的智能互联功能。

11 月 16 日　广汽菲克正式发布全新紧凑型 SUV 车型 JEEP 指南者。

11 月 17 日　北京奔驰生产的第 100 万辆整车正式下线。

11 月 18 日　一汽轿车正式发布公告：第七届董事会第七次会议审议通过，将红旗产品制造相关的固定资产、在建工程和其他无形资产转让给控股股东中国第一汽车股份有限公司。

11 月 18 日　北京汽车首款定位于 A 级高端 MPV 车型的威旺 M50F 正式上市。

11 月 18 日　一汽吉林推出的森雅 R7 自动挡车型正式上市。

11 月 18 日　上汽大通推出的 T60 皮卡在广州车展正式上市。

11 月 18 日　江淮汽车推出的全新国Ⅴ排放标准帅铃双排轻型载货车在

广州车展正式上市。

11 月 21 日　国家发改委官方网站正式发布《关于江苏敏安电动汽车有限公司纯电动乘用车建设项目核准的批复》，同意江苏敏安电动汽车有限公司纯电动乘用车建设项目。

11 月 21 日　公安部交通管理局官方微博发布消息，自 2016 年 12 月 1 日起，上海、南京、无锡、济南和深圳 5 个城市率先试点启用新能源汽车号牌。

11 月 21 日　上汽大通在无锡基地举行二期总装车间落成暨 T60 下线仪式。

11 月 23 日　威马新能源汽车智能产业园开工奠基仪式在温州瓯江口产业集聚区举行。该园区占地约 66.7 万 m^2，一期固定资产投资 67 亿元。未来全部投产后将拥有年产 20 万辆新能源汽车的能力。

11 月 23 日　“安徽江淮汽车股份有限公司”企业名称变更为“安徽江淮汽车集团股份有限公司”。

11 月 25 日　北京威卡威汽车零部件股份有限公司发布公告，计划到德国投资建设年产 10 万辆高端电动汽车研发生产基地，并于 11 月 24 日收到国家发改委对该项目予以备案的通知书。

11 月 28 日　开瑞汽车推出的全新 7 座 SUV 开瑞 K60 正式上市。

11 月 29 日　东风乘用车推出的全新紧凑型 SUV 风神 AX5 正式上市。

11 月 30 日　北汽福田和百度公司共同启动“智慧交通生态联盟”，双方将在智慧交通生态和智能汽车等方面开展深入合作，打造并持续深化全新互联网智能汽车概念，通过科技创新来应对商用车的新挑战。

12月

12 月 2 日　由中科高技术企业发展评价中心组织的银隆新能源“纳米级钛酸锂动力电池技术”科技成果评价会在北京进行。经过评审，专家组一致认为该技术达到“国际领先”水平。

12 月 5 日　“国家电动客车整车系统集成工程技术研究中心”在安凯客车正式揭牌启动。该中心将致力于开发市场需要的电动客车，以建成集电动客车整车系统集成研究开发、工程化试验、产业化生产、人才培训和开放服务为一体的高新技术成果工程化和人才培养基地为目标。

12 月 5 日 安凯客车与美国俄亥俄州立大学签署合作备忘录，双方将进一步在人才培养、技术交流、项目研究等方面展开新能源领域的研发与合作，为中美两国能源安全及环境的可持续发展探索新的模式。

12 月 5 日 一汽解放青岛汽车有限公司举行 2016 年第 7000 辆 JH6 高端载货车下线仪式。

12 月 5 日 比亚迪在深圳举行纯电动双层客车 K8S 投放仪式。

12 月 5 日 SWM 斯威汽车推出的“智能互联大 7 座 SUV”车型 X7 1.5T 上市。

12 月 5 日 “梅赛德斯—奔驰最佳客户体验”战略在北京正式发布。

12 月 8 日 东风本田在武汉举行第三个工厂动工仪式。

12 月 8 日 辽宁曙光汽车集团股份有限公司在 32 周年厂庆纪念日举行年产第 100 万套车桥下线仪式。

12 月 8 日 中央企业新能源汽车推广及充电设施建设项目启动，在中国中化集团公司开启了中央企业新能源汽车推广及充电设施建设项目宣传活动的第一站。

12 月 9 日 南京金龙举行武汉新能源基地项目开工动土仪式，该项目总投资 51 亿元，计划年产能 1 万辆，核心零部件年配套 5000 套规模，销售规模 200 亿元。

12 月 11 日 长江经济带产业基金、武汉东湖高新区和上海蔚来汽车有限公司三方签约，拟在东湖高新区设立总规模 100 亿元的“长江蔚来基金”，并在光谷投资不少于 200 亿 ~300 亿元建设智能化新能源汽车产业园。其中包括年产 20 万辆智能化新能源汽车整车项目、研发及标准检测中心等，致力于打造下一代新能源汽车的全产业链。

12 月 13 日 万科和比亚迪在深圳签署战略合作协议，双方将通过资源共享，在国内各城市的轨道交通发展战略和布局、各城市工业园区开发以及海外业务开发中，进行深度、全面、整体合作。

12 月 13 日 金龙汽车推出的 10 ~14 座新金威轻型客车在全国正式上市。

12 月 15 日　中集集团下属企业等 5 家企业、个人与珠海银隆新能源有限公司签署增资协议，共同增资 30 亿元，获得珠海银隆 22.388% 的股权。珠海银隆在钛酸锂电池和新能源汽车、储能方面的研发及生产能力具有优势。

12 月 15 日　沃尔沃国产化的 S90 长轴距版在北京正式上市。

12 月 16 日　珠海银隆（成都）新能源产业园基地举行开工仪式。该项目将实现 10 亿 Ah/年钛酸锂电池和 15000 辆/年客车物流车的产能。

12 月 16 日　陕汽集团举行德龙 L3000 重型载货车发布仪式。

12 月 16 日　华菱星马举行 2016 年度第 10000 台汉马发动机下线仪式。

12 月 17 日　上汽依维柯红岩商用车有限公司在蓉城举行全新升级的 500 系列产品发布仪式。

12 月 19 日　长安汽车举行第 300 万辆下线暨新逸动 6AT 上市仪式。

12 月 20 日　吉利旗下沃尔沃汽车发表声明，通过最新发行的优先股，已从瑞典投资者获得 50 亿瑞典克朗（5.32 亿美元）的资本，再次向公司上市迈进了一步。

12 月 20 日　国务院正式发布《国务院关于发布政府核准的投资项目的通知》。通知提出，积极引导新能源汽车健康有序发展，新建生产企业须具有动力系统等关键技术和整车研发能力，符合《新建纯电动乘用车企业管理规定》等相关要求。此外，明确提出严格控制新增传统燃油汽车产能，原则上不再核准新建传统燃油汽车生产企业。

12 月 21 日　上汽大通举行全新房车 RV80 全体验式上市仪式。

12 月 23 日　环境保护部和质检总局联合发布“关于发布国家污染物排放标准《轻型汽车污染物排放限值及测量方法（中国第六阶段）》的公告”。

12 月 23 日　福田汽车集团与中非发展基金签订《关于在非洲与葡语国家及地区开展投资项目合作之战略合作备忘录》。双方计划建立战略合作关系，合作成立福田非洲业务投资平台，负责福田汽车对非洲投资项目的投资和运营；共同发掘非洲与葡语国家及地区在汽车生产和组装、分销网络建设、维修维护中心建设、进出口贸易、融资租赁等领域项目投资机会。

B.10
附录三　2016年中国汽车行业标准化工作综述

2016 年，是中国国民经济第十三个五年计划的起始年。2016 年，中国汽车市场累计产销量在高基数的情况下仍维持增长态势，乘用车市场结构发生明显变化，轻型客车销量明显下滑，新能源汽车销量重回高增长趋势，行业热点也正从汽车产业链的中上游下移至汽车售后领域。围绕推动我国新能源汽车产业健康可持续发展，工业和信息化部修订了《新能源汽车生产企业及产品准入管理规定》，建立国家、地方和企业三级新能源汽车安全运行监测平台，全面提高产品性能和质量安全水平。推动组建国家动力电池创新中心和中国汽车动力电池产业创新联盟，加强核心技术研发。制定《企业平均燃料消耗量与新能源汽车积分并行管理暂行办法》，推进建立节能与新能源汽车市场化发展长效机制。

2016 年，也是标准化改革工作全面铺开的一年，有关标准化工作的各项制度文件基本完善，强制性标准精简整合工作接近收尾阶段，推荐性标准集中复审工作也按计划进行中。国家整体标准化改革工作准备进入第二阶段，正稳妥推进向新型标准体系过渡。汽车行业按照国务院标准化改革要求，研究、提出并正在逐步落实各项汽车标准化工作改革方案。2016 年，汽车标准化工作在标准体系建设、重点领域标准制修订、国际标准化等方面积极开展工作，并取得一定成绩。

回顾 2016 年，虽然汽车标准化工作在标准体系建设、标准制修订、国内外标准交流合作等方面取得一定成绩，但是还需要更加主动适应汽车社会经济发展新形势，既重视标准化工作机制的改革创新，又要重视产业发展和行业管理急需标准的制定与实施，理清各级标准之间的关系和定位，积极参与汽车全球技术法规协调工作，进一步提升标准的国际化水平，探索标准宣贯的新模式，发挥标准在推动产业发展、实施行业管理中的技术基础作用。

一 2016年汽车行业主要标准化活动

1. 召开汽标委秘书长工作会议

为推进国家深化标准化改革的要求，落实标准化管理部门和汽车行业管理部门对汽车标准化工作的部署，加强汽标委各分技术委员会的管理，规范标准化工作，促进汽标委内部的沟通与交流，切实反映各分技术委员会对标准化工作的需求，汽车行业照例于2016年4月召开了秘书长工作会议，传达了国家标准化改革思路以及行业主管部门对标准工作的意见等，除总结上年汽车标准化工作情况，还对2016年的重点工作，如“十三五”标准规划、强标精简整合、推标集中复审工作进行了部署，并且提出了对于标委会秘书处的考核办法和标准解释的相关规定。

2. 强制性标准整合精简

根据国务院《深化标准化工作改革方案》和《强制性标准整合精简工作方案》总体要求，全国汽标委组织开展了汽车工业强制性标准的整合精简工作，整合精简范围包括汽车行业归口的现行强制性国家标准98项和在研的强制性国家标准项目计划40项。98项强制性国家标准中，继续有效35项；拟整合34项（整合后12项）；拟修订25项；拟转化为推荐性标准4项。40项强制性国家标准计划项目中，继续执行34项；整合0项；拟转化为推荐性标准计划2项；拟废止4项。

3. 推荐性标准集中复审

按照国家标准委关于推荐性标准集中复审工作的要求以及工业和信息化部《工业和信息化部办公厅关于开展工业和通信业推荐性标准集中复审工作的通知》（工信厅科函〔2016〕321号）的要求，汽车行业开展了推荐性国家标准和行业标准的集中复审，形成确认一批、修订一批、废止一批、转化一批的标准项目清单，重点解决汽车行业标准体系中存在的交叉、矛盾和滞后等问题，进一步提升标准的协调性、配套性、科学性和适用性。此次复审的推荐性标准共 1117 项，确认 726 项为继续有效，309 项需要修订，65 项需要直接废止，1 项需要视情况废止，16 项需要转化。此次集中复审的在研推荐性标准制修订计划 270 项，确认 224 项为继续执行，5 项需要延期，41 项需要直接废止。

4. “十三五”汽车标准体系建设方案编制

为全面贯彻落实《国务院办公厅关于印发国家标准化体系建设发展规划（2016～2020 年）的通知》（国办发〔2015〕89 号）的要求和工业和信息化部编制《工业和通信业“十三五”技术标准体系建设方案》的决定，进一步落实 2016 年全国汽车标准化技术委员会秘书长大会所做的重点工作部署，2016 年 7 月正式开展汽车行业“十三五”标准体系规划的编制工作。本着深化改革、创新驱动；需求牵引、统筹布局；融合发展、开放共享的原则，在“十二五”汽车标准体系基础上，构建并完善细分“十三五”期间的标准发展方向和标准体系，根据主管部门、汽车行业对标准的需求，结合标准化改革、结合各领域实际情况切实可行地提出标准规划项目和重点项目，并细化实施方案，着力构建和完善“融合开放、协调配套，科学先进、结构合理”的技术标准体系，引领汽车行业在各个方向、各个领域的发展。

5. 标准为行业服务

作为汽车标准归口和管理单位，组织一些专业性强、技术内容深入的研讨会，为企业创造技术交流的平台，邀请国内外技术专家进行交流是中心开展标准行业服务的一项重要工作。2016 年，汽标委在电动汽车、车辆安全、专用汽车、智能网联、车辆功能安全等方面开展了各种技术与标准国际交流研讨活动，促进标准制定、推动技术发展、促进国际交流与合作。为加强标准宣贯对于标准的实施和应用、帮助使用方正确理解标准、掌握标准，行业关注的 2016 年新发布的电动车辆相关标准、灯光法规、GB 1589 等重大标准均进行了宣贯，宣贯内容围绕标准制定过程、标准主要内容以及企业实施中的注意事项等方面，对于企业提高对标准的理解，促进标准的实施，加强行业和产品管理具有重要作用。

6. **积极组织开展国际标准化工作**

汽车行业对口国际标准化组织 ISO/TC22（国际标准化组织/道路车辆技术委员会）与 IEC/TC69（国际电工委员会/电动道路车辆和电动载货车技术委员会），进行对应标准的国内归口管理工作。2016 年汽标委秘书处共接收国际标准化投票文件 388 份。其中年度内应完成投票 363 份，实际投票 341 份，投票率 94%。同时，组织行业专家牵头制定并向 ISO/TC22/SC37 秘书处提交了两项国际标准提案：《电动道路车辆——锂离子动力蓄电池组和系统测试规范——第 5 部分：加速耐久性测试》、《电动道路车辆——锂离子电池组和系统测试规程——第 6 部分：城市客车应用》。

汽标委积极参与国际标准化活动并实质性地参与 ISO 标准的制定，2016 年 2 月至 11 月间，组织行业专家参加了 ISO/TC22 第 39 次全体大会及自动驾驶高层研讨会、ISO/TC22/SC32/WG8 功能安全工作组和各个工作小组会议，以及 ISO WG42 交通噪声工作组会议、ISO/TC22/SC36/WG1 安全和碰撞试验分委会/车辆碰撞试验方法工作组会议、ISO/TC22/SC36/WG3 安全和碰撞试验分委会/碰撞装置工作组会议、ISO/TC22/SC36/WG5 安全和碰撞试验分委会/碰撞假人工作组会议、ISO/TC22/SC36/WG6 安全和碰撞试验分委会/碰撞伤害性能指标工作组会议、ISO/TC22/SC38/WG2 摩托车和轻便摩托车分委会/电动摩托车和电动轻便摩托车工作组会议、ISO/TC22/SC38/WG5 摩托车和轻便摩托车分委会/控制器和图形符号工作组会议、安全和碰撞试验分委会年会等。深入了解标准内容的技术变更、前沿热点问题、修订动向和各国意见，并提出中国的建议。

2016 年，在工业和信息化部装备司的指导下，全年协助政府主管部门参加了 WP29 第 168 次和第 169 次管理委员会会议，并组织行业专家参与了 WP29 下属 6 个专家工作组的全部会议，积极跟踪各项 ECE 法规动态。C-WP29 秘书处组织行业相关企业和机构开展新制定全球技术法规或现有全球技术法规修正本适用性分析及试验验证工作，积极开展对策研究。中国作为电动汽车安全全球法规非正式工作组的副主席国，2016 年 2 月、6 月和 9 月分别召开了电动汽车安全全球法规（EVS-GTR）第十、十一、十二和十三次会议，在中、美、欧、日等成员国专家的努力下，在防水安全、动力电池等具体领域的国际法规提案研究获得进一步深入，即将形成电动汽车安全的 GTR 草案。

2016 年，汽车行业与国际标准化组织的合作交流活动也十分精彩，2016 年 5 月，中德电动汽车标准工作组第四次会议召开，双方专家就电动汽车整车安全、动力电池、无线充电和未来大功率充电标准开展交流和对话。双方还介绍了两国各自的电动汽车标准化工作路线图，对下一步标准规划进行讨论。2016 年 10 月，中欧工业领域对话与磋商机制下汽车工作组第六次会议召开。会议听取了中欧汽车工业近期形势、未来短期预测和相关政策情况的报告，就燃料经济性和节能减排法规、智能网联汽车发展的战略、政策、标准法规以及电动汽车安全全球法规（EVS-GTR）等议题进行了深入交流与探讨，并就在上述领域进一步加强合作达成了共识。双方还就欧盟针对中国车轮轮毂的反倾销、国外小批量汽车制造商如何满足《乘用车企业平均燃料消耗量与新能源汽车积分并行管理暂行办法》要求等交换了信息和意见。2016 年 9 月，中国汽车技术研究中心与日本 JASIC 共同组织的第 9 届 CATARC-JASIC 汽车标准法规高层论坛在天津召开。论坛始终围绕中日两国标准法规的最新进展情况、参与 WP29 活动和国际汽车技术法规协调热点问题等内容进行交流。本次交流还对中国智能网联汽车领域标准工作以及亚洲区汽车产业联合论坛进行了特别介绍。这种对话机制的持续进行使得双方可互相借鉴标准国际化经验，在以后的合作中，双方将走得更远。

二　2016年重要领域标准制修订情况

1. 加强标准制修订管理，推动标准制修订工作进程

继汽标委出台《汽标委秘书处关于标准立项及报批工作补充细则》后，

汽标委又制定了《汽车标准解释管理办法》，以规范有序地开展汽车标委会归口国家标准、行业标准的解释工作。同时，为进一步加强汽标委对各分技术委员会的监督和管理，提高汽标委及各分技术委员会秘书处工作的有效性、时效性和积极性，保证行业工作、标准管理和项目研究能够优质且按时完成，汽标委提出《分技术委员会秘书处管理及考评办法》。

2016 年，汽车行业进行了 54 项国家标准项目（7 项强制性国家标准计划申请、47 项推荐性国家标准计划申请）和 34 项汽车行业标准项目的申报，有 41 项国家标准项目（强制性国家标准计划 6 项、推荐性国家标准计划 35 项）和 30 项汽车行业标准项目获得批复。全年共 5 项强制性国家标准、21 项推荐性国家标准、42 项汽车行业标准获得国家标准委及工信部的发布。此外，还有 10 项强制性国家标准、42 项推荐性国家标准、67 项汽车行业标准已上报主管部门待批。

全年新发布的标准中，GB 1589 – 2016《汽车、挂车及汽车列车外廓尺寸、轴荷及质量限值》标准修订当年报批当年发布，发布即实施。新标准充分考虑了汽车管理、道路安全、公路承载、物流运输环节，借鉴了国外先进的技术和经验，指导车辆企业产品的设计制造和新装备的应用，并且从源头上规范了各类车辆设计生产，有效遏制了“大吨小标”、超载超限等违法违规行为，为车辆公告管理、注册登记、路面执法等环节的监管工作提供了很好的技术支撑，其社会效益和经济效益均十分显著。为配合 GB 1589 标准的修订，GB/T 26774 – 2016《车辆运输车通用技术条件》等标准也修订完成进行了内容上的更新。GB 4094 – 2016《汽车操纵件、指示器及信号装置的标志》进一步统一规范汽车上操纵件、指示器和信号装置的标志，保证标志的可视性及易操纵性，减少驾驶员误操作的发生，提高车辆运行安全。GB 4660 – 2016《机动车用前雾灯配光性能》和 GB 19152 – 2016《发射对称近光和/或远光的机动车前照灯》则引入了新光源和新材料方面的要求，对原标准技术内容及时进行了更新，保持与国际法规的协调一致。GB 19260 – 2016《低地板及低入口城市客车结构要求》是根据国标委部际安全联席会议精神和要求，进一步提升客车产品安全要求而开展的标准修订工作。新标准对低地板及低入口城市客车提出了更严格的要求，解决了标龄老化的问题，体现了城市客车产品的技术进步和水平不断提高，为进一步提升低地板及低入口城市客车质量水平和今后产业结构调整与优化升级打下坚实的基础。GB 18352.6－2016《轻型汽车污染物排放限值及测量方法（中国第六阶段）》标准采用分步实施的方式，设置国六 a 和国六 b 两个排放限值方案，分别于2020年和2023年实施。对大气环境管理有特殊需求的重点区域可提前实施国六排放限值。进一步强化机动车污染防治工作，从源头减少排放。GB/T 32694－2016《插电式混合动力电动乘用车技术条件》标准的出台对发展插电式混合动力电动汽车、提升电动汽车的技术水平有着深远意义。目前行业公认插电式混合动力电动汽车是汽车工业向低碳化、无碳化过渡的一个重要选项，并且会持续一个相当长的时间。插电式混合动力电动车非常适合中国的国情，所以国家对开发插电式混合动力电动车给予了大力支持。因此，本标准对于推动汽车工业的可持续发展、创造清洁环境、保障能源安全等方面将会起到积极的促进作用。GB/T 32960－2016《电动汽车远程服务与管理系统技术规范》是包括三个标准的系列标准。第一部分总则，第二部分车载终端，第三部分通信协议及数据格式。新标准提高了电动车辆远程监控系统及通信协议技术水平，增强电动汽车远程服务与管理系统的通用性和兼容性。系列标准作为国内电动汽车远程监控领域的主要标准，可以为各个地方政府建立公共平台及整车企业建立远程监控平台提供指导性依据，规范行业发展，避免各个地方及企业各自发展，形成政策和技术壁垒，降低社会成本，提高行业发展效率。GB/T 33012－2016《道路车辆车辆对窄带辐射电磁能的抗扰性试验方法》四部分系列标准和 GB/T 33014－2016《道路车辆电气/电子部件对窄带辐射电磁能的抗扰性试验方法》五部分系列标准的制定填补了我国整车及电子电气部件辐射干扰抗扰性标准方面的空白，对于完善和健全我国汽车电磁兼容标准架构具有重要意义。相对于汽车的电气环境、机械环境、气候环境等方面，电磁环境更加复杂，容易受到车辆布置和接地等方面因素的影响，汽车用电器越多，相互干扰越严重，要解决的电磁兼容问题越复杂，尤其是电气电子产品的电磁抗扰性能直接关系到系统的可靠性和安全性，能否解决好产品的抗扰性问题直接制约着电气电子产品在整车上的应用，因此，本系列标准的出台是非常必要的。除此之外，GB/T 32692－2016《商用车辆缓速制动系统性能试验方法》标准的出台成为缓速制动技术及性能评价的依据。商用车辆缓速制动性能对于保障车辆安全行驶特别是在山路等复杂路况下的制动安全具有重要意义，本标准的方法可以对缓速制动系统装车后的实际效果进行客观有效评价，将改变我国缓速制动试验方法长期缺失的局面，对改善商用车辆制动安全具有实际意义。

2. 继续加强重要领域标准的研制

2016 年，汽车行业在重要技术领域标准研究方面取得新的成果，一批重要标准发布或更新，在支持政府管理、加强产品管理、实施产品质量监督等方面发挥应有的作用。

（1）新能源车辆标准领域

GB/T 32694－2016《插电式混合动力电动乘用车技术条件》和 GB/T 32960－2016《电动汽车远程服务与管理系统技术规范》三部分系列标准发布。标准对于进一步规范电动汽车技术水平，提高电动车辆远程监控系统及通信协议技术水平，增强电动汽车远程服务与管理系统的通用性和兼容性具有重要意义。

目前，新能源汽车标准体系基本建立，相继发布了整车技术条件、整车安全、能耗测量方法、动力蓄电池安全和性能评价等一系列标准，初步满足了不同方面对标准的需求。但新能源汽车技术和产品发展日新月异，对标准化工作的需求还是非常迫切。

GB/T 32694－2016《插电式混合动力电动乘用车技术条件》标准发布后，GB/T《插电式混合动力电动商用车技术条件》、GB/T《纯电动货车技术条件》、QC/T《纯电动城市环卫车技术条件》也于 2016 年 8 月通过标委会审查，已经报批。

燃料电池电动汽车的标准化工作取得较大进展，GB/T《燃料电池发动机氢气排放测试方法》、GB/T《燃料电池电动汽车加氢枪》和 GB/T《燃料电池电动汽车氢气消耗量测量方法》已提交报批，等待标准主管部门的批准发布。GB/T《燃料电池电动汽车　燃料电池堆安全要求》和GB/T《燃料电池电动汽车整车氢气排放测试方法》已完成征求意见稿，正在开展意见征求。

动力电池等关键零部件标准是新能源汽车标准工作重点，近期，GB/T《电动汽车用动力蓄电池产品规格尺寸》、GB/T《汽车用动力电池编码》和GB/T 31467.3－2015《电动汽车用锂离子动力蓄电池包和系统第3部分：安全性要求与测试方法》第1号国家标准修改单完成了审查，各项目已经报批。

电动汽车充电基础设施标准方面，GB/T《电动汽车无线充电　通用要求》、GB/T《电动汽车无线充电系统　特殊要求》、GB/T《电动汽车车载充电机和无线充电设备之间的通信协议》和GB/T《电动汽车无线充电电磁暴露限值与测试方法》四项国家标准正在起草。大功率充电方案已经开展了两次专家讨论会议，在整车、动力电池、充电设备行业布置调研工作，进行标准前期的预研工作，以便达成大功率充电标准方案。充电互联互通相关的两项标准GB/T《电动汽车传导充电互操作性测试规范第1部分：充电设备》和GB/T《电动汽车传导充电互操作性测试规范第2部分：车辆》已完成标准审查，已经报批。

（2）汽车节能标准领域

按照国务院发布的《节能与新能源汽车产业发展规划（2012～2020年)》以及《中国制造2025》规划系列解读中对乘用车与商用车提出的节能目标的要求，全国汽车标准化技术委员会在工信部和国标委的指导下，从2012年起组织行业力量开展了下一阶段面向2020年的汽车节能标准的研究和制定工作，各项标准的研究进展如下：

a）乘用车

对于乘用车，目前中国正在实施的是第四阶段燃料消耗量标准（2016～2020年)，包括规定了最低燃料消耗量要求，用于准入管理的《乘用车燃料消耗量限值》（GB 19578－2014）与用于企业平均燃料消耗量管理的《乘用车燃料消耗量评价方法及指标》（GB 27999－2014），实施目标是使中国乘用车新车平均燃料消耗量水平到2020年下降至5L/100km左右，对应二氧化碳排放约为120g/km。标准于2014年发布，2016年起实施。四阶段标准中还提出了循环外节能技术/装置的概念，即对在现有测试循环中无法体现或者无法完全体现其节能效果的技术在计算企业平均燃料消耗量时给予一定额度的优惠。2014年正式确定了优先开展怠速起停、节能驾驶辅助装置（换挡提醒）、高效空调和制动能量回收四项节能技术评价方法标准的研究工作，目前怠速起停与节能驾驶辅助装置两项节能技术的评价方法标准已经通过了标准审查，计划报批，其余两项标准计划明年初征求意见。

b）轻型商用车

目前对中国的轻型商用车执行的依然仅是燃料消耗量限值准入管理，现行标准为《轻型商用车辆燃料消耗量限值》（GB 27999－2007）的第二阶段，第三阶段标准的修订工作于2014年启动，2015年完成，旨在推动到2020年我国商用车燃料消耗量接近国际先进水平。新标准燃料消耗量的评价参数由“最大设计总质量”＋“排量”变为与乘用车一致的整备质量，标准于2015年12月正式发布，2018年1月1日起实施。

c）轻型汽车燃料消耗量标识

现行燃料消耗量标识标准于2008年发布，标准的修订工作于2012年启动，新的标准将标识范围扩展至纯电动汽车和可外接充电式混合动力电动汽车，因此标准名称从原先的轻型汽车燃料消耗量标识变更为轻型汽车能源消耗量标识，标准共分为两部分，第1部分针对汽柴油等传统燃料汽车，第2部分针对新能源汽车。在2020年前，对新能源汽车除了要标示电能消耗量外，还需要标示按热值折算的燃料消耗量，对插电式混合动力汽车还需要标注在最低荷电状态下的燃料消耗量水平。该标准已于2016年3月完成报批，即将发布。

d）重型商用车

目前中国重型商用车也执行燃料消耗量限值准入管理，现行标准为

《重型商用车辆燃料消耗量限值》（GB 30510 - 2014），也称之为第二阶段标准。第三阶段标准的修订工作于 2014 年启动，目标同样是实现国家产业规划中提出的到 2020 年商用车燃料消耗量达到国际先进水平的要求，另外根据中美联合公报，中国将于 2016 年完成下一阶段重型商用车燃料经济性标准的制定。目前第三阶段标准已完成制定并报批。

e）轻型汽车燃料消耗量试验方法和工况

目前中国 3. 5t 以下的轻型汽车燃料消耗量测试方法于 2008 年发布，该试验方法采用 NEDC 工况循环，随着中国汽车产业和城市道路的发展，现有的试验方法在反映实际驾驶燃料消耗量水平、加载方式、试验项目等方面存在需要完善的地方。修订工作于 2016 年正式启动，计划于 2018 年完成。中国工况的研究工作正在进行中，预计将于 2017 年完成，因此在新的燃料消耗量试验方法标准中我们计划采用中国工况循环，并且在试验规程上参考 WLTP。

f）电动汽车与插电式混合动力汽车能耗折算

为客观评价电动车能耗水平，并给主管部门在新能源汽车不同发展阶段实施不同管理措施提供参考，全国汽车标准化技术委员会于 2015 年启动该标准的研究与制定工作，对燃料生命周期内，即考虑电能消耗上游的电动车能耗与燃料消耗量的折算方法给出了方案，目前已完成征求意见，并已提交技术委员会审查。

g）中国汽车试验用循环工况

为应对汽车燃料消耗快速增长带来的能源和环境问题，同时让法规限值更加符合实际，包括中国在内的全球主要国家和地区均在开展符合实际道路特征的汽车产品检测工况开发工作。欧洲循环工况（NEDC）与实际行驶工况严重不符，以此为基准实施的能耗标准和排放管理限值，直接影响我国节能减排政策的实施效果。WLTC 工况是欧美发达地区开发的用以替代 NEDC 的更符合实际的工况，其开发流程为我国的工况开发提供重要理论支持。从国内外开发经验来看，工况构建需要海量实测数据，并要基于长期的验证性测试。基于“中国新能源汽车产品检测工况研究与开发”项目的研究，将工况循环速度曲线作为项目研究成果，应形成国家标准，指导企业进行动力系统标定，并支撑下一阶段能耗限值、重型车排放限值标准制定工作。工况相关标准项目的立项申请已于2016年底启动。

（3）智能网联汽车标准

按照工信部装备司的要求，汽标委牵头组织汽车及电子、通信、互联网、交通等相关行业的行业组织、技术机构\骨干企业和高等院校的专家与代表进行多次研讨与磋商，按照《中国制造2025》、《深化标准化工作改革方案》等文件精神，共同确定了我国智能网联汽车标准体系建设的基本原则和指导方针，在充分听取各行业意见的基础上，提出了我国《智能网联汽车标准体系建设方案》。该标准体系建设方案综合考虑各类车辆实际需求、技术路线和智能化等级差异，共提出标准80余项，包括环境感知、决策预警、车辆控制和信息交互等具体产品与技术应用，涉及功能安全、信息安全、人机界面、通信协议等基础、通用标准。

根据体系方案及行业需求，汽标委在2016年启动了包括自动紧急制动（AEB）、车道保持辅助（LKA）、自动泊车、信息安全等在内近10项行业亟须标准的预研和制定工作；并以制动、转向和电池管理系统为重点，加快功能安全标准的研究与制定。

在积极推动智能网联汽车标准体系建设的同时，汽标委还按照工信部的要求，对汽车及相关行业现行法律、法规及技术标准进行梳理，以汽车强制性国家标准为重点，分析其中可能存在的制约智能网联汽车技术和产业发展的条款和要求，并就如何采取豁免、解释、修订、废止等不同的措施消除这些障碍提出建议方案，从而为智能网联汽车技术及产业发展创造有利的标准法规环境。

为配合标准体系建设，在工信部和国标委支持下，组织召开了“智能网联汽车技术及标准法规国际研讨会”，邀请联合国、ISO等国际组织、政府机构、骨干企业、知名专家出席，就国内外智能网联汽车技术标准、法规等进行交流，取得良好的效果，联合国官方网站也对会议情况作了专门报道。

（4）汽车安全标准

• 一般安全领域

历经 4 年时间、多次行业交流、上百次试验验证和艰难的部门间协调后，强制性国家标准 GB1589－2016《汽车、挂车及汽车列车外廓尺寸、轴荷及质量限值》已于 2016 年 7 月 26 日获批发布并实施。标准中的每个指标均是经过科学、严谨的试验和研究确定，继续发挥技术标准的引领和规范作用。在推动物流运输装备供给侧结构性改革、支撑车辆运输车专项治理工作、拉动物流行业生产消费、为特殊车辆“松绑”等方面具有重要意义。

针对近年来面包车事故多发的情况，相关部委同时要求从标准制修订层面规范引导面包车的安全技术升级。《多用途面包车安全技术要求》标准制定已经进入实质性工作阶段，车型名称、车型定义、对正碰后排座椅的安全要求、制动和 ABS 的测试标准、标识问题、前排座椅后方安全架的安装主体和安装形式等一些初期有分歧意见的问题点经各参与方分工完成进一步的研究后得到初步解决，在 2016 年底通过技术审查。

GB 24545《车辆车速限制系统技术要求》标准修订基本完成，2016 年底通过技术审查。标准适用于具有车辆车速限制要求的 M、N 类车辆。内容中新增对于车速限制报警信号进行自检的要求，增加了可调车速限制系统的技术要求和相应的试验方法等。

• 被动安全领域

《汽车和挂车侧面及后下部防护要求》标准整合了 GB 11567.1－2001 和 GB 11567.2－2001，目前进行 WTO 通报，等待批准。GB/T《汽车安全气囊系统误作用试验方法和要求》和《汽车侧面柱碰撞的乘员保护》已经通过技术委员会审查，进入报批程序。被动安全标准体系进一步完善。

GB 15083《汽车座椅强度及头枕》标准的修订取得进展，已通过技术委员会审查。车辆低速碰撞性能要求与试验列入被动安全领域研究项目。作为车辆安全标准法规最重要依据的道路交通事故调查工作目前已初见成效，为配合这项工作的开展，《道路车辆交通事故分析第一部分：术语》、《道路车辆交通事故分析第二部分：碰撞严重度测量方法使用指南》以及《道路车辆评价乘员约束性能的事故数据收集》三个国家推荐性标准提出了立项建议，标准工作组已就草案内容进行了讨论，并开展进一步的完善和验证。

- 主动安全领域

GB 23255《机动车昼间行驶灯配光性能》和 GB 5920《汽车及挂车前位灯、后位灯、示廓灯和制动灯配光性能》是两项灯光领域的标准修订完成。标准的修订为适应新产品和新技术的应用，将更加有利于国内外贸易的顺利开展和新技术产品的质量控制，并很好地指导各类汽车灯具的开发、生产和检验。

GB/T 32692 – 2016《商用车辆缓速制动系统性能试验方法》、QC/T 1033 – 2016《气压制动器外置式间隙自动调节装置技术要求及台架试验方法》等标准获得发布，为车辆制动系统及零部件的测试方法进行规范。《重型商用车辆转弯制动开环试验方法》、《乘用车　防抱制动系统（ABS）直线制动距离开环试验方法》等制动方法标准采用 ISO 标准制定完成，已经向上级主管部门进行报批，进一步充实制动领域测试方法。

《乘用车轮胎气压监测系统的性能要求和试验方法》强制性标准经过起草组艰苦的工作和多次协调及试验验证，于 2016 年 9 月通过技术委员会审查，已经报批。该标准有关轮胎气压监测系统（TPMS）功能、性能要求主要基于我国 TPMS 技术发展、应用状况及验证试验情况确定，同时借鉴了国内外已有的标准和技术法规。该标准的出台对完善我国汽车电气电子标准体系、进一步规范和引导我国 TPMS 产品应用和技术发展具有积极意义。

作为先进的主动安全装置，并对提高车辆事故主动预防有积极作用的《乘用车自动紧急制动系统技术要求和试验方法》和《商用车自动紧急制动系统技术要求和试验方法》标准的制定工作正在积极推进。《商用车辆电子稳定控制系统性能要求及试验方法》项目预研和立项申请工作也在进行。

车轮领域，为科学、严谨、明确地规范适用范围及标识的内容，经过充分调研国内外产品并了解最新国外车轮标准制定和执行情况，形成《关于国外车轮标准法规适用范围的调研》报告，并审查通过《汽车车轮安全性能要求及试验方法》强制性标准，目前该标准已经报批。

- 客车安全标准

2016 年，客车安全方面的标准更新基本完成。GB/T 19260《低地板及低入口城市客车结构要求》（修订）、GB 13094《客车结构安全要求》（修订）、GB《客车灭火装备配置要求》（制定）已经报批较长时间，急需发布以指导客车产品的设计和生产；《客车内饰材料的燃烧特性》标准通过技术委员，标准内容较 GB 8410 增加了垂直燃烧要求、增加了氧指数、烟密度的要求，进一步提高了各种内饰材料阻燃水平。客车标准下一步的重点领域在客车安全和新能源客车方面，将进一步加大客车结构安全和新能源客车的研究，《电动客车安全技术条件》标准立项获得批准，研究已经进入实质性工作阶段。

QC/T 1048 –2016《客车应急锤》、QC/T 1047 –2016《城市客车塑料座椅》、QC/T 1030 –2016《客车外推式应急窗》、QC/T 678 –2016《客车乘客门门泵》等一批客车零部件新产品、新要求行业标准发布，对进一步提高客车整体安全性将起到积极推动作用。

（5）车辆噪声标准

GB 16170《汽车定置噪声限值及测量方法》标准修订正在推进，起草组将根据 M1 产品测试数据汇总的情况决定是否对 M1 类汽车进行亚分类并设定相应的限值，计划在 2017 年初将完善的标准草稿提交环保部。GB 1495《汽车加速行驶车外噪声限值及测量方法》标准修订主要的变化集中在标准的管理和实施方面，原有的型式核准取消，取而代之的是信息公开；同时由于标准征求意见工作迟迟没有展开，所以目前其具体实施时间还难以评估，标准修订需要积极配合环保部，争取早日实施和完成意见征求。ASEP 标准争取在 2016 年底之前完成立项工作，并深入参与到 ECE R51－03 ASEP 法规的研究和修订工作中。《汽车加速行驶车外噪声室内测量方法》标准后续的研究中，起草组一方面需要对室内测试方法进一步完善，另外一方面需要继续研究轮胎噪声的复现和叠加计算方法，以争取使得测试结果尽可能接近道路实际测量方法获得的试验结果，争取在 2016 年底之前逐步完善标准草稿。《轻型汽车多工况行驶车外噪声测量方法》提出立项申请，提出轻型汽车在 GB 1495 规定外的其他挡位、车速及发动机转速工况下的噪声测量和评价方法。标准内容将吸收和改进 ECE R51－03 法规多工况行驶车外噪声测量方法，有助于推进中国汽车行业车外噪声测量方法的升级，有利于推动中国汽车产品出口欧盟及相应地区。

（6）回收利用及零部件再制造标准

《车内非金属部件挥发性有机物和醛酮类物质检测方法》，目前标准项目计划已于 2015 年底下达，按照项目计划，将于 2017 年底完成审查和报批工作。标准研究已在前期开展了大量工作，标准文本大部分内容已在工作组内达成共识。2016 年本标准内容新增了关于零部件总成级别的样品、零部件拆分成材料制样以及原材料打板制样三种方案。

下一阶段将进一步对有害物质管控范围、有害物质管控车型范围、多环芳烃和石棉检测方法、非金属部件和材料 VOC 检测方法等内容进行深入分析和研究。

《车用动力电池回收利用余能检测》、《车用动力电池回收利用拆解规范》等标准已经报批，在电动汽车快速发展的今天，这类标准的出台是十分必要的。标准制定过程中充分考虑了动力蓄电池在回收利用环节的安全性、适用性以及我国国情、企业现有技术、测试能力。

（7）汽车电子电器标准

2016 年，GB《道路车辆电磁兼容性要求和试验方法》标准仍在等待批准发布。GB/T 33012－2016《道路车辆车辆对窄带辐射电磁能的抗扰性试验方法》第 1 部分～第 4 部分以及 GB/T 33014－2016《道路车辆电气/电子部件对窄带辐射电磁能的抗扰性试验方法》第 1 部分～第 5 部分获得批准发布，完善和健全了我国汽车电磁兼容标准架构，很好地解决了产品的抗扰性问题。

GB/T《道路车辆功能安全》标准起草工作取得阶段性成果，10 个系列标准已经通过审查，基本完成功能安全领域第一阶段目标，后续还将继续工作，如 GB/T《道路车辆功能安全》具体实施应用研究，加强标准可操作性；形成基于整车层面的功能安全相关的关键电控系统的汽车安全完整性等级（ASIL）划分和安全目标定义的规范/指南/指导性文件/标准；形成行业通用的电控系统功能安全流程开发体系以及整车和关键电控系统的功能安全测试评价体系；形成相对完善的道路车辆功能安全标准体系，将工作成果拓展到道路车辆电子电气系统和产品；完善已有标准中与功能安全相关的内容。

（8）专用汽车标准

随着危险品运输车辆和运输量的不断增长，由此带来的安全事故也越来越多，国务院和国家各主管部门高度重视，危险品运输车的相关标准工作快速推进。2016 年，《运油车辆、加油车辆安全技术条件》、《烟花爆竹运输车安全技术条件》和《道路运输爆炸品和剧毒化学品车辆安全技术条件》三项强制性国家标准制修订完成，进行了报批。标准以国家对于危险品运输车辆管理的法律法规为基础，进一步提升了这类车辆的运输安全性，为危险货物运输安全提供保障。同时，标准的制修订也参考了联合国欧洲经济委员会《关于危险货物道路国际运输协议》（ADR）的相关要求，为国内相关产品打入国际市场减少了障碍。作为危险品车用关键零部件，《道路运输汽车罐式车辆油气回收组件》、《道路运输轻质燃油罐式车辆防溢流系统》、《运油车辆、加油车辆卸油阀》、《道路运输易燃液体危险货物罐式车辆呼吸阀》、《道路运输易燃液体危险货物罐式车辆人孔盖》等汽车行业标准也已经制定完成等待批准。

（9）挂车标准

GB/T26774－2016《车辆运输车通用技术条件》、GB/T 32860－2016《道路车辆牵引杆连接器的互换性》、GB/T 32861－2016《道路车辆牵引车与挂车之间的电气和气动连接位置》等标准配合 GB 1589 同期发布，并开展了相关实施要求宣贯会，配合联合治理超载超限车辆管理工作的需要。《货运挂车系列型谱》制定完成等待批准，《中置轴挂车通用技术条件》、《旅居挂车技术要求》等项目经过多轮修改完善和试验验证工作后完成标准送审稿，并通过技术委员会审查。

（10）燃气汽车标准

燃气汽车领域标准的制修订工作仍有序开展，《燃气汽车泄漏报警装置技术要求》标准经过两年的研究已经于 2016 年底通过审查，即将报批，后续还将围绕该报警装置如何装车以及装车后的整车技术要求等内容开展新标准立项申报。《液化天然气汽车技术条件》和《液化天然气汽车专用装置技术条件》两项标准开展了前期预研工作全面启动标准的修订程序。

（11）整车试验方法标准

GB/T 12673《汽车主要尺寸测量方法》标准通过调研和中国人体尺寸统计，草案继续完善并完成了与相应国标的协调，下一阶段将主要针对基础尺寸和基准的确定开展工作。基本完成了 GB/T《车辆行驶跑偏测试方法》标准框架稿，下一阶段将工作集中在试验验证和试验工况的确定上，2016 年底形成较为完善的草稿。已确定 GB/T《乘用车强化腐蚀试验方法》框架稿，下一步将最终确定试验工况，2016 年底前形成征求意见稿。基本确定了 GB/T12542《汽车热平衡能力道路试验方法》标准修订的框架，对试验工况进行了初步梳理，下一阶段将确定试验工况。各项整车基本试验方法的修订更新，将带动车辆性能的进一步提升。

（12）基础标准

GB 16735《道路车辆车辆识别代号（VIN）》和 GB 16736《道路车辆世界制造厂识别代号》两项修订标准已经通过审查进入报批程序。GB/T 25978《道路车辆标牌和标签》标准修订工作进入完整流程的试验验证阶段，2016 年底完成标准送审。标签是车辆注册时重要的辨识载体，企业应重视车辆产品标牌的设计，同时加强标签管理。GB/T 18411《道路车辆产品标牌》标准修订重点放在标牌的固定和标牌的内容上，标准在2016年底完成征求意见稿。

（13）其他标准

车辆动力学领域标准制修订工作全面展开。《轻型汽车操纵稳定性试验通用条件》和《重型汽车操纵稳定性试验通用条件》获得立项批准进入标准流程。《转向盘离开中心区操纵稳定性试验》、《乘用车紧急变线试验车道－第一部分及第二部分》、《乘用车自由转向特性转向脉冲开环试验方法》、《直线行驶保持性能试验方法》、《重型商用车和客车侧倾稳定性试验方法》等多项ISO标准转化项目经过前期预研提出了立项申请。

底盘领域《商用车空气悬架用空气弹簧技术规范》等几项空气悬架系列标准经过长时间的努力最终完成制定并报批。这些标准是为了适应越来越广泛应用的空气悬架而制定的产品技术规范，为整体提升我国商用车空气悬架系统的自主开发能力和国际竞争力提供技术支撑。

《柴油机燃油滤清器油/水分离效率的评定方法》等一批滤清器产品测试方法标准制定完成，对我国汽车用柴油滤清器、油/水分离器产业的发展和可持续性推进和提高作用明显，也将为我国滤清器企业和产品走出国门提供试验方法依据。

三　汽车行业标准发展趋势

围绕实施《中国制造2025》、《深化制造业与互联网融合发展的指导意见》的需要，根据《节能与新能源汽车产业发展规划（2012～2020年）》，满足社会及管理部门对汽车标准的需求，汽车行业应继续加强新能源汽车、汽车节能、汽车安全、新型智能网联汽车等重点领域标准的研究与制定。

在汽车节能标准研究领域，不断完善、持续加严乘用车、轻型商用车、重型商用车的燃料消耗量试验方法和限值标准体系，根据国家整体节能目标，研究制定面向2025年的汽车燃料消耗量限值或目标值要求；并开展节能驾驶指示等乘用车循环外技术标准研究，促进实际驾驶中具有节能效果的技术推广和应用。根据电动及插电式混合动力汽车、天然气和石油气等单燃料汽车技术发展，不断完善相关能源消耗量测量评价方法标准的研究，根据产业发展和政府管理需要，逐步建立与传统汽车燃料消耗量相对应的、能够区分不同电动及插电式混合动力汽车、天然气和石油气等单燃料汽车能源消耗水平的限值标准。开展燃料消耗量标示标准及管理制度实施效果评估，重点调查消费者和企业对标识标准实施情况的反馈，根据政府管理需要、消费者反馈、行业意见，进行轻型汽车燃料消耗量标识标准修订和重型商用汽车燃料消耗量标识标准制定工作。根据其能源消耗评价指标等因素，研究确定能量/燃料消耗量标识的内容和方案，逐步将纯电动汽车、插电式混合动力汽车、燃料电池汽车、燃气汽车等纳入标示范畴。研究制定符合中国国情、反映不同典型道路交通特点、满足不同用途需要的多种乘用车、轻型商用车辆及重型商用车辆典型行驶工况标准，为我国汽车产品开发以及能耗、排放及综合评价提供科学的技术规范。

在新能源汽车标准研究领域，标准与产业发展规划相结合，与战略性新兴产业发展规划要求相吻合，与科技创新规划项目相贴合，着力解决新能源汽车推广所需标准的不足和不完善的情况。标准制定的重点领域包括：新能源汽车整车安全标准、动力蓄电池安全标准、燃料电池电动汽车标准和充电系统及接口标准等。适应中国车辆市场发展需要，开展低速电动车标准研究与制定，着力解决现阶段产品不符合相关标准，没有经过必要的试验验证，安全性能较差等问题。

在智能网联汽车标准研究领域，建立适应智能网联汽车技术和产业发展需要、政府主导与市场自主制定标准协同发展、适合我国国情并与国际接轨的智能网联汽车自主标准体系：到2020年，基本形成包括功能安全、信息安全、人机界面在内的能够支撑环境感知、决策预警和智能控制等核心功能及性能评价的先进驾驶辅助系统（ADAS）标准法规体系；到2025年，形成相对完善的能够科学评价先进驾驶辅助系统（ADAS）技术与产品应用和基本的、能够支撑典型场景下自动驾驶系统功能评价的智能网联汽车标准法规体系。重点标准项目包括功能安全、信息安全、人机界面在内的能够支撑环境感知、决策预警和智能控制等核心功能及性能评价的先进驾驶辅助系统（ADAS）系列标准法规。

在汽车安全标准研究领域，国家多次提出更严格要求。国务院安全生产委员会、工信部、公安部、交通部多次召开会议并发文部署汽车安全运营、加强汽车产品管理、完善汽车安全标准任务，对校车、客车、危险品运输车、车辆运输车、货车安全均有过明确指示。因此，车辆安全是汽车标准体系中的重点领域。相对于乘用车产品和技术，相对于国际现代化道路运输与车辆技术，我国的商用车辆，包括客车、货车、专用车辆等，特别是货车的发展还存在很多问题，市场也很不规范，道路交通安全问题还是相当突出，因此商用车辆标准的重点是车辆被动安全、乘员保护、专用车辆特定安全要求，快速提高标准要求，推动商用车辆技术进步。乘用车安全标准的重点则是现有碰撞安全、一般安全、车身及内饰件安全标准项目的修订与完善。

在汽车电子、电磁兼容标准研究领域，以电磁兼容性标准为重点，进一步完善汽车电磁环境相关标准研究，形成基本满足企业产品开发和检测评价需要的电磁环境评价方法和性能要求标准体系；全力推动目前行业需要的汽车电子电气安全相关系统的功能安全标准的研究与制定工作；继续进行汽车通信网络协议标准研究制定，加强控制器局域网络协议、诊断标准、报警信号优先度标准研究，形成基本的网络通信协议标准体系方案，同时吸收国内自主创新的成果，制定出台若干项行业或国家标准；加强传感器、控制器等汽车电子核心控制部件的技术跟踪和标准研究，根据技术发展研究制定关键的安全类电子产品试验和性能评价标准。重点标准项目包括电气及电子设备环境、车辆由传导和耦合引起的电骚扰、车辆及电气/电子部件对窄带辐射电磁能抗扰性试验方法等电磁兼容类标准；电控系统功能安全要求及试验方法类标准；车载诊断系列标准及车载信息系统标准。

在汽车关键零部件标准研究领域，汽车关键零部件是现代汽车工业的重要组成部分，对汽车的经济性、安全性、舒适性以及汽车排放具有重要的影响，是提升汽车产品整体水平的基础，也是行业对于标准需求最为广泛的部分。“十三五”期间重点将围绕无级变速器、变速器控制器、电动转向机、缓速器、电磁阀、新型玻璃、安全气囊、电喷系统等汽车关键零部件新产品、新技术方面开展标准制定工作。

在车辆回收再利用、零部件再制造标准研究领域，重点主要包括汽车产品中有毒有害物质的检测方法、限制使用要求、车内空气质量以及新能源汽车动力电池的梯次利用、材料回收、包装运输、拆卸、余能检测等方面的标准，以满足国家对生产者责任延伸制度的要求和汽车绿色制造标准体系的建立。修订 GB/T 30512《汽车禁用物质要求》，增加对车用材料中的有害物质像多环芳烃、石棉、车内空气质量等的管控范围，并修订标准豁免清单，对于已有先进技术可以替代的零部件，其中含有的有害物质不再豁免，同时配套建立相应有害物质的检测方法。制定关于整车可再利用率和可回收利用率限值标准，设计相应的回收利用指标阶梯，逐步实现相应的目标要求。围绕汽车报废后关键部件如发动机、变速器以及新能源汽车动力电池的再制造、梯次利用和再制造修复工艺等开展标准研究和制修订工作，如曲轴、连杆、凸轮轴以及车灯、轮毂、铝钣金、制动卡钳等零部件的再制造研究及零部件表面刷镀、激光熔覆和表面喷涂等修复工艺标准化，指导再制造企业开展相关的生产。

在专用汽车标准研究领域，继续完善危险化学品专用运输车辆及部件安全技术标准外，还需加强非危险品运输类专用汽车产品及零部件安全要求，将专用汽车的零部件安全标准也列入重点，专用汽车厢体密封性质量安全、专用汽车罐体及管路安全、专用汽车电器安全、专用汽车液压系统安全、专用汽车机械装置安全、专用汽车安全附件和操控装置安全、专用汽车结构符合性、作业稳定性等安全标准不容忽视。

四　2016年批准发布的汽车行业国家标准及行业标准列表

表 1　2016 年批准发布的汽车国家标准及行业标准

序号	标准号	标准名称	代替标准号	批准日期	实施日期
1	GB/T 12548 - 2016	汽车速度表、里程表检验校正方法	GB/T 12548 - 1990	2016 - 06 - 14	2017 - 01 - 01
2	GB/T 32691 - 2016	汽车空调电磁离合器		2016 - 06 - 14	2017 - 01 - 01
3	GB/T 32692 - 2016	商用车辆缓速制动系统性能试验方法		2016 - 06 - 14	2017 - 01 - 01
4	GB/T 32694 - 2016	插电式混合动力电动乘用车 技术条件		2016 - 06 - 14	2017 - 01 - 01
5	GB 1589 - 2016	汽车、挂车及汽车列车外廓尺寸、轴荷及质量限值	GB 1589 - 2004	2016 - 07 - 26	2016 - 07 - 26
6	GB/T 26774 - 2016	车辆运输车通用技术条件	GB/T 26774 - 2011	2016 - 07 - 26	2016 - 07 - 26
7	GB/T 32860 - 2016	道路车辆 牵引杆连接器的互换性		2016 - 07 - 26	2016 - 07 - 26
8	GB/T 32861 - 2016	道路车辆 牵引车与挂车之间的电气和气动连接位置		2016 - 07 - 26	2016 - 07 - 26
9	GB/T 32960.1 - 2016	电动汽车远程服务与管理系统技术规范 第1部分:总则		2016 - 08 - 29	2016 - 10 - 01
10	GB/T 32960.2 - 2016	电动汽车远程服务与管理系统技术规范 第2部分:车载终端		2016 - 08 - 29	2016 - 10 - 01
11	GB/T 32960.3 - 2016	电动汽车远程服务与管理系统技术规范 第3部分:通信协议及数据格式		2016 - 08 - 29	2016 - 10 - 01
12	GB/T 33012.1 - 2016	道路车辆 车辆对窄带辐射电磁能的抗扰性试验方法 第1部分:一般规定		2016 - 10 - 13	2017 - 05 - 01
13	GB/T 33012.2 - 2016	道路车辆 车辆对窄带辐射电磁能的抗扰性试验方法 第2部分:车外辐射源法		2016 - 10 - 13	2017 - 05 - 01

续表

序号	标准号	标准名称	代替标准号	批准日期	实施日期
14	GB/T 33012.3－2016	道路车辆 车辆对窄带辐射电磁能的抗扰性试验方法 第3部分:车载发射机模拟法		2016－10－13	2017－05－01
15	GB/T 33012.4－2016	道路车辆 车辆对窄带辐射电磁能的抗扰性试验方法 第4部分:大电流注入法		2016－10－13	2017－05－01
16	GB/Z 33013－2016	道路车辆 车用嵌入式软件开发指南		2016－10－13	2017－05－01
17	GB/T 33014.1－2016	道路车辆 电气/电子部件对窄带辐射电磁能的抗扰性试验方法 第1部分:一般规定		2016－10－13	2017－05－01
18	GB/T 33014.2－2016	道路车辆 电气/电子部件对窄带辐射电磁能的抗扰性试验方法 第2部分:电波暗室法		2016－10－13	2017－05－01
19	GB/T 33014.3－2016	道路车辆 电气/电子部件对窄带辐射电磁能的抗扰性试验方法 第3部分:横电磁波(TEM)小室法		2016－10－13	2017－05－01
20	GB/T 33014.4－2016	道路车辆 电气/电子部件对窄带辐射电磁能的抗扰性试验方法 第4部分:大电流注入(BCI)法		2016－10－13	2017－05－01
21	GB/T 33014.5－2016	道路车辆 电气/电子部件对窄带辐射电磁能的抗扰性试验方法 第5部分:带状线法		2016－10－13	2017－05－01
22	GB 14622－2016	摩托车污染物排放限值及测量方法(中国第四阶段)	GB 14622－2007、GB 20998－2007、GB 14621－2011,部分代替	2016－12－23	2018－07－01
23	GB 18176－2016	轻便摩托车污染物排放限值及测量方法(中国第四阶段)	GB 18176－2007、GB 20998－2007、GB 14621－2011,部分代替	2016－12－23	2018－07－01
24	GB 18352.6－2016	轻型汽车污染物排放限值及测量方法(中国第六阶段)	GB 18352.5－2013	2016－12－23	2020－07－01

续表

序号	标准号	标准名称	代替标准号	批准日期	实施日期
25	GB 19755 - 2016	轻型混合动力电动汽车污染物排放控制要求及测量方法	GB/T 19755 - 2005	2016 - 12 - 23	2016 - 09 - 01
26	GB 4094 - 2016	汽车操纵件、指示器及信号装置的标志	GB 4094 - 1999	2016 - 12 - 30	2019 - 07 - 01
27	GB 4660 - 2016	机动车用前雾灯配光性能	GB 4660 - 2007	2016 - 12 - 30	2017 - 01 - 01
28	GB 19152 - 2016	发射对称近光和/或远光的机动车前照灯	GB 19152 - 2003，GB 5948 - 1998 部分代替	2016 - 12 - 30	2017 - 01 - 01
29	GB 19260 - 2016	低地板及低入口城市客车结构要求	GB/T 19260 - 2003	2016 - 12 - 30	2017 - 07 - 01
30	GB/T 33438 - 2016	摩托车和轻便摩托车碰撞乘员防护试验方法		2016 - 12 - 30	2017 - 07 - 01
31	QC/T 1025 - 2016	自动变速器油泵性能要求及台架试验方法		2016 - 01 - 15	2016 - 07 - 01
32	QC/T 1026 - 2016	汽车聚氯乙烯搪塑仪表板表皮性能及检测		2016 - 01 - 15	2016 - 07 - 01
33	QC/T 1027 - 2016	汽车贴膜玻璃技术要求		2016 - 01 - 15	2016 - 07 - 01
34	QC/T 1028 - 2016	汽车真空单向阀性能要求及试验方法		2016 - 01 - 15	2016 - 07 - 01
35	QC/T 1029 - 2016	汽车用聚丙烯蜂窝板制品		2016 - 01 - 15	2016 - 07 - 01
36	QC/T 1030 - 2016	客车外推式应急窗		2016 - 01 - 15	2016 - 07 - 01
37	QC/T 678 - 2016	客车乘客门门泵	QC/T 678 - 2001	2016 - 01 - 15	2016 - 07 - 01
38	QC/T 1031 - 2016	摩托车和轻便摩托车车轮花键套		2016 - 04 - 05	2016 - 09 - 01
39	QC/T 753 - 2016	摩托车和轻便摩托车技术参数表格式	QC/T 753 - 2006	2016 - 04 - 05	2016 - 09 - 01
40	QC/T 1032 - 2016	摩托车和轻便摩托车发动机凸轮轴		2016 - 04 - 05	2016 - 09 - 01
41	QC/T 681 - 2016	摩托车和轻便摩托车用起动继电器技术条件	QC/T 681 - 2002	2016 - 04 - 05	2016 - 09 - 01
42	QC/T 687 - 2016	摩托车和轻便摩托车发动机气缸体技术条件	QC/T 687 - 2002	2016 - 04 - 05	2016 - 09 - 01

续表

序号	标准号	标准名称	代替标准号	批准日期	实施日期
43	QC/T 224 – 2016	摩托车和轻便摩托车发动机通用技术条件	QC/T 224 – 2007	2016 – 04 – 05	2016 – 09 – 01
44	QC/T 228 – 2016	摩托车和轻便摩托车操纵拉索	QC/T 228. 1 – 1997、QC/T 228. 2 – 1997、QC/T 228. 3 – 1997、QC/T 228. 4 – 1997、QC/T 228. 5 – 1997、QC/T 228. 6 – 1997、QC/T 228. 7 – 1997、QC/T 228. 8 – 1997、QC/T 228. 9 – 1997、QC/T 228. 10 – 1997	2016 – 04 – 05	2016 – 09 – 01
45	QC/T 1033 – 2016	气压制动器 外置式间隙自动调节装置技术要求及台架试验方法		2016 – 04 – 05	2016 – 09 – 01
46	QC/T 1034 – 2016	汽车交流发电机用整流桥		2016 – 04 – 05	2016 – 09 – 01
47	QC/T 1035 – 2016	汽车发动机用电子节气门体		2016 – 04 – 05	2016 – 09 – 01
48	QC/T 1036 – 2016	汽车电源逆变器		2016 – 04 – 05	2016 – 09 – 01
49	QC/T 1037 – 2016	道路车辆用高压电缆		2016 – 04 – 05	2016 – 09 – 01
50	QC/T 1038 – 2016	汽车用发光二极管（LED）及模组		2016 – 04 – 05	2016 – 09 – 01
51	QC/T 1039 – 2016	汽车空调用阳光传感器		2016 – 04 – 05	2016 – 09 – 01
52	QC/T 16 – 2016	汽车用点火线圈	QC/T 16 – 1992	2016 – 04 – 05	2016 – 09 – 01
53	QC/T 414 – 2016	汽车电线（电缆）的颜色规定和型号编制方法	QC/T 414 – 1999、QC/T 730 – 2005	2016 – 04 – 05	2016 – 09 – 01
54	QC/T 415 – 2016	汽车用点烟器及点烟器座式电源插座	QC/T 415 – 1999	2016 – 04 – 05	2016 – 09 – 01
55	QC/T 1040 – 2016	摩托车和轻便摩托车电动燃油泵		2016 – 04 – 05	2016 – 09 – 01

续表

序号	标准号	标准名称	代替标准号	批准日期	实施日期
56	QC/T 1041 –2016	摩托车和轻便摩托车燃油蒸发污染物控制系统(装置)技术要求		2016 –04 –05	2016 –09 –01
57	QC/T 688 –2016	摩托车和轻便摩托车通用技术条件	QC/T 688 –2007	2016 –04 –05	2016 –09 –01
58	QC/T 724 –2016	摩托车和轻便摩托车直流信号闪光器技术条件	QC/T 724 –2004	2016 –04 –05	2016 –09 –01
59	QC/T 1042 –2016	摩托车和轻便摩托车振动舒适性试验方法		2016 –04 –05	2016 –09 –01
60	QC/T 752 –2016	摩托车和轻便摩托车催化转化器试验方法	QC/T 752 –2006、QC/T 751 –2006	2016 –04 –05	2016 –09 –01
61	QC/T 1043 –2016	汽车燃油系统用尼龙管		2016 –04 –05	2016 –09 –01
62	QC/T 1044 –2016	汽车用脚踏垫		2016 –04 –05	2016 –09 –01
63	QC/T 1045 –2016	汽车管路保护用热收缩管		2016 –04 –05	2016 –09 –01
64	QC/T 29089 –2016	汽车用 PVC/ABS 真空吸塑仪表板表皮	QC/T 29089 –1992	2016 –04 –05	2016 –09 –01
65	QC/T 29078 –2016	汽车用空气压缩机性能要求及台架试验方法	QC/T 29078 –1992	2016 –04 –05	2016 –09 –01
66	QC/T 307 –2016	汽车用真空助力器性能要求及台架试验方法	QC/T 307 –1999	2016 –04 –05	2016 –09 –01
67	QC/T 1046 –2016	商用车辆后置液力缓速器性能要求及台架试验方法		2016 –04 –05	2016 –09 –01
68	QC/T 469 –2016	汽车发动机气门技术条件	QC/T 469 –2002	2016 –04 –05	2016 –09 –01
69	QC/T 1047 –2016	城市客车塑料座椅		2016 –04 –05	2016 –09 –01
70	QC/T 1048 –2016	客车应急锤		2016 –04 –05	2016 –09 –01
71	QC/T 1049 –2016	汽车齿轮齿条式液压助力转向系统匹配技术要求和试验方法		2016 –04 –05	2016 –09 –01
72	QC/T 1050 –2016	乘用车双质量飞轮技术要求及试验方法		2016 –04 –05	2016 –09 –01

五 2016年下达的国家标准计划项目列表

表 3 2016 年下达的汽车国家标准计划项目

序号	计划编号	项目名称	性质	制修订	代替标准号	采标
1	20160967 – Q – 339	电动汽车用锂离子动力蓄电池安全要求	强制	制定		
2	20160968 – Q – 339	电动客车安全技术条件	强制	制定		
3	20160969 – Q – 339	电动汽车安全要求	强制	修订	GB/T 18384.1 – 2015 GB/T 18384.2 – 2015 GB/T 18384.3 – 2015	ISO 6469 – 1: 2009, ISO6469 – 2:2009, ISO 6469 – 3:2011
4	20160970 – Q – 339	摩托车乘员扶手	强制	修订	GB 20075 – 2006	
5	20160971 – Q – 339	电动摩托车和电动轻便摩托车安全要求	强制	修订	GB 24155 – 2009	
6	20160972 – Q – 339	重型商用车辆燃料消耗量限值	强制	修订	GB 30510 – 2014	
7	20160773 – T – 339	纯电动货车技术条件	推荐	制定		
8	20160554 – T – 339	道路车辆 电气/电子部件对窄带辐射电磁能的抗扰性试验方法 第 10 部分:扩展音频范围的传导抗扰法	推荐	制定		ISO 11452 – 10:2009
9	20160551 – T – 339	道路车辆 电气/电子部件对窄带辐射电磁能的抗扰性试验方法 第 7 部分:射频功率直接注入法	推荐	制定		ISO 11452 – 7:2003 + A1:2013
10	20160552 – T – 339	道路车辆 电气/电子部件对窄带辐射电磁能的抗扰性试验方法 第 8 部分:磁场抗扰法	推荐	制定		ISO 11452 – 8:2015
11	20160553 – T – 339	道路车辆 电气/电子部件对窄带辐射电磁能的抗扰性试验方法 第 9 部分:便携式发射机模拟法	推荐	制定		ISO 11452 – 9:2012

续表

序号	计划编号	项目名称	性质	制修订	代替标准号	采标
12	20160550 - T - 339	道路车辆 电气及电子设备环境条件和试验 第2部分:电气负荷	推荐	修订	GB/T 28046.2 - 2011	ISO 16750 - 2:2012
13	20160774 - T - 339	快递运输车技术条件	推荐	制定		
14	20160556 - T - 339	汽车安全玻璃试验方法 第2部分:光学性能试验	推荐	修订	GB/T 5137.2 - 2002	
15	20160557 - T - 339	汽车安全玻璃试验方法 第3部分: 耐辐照、高温、潮湿、燃烧和耐模拟气候试验	推荐	修订	GB/T 5137.3 - 2002	
16	20160558 - T - 339	汽车安全玻璃试验方法 第4部分:太阳透射比试验	推荐	修订	GB/T 5137.4 - 2001	ISO 13837:2008
17	20160555 - T - 339	汽车安全玻璃试验方法 第5部分:耐化学侵蚀性和耐温度变化性试验	推荐	修订	GB/T 17339 - 1998	
18	20160560 - T - 339	汽车车身术语	推荐	修订	GB/T 4780 - 2000	
19	20160775 - T - 339	汽车主要尺寸测量方法	推荐	修订	GB/T 12673 - 1990	
20	20160559 - T - 339	中置轴挂车通用技术条件	推荐	制定		
21	20161682 - T - 339	四轮低速电动车技术条件	推荐	制定		
22	20162458 - T - 339	道路车辆 火花塞热值分级及其测定方法	推荐	制定		ISO/TR 15409 : 2002 (E)
23	20162459 - T - 339	电动汽车 DC/DC 变换器	推荐	修订	GB/T 24347 - 2009	
24	20162460 - T - 339	电动汽车用传导式车载充电机	推荐	制定		
25	20162461 - T - 339	电动汽车灾害事故应急救援指南	推荐	制定		
26	20162462 - T - 339	燃料电池电动汽车定型试验规程	推荐	制定		

续表

序号	计划编号	项目名称	性质	制修订	代替标准号	采标
27	20162463－T－339	电动汽车用电池管理系统技术条件	推荐	制定		
28	20162464－T－339	电动汽车用混合电源技术要求	推荐	制定		
29	20162465－T－339	电动汽车充电耦合系统的电磁兼容性要求和试验方法	推荐	制定		
30	20162466－T－339	电动汽车产品使用说明:应急救援	推荐	制定		
31	20162467－T－339	电动摩托车和电动轻便摩托车通用技术条件	推荐	修订	GB/T 24158－2009	
32	20162468－T－339	摩托车和轻便摩托车术语 车辆类型	推荐	修订	GB/T 5359.1－2008	
33	20162469－T－339	电动摩托车和电动轻便摩托车 动力性能 试验方法	推荐	修订	GB/T 24156－2009	
34	20162470－T－339	道路车辆 车辆动力学 试验方法 第1部分:乘用车一般试验条件	推荐	制定		ISO 15037－1
35	20162471－T－339	道路车辆 车辆动力学 试验方法 第2部分:商用车和客车一般试验条件	推荐	制定		ISO 15037－2
36	20162472－T－339	道路车辆 汽车和挂车制动名词术语及其定义	推荐	修订	GB/T 5620－2002	ISO 611:2003
37	20162473－T－339	道路车辆 石油基或非石油基制动液容器的标识	推荐	修订	GB/T 5345－2008	ISO 3871:2000; ISO 9128:2006
38	20162474－T－339	汽车热平衡能力道路试验方法	推荐	修订	GB/T 12542－2009	
39	20162481－T－339	汽车侧面气囊和帘式气囊模块性能要求	推荐	制定		
40	20162652－T－339	电动汽车动力蓄电池产品编码规则	推荐	制定		
41	20162653－T－339	电动汽车 与外部电源连接的安全要求	推荐	制定		ISO 17409:2015

皮书起源

“皮书”起源于十七、十八世纪的英国，主要指官方或社会组织正式发表的重要文件或报告，多以“白皮书”命名。在中国，“皮书”这一概念被社会广泛接受，并被成功运作、发展成为一种全新的出版形态，则源于中国社会科学院社会科学文献出版社。

皮书定义

皮书是对中国与世界发展状况和热点问题进行年度监测，以专业的角度、专家的视野和实证研究方法，针对某一领域或区域现状与发展态势展开分析和预测，具备原创性、实证性、专业性、连续性、前沿性、时效性等特点的公开出版物，由一系列权威研究报告组成。

皮书作者

皮书系列的作者以中国社会科学院、著名高校、地方社会科学院的研究人员为主，多为国内一流研究机构的权威专家学者，他们的看法和观点代表了学界对中国与世界的现实和未来最高水平的解读与分析。

皮书荣誉

皮书系列已成为社会科学文献出版社的著名图书品牌和中国社会科学院的知名学术品牌。2016 年，皮书系列正式列入“十三五”国家重点出版规划项目；2012~2016 年，重点皮书列入中国社会科学院承担的国家哲学社会科学创新工程项目；2017 年，55 种院外皮书使用“中国社会科学院创新工程学术出版项目”标识。

中国皮书网

发布皮书研创资讯，传播皮书精彩内容
引领皮书出版潮流，打造皮书服务平台

栏目设置

关于皮书：何谓皮书、皮书分类、皮书大事记、皮书荣誉、
皮书出版第一人、皮书编辑部

最新资讯：通知公告、新闻动态、媒体聚焦、网站专题、视频直播、下载专区

皮书研创：皮书规范、皮书选题、皮书出版、皮书研究、研创团队

皮书评奖评价：指标体系、皮书评价、皮书评奖

互动专区：皮书说、皮书智库、皮书微博、数据库微博

所获荣誉

2008 年、2011 年，中国皮书网均在全国新闻出版业网站荣誉评选中获得“最具商业价值网站”称号；

2012 年，获得“出版业网站百强”称号。

网库合一

2014 年，中国皮书网与皮书数据库端口合一，实现资源共享。更多详情请登录 www.pishu.cn。

S 子库介绍
Sub-Database Introduction

中国经济发展数据库

涵盖宏观经济、农业经济、工业经济、产业经济、财政金融、交通旅游、商业贸易、劳动经济、企业经济、房地产经济、城市经济、区域经济等领域，为用户实时了解经济运行态势、 把握经济发展规律、 洞察经济形势、 做出经济决策提供参考和依据。

中国社会发展数据库

全面整合国内外有关中国社会发展的统计数据、 深度分析报告、 专家解读和热点资讯构建而成的专业学术数据库。涉及宗教、社会、人口、政治、外交、法律、文化、教育、体育、文学艺术、医药卫生、资源环境等多个领域。

中国行业发展数据库

以中国国民经济行业分类为依据，跟踪分析国民经济各行业市场运行状况和政策导向，提供行业发展最前沿的资讯，为用户投资、从业及各种经济决策提供理论基础和实践指导。内容涵盖农业，能源与矿产业，交通运输业，制造业，金融业，房地产业，租赁和商务服务业，科学研究，环境和公共设施管理，居民服务业，教育，卫生和社会保障，文化、体育和娱乐业等 100 余个行业。

中国区域发展数据库

对特定区域内的经济、社会、文化、法治、资源环境等领域的现状与发展情况进行分析和预测。涵盖中部、西部、东北、西北等地区，长三角、珠三角、黄三角、京津冀、环渤海、合肥经济圈、长株潭城市群、关中—天水经济区、海峡经济区等区域经济体和城市圈，北京、上海、浙江、河南、陕西等 34 个省份及中国台湾地区 。

中国文化传媒数据库

包括文化事业、文化产业、宗教、群众文化、图书馆事业、博物馆事业、档案事业、语言文字、文学、历史地理、新闻传播、广播电视、出版事业、艺术、电影、娱乐等多个子库。

世界经济与国际关系数据库

以皮书系列中涉及世界经济与国际关系的研究成果为基础，全面整合国内外有关世界经济与国际关系的统计数据、深度分析报告、专家解读和热点资讯构建而成的专业学术数据库。包括世界经济、国际政治、世界文化与科技、全球性问题、国际组织与国际法、区域研究等多个子库。

法律声明